JN057065

麻友の記録

いっしょに歌おうよ

普通学級で過ごしたダウン症の子

國貞健治

千書房

まえがき

我が家の娘『麻友』です。ダウン症です。一般保育園を経て小学校入学から中学校そして高校入学までの記録をまとめた1冊です。娘が生まれた時にはダウン症に関する知識はなく、娘はこれからどうなるのだろう？　心臓はどうなるのか？　助かるのか？　学校は行けるのか？　友達はできるのか？…と不安な気持ちばかり。恐々とネットで調べたり、不安を払拭したいがためにダウン症と書いてある本は片っ端から購入して読みあさりました。しかし、ダウン症とは・幼児期のアプローチなど、一般的な本はあるものの、日々どう成長していくのか、といったリアルな本には出合いませんでした。少しでも先を見通せる情報があると手立てを見つけられるのにと思ったのです。きっとそんな方も多いのではないでしょうか。

そこで時系列で成長がわかる本があってもいいのではと思ったのです。もちろんダウン症にも軽度～重度の程度の違いはあります。それはどうであれわが子の成長を願うのが親ではないでしょうか。

小中学校と通常級に在籍し、専門学校の高等課程を卒業。商業科の高卒となり、専門課程に進みました。小中学の友達は大学へ進学するなか、自分も進学できることに喜びをかくせず、連絡をとりあう姿がありました。娘のおかげでたくさんの方との出会いがあります。出会いは本当に素晴らしい。年を追うごとに成長していく姿や、親がどう感じて、願っていたかが文章に現れていると思います。その日その日が手探りで必死でした。娘にとって少しでも笑顔のたえない生活であってほしいことだけを願っていました。

親のエゴと言う人もいるでしょう、わからない授業をずっと座らせてかわいそうだという人、迷惑だと思う人もいるでしょう。それも一つの考え方。いろいろな考え方の人がいて、それが社会。我が家もそうですが、エゴ的な考えは皆さんあるのは当然。健常児にはがんばれと言い、障がい者には無理せず手あつく合った所でと言いながら、学校では生徒に挑戦しなさいと言うではありませんか。社会や会社でもそうだ。我が家は、いろいろな意見に耳を傾け参考にして決めてきた。親子での挑戦。世の中矛盾だらけで、肯定的な意見もあれば否定的な意見もあります。いろいろな考えの人がいることで人と接する力を身につけたことには間違いない娘。関わり方には要領が伺えます。

また娘に関わってくれる友達。子は親の鏡といいますが、お子さんを見れば親御さんの素敵さがよくわかるのも私達の勉強となりました。今も付き合ってくれている友達は娘の宝物です。これからも良き巡り合わせ・チャンス・タイミングがあればいろいろと挑戦していきたいですね。

ページ数と文字数の都合で記録の半分となり高校入学までとなりましたが、その分凝縮された記録になったのではないでしょうか。これまで娘ががんばって築き上げてきた証と、お力添えをしてくださった先生方や関わってくださった方、そして友達への感謝の思いも込めて、娘を取り巻く環境が一つのモデルケースとなったらと思い、記録として残しておくことにしました。

娘の環境を全国へ発信するべきだと出版の後押しをして下さった方も多く感謝しております。記録なので、ただ淡々と読まされているだけの印象かもわかりませんが、そのような中からでも文章と写真からご家族様に合ったヒントを見つけ出していただけることを願っています。この本を手に取られた方々は、知りたいことや不安なことがあると思います。感じ方も違うと思います。家族・お子様に対しての願いも持たれていると思います。そんな中での一つのヒントにでもなれば幸いです。

出版するにあたり、編集長の千田さんにおかれましては出版まで五年近くの長い期間、お力添えをしていただいてありがとうございます。更に編集長をご紹介してくださった全国連の片桐先生にも感謝しております。これも我が家にとっては最高にすばらしい出会いとなっております。

本書に登場される方々のお名前や写真には許可を得るようにしました。連絡が取れない方もいましたが、それでもどうしてもリアルな記録のところには、特定されなきようにして使わせていただきましたことをお詫び申し上げます。

もくじ

誕生

『麻友』我が家の娘。二〇〇四年一〇月一日の二〇時一七分、二五八七gで誕生する。やっと授かった命。スッキリした顔で、あまり泣かない子だなあと思っていた。一緒に並んでいる赤ちゃんを見てもおとなしい。しかし我が子なので特別に見える。退院後に小児科を勧められ不安な気持ちで受診。ダウン症を告知される。

合併症もあり、肺高血圧と心室心房中隔欠損症があった。心臓の心室心房に穴が開いていたのである。

穴の大きさは最大七㎜。自然に塞がる可能性は低い。肺高血圧もあることから、このままだと二年の命だと言われる。目の前が真っ暗になり倒れこんだ。妻の方がもっとショックを受けたであろう。ダウン症のことよりも、まずはなんとか命を助けることが先決。即、小児心臓手術ができる病院を紹介してもらう。病院を行き来する車で、自分の運を娘に与えて助けてくれと願いながら涙で目が霞む父。仕事中も涙ぐんで仕事をしていた。会社では平常心でいるのが辛かったのを覚えている。ミルクを飲む量が少しでも増えると嬉しくて涙する妻。毎日のように泣いていた妻。その手に抱かれた、娘のあどけないつぶらな瞳を見るたびに、胸が締め付けられる。

心臓手術

紹介された小児心臓手術可能な病院は数件。熱田区の病院を選択した。自宅から車で一時間程度。〇歳で肩甲骨に沿って切る肺高血圧のバンディング手術、一歳で胸部を胸骨の上から一文字に切っての心臓根治手術（六～七時間）を受ける。避けては通れない現実。人工心肺を経由させて心臓を停止させる。心臓はゴルフボール程度の大きさ。成功率は高い方だと説明があったものの失敗率がある以上不安で仕方なかった。父親は執刀医の先生に「女の子なので、できるだけ下のほうから切って下さい」と懇願するが「手術安全面の点からあまり下からは切れない」と説明を受けた。しかしそのおかげか、可能な限り下の方から切ってくれていた。(今ではシャツを着ていても傷跡は見えない)手術においては、聞いていた時間より少しでも長引くと何かあったのかと気が気ではない。手術後は個室に夫婦で呼ばれ、成功を祈り状況説明を伺う。手術は無事成功。術後の集中治療室では元気が良すぎて三日目で個室に移る。成功はしたが複数の管につながれた痛々しい娘を見ると、小さい体だけどがんばってくれと願う。退院後は、胸骨の盛り上がりを防ぐコルセットをして寝かせていた。病院では10%の確率でも手術を受けるお子さんなど、いろいろな方々との出会いがありました。「10%の確率でも、僕がやります!」と手を挙げて執刀してくれたという心臓外科の先生の話をその親御さんに聞いた。心強い先生であり、男としても憧れ、男としてもこうありたいと感じた。生きるために全力を尽くす姿に直面する。入院中に出会った方々は、我が子を何とか助けようと皆さん本当に必死でした。元気に生まれて来てくれることがどれだけありがたいかを知るのです。残念ながら治療の甲斐なく亡くなったお子さんもおられます。あの時あの出会った笑顔のかわいい子はもういない。元気ならばそれだけで何も言うことないと本当に感じるのです。娘はありがたいことに運動制限もなく生活できている。(術後は安定していて高校1年の時に心臓の定期検査は終了となる)

就園

月日は流れ、次に考えるのは就園問題。数箇所の幼稚園・保育園に見学に行く。見学は母親が駆けずり回ります。

就園に関しては父親はあまり関与しなかったので、今思うと妻には申し訳ないと思っている。

見学と園長先生の受け入れの感じの結果、小学校学区外ではあるが一般の保育園に入園する。園長先生は共に生きるという考えの方。もちろん障害児通所施設はあるが場所も遠く、できれば近くに通わせたいという思いだけでした。保育園での行事は、失敗はあっても元気な子どもたちに紛れながらそれなりにクリアした感じ。行事も皆と一緒に同じように参加してがんばっていた。

保育園での友達は、小学校は違うものの中学校では会える学区。卒園が近くになると「一緒の小学校へ行こうよ」と言ってくれるお父さんお母さんもいて嬉しかった。卒園式当日は友達と園庭で元気に遊び、皆と一緒に記念撮影をして無事卒園を迎えた。

就学

さて卒園が近づくにつれて決めなくてはならないのが就学問題。通常級か支援級か支援学校のどこにするのかを考える。一般の保育園での姿を見ていたこともあり、地域の学校を希望する。ただ通常級か支援級のどちらかで迷っていた。我が家は当初、七対三（支援級：通常級）くらいの割合で支援級と考えていたが、まずは通常級に通っていたダウン症の先輩お母さんと学校の許可を得て見学へ。年長の秋頃に夫婦揃って二校見学に行く。そこには皆と一緒に手をあげたり、できたプリントを皆と前に持って行ったりと、笑顔の姿でいるダウン症の生徒を目にする。見学後は生徒たちが駆け寄って来てくれて、ハイタッチで「さようなら」をしてくれるではありませんか。大勢の中にいることが楽しい気持ちになったのです。まさしく子ども時代の感覚を感じた。私だったら皆と一緒がいいなあと思うのです。目に見えて得られるものではありませんが、そういう感覚や気持ちを娘も味わってほしいなあと思い始める。そして次に学区の学校へ見学に行きます。通常級と支援級の両方を見学させてもらう。まずは支援級を見学させてもらう。部屋に入ると元気な生徒さんもいてびっくりする娘。一旦教室から出ることになりました。しかしその後、中に入れなくなったのです。次は通常級を見学する。授業に参加するが、緊張しているのか終始下を向いたままの娘。ごくごく普通な状況でした。娘の様子を見た私たちは、まずは低学年だけでも通常級で挑戦させてみようと決める。校長先生には、その日に通常級に通わせたい考えを伝えました。娘のため、断られても自分たちなりにがんばって話をしてみようとドキドキしていた。すると校長先生からは「麻友さんがいることで皆も勉強になります。モデルケースのひとつになるといいですね。一緒にがんばって行きましょう」と言ってくださり緊張していた私たちも少し安心したのです。校長先生からは「担任になった先生にはできるようになったことや家での様子を伝えてあげてくださいね」と言われ、思いついたのが、今回の本のきっかけになった【最近の出来事】なのです。

父親は手帳をいつも持ち歩いてメモに取り、娘の様子を全て記録して二、三ケ月毎に定期的に先生に参考提出していた資料です。少なからず学校生活での参考にしてほしいと願って提出していました。先生に、少しでも多くのこと

9年間以上持ち歩いて、些細なことでもメモしていた手帳

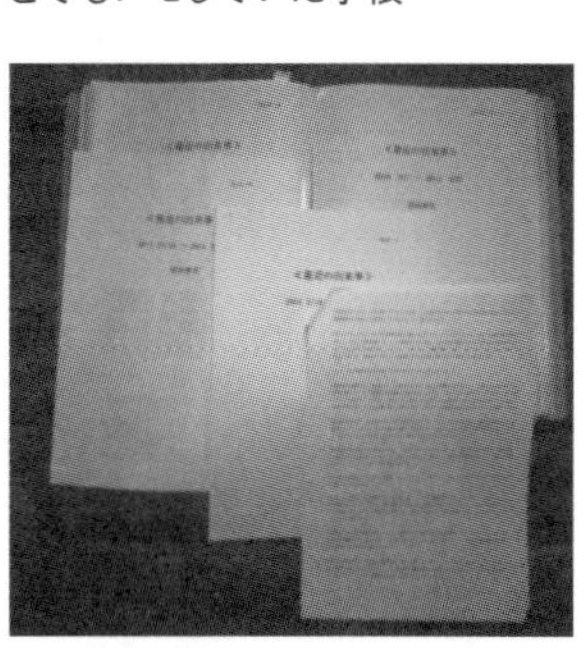

学校へ提出していた【最近の出来事】。膨大な情報量となる

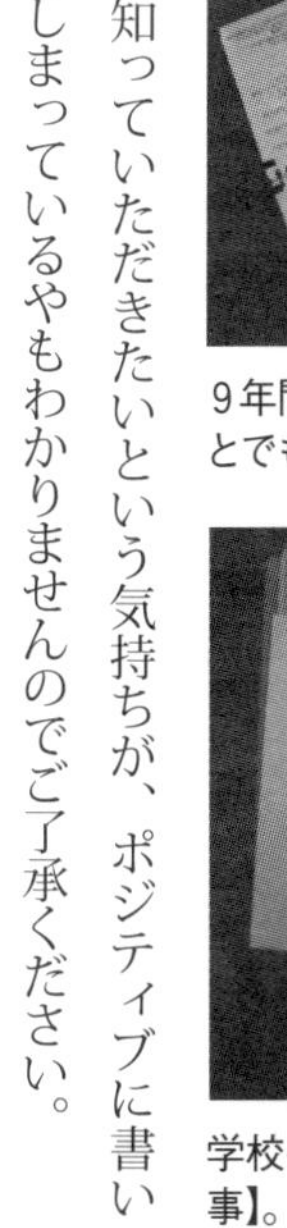

を知っていただきたいという気持ちが、ポジティブに書いてしまっているやもわかりませんのでご了承ください。

その後は、学校に慣れるため三回程度体験に行く。2年生のクラスにも体験に行く、その時には一生懸命にメモをとっていた娘、先生は気付いていてくれて「みんなより小さい子ががんばってるぞ」と褒めてくれてメモに○をくれていた。今でもその先生は娘のことを覚えてくださっているのがうれしい。

さて就学時検診については、本当の意味を知らない私たちは、皆と一緒に経験させようと受けさせた。左と右だけはわかるように特訓していたが…。やはり後日教育相談に呼ばれます。しかし意思は変わりません。教育センターに行き、臨床心理士と話し合う。支援級を勧められたが、私たちの意思は変わらず通常級に通わせることを伝えた。支援級を勧められることは想定していた。親も勉強です。

さあ後日、待ちに待った入学案内が届きました。さあ、ここからが義務教育への幕開けです。

何が起きるのか予測不能。その時々で相談し改善して進むだけ。親子での挑戦の始まりです。

1年生 4月 入学一ヶ月の状況

学校生活のスタート

学校は慣れるまで大変だと思っていたが、スムーズになじめた模様。

授業中は座っていて教室を出たりすることはない。授業中にトイレに行きたいときは、自作トイレカードを先生に渡して行く。

小学校になってからおしっこの失敗が急に無くなった。（担任と相談し失敗時については準備ＯＫにしておいた。）

授業中付き添い無し

毎日でも付き添う意思を伝えたが、学年主任がしばらく学校側で見させてほしいと言ってくれる。学校側は社会性の向上を目指したいという思いを持ってくれて、授業中に親は付き添っていない。

先生方も挑戦。担任の先生も良い距離感を保って対応してくれる。

麻友は担任先生を慕っているようで良かった。入学式の日から担任と打ち解けていた。

登下校

登下校は毎日母親が付き添っているが、不思議に思う周りの友達がよく声をかけてくれる。

今ではそれが逆に娘の存在がアピールできる。「麻友ちゃんいじめられたら私が助けてあげる」「家まで送ってあげる」「麻友ちゃんのことを作文に書いたんだよ」と言ってくれる子もいる。

担任との連絡

学年主任の先生より、学校生活を満喫しているとのこと。

学年主任、担任とも「思っていたより手をかけなくても大丈夫ですよ」と言ってくれる。

校長、教頭と会うとニコニコして接する。就学前の見学で面識があるため、校長室でくつろいでしまうらしい。

（担任とは毎日連絡をとって出来事を話したり、気になる点の策を考えたりしている。）

友達

担任がクラスの友達に娘の症状のことを話してくれたためか、気にかけてくれる子が増えた。

当初はトイレに行くと、他の子までついて来てしまうこともある。

クラスでしゃべる内容が聞き取れたときは「麻友ちゃんが〇〇って言えた！」「〇〇って言ったよ！」と盛り上がっている。

「麻友ちゃん、字が上手なんだよ。（なぞり書き）」と教えてくれる友達もいる。なぞり書きは書けている。

入学式登校前のワクワク気分

先生が配り物をするとき「はいどうぞ」と言いながら先生と一緒に配っている。

友達を軽くひっかいたり、注意されたときには学年主任を蹴ってしまったことがある。なかなか謝ることができないので、謝れるようになって欲しい。家では謝るように注意している。

学校は楽しい

学校は楽しいと言っている。

放課が終わってスムーズに教室に戻れなかったが、慣れてくると教室へ帰れるようになってきた。

給食はおかわりしている。今のところスピードもみんなと変わらない。牛乳の紙ぶたは問題なく取れる。入学前に同じ牛乳で練習していた。

6年生の男の子が娘の笑顔に好感を持ってくれる。

登校時は教室まで行ってランドセルの中身を引き出しにいれることができるが、ランドセルをそのまま放置しているそうだ。

友達も少しずつ覚えてきて、朝会うと「まこちゃん！おはよう」と挨拶している。

「まゆちゃんかわいい！　かわいい！」と言ってくれる子が増えている。

授業では積極的に手を挙げて答えることもあるようだ。

いじめられたりしたらどうするの?

学年下校中に友達になった、他クラスのまやちゃんが

（まや）「まゆちゃんいじめられたりしたらどうするの?」

（麻友母）「お父さんとお母さんと先生の皆がいるから大丈夫じゃないかなあ。」

（まや）「でもその時誰もいなかったらどうするの?」

（母）「まゆちゃんを助けてくれるお友達いるかなあ?」

（まや）「私がいる時だったら私が助けてあげるよ」と言ってくれる。

（まや）「今日、まゆちゃんの様子を（2組へ）見に行く途中で休憩が終わっちゃった。」

と娘を気にかけてくれている。

トイレに行く時には先生に伝えて行くように教えているが、授業参観では、少しびっくりしたのか逃げ込んだようだ。（洋式トイレにふたをしてその上に座っていた）頻度が増える場合は策を考えたい。

教科書

家で寝る時に、国語と算数の教科書を予習のつもりで読んでやる。

国語の本ではところどころ自分で読ませてみている。ゆっくりだががんばって読んでいる。

授業にて教科書を開く動作を家で練習する。「まゆちゃん。○ページ開いてください」と言っても全く開けれない。

気持ちを切り替える

下校中に会った生徒から「まゆちゃん走るの速い?」と聞いてきたので「少し遅いかもね。もし遅かったら、まゆちゃんがんばれー! って応援してくれる?」って言うと「うん。いいよ!」と言ってくれた。

他害は無いと思っていたが、友達をひっかいたり、学

年主任の先生を蹴ったりとしてしまう。気持ちの高揚があるとふざけて乱暴になることがある。さらにしつこくされてしまうと怒って手が出るかもわからないので、状況に合わせた指導を先生にお願いする。家では注意しているが、言葉がスムーズに出ないので感情表現を怒ったり泣いたり笑ったりとすることが多い。

✿

登下校時に母親同伴を見て「ずるい！」と言っていた友達がいた。最近では「まゆちゃん！　おはよう」「まゆちゃん！　バイバイ！」と普通に接してくれる。先生が生徒に娘のことを説明してくれたのがよかったようだ。

✿

きど先生を見つけるとニコニコして「きどせんせい！」と走り寄って行く。

✿

気持の切り替えの時には、数字カウントダウンで次の行動にスムーズに移れるようになってきた。

✿

登下校時に声をかけてくれる生徒が増え始めた。下校時は保護者の方からも声をかけてくださる方もいます。

しゃべれない？

娘のしゃべる言葉が聞き取り辛いことから【しゃべれない】と受け取り不思議に思っている子が多い。

同じクラスの女の子に

（友達）「まゆちゃんって何才？」「何言ってるかわからないよ。なぜしゃべれないの？」

（母）「まゆちゃんは、お口の周りの筋肉が弱いからおしゃべりが苦手なの。

でも皆の言ってることはわかるんだよ」

（友達）「いつになったらおしゃべりできるの？」

（母）「んー。皆がいろいろお話してあげたらおしゃべりできるようになるかもよ。

でもハッキリ聞こえる時もあるでしょ？」

（友達）「んー…時々ある」

（母）「ちゃんと聞こえる時もあるから聞いてあげてね」

と対応した。

✿

送ってあげるよ

下校中にクラスメイトが

（友達）「まゆちゃんはいつもママと一緒でいいなあ」

（母）「そう？　でもね、まゆちゃんはまだしっかり信号も見れていないし、車にも気をつけれてないから一人だと危ないんだよ。だから一緒に歩いているんだよ」
（友達）「ふーん。じゃあ、まゆちゃんのお家がどこかわかったら帰りに私がお家まで送ってあげるよ」
と優しい言葉を言ってくれました。本当に嬉しい。

がっこう楽しい

「がっこう楽しい？」と聞くと「うん！」と言っているので、学校生活は楽しめている。

折り紙を綺麗に三角や長方形に折れるようになってきた。安全ピンの取り外しができるようになる。

毎日カレンダーの日付の所にシールを貼らせて、曜日感覚をつけさせている。黒字の所に貼った時には「きょうはがっこうかあ」と言っていた。

身体検査の時のことをクラスメイトが教えてくれた。「女の子は皆恥ずかしいから胸を隠してたけど、まゆちゃんは隠してなかったんだよ」と教えてくれる。恥ずかしいということはまだ理解できていない。

友達が「長放課にまゆちゃん最後まで遊んでいるよ」「じゃあ、教室に戻る時にまゆちゃん行こうって言ってあげたら戻れるかもよ」と話してみた。遊び過ぎるので教室に戻れない時もあるが、4月23日の長放課はしっかり戻れた。このままの調子で行けばいいが。

通学班の4年生のりかちゃんが娘のことを作文に書いてくれたらしい。見せてほしいと頼んだら恥ずかしいと言っていた。娘のことを書いてくれるなんてとても嬉しいです。

1年生　4月　生活

言語訓練　就学前まで対象だった言語訓練は卒業。5月9日（土）から他市の言語訓練に通い始める。

トイレカード

最近すぐにトイレカードを使ってトイレに行って遊んでいる。

すぐにトイレに行くので、廊下にテープを貼って「ここから出ないように」と指導してくれてなおったようだ。

まことちゃんが「まゆちゃんのトイレカードどうやって作ったの？」の聞いてくれたので「パパがパソコンで作ったんだよ」と言うと納得していた

登校時

6年まいちゃんが「歩くのが少し速くなったね。もう少し慣れたらお母さんと離れて通学班の皆と行けるといいね」と言ってくれた。

娘が班の上級生のお姉さんと手をつなぎたいと言って「のりかちゃん！　のりかちゃん！　手つなごう！」と積極的に言って手をつないでもらっていた。

他組の生徒が下駄箱で「おはよう」と挨拶してくれた時「まゆちゃん病気なの？」と聞いてきたので「病気じゃないんだよ。麻友ちゃんは皆より歩くのが少し遅いから一緒に来ているんだよ。よろしくね」と言うと「うんいいよ」と言ってくれた。

下校中に駐車していたオートバイを生徒がさわっていたところを見た娘が「大事だからさわったらダメだよ」と注意していた。

いろいろな生徒から「麻友ちゃんを知っている」という声をよく聞く。

娘のことを知ってくれている生徒ができて嬉しく思う。

登校時にみうちゃんとまこちゃんが校内で娘を待ってくれていたのに、娘は知らん顔。まこちゃんは「まゆちゃんかわいい！　かわいい」とよく言ってくれる。

✿

みうちゃんが「まゆちゃんと、おともだちになれてうれしい」と言ってくれる。思ってもいなかった言葉でとても嬉しい限り。運動会の時も二人でちょっかいを出し合って楽しそうに遊んでいたのが印象的でした。

✿

クラスの一員！

集団の中で得られるものは多いと信じる。大人では与えてあげれないものがあると感じた一瞬。徒競争は心から楽しんでいる表情をしていた。

運動会の時に4年生のりかちゃんが友達を連れて来てくれて「徒競争でまゆちゃんが先生と走っている時にこの子も応援してくれたんだよ」と教えてくれる。運動会以降、声をかけてくれる生徒が増えた。

✿

学校外で友達と遭遇。学校の友達まこちゃん姉妹と出逢う。娘は興奮気味に喜んで「まこちゃんだー！　まこちゃん！　まこちゃん」と連発していた。まこちゃんも駆け寄って「まゆちゃん！　こっちおいで！　こっちこっち！」と誘ってくれる。お姉ちゃんも「くにさだまゆはどこ？」と探してくれていた。一人の友達として普通に接してくれているのがとても嬉しい。友達同士でしか得られない刺激があってよいです。

✿

登校時の集まりの時。上級生が集合場所周辺を走って

全力徒競走

友達と一緒に
本人中央

自信満々のダンス

遊ぶので、その後ろを楽しそうについて走っている。
その時にランドセル・帽子も上級生の置き方を見て置いている。
集団の中で見よう見まねで覚えていくことが多いです。

運動会

運動会本番では、練習の時とは考えられないできばえで非常に嬉しい。まず本人がとても楽しそうにできていたのが一番です。行進・準備体操もできていて、徒競争・ダンスは満面の笑みでこなしていた。クラス席での待ちの間も友達とちょっかいを出し合って楽しそうにしていたのも、家では見れない姿でした。応援もできていた。小学校初めての運動会、行事に皆と一緒に参加するという目標が達成できたことは本人にとっても来年の自信になると思っている。

支援クラスに行かないの？

学校探検の際に一緒に回っていた友達に「まゆちゃん（支援クラス）に行かないの？」と聞かれた。「（支援クラス）には今、女の子がいないんだけど、まゆちゃん行った方がいいかな？」と言うと
「やっぱり女の子のお友達がいないと、さみしいから2組にいていいよ」と言ってくれる。

道徳の授業で、先生から娘の心臓の話をしてくれる。クラスの友達数人から
「まゆちゃんかわいそう」「まゆちゃん大丈夫？」「また手術するの？」ととても心配してくれる。
「手術して治ったからもう大丈夫なんだよ。ありがとね」と言いました。クラスの生徒たちも娘を通して少しでも勉強になってくれるといいなあと思う。

通学班のお姉さんたちが長放課の時に、気にしてくれて教室まで見に来てくれている。
優しいお姉さんたちです。

悪いことは叱って欲しい

まこちゃんの顔を引っかいてしまう。ご自宅の方へ本人も連れて謝りに行きました。お母さんは気にしないでと言って下さいましたが、本人にも謝らせました。小さい声

でしたが「まこちゃんごめんね」と謝れました。まこちゃんも「いいよ」と言ってくれました。親が謝っている間は下を向いたままましょげていましたが、車に乗ったとたん大きい声で「まこちゃん！　バイバイ！」と言ってまこちゃんも「バイバイ！」と言ってくれたのです。大事にいたらず安心しました。

「謝れない時」の対処法。娘は頑固のところがあり「謝りなさい！」と言っても難しいので、頭を手で押さえこみながら「ごめんね」と謝らせてあげても構わないので悪いことは叱って欲しい。頭を下げるだけでもできたら「できたね」と褒めてもらいたいと先生に伝える。

✿

聞き分けさせる時のこつ。こちらが真剣な目で目を見て話をしてやると言うことを聞きやすい。

✿

言語訓練

就学前までだった言語訓練の所を卒業後、次の言語訓練に初めて行く。所長の所見では「扁桃腺が大きいが舌の形・舌の位置などパーツ的には問題なく良い状態。「さ」「た」など舌の使い分けも習得できている。現状は顎と舌の力が弱いため発音が不明瞭となっている。このまま放っておいても確実に上手くしゃべれるようになるので心配はない。訓練するならば更に進歩はあるでしょう」ということでした。

一般的に舌の使い方などは6才～7才程度で完成されるらしく心配ないといえども、友達と会話ができることを目標に訓練していただけることになる。月二回（土曜日）訓練に通います。

✿

職員室

授業中に職員室へ行ってしまうことが多いが、何か本人の考えがあっての行動だろう。本人が困った時・困っている人がいた時には、職員室へ行って先生に伝えることができるようになればと願っている。授業時間に職員室で見かけた時に「皆勉強しているから教室へ戻ろうか？」と先生方は連れ戻してくれる。頻繁に単独行動があっては集団ルール・集団生活等の点でNGなので「職員室に鬼が出るよ」と言って戻してくれたりしている。今はまず学校が嫌いにならない対応をしてもらっている。

検診

夏休みに二回目の頸椎検査をするが、一回目三歳の時の検査では問題は無かった。

眼科検診は異常なし。次回定期健診半年後。右0.7左0.7両目0.7～0.8。成長するにつれて視力はまだ上がるらしい。

少し噛み合わせが悪いので矯正を考えている。矯正はダウン症の保険可能な矯正歯科を予定。

上前歯右側で乳歯を抜く時、麻酔・抜歯全く泣かず。

ゴーカート

大高緑地公園でパターゴルフやゴーカートに乗りました。最初はゴーカートを怖がるかと思ったが三回も乗れた。楽しんで運転（二人乗り用）していた。大高緑地公園の交通公園内に信号があるが赤は止まる・青は進むが守れていた。

公文

公文では親が付き添って勉強していたが、周りの生徒の影響なのか「一人でやる」と言い始める。公文での付き添いには疑問に思っていたので一人でやらせた。

公文の宿題で「め」の練習をした時「めいちゃんの　めだね」と娘に言うと、めいちゃんの髪型を思い出したようで、めいちゃんみたいに髪を上で結んでほしいと言う。

周囲からの影響と刺激

服装・持ち物・行動など、皆と同じようにすることも、嬉しいことの一つのようです。

ビジュアル的な面においても友達と合わせたり流行ものも周囲からの影響がある。刺激を受けている。

食事後の洗い物を自発的に手伝ってくれることがある。

ありがとうを「サンキュー」と言ったり、絵を書いている時「何書いてるの?」と聞くと「アップル」と言って「りんご?」と聞き直しても「アップル」と英語で言っていた。

1年生　5月末〜6月末　学校

教室へ戻れるようになる

長放課のチャイムが鳴ったら教室へ戻れるようになる。

「まゆちゃんの言ってることわかるよ」

通学班の4年生まやちゃんが「まゆちゃんが早く私の名前を呼んでくれないかなあ」と言ってくれる。

校内にて4年生みくちゃんが娘を見て「あっ！　まゆちゃーん！」って呼んでくれるも娘は無視。母親が「呼んでくれてるよ」と言っても無視。「ごめんねぇ」と謝る。呼ばれたらアクションをとってくれないなかあと思うのです。

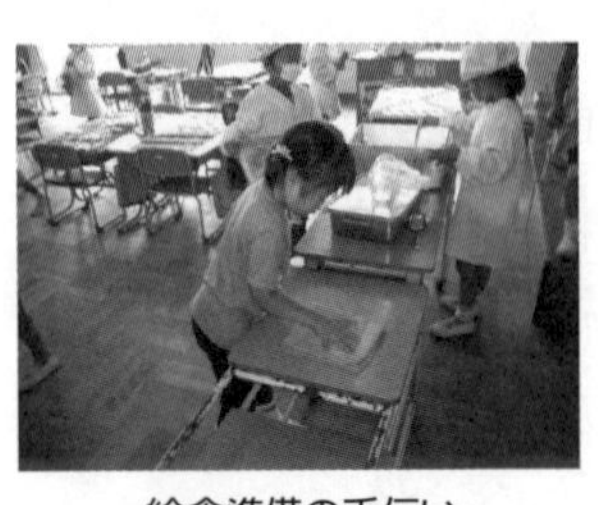
給食準備の手伝い

みくちゃんが「まゆちゃんっておもしろいんだよ」と言ってくれる。なぜかと聞くと「まゆちゃんはいつも、○○先生好き？　と聞くとニコニコして絶対嫌いって言うもん」翌日みくちゃんが気転をきかせて「まゆちゃん○○先生嫌い？」と反対のことを聞くと、考えていたらしい。いつもと質問が違うと思ったのかその光景がおもしろい。

みうちゃんが「まゆちゃんと会うのを楽しみにしてる」と言ってくれる。

まなかちゃんは娘の言葉を一生懸命聞きとろうとしてくれる。

最近では「まゆちゃんの言ってることわかるよ」と言ってくれる友達がいます。

プールに入れた

プールの付き添いをお願いされた。特に何をするわけでもないが、プールサイドで子どもたちを見学しているだけでした。友達との関わりがよくわかる。

プールに入れた娘を見て、めいちゃんが「まゆちゃん入れたね」と褒めてくれる。

娘はとても嬉しそうでした。褒めてくれることで自信を持てればいいのだが。

支援クラスいつも勉強していない？

プールから教室までの帰り、支援クラスの前を通る。生徒が「〇〇（支援クラス）の人たちいつも勉強していない」と言うので「そんなことないよ。今3時間目でしょ。勉強しているんだよ」と教えたのですが。

子どもたちには、読み書きそろばんが勉強なのでしょう。違う勉強もあるのですけど。

校長先生好き

「校長先生好き？」と聞くと「好き！」「校長室も好きなの？」と聞くと「好き！」と言うのです。

校長先生・校長室が好きです。校長先生は優しいのです。

試行錯誤

下校時1年3組のなつみちゃんがいつも声をかけてくれても、娘は知らんふりですが、先日は呼び方を変えて声をかけてくれた。「くにさだまゆちゃん！」と言うと「はい！」と返事をした。なつみちゃんが「あー！　まゆちゃんはこう言えば返事してくれるんだ！」と本人なりに考えて声をかけてくれていたようだ。いろいろ試行錯誤してくれる友達。

登校時に道路の反対側に、みうちゃんとまことちゃんが歩いていたら、娘が「みうちゃん！　まことちゃん！　おはよう！」と大声で挨拶できていた。友達も手を振ってくれる。

外出先でゆうなちゃんに会ったことを父に話をしてくれる。その日の出来事をしっかり覚えていて話しをしてくれることが増えている。

名前が読めたのか

プールが終わっての着替えのとき、少し離れた所に置いてあったまことちゃんの上履きを持って渡してあげていた。なぜその上履きがまことちゃんのだと分かったのだろうか不思議です。

名前が読めたのか、何かまことちゃんの上履きと分かる印があったのだろうか。名前が読めたのか。

プール遊び

市のプールへ遊びに行く。娘のお腹くらいの深さで15mくらいの距離を、ビート板を使って遊ぶ。足をついては蹴って進み、進むと同時に顔をつけ、を繰り返して往復していた。昨年までできなかったことです。

波の出るプールがある。怖がらず足のつかない所までどんどん進むのでびっくりした。もちろん浮き輪を使ってだが、波が来ても平気だった。

市のプールにある幼児用プールにて。輪投げ2本を使って投げて沈ませ、潜って拾って投げて潜っては拾いを繰り返していた。投げた輪投げ二本の間が二メートルていどあっても潜ったまま拾う。七秒ていどは潜れていた。昨年は二～三秒が限界。コツをつかめたのか何度も何度も潜り遊びを繰り返ししてなかなか帰ろうとしない。

定期検診

6月2日、病院での心臓診定期健診は問題なし。体力負荷診断もすることになり夏休み中の7月末に実施予定。

矯正歯科にて。噛み合わせが悪く、虫歯・発音・肩こりなどの原因にもなるとのことで、矯正を行うことにした。まずは全て永久歯にはえかわるまでは取り外し可能な器具で対応。

一人で遊べる

休日に買い物に出かけた時に、子供服売り場に設置してある遊び場で遊んでいた。以前ならば誰か一人でもいたり、誰かが来たりすると立ち去っていたが、遊んでいた。逆に他の子の動きを見て真似ている。

紐の二重結びができるようになった。弁当箱を布で包んでくれる。

夏休み

夏休みの絵本の絵では、主人公の大きい魚にちぎり紙を貼ることと色を塗ることは本人にやらせた。根気よくやっていた。

ハッキリとした言葉で言う

下校時に雨が降っていた時のこと。傘をさしながら「雨つめたいね」と言いながら歩いていた。

その時の状況や気持ちをハッキリとした言葉で言えるようになってきた。

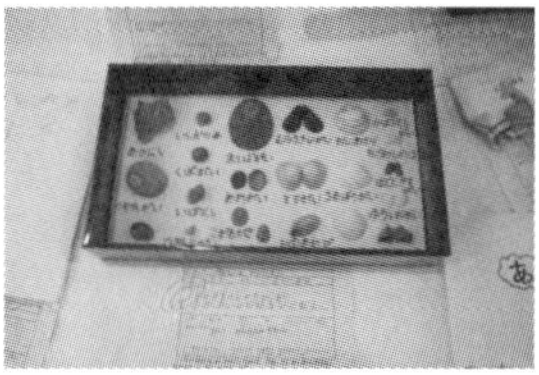

夏休みの課題研究は
貝殻の収集

貝を拾うこと・名前を書く・貼りつけることは本人がやる。浜辺でいろいろな種類を見つけては拾っていた。

登下校以外でも、横断歩道を渡る時、手をあげて渡っている。横断歩道を渡る時、止まっている車に向って手を横に出し「渡るから、待って！」と言いながら渡っている。

母親が「お茶を飲み過ぎるとオシッコが出たくなるよ」と注意するので、父がお茶を飲んでいると娘に「おかわりするとオシッコが出るからダメ」と注意している。

下校時に、クラスメイトのたいきくんの家の所で「たいき！　お母さん待ってるよ」と早く家に入るように言っていた。

公園で3年生のまりんちゃんとボール遊びをした。遊んでいると男の子が「入れて！」と来ると娘は「いいよ！」と言って遊ぶ。しかし男の子は激しいので娘は引いていた。男の子に「何才？」と聞かれて「6才」と答える。

返事ができるようになってほしい

下校時まりんちゃんが娘を見かけた時は、走って来てランドセルをポン！　と軽くたたいて一緒に帰っている。まりんちゃんのお父さんも娘を見かけた時には挨拶してくれるそうで、笑顔を見せてくれるらしい。挨拶できればなおいいのですが。

✿

下校時まこちゃんと一緒に帰る時がある。「まゆちゃんって、本当にかわいいねえ」と言ってくれる。娘も嬉しそうにニコニコしていた。しばらく一緒に手をつないで帰る。ちさとちゃんが「まゆちゃん、ごほうびシールに自分の名前が書けたんだよ」と教えてくれる。ちさとちゃんも嬉しそうだ。

✿

3組のなつみちゃんが、娘が返事をしない時が多いので「まゆちゃん、今日は調子いい？　調子悪い？」と母親に聞いてきてくれる。娘の無視は調子の良し悪しによるものだと思っている子もいるようだ。まゆちゃんなんて、と思われないうちに返事ができるようになってほしい。

下校の時。友達がバイバイと言ってくれたら、娘が「バイバイ！」と言ってたのを見た子が「まゆちゃんバイバイって言えたね」と言っていた。

✿

学校好き！

土曜日の出来事、娘が「今日学校は？」と聞くので「今日はお休みだよ」と言うと泣くのです。「学校行きたかったの？」と聞くと「うん！」と言い、まだ泣くので聞くと先生に会いたいようだった。とても慕っている。先生もお休みだということを言い聞かせた。

本人に「学校楽しいの？」と聞くと「うん楽しい！　学校好き」と言う。友達に無視をしてしまったり、授業もわかっているのかどうなのか、娘には楽しいことがあるのでしょう。

学校へ行くのが楽しくて、朝から「学校は？」と聞いてくる。「今日は学校行くよ」と言うと「やったー！」と飛んで喜ぶ。補助の先生がついて下さってから以前にも増して楽しそうにしている。朝の支度や登校時や帰宅後も落ち着いている感じがする。

✿

補助の先生

夏休みの課題研究展示会で見学していると偶然にも娘のクラスと一緒になる。「パパー」と寄って来たので「あら！　まゆちゃん！　まゆちゃんの貝はどこにあるの？」と聞くと「あそこ！（指さす）」と言う。置き場を教えてくれる。

補助の先生に抱っこ状態だったので「まゆちゃん！　一人で歩かないと駄目でしょう！　ほら。皆あっちへ行ったよ」と言ったら素直について行っていた。

❀

夏休み課題研究展示会にて。教室に戻る時、集合できない男子がいた。娘が手を引っ張って集合させようとしていたが、娘の腕を払い反対方向に走ってしまう。娘は寂しそうにしていた。

❀

ごほうびシールをいつも見せてくれる。シールがあると一つでも頑張ったんだなというのがよくわかる。

跳び箱をやったことはないが、父を丸くしゃがませた状態で跳び箱のように飛んでいる。飛べる時と飛べない時と半々くらい。

❀

昇降口でちひろちゃんが「まゆちゃん」と呼んでくれるのに娘は返事をしない。ちひろちゃんは寂しそうにしていた。ゴメンね。見ていると本当に心苦しい。

友達から声をかけられて無視する件を先生と相談。「まゆちゃんはもう少し時間がかかるから待ってあげてね」とタイミングがある時にクラスの皆に対応していただくように先生にお願いする。

補助の先生が来られたことで学校が更に楽しくなっていて、学校でやったことやドリル等を見せてくれ「まゆが書いたよ」と嬉しそうに話してくれる。

❀

下校時、最後に門を出ることが多いが、途中でクラスの子に会うと「まゆちゃーん」と呼んでくれた子がいて嬉しそうにする。友達に声をかけられると嬉しいのに無視をしてしまう時がある。

❀

3年生まりんちゃんと会うことが多く、娘は「まりんちゃん！　あのね」としゃべっていた。まりんちゃんも一生懸命聞いてくれる。その時まりんちゃんと娘の間に割り込んで来た子に、まりんちゃんが「今、まゆちゃんとお話してるんだからやめて！」と言ってくれる。向き合ってくれて嬉しいです。

休日に遊びに行った遊園地にて。ある遊具で知らない子と6人程度で遊んでいたが、帰ってからも皆で遊んだ印象が強いためか、その遊具でのことを話してくれる。

通級の提案

通級の提案がある。一度試してみようと思って見学をお願いした。まずはやってみないと話にならないと思った。通級は本校には無いので他校からの巡回指導。

通級担当の先生との面談（9／8）を行う。通級先の校長先生と挨拶後、通級クラスを見学させていただく。個別で対応出来るようにパーテーションで仕切られていた。

2時間程度の話合い。非常にベテランの先生だという空気が感じとれた。今までの特別支援での経験も聞かせていただいた。

当初本校からの話では「本人が息抜きする程度で考えてもらえれば」と聞いていたが、通級担当からの話とのギャップにびっくり。軽い気持ちでいたが「しっかり指導してさせていただく」という熱い指導に身構えてしまう。通級の進め方については本人の学校状況を見て先生方にお任せすることにした。

通級先生の指導方法の短期集中型が娘に合うのか、学校が嫌にならないのか心配だったが、真剣に対応して下さる姿勢に挑戦することにした。

週1時間の通級だけだが学力とは違う勉強もできるのではないかと考える。

巡回指導で本校に来て下さるとのこと。先方から巡回指導でと言って下さいましたので非常に安心した。環境を変えない方が娘には良いという判断をして下さったようだ。

指導は教室内での付き添いと、個室での持ち出しの二通りを考えているとのこと。

週1時間では効果が出るかどうかは難しいそうだが、1時間でも試してみたいという気持ちがある。本人もどういう反応をするのか、娘にとっても挑戦です。今後もそういう提案もあるだろうと思い経験のため一度やってみておこうという思いもあった。

通級の先生が在籍されている小学校には学童がある。その学童に偶然にも保育園を定年された園長先生が働いていた。何かあれば園長先生とお話しを聞いて下さってもよいことを伝える。娘が非常に慕っていた園長先生でしたので。

✿

通級先生から「いずれ麻友さんはバスや電車にも一人で乗ることができるでしょう」と言って下さる。

指示が入らないことが多いので、娘のことを知っている専門知識を持っている方に相談した。「麻友ちゃんは人との関係を心の拠り所としているので、関係を作ることができれば指示は入る」と言われていた。確かによく人を見ている子です。

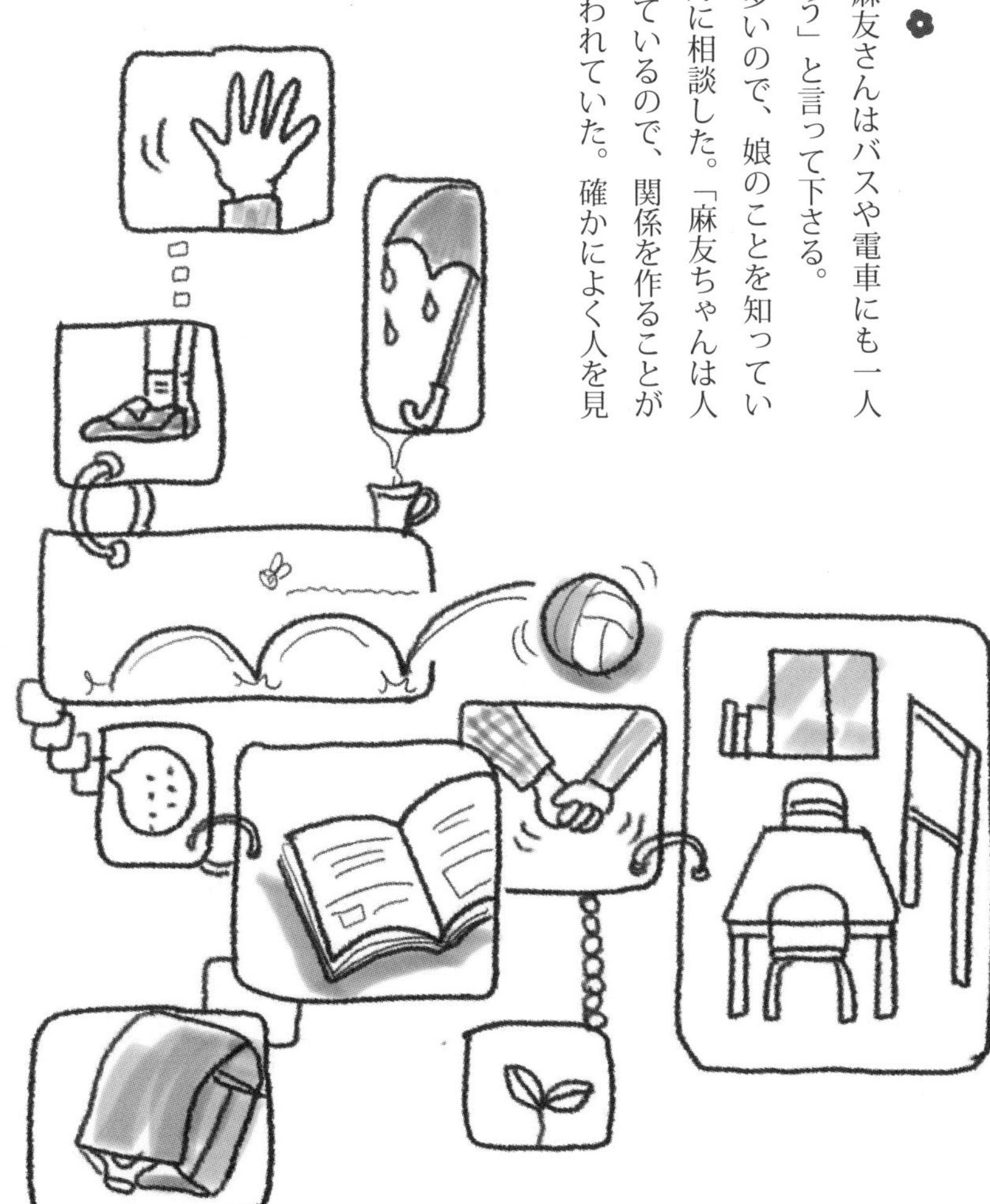

検査・診断 問題なし

7月21日 病院での心臓体力負荷診断結果、運動中の不整脈も無く正常。運動制限は無し。

学校での心電図検診で出た「異常Q波」についても確認したが問題無しとの診断。

8月26日 頚椎検査を行う。問題無し。体育等については気をつけて見ていただく程度でよい。

興味の範囲が広がる

ショッピングモールに行ったときにペットショップの子犬ブースからなかなか離れない。ガラスごしに顔を近づけて真剣に見ている。以前ではあまり興味なさそうだったのに興味を持ったようだ。特に犬用の水飲み器の構造を真剣に見ていた。犬ではなくて器具が不思議だったのかな。

水族館に行く。家で「ニモ」のDVDをよく見ているので興味しんしんで見ていた。水族館は何度も行っているが、今まで興味をしめさなかったのでビックリしている。

水族館の小さい生き物の所に虫眼鏡が置いてあったので使い方を教えたら夢中になる。なかなか離れようとせず。特にニモに出てくる、海カメ・エイ・熱帯魚のコーナーは長い時間、水槽を見ていた。

蒲郡の花火大会に行く。花火大会は初デビュー。音に怖がるかと思いきや「きれい！　きれい！」と見ていた。花火の色や形を言ったり、数を数えたりと目が輝いていた。しばらく見て「帰ろうか？」と聞くと「まだ見る」という発言にビックリです。

CMに出てきたディズニーキャラクターを見て「ミッキー！　ミニー！…」と答えた後、不思議の国のアリスを見て「これは?」と聞くので「アリスだよ」と教えると「ふーん！」と言う。知らないものに対して何？　と聞いてくる場面が増えた。

安城七夕で短冊を探していると友達に会えたり、保育園の先生にも会う。覚えていたようで、恥ずかしそうにニコニコして喜んでいた。

❀

カレンダーにシールを貼っているが、本人に「今日は何日?」と聞くと「28」と教えてくれてシールを貼っている。数字は読める。

新聞を見てひらがなを読んでいる。ひらがなパズルが一人でできるようになってきた。自分のことを「まゆねー」と言う。

❀

いとこたちと

夏休みに双子の従妹(小2)と従弟(年長)と皆でしりとりをやる。

「ら」のところで娘になり「らくだ!」と答えたのでびっくり。

いとこたちと海水浴に高島へ
右から2人目が本人

船を見ると「うみ」の歌を歌う。船→海の連想ができたようです。

駐車場で車から降りたとき「風が涼しくて気持ちがいいねえ」と言っていた。文章になってきた。

❀

従姉の子に誤って花火で軽く火傷をさせてしまう。謝らせようと叱ったが謝れず。忘れかけた頃に自分から寄って行って「大丈夫? ごめんね」と言って火傷を負った手をさすっていた。従姉の子も「うん、いいよ」と言って、ニコニコして一緒に遊んでいた。自分の心の整理が出来たら謝れる。無理に言わせようとしたり、やらせようとすると言えない。

❀

いい表現をする

まゆちゃん「10月1日は何の日?(誕生日)」と聞くと「ケーキをたべる!」と言う。祖母が教えてくれたようでケーキを食べることはしっかり記憶済。

❀

ぴよっこハウスの加藤代表より「麻友の心をつかむまで

すごい時間がかかったあ。私でも苦労したわ。麻友の頑固さ強情さは天下一品！　でも心をつかんだら麻友の良さはわかるんだよねえ」と言われていた。

体温計の数字を読む。小数点以下は読んでいない。

父親のビールを注ぐときに「おかわりちょうーだいは?」と言ってくる。娘がごはんのおかわりのときに母親が言っているためか。父親は素直に「おかわりちょうーだい」と言って注いでもらっている光景がおもしろい。ペット状態の父親。

娘はビールを注ぐ表現を「モクモク」と言う。確かに泡がモクモクしているからか。いい表現をするなあと感心する。

遊園地で遊具の少し高めの所から降りるのを怖がって戸惑っているとき。手を出さず見ていると、見知らぬ3、4年生くらいのお姉さんが気が付いて降ろしてくれようといろいろ手を考えてくれていた。「大丈夫だよ。こうやってやるんだよ。やってみる?」と言ってくれるのを見て、人の親切がわかるようになってほしいなあと思う瞬間。自然と声をかけてくれて優しい子でした。

言語訓練にて。名詞カードを使った返答はほぼできるので、これからは抽象的な言葉から返答をするような訓練を行うとのこと。

言語訓練での出来事。「学校へ行くときに背中にしょって行く物は?」という質問に娘は「おもたい!」と答えていたので、確かに!　と思って笑えた。

なります。子どもたちは非常に素直で可愛いです。

じゃんけんで「最初はグー。じゃんけんぽん。あいこでしょ！　しょ！　しょ！　しょ！」とあいこでしょ！　をやりたいらしく。あいこを出さないと怒る。学校で皆のじゃんけんを見ているのでしょう。

学芸会

初めての学芸会
中央後ろで座っている本人

家で「まゆちゃん、学芸会のセリフはあるの？　何て言うの？」と聞くと両手をガッツポーズをして「げんき！げんき！」と言う。家では学芸会の歌もよく歌っている。

本番では「げんき！　げんき！」とできず残念ですが、皆と一緒に楽しそうに歌を

誕生日のプレゼント

まこちゃんから誕生日カードをもらって「まこちゃんにもらったよ！」と見せてくれる。本当に嬉しそうでした。

誕生日に飾りのついた鉛筆をプレゼント。とても気にいって「あした、がっこうへもっていく。みんなカワイイっていってくれるかなあ？」と言っていた。自分のことや持ち物に関して、皆がどう思っているのか気になるようだ。そのような気持ちを持てることができている。

数ある物を目の前にして1～30まで数えていた。

ちひろちゃんが「まゆちゃん日直上手にできたよ」と教えてくれた。娘を一人のクラスメイドとして違和感なく付き合ってくれていることが嬉しい。

なぞり書きが以前と比べるとしっかり書けてきている。

まことちゃんが娘と手をつなぐことができて「うれしい！うれしい！」とすごく喜んでくれていた。こちらも嬉しく

歌っていたのでよかった。タンバリンもお芝居に合わせれている。

❀

学校が好き

毎日のように「がっこうは？　がっこうは？」と聞いてくる。今日は休みだよというと泣いてすねてしまう。

友達と一緒にいるのが楽しいのでしょう。学校が好きなようです。

❀

算数の○＋1＝足す1だけだが足し算ができるようになってきた。

「25、26、27、○、29…の○は？」「28！」という感じで、数の抜けている所の数字を当てることができるようになってきた。

名前が書けるようになってきた。

大根おろし

大根おろしに醤油をかけて「こおりでーす！」といって冗談を言う。

さんまに醤油を直接かけたら「だめだよ！こっち（大根おろし）からかけたほうがおいしいよ」と教えてくれる。言葉は若干不明瞭だが言葉はつながってきている。３語文以上も頻繁に出てきている。

✿

矯正歯科にて先生の指示を聞いてその動作（舌使い）をした。難しい動作らしいが出来たので先生が驚く。

袋の口の1重しばりができるようなった。

家で「おたまじゃくしの１０１ちゃん」の本を一人で声をだして読む。ひらがなが読めるようになったので嬉しいのでしょう。

✿

ビーズを作る

大人が作るビーズ（小さい）サイズを、根気よく手ぐすに通して作っている。

七五三では自分で作ったオリジナルのビーズネックレスをして行く。自分から「はめて行く」と言う。作る時には、手を出さず最後まで作らせたが根気よく完成させていた。

七五三のお参り後で着物とドレスを着て化粧をして写真を撮る。女の子として素直に喜んでくれたことが嬉しい。三歳の時はグズって写真二枚を撮るのに一時間かかり心配していた。

✿

携帯のメール・新聞・本など、漢字は飛ばしてひらがな部分だけを読んでいる。

アイロンビーズで遊ぶ時、ハート形で形を作るようになる。

アイロンビーズで遊ぶ時、
ハート形で形を作るようになる。

まやちゃん

5組のまやちゃんが、お家へ遊びに来てくれた。お母さんが連れて来てくれて一緒に遊ぶ。とても喜んで、折り紙をしたり「誰が好き?」とか聞いたりして楽しそうに遊べていた。

まやちゃんと一緒に遊んだことを父親に一生懸命説明していた。

まこちゃん

下校帰りには迎えに行っている。迎えが遅くなったときに、まこちゃんと手をつないで帰っていた。まこちゃんが「まゆちゃんもスイミング行こうよ」と誘ってくれると娘は「うん! いいよ」と。わかってかわからずか返事をしていた。

ゆうやくん

2年生のゆうやくんが、娘と一緒に帰ってくれることがある。ある日、娘の後方でゆうやくんが友達と帰っていた。ゆうやくんが友達と別れて一人になったのを見た娘は「ゆうやくんといっしょに帰る」と言って彼が来るまで待っていた。

娘が下校するときいつも最後になるが、ゆうやくんと途中で会う。彼に「いつも追いつくね。さっと帰らなくてもいいの?」と聞くと、彼は「麻友ちゃんを待ってた」と言ってくれる。お祭りで写真を撮るときもそっと寄り添ってくれる優しい子です。これからも仲良くしてやってほしいと願うばかりです。

ちひろちゃん

最近は「○○好き?」と、好き嫌いの質問をしてくる。先日は「ママ。きどせんせい好き?」と聞くので「好きだよ。まゆちゃんは?」と聞くと「うん! 好き!」と言っていた。

下校のとき、娘を待ってくれている子が結構いたのでビックリ。みんな付かず離れずの距離で接してくれて楽しそうに帰っている姿がとても微笑ましい。

下校時に、娘が「ちひろちゃーん！」と言うと、振り返ってくれて娘が走って近づくと、ちひろちゃんがハグをしてくれた。ちひろちゃんのしゃべり方は非常に優しいのです。

2年生のゆうや君に会い「まゆちゃん！」と言って手をつないでくれようとすると、娘は嬉しそうに手をつないでいた。ゆうや君は下校時も娘を見つけると「まゆちゃーん！」と走って来てくれます。娘も「ゆうやくーん！」と言って走って行きます。とても微笑ましい二人です。ゆうや君はイケメン。

まことちゃん

まことちゃんの靴を下駄箱へ入れるのを手伝ってあげていた。友達の下駄箱の場所も覚えている。

付き添いをしていると、友達がいいことや悪いことをいろいろと教えてくれて、更に学校での様子がわかり、手立てを立てやすいので助かりることもあります。

みうちゃん

みうちゃんの定規を壊してしまう。娘を連れて同じ定規を持って謝りに行きました。

みうちゃんは不在で残念ながら本人には謝れませんでした。その後、みうちゃんが娘と母親に手紙を書いてくれる。「また貸してあげるね」と書いてくれていたのです。しかもクイズ付き。その定規を壊してしまって以来、みうちゃんはよく話かけてくれます。ありがとう。

集団の中での行動

放課のとき、ペットボトルのふたを収集箱に入れるのに時間がかかり、外へ出た瞬間チャイムが鳴りガッカリしたようです。チャイムが放課の終わりだとわかったのか、すぐに教室へ帰れた。

先生が黒板に書いていた字を読んでいるときがある。黒板の字を写そうとしている姿もある。

授業前のプチ授業にて、早く終わった生徒が教室を走り回っていると「走ったらダメだよ」と小さい声で注意していた。集団の中での行動の良し悪しがわかっているのでしょう。

ちさとちゃんとめいちゃん

ちさとちゃんとめいちゃんが「まゆちゃん、なわとびしよう！」と誘ってくれると「うん！　いいよ」と言って一緒に遊んでいた。誘ってくれてありがとう。

ちさとちゃんとめいちゃんが「まゆちゃん、なわとびできるんだよ」と教えてくれる。7回程度は飛べることはわかっていたが、友達から教えてくれるのは、また格別に嬉しい。最近は後ろ飛びが一回だけできる。

付き添いのとき、補助の先生が来てくれると「ママ。せんせいが来たから帰って」と言う。母親はうるさいからでしょうかね。

1年3組の男の子が階段でグーパンチをしてきたのです。たまたまかすれ大丈夫でした。何もしていないに急にパンチをしてきてビックリ。娘にも「やめて！」と言うように教える。

1年生　11月中〜12月中　生活

予定カード

1日の予定がわかるカードを作る。

「きょうのよてい」の所は確認して納得している。

「あさのじゅんび」は見ているが、都合悪いとわざと知らない顔。

気にいらないと全部取ってしまうことも。

出発時刻を毎日のように言い聞かせているためか、時計を見るようになってきたが、準備のスピードはムラが多い。

視覚認知で絵も入れる。

登下校

スカートがお気に入り。体育のある日は体操服を着るのでがっかりしている。

登校時の校門で中学年のお兄さんお姉さんたち数人が校門で待ってくれている日がある。

ピアノ教室のある日は車で迎えに行かないとレッスンに間に合わないが「みんなと歩いて帰る」と言う。友達と帰る道のりが楽しいようで車で迎えに行くと怒る。

娘がおもしろいことをするので「麻友ちゃん芸人になれば?」と言ってくれる友達がいる。皆となじんで楽しんでいるようだ。

マラソン大会の本番前の練習ではビリでしたが、ゴール付近になると1学年(1組~5組)全員の生徒が「まゆちゃんがんばれ! がんばれ!」と応援してくれて感激。調子にのっておちょけサービスでゴール!

マイペース

公文では国語・算数5枚ずつ書くのに1時間以上かかるが、ギャラリーがいると20分で終了する。速くできるなら、いつも速く書きなさいと言っている。ギャラリーがいるとパワーが出る。

公文で座っている前にいた子に「そこ違うよ」と指摘されていたが、知らん顔してマイペースで続行していたのには笑える。

昇降口で上履きを履き替える時、友達の上履きもそっと出してあげている。

まこちゃんが手紙をくれてすごく喜んでいる。学校から帰ったら父親に一生懸命手紙のことを説明してくれる。

ある朝、まこちゃんが「図書室一緒に行こう」と誘ってくれて手をつないで行く。チャイムが鳴ったら帰って来れる。

お風呂に入り、一人で体を洗ったり洗髪できるようになった。

恥ずかしいという気持ち

音楽教室にて。見ているとできると思うがやらないこともあるので先生に相談する。「麻友ちゃんは恥ずかしいという気持ちがあるようです。そういう気持ちを持てることは非常に大切なこと。最近は恥ずかしくてもやらなくてはと殻を破りつつあります。子どもには子どもの都合があるんです。他のお友達に合わせる時もあります。恥ずかしくてもやる時はやらないといけないんだよ、ということを教えたいと思っています」と言われていた。ありがたいです。本人なりに考えて成長しているんだなと思った。

登校では時々ですが手をつながないで登校する。少し遅れると4年生ののりかちゃんが声かけをしてくれて小走りで付いて行く。のりかちゃんはいつも気にかけてくれている。

滑舌の練習でＡＢＣの歌を歌ってやる。本人に「何歌う？」と聞くと「えいご」と言う。鮮明ではないがＡＢＣの歌を覚えている。不明瞭だがＡＢＣの歌とわかるレベルで歌う。

まこちゃんが「席替えしたいなあ」と言うので「どうして？　席替えしたばっかりでしょ？」と言うと「だって、まゆちゃんの隣がいいもん」と言ってくれる。娘の隣がいいって言ってくれる友達がいて嬉しいです。

通級では他校へ通う

通級は当初巡回指導だったが、都合により担当先生の学校への通級へ通うことになる。４年生みくちゃんが、通級のため他校に行く時「まゆちゃんバイバイ」と声をかけてくれる。娘もニコニコして「バイバイ！」と言っている。翌日、みくちゃんが母に声をかけてくれた。「麻友ちゃんがバイバイしてくれた」と嬉しそうに言ってくれる。近くにいた友達のすずのちゃんも娘に好感を持ってくれているようです。通級へ行っている間、クラスではどんなことが進んでいるのか気がかりですが、しばらく様子をみます。

通級校に行った時、公文の子に偶然会って不思議そうな顔をしていた。月二回の訪問だが、娘にとっては新しい出会いの場でもあるなと思う。

✿

週頭朝礼の時の校長先生のマネを、指し棒を持ってやっている。聞いているかどうかはわからないが、良く観ている。

✿

３組のちさとちゃんが、放課の時「まゆちゃんは、だいたい先生か一人で遊んでる時が多いから、一緒に遊んであげた」と教えてくれる。娘のことを気にかけてくれている子もいる。

✿

手紙を書く

しばらく会えなくなる友達に「手紙書く？」と聞いたところ「うん。書く。まゆよりって書く」と言う。手紙を書くことに興味を持っている。

手紙を書くことがマイブームで　○○へ　まゆより　と書いている。内容は意味不明ですが、まこちゃんにも手紙を書いて渡していた。

ピアノレッスン

ガチャポンにあった「マニキュアがほしい」と言うので買う。喜んで塗っている。父親の爪まで塗り始めて、されるがままの父親。塗った爪を「きど先生に見せる」と言っていた。共有しようとする気持ちがある。

✿

ピアノは練習していないがピアノレッスン（まだ右手のみ）ではクリア。音がハッキリと出ているので先生がお手本で弾いているのかと思った。指先の力が出ているようだ。

ピアノレッスンは、集中力が出ているそうだ。しかしその集中力は5分～10分程度らしい。

言語訓練の休憩時、おもちゃのピアノでドレミを弾いていたので「ピアノ行ってるの?」と聞かれ「行ってるよ」と答えていた。練習はしないのにアピールはするようです。

✿

説明ができた!

北部公民館で父親が本の返却をしているとき「先に行って（館内の遊び場）遊んでいてもいいよ。名前を書いてから遊んでね」と言うと「はーい!」と行って遊び場へ。遊ぶときには名前を記入するルール。後で名前を確認したらしっかりと記入していた。保育士さんが図書室の方へ来て「今、本人に聞いたらお父さんと来たと言って、図書室にいると言うので来たんです」と保護者と来ているのかを確認された。説明ができたことに感心。しばらくして「パパ早くおいで、なおちゃんがいるよ」と興奮気味に呼びに来る。友達と会ったのです。友達と会うととても喜びます。

公民館では、なおちゃんとドミノ・遊具を使って2人で仲良く遊んでいた。そのとき保育士さんがなおちゃんに「まゆちゃんとお友達?」と聞かれ「うん! 同じクラスだよ!」と笑顔で話をしてくれていた。微笑ましい光景。

✿

買い物先で「○○の方へいるから待っててね」と言うとしっかり待っている。待ちきれないと指定した所まで呼びに来る。どういう行動をとるのか目を離さないようにしているが、勝手にあちこちへ行かないようになった。

学校での存在感の広がり

公民館でボードゲームをやっていた兄妹の妹の方が娘を見て「あの子自閉だよ」と言うので兄は「知ってるよ。見たことあるもん」と気にすることでは無いよ、と言わんばかりにサラリと言っていた。妹は「ふーん」と深く気にすることなく遊び続けていた。学校での存在感も広がっている。自閉・ダウンは症状は違えど一緒に見えるのかなと思って聞いていた。

さりげない心づかい

言語訓練の先生が「さりげない心づかいができていますね」と感心していた。「そのような子あまりいないですよ」と言っていた。「行動の1~10を順番に教えてできる子はいますが、麻友ちゃんはその場面に応じた気配りができています。例えば、席がいっぱいだと自分の荷物をよけてそこへ座ってもらおうとしたり、靴にしても他の生徒さんの靴をそっと揃えてあげたりと。お家で何か教えていますか?」と聞かれたが特に教えたこともないです。「お節介にならなければいいのですが」と言うと「お節介とはまた違うんですよね。何かさりげなくやるんです」と良い感じだそうです。そういう人間性や心が育っているようでとても嬉しいです。

「買えた!」

買い物に行くときにわざと端数で170円持たせた。お菓子売り場で自分のほしい物(その時は42円のチュッパチャップス)を1つだけ決めさせて、レジで精算させてみる。後ろで見るだけで手は出さないでいた。どうするか見ていると、恥ずかしそうに150円を出してレジの人に50円取ってもらっていた。お釣りを受け取り財布にしまっていた。買い物は問題なく終了。本人も「買えた!」と言う。商品の値札が二桁なら読めている。これからもどんどんと買い物をさせてみようと思う。

舌打ちをよくする。やめてほしいがこれも成長段階とみるべきなのだろうか。

通常学級に決める

校長先生が代わる。

朝、まなかちゃん・ちさとちゃんに会ったらニコニコ笑って手を振っていた。友達に会うと挨拶をしたり手を振っている。

上級生の卒業式の日。皆は外で並んでいたが、娘は教室へ行ってしまう。外へ行くように誘った所「きど先生は？」と聞いてきた。娘が教室へ戻ったのは先生を探していたようだ。

2年生にあがる時の在籍クラスについて、気持ちを聞くと「みんなといっしょのへやがいい」と言うので通常学級に決める。学校は社会の縮図、みんなと一緒にいることが大切な勉強であるという点でも選択も一つになった。今年度も娘と親の挑戦が続く。

登下校は問題はない

2年生になった初日「まゆちゃんは2年生だよ。先生はきど先生じゃないかもしれないけど、先生の話は聞くんだよ」と言うと「きど先生がいい」と言う。

教室まで行ってみると「ママ帰って」と嫌な顔をして怒っていた。学校は先生と友達の世界だという認識が強くなっている。今年度も担任はきど先生で喜ぶ。

まりんちゃんとゆうやくんが家に遊びに来てくれる約束をした。心待ちにしていたので少し遅くなっただけで「まりんちゃんおそいね」と言っていた。楽しみで仕方ない様子。

漢字の山を書いて「見て！　やまだよ」と言っていた。漢字の木・本は書けている。

登校時。本人の準備が早く終えていると「ママ！　3だよ（7時15分のこと）急いで！」と言われてしまう。

友達のお母さんが息子さんに「まゆちゃんと違うクラスになっちゃって残念だね」と言うと、息子さんは「またいつでも遊べるからいいんだ」と言ってくれたようだ。嬉しいです。

✿

家でドラゴンボールの踊りをやっていた。娘に「誰に教えてもらったの?」と聞くと「きど先生」と言うのです。運動会で踊るようで、かけ声を出して踊っていた。

✿

ゆうや君とまりんちゃんが家に遊びに来てくれる時がある。その時ゆうや君が娘の携帯（母のお古）でテトリスをやっていたのを横に座って見ていた。普段は勝手に使うと怒るが友達同士だと素直に見ている。

✿

登下校は今のところ問題はない。班長や班の子にも一人で行けるか相談したら「大丈夫じゃないかなあ」と言ってくれたので、付き添いは距離をおいて行くことにする。たまに班の子が「走ろう!」と言って走ることがあるので危ないし、ついていけないので心配です。副班長ののりかちゃんは気づかってくれている。

授業に参加している

参観日。座って先生が黒板に書いているところをじっと見ていた。何か本人に感じとれるものがあればいいが。

参観日では手をあげて参加していた。指名された時には、先生は復唱して確認してくれていた。参加しているという感じを得ていると思う。

参観日では、先生の手伝いや配り物をしている姿があった。授業に参加している。

✿

1年2組の時はにぎやかだった。あの雰囲気も子どもたちにとっては、言いたいことも自由に発言できて良いと思っている。とある父親さんは「そういう雰囲気の方が好きだ。そういう雰囲気の方がひらめく子どもが現れることが多いと思いますね」と言われていた。先生は大変だったと思うが。補助の先生方やいろいろな先生に会えたと喜んでいた生徒もいた。

✿

気にしてくれる友達がいる

下校時「まゆちゃん! バイバイ」と入れかわり立ちか

わり言ってくれる友達が多く、娘も大きい声で「バイバイ！バイバイ」と言ったのを見て子ども同士の世界を感じた。

父親が交通立番をやっていた日、友達のちさとちゃんが母親に「ディリーでまゆちゃんのパパに会ってあいさつしてくれたんだよ」と喜んでくれる。父親も顔を覚えてもらうためにもいろいろ参加した方がよいと感じた。

なぜかトイレをよく覗いていたらしい。友達が「まゆちゃんトイレ覗かなくなったよ」と教えてくれた。最近は大丈夫のようだ。

参観日。休憩チャイムが鳴ったらトイレに走って行くと、次の授業までに帰って来たので、少なからずルールがわかっているのだなと思う。しかしその日の長放課は戻ってこれなかった。まだまだ手を焼かせているようだ。

放課の時、チャイムが鳴って戻れない時。3組の女の子2人が連れ戻そうと走って追いかけていた。気にしてくれる友達がいてありがたい。

大人は友達の代わりにはなれない

数字の1・2・3を見ながら「ワン・ツウー・スリー」と英語で読んでいた。友達が言うので覚えたのだろう。

学校で覚えてくるのか「おー！ すげー」とか「俺」と言うしゃべり方をしている。やめてほしいので注意をするがそういうことを覚えることも成長の一つ。

連絡帳を書く時に、黒板を見ながら読めるところは声を出して写し書きをしていた。

4月19日　下校時にしゃがみ込んでお腹を痛がる子がいた。その子の友達に「まゆちゃんのおかあさん！」と呼ばれて行ってみると4～5人で困っていたので、母親に電話して迎えに来てもらうことにした。迎えに来てもらう間、子どもたちが絵を描き始めた。そこで友達が「まゆちゃんはこのページに書いてね」と言ってくれて描くのでした。それを見た友達は「まゆちゃんすごい上手」と言って褒めてくれて喜ぶ。しばらく待っている間、風が強い日だったので友達の帽子が飛びそうになったところを娘が見て、そっと帽子をかぶせ直してあげていた。「まゆちゃんありがとう」と言ってくれる友達。友達の中でよい関わり方ができている。無事に腹痛だった友達のお母さんが迎えに来てくれて一件落着。

✿

自宅マンションのエレベーターで一緒になった住民の方に「まゆちゃんこんにちは」と言われて「こんにちは」と挨拶。「まゆちゃん何年生になったの?」と聞かれて「2年生だよ」と答えたので「まゆちゃん成長してるね」と言ってくれた。住民の方も声をかけて下さったり、服を下さったり体操服を下さったりと親切にして下さって非常に嬉しい。

✿

数を数える時に「ニーシーロー(2・4・6)」と言っていたのでびっくり。誰も教えていないので学校で友達が数えているのを聞いたのでしょうか。言葉として言えているだけで、意味はわかっていないのでしょうけども、やはり大人は友達の代わりにはなれないなあと強く感じる。

✿

男子友達と時計の話になる。父親が「まゆちゃん今何時?」と聞くと違う時間を言ったので「まゆちゃんこれは○時○分と読むんだよ」と言うと、それを聞いた男子友達が「答えただけでもいいじゃん!」と褒めてくれたのです。子どもたちは大人と違う視点でとらえていて大人が勉強させられる時もあって感心する。

✿

運動会の練習を見学する。周りの友達とじゃれあいながらも楽しそうに「ドラゴンボール」を踊っている姿が印象的。昨年のことを思えばかなりの成長?でしょう。全体練習も大丈夫になるように昨年の運動会のビデオを見せている。本人は組体操に興味しんしんでしたが。

✿

4月30日は天気も良かったので、登校は付き添い無しで班のお姉さんたちと一緒に行かせてみた。GW中の父親が所々先回りをして確認したが、問題なく行けているようだ。少し遅れたら小走りに追っかけながらも副班長の、のりかちゃんの横で歩いていた。下ばかり見て歩いていて危ないので前を見て歩いてほしいです。

✿

4月30日の下校中に男子が転んでしまって泣いていると

ころを見た娘は「大丈夫？」と心配していた。門を出たのは中盤でしたが結局は最後尾になってしまう。友達に優しく接することができたことが非常に嬉しい。

今のままでいいんだよ

友達に「まゆちゃんは（支援クラス）に行かないの？」と言う。祖母が「まゆちゃんは皆と一緒が好きなんだよ」と答えたが、この手の質問をして来る子もいます。

友達に「まゆちゃんっていつから、赤ちゃんみたいなの？」と聞かれる。母親は「1年生の時よりも、いろいろとできるようになったでしょ？　まゆちゃんはあれが普通だから今のままでいいんだよ」と答える。その友達が大人になったら『そういえばまゆちゃんって子がいたなあ』と記憶に残る存在になってくれるといいです。

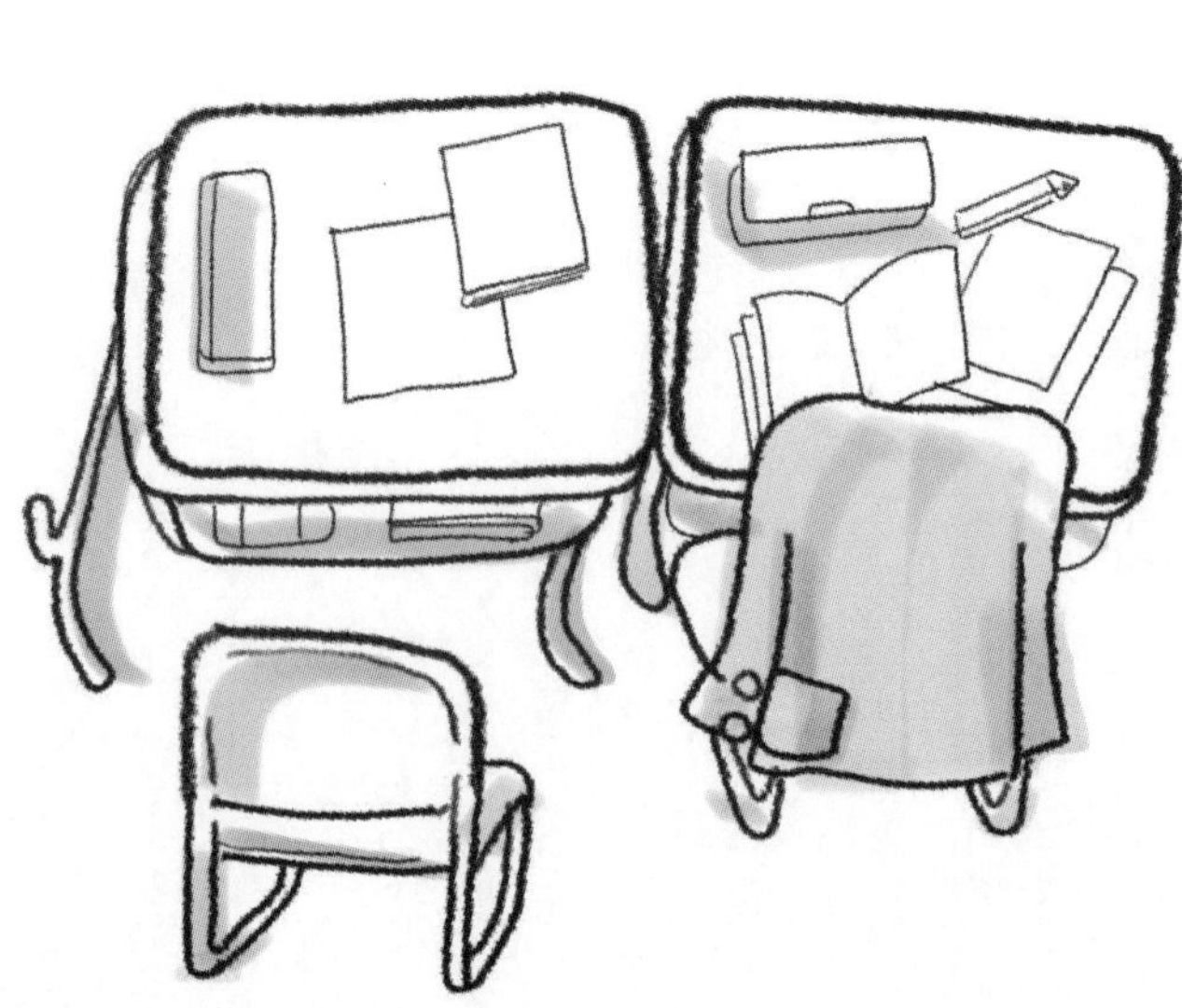

安城堀内公園に遊びに行ったとき、グレープ味が好きだがグレープアイスが売り切れ。娘は適当に買う感じでオレンジアイスを買っていた。家に帰ってしばらくして「まゆちゃん今日は何味のアイス食べたっけ？」と聞くと「みかん」と答えていた。適当に買ったのではなくて考えて買ったようでした。

父親が仕事から帰って来て､ご飯を食べるとき。「パパ！ちょっとまって、すわっててね」と言うと、ご飯を盛ってくれ味噌汁をついでくれビールを出してくれます。お手伝いができるときが増えている。

休日の車での移動中に、「くに！　くに！」と言うので、何を言っているのだろうと思っていたら、○○王国、○○共和国と書いてあり漢字の国を読んでいた。

カタカナの「釣りエサ」を見て「エ・サ」と読んでいた。最近トトロの本を見ているので

読める字が増えている

ピアゴの看板を見て「ピ・ア・ゴ」と読んでいた。読めるカタカナが増えている。

歯医者に行って帰り際にもらえるくじ引きで58番が出て「ごじゅうはち」と読めていた。数字は読むことができている。

ピアノの「ド」の位置はわかっている。でも「まゆちゃん中央のドはどこ？」と聞くと1オクターブ上のドを弾いていた。最近は左手の練習に入る。

鉛筆で書いた絵に色を塗るようになった。

ジャッ○ーチェー○のテレビ映画を見ていて、娘に「この人ジャッ○ーチェー○って言うんだよ」と言うとどこでどうなったのか「ジャンケンポーン？」と聞き返して来たので笑えた。

「そうだねえ。サツキのサと一緒の字だね。すごいね。読めるね」と褒めてあげた。

実物のアイロンを使った

アイロンビーズを根気よくやるので完成した後、実物のアイロンを使わせてみた。危ないからやらせないのではなくて、まず手本を見せてなぜ危ないかを教えながら使わせてみた。上手に使っていた。

カタカナで書いた

遊びに行く車の中で、絵を描いていたので何を描いているのか聞いてみると「トトロ！」と言うので「わあ！　上手だねえ。手に持ってるのは何？」「どんぐり！」「そうかあ。じゃあととろと書いておかないと」と言うと、何と！カタカナでトトロと書いていたのです。ひらがなで書くとばかり思っていたのでびっくり。

カタカナも少し読めるようになって、本人なりに世界が広がっているようです。文字が読めるので、親側からの説明等も楽になってきた。

豊橋のんほいパーク

豊橋のんほいパークへ遊びにいったとき、以前は動物には全く無反応だったが、今回はとても大喜びで見ていた。特に猿には興味を持っていた。猿とにらめっこをするので笑えた。いろいろと興味を持って見ることが増えてきた。

のんほいパークで「まゆちゃん、あれは何ていう動物？

アイロンビーズ完成

実物のアイロンを使ってみた

トトロ、

笑うと負けよ　あっぷっぷ！

（鶴を指さして）」と聞くと「つる」と答える。「とり」と言うとばかり思っていた。

ペンギンの所で写生をしている小学生の女の子がいた。その子を見た娘は紙とペンを取り出して、ペンギンを写生する。見辛いときは近くにまで行って書いていた。学校でも写生があると思うが、しっかり書けるかな。

✿

すごいしゃべれるようになったね！

父親が仕事から帰宅が遅くなった時に「まゆちゃん晩御飯は食べた？」と聞くと「食べたよ。パパ遅いから」と言うのです。先に食べた理由を説明してくれた。

✿

従姉の双子姉妹（小学3年）と電話をしたときに「まゆちゃんすごいしゃべれるようになったね！　シール交換する約束したよ。はやく会いたいなあ。夏休みが楽しみ！」と言ってくれる。娘と気の合う従姉の姉妹。

✿

潮干狩りへ行って貝堀りに参戦。今までは遊んでばかりでしたが今年は参戦して働くことができた。数個ですが自分で掘って拾っていた。

竹の子狩りへ行く。実際の竹の子とはどうなっているのか、それが大きくなったら竹になるということ、竹の子の取り方等教えたがわかってくれたかな。竹藪にあった竹の子を見たときは興味しんしんだったので竹の子がどんな感じで生えているかはわかってくれたことでしょう。

✿

多度大社の上げ馬神事を見に行く。馬を間近に見るのは初めてで坂道を駆け上がるとき、本人は大興奮！　暴れる馬、大歓声、何を感じとったであろう。つながれた白馬に対しては目をじっと見ていた。少なからず馬のすごさはわかってくれたでしょう。

✿

父親の車の洗車を手伝っていた。背の届かない所は自分で台を持って来て、一生懸命働いていた。

「窓を拭いて」と言えば窓を拭いてくれ「後ろのドアを洗って」と言えばドアを洗い。素直に働いて頑張ってくれた。

人気者

なおちゃんが「きょう、まゆちゃん優しかったよ」と言うので「まゆちゃん何してくれたの?」と聞くと「朝、雨でカバンがぬれてたら、まゆちゃんがふいてくれた」と教えてくれた。素直に喜んでくれる気持ちが嬉しいです。

たいき君が家の所で「まゆちゃん、またこんど一緒に帰ろうか?」と声をかけてくれて、娘も「うん。いいよ」と返事をしていた。いつも、会うと一声かけてくれるたいき君です。

友達が「まゆちゃんドラゴンボールのおどり全部できるようになったよ」と教えてくれます。皆よく見てくれているんだなと気にかけてくれている。

下校時に、ちさとちゃんが「まゆちゃん一人でかえれるんじゃない?」と言うので「大丈夫かなあ? 少しずつ練習しようかなあ」と言うと「まゆちゃん人気者だから一緒に帰ってくれる子がいると思うから大丈夫だよ」と言ってくれました。自由人の頑固者なのに人気者なのでしょうか。嬉しいですが不思議です。

ちさとちゃんが「まゆちゃん新しい友達できたかなあ」と気にかけてくれていた。ちさとちゃんは下校時もそばにいて一緒に帰ってくれるのです。

運動会の練習で、昨年は皆の中に入れず見学していたが、今年は皆と一緒に、列に入り行進などの練習ができていたので成長を感じた。

踊りの練習では、Tみうちゃん・もえかちゃんが立ち位置を教えてくれていた。

全体練習、学年練習、動作が皆に遅れることはあるが、練習に参加できるようになってきた。

運動会の練習を見ると、学年隔てなく1年・2年の先生方が両学年に目を配っている感じがした。娘が出遅れたら1年生の先生や他組の先生が定位置まで連れて行ってくれていた。

小2

Tみうちゃんが、帰りの会で『すてき』を発表した時に、娘の運動会の踊りが上手にできたことを褒めてくれる。帰宅後喜んでいた。

ある生徒が「まゆちゃんのこと皆がかわいそうだと思ってるの知ってる?」と言ってきた。ネガティブな質問もあるが、想定内だったので『やはり言ってくる子はいるなあ』と気にもとめず。逆にポジティブな意見もあっていろいろな子がいます。本人は全く自分を可哀想だなんて思っていないし親もそんなこと思ったことがない。

運動会本番

運動会の練習で「まゆちゃんやることがわかってきてるね」と校務の先生から聞く。いつも笑顔で声をかけて下さっています。

運動会本番では、きど先生も目標を持って活動してくれる。

皆と一緒に参加できて思っていた以上の成果。

前校長のK校長先生が声をかけてくださいました。娘がドラゴンボールをがんばって踊っていたことを褒めてくださる。本人にも「まゆちゃん！ ドラゴンボールがんばれたねえ。よかったよ」と声をかけてくださり感動しました。

運動会で先生の話のときは、ごそごそしたりしていたが、持ち場を離れずにいた。お辞儀もできていたが、股から後ろを覗けるほど深すぎるお辞儀で目立っていたのは愛嬌。

中央が本人

完璧だったドラゴンボーの踊り

運動会後に家でみうちゃんと父さんの絵を描いていた。

最下位でも笑顔で走った50 メートル走

帽子取り

周りにいた男子が娘のお辞儀の真似を一生懸命やっていたが、体が硬すぎてできないので不思議がっていたのには笑えた。

ドラゴンボールの踊りも完璧で、隣にいたTみうちゃんと楽しそうに笑顔でがんばって踊っていたのが感動。退場もしっかりできていたので成長を感じる。

親子競技のボール転がしでは、Tみうちゃん親子とペア。順番が回ってきたときに、父親が「まゆちゃん、みうちゃん。行くよ」と転がしがスタート。顔を見たとき、2人の楽しそうな本物の笑顔に涙が出そうです。

子どもたちは純粋です。

ボール転がしが終わって結果一位！　二人とも「やったー」と飛んで喜び二人でハイタッチして手を握り合うのです。それを見た父親は一位よりも子どもたちの中で皆と一緒に育っていることに感動です。娘はいい経験をさせてもらっているなと感じた瞬間でした。

✿

運動会後に家でTみうちゃんの絵を描いていた。本人とみうちゃんと父親らしいです。楽しかった記憶を絵で表現することが増えてきている。

✿

50m走は一人で走れて昨年と比べ進歩を感じる。最下位ではあったが、笑顔で手を振りながら走る余裕な本人でいい味出していた。

帽子取りは、男子に取られ大泣きしていたが、いい経験です。それよりも一人で参加できたことが大進歩。

運動会で3、4年生がやっていた『なるこ踊り』を家で踊っていた。100均でなるこを見つけて喜んでいた。さあ来年は、なるこ踊りだよ。

下校時なおちゃんと他一人の友達が「まゆちゃん公文に行ってるの？　公文に行ったら賢くなるかも」「まゆちゃんに公文がんばって」と言ってくれた。応援してくれます。

✿

中耳炎治療のために挿入しているチューブの右耳の方が外れてしまいました。すでに鼓膜は再生しており、異常はなし。左耳にのみチューブが入っている。プール制限はなし。

✿

付き添い登下校再開

運動会の振り替え休日の日にフワフワ遊具のアメージン

グワールド（江南市）へ行く。そこで2年2組の男子が「北小の子でしょ？」と声をかけてくれた。面識ない生徒でビックリ。他クラスの子も娘のことを知ってくれているようでした。

✿

下校時ゆうや君がいつも帰る子たちから離れて娘の方へ来てくれたので「皆と帰らなくてもいいの？」と聞くと「いじわるする子がいるからいいんだ。まゆちゃんさえいてくれればいいんだ」と言うのです。嬉しいですが、何かあったのかな。

✿

10からのカウントダウンができるようになる。

✿

登校時、班から遅れて後方10mを一人で歩いているようで、班のお姉さんたちも手をやいているらしい。しばらく付き添い登下校再開です。

✿

学校に到着して、タイヤの所で座り込みをしているのです。何故教室に行かないのか聞いてみると、誰かを待っていると言っている。しかし、はっきりとはわからず。皆が入ってくるガヤガヤがいいのか、上級生の真似をしているのか。

✿

芋の苗植えに行く、保護者もお手伝いに参加する。Tみうちゃんと一緒に苗植えをする。

✿

お手伝いをしてくれることが増えました。毎朝1番に起きて新聞を取って来てくれます。食事後の父親の食器も片付けてくれるときもあります。そんなときはおこないを褒めている。

✿

友達のお母さんが「昨年1年生のときに（我が子が）学校へ行きたくないと泣いて廊下に座っていたときに、まゆちゃんがずっとそばにいてくれて嬉しかったです。まゆちゃんがいてくれたことで本人も落ち着けて安心できたと思うんです。ありがとうございます」とお礼を言ってくれた。とても感動した。娘も役に立っているんだと思うと嬉しくなります。

✿

ちさとちゃんが「まゆちゃんて笑ったとき、目は見えてるのかなあ?」と言ってくれたのを聞いて笑えてきた。笑うと目が細くなるのです。

近所のお姉さんで4年生のまりんちゃんが遊びに来てくれた。漢字プリントの宿題を持って来た。娘と二人で勉強を始める。そのときに二人を教えてあげていたが、娘を教えようとすると「まりんちゃんを教えてあげて! 私は一人でできるから」と言って一生懸命漢字を書いていた。まりんちゃんの言うことはとても素直に聞ける娘です。

ある朝の登校時、娘を教室まで連れて行って帰るときに、東門で5年生のお姉さんたちが娘を探していた。通りかかると「まゆちゃんのお母さん! まゆちゃんは?」と聞くので「まゆちゃんはもう教室へ行ったよ」と教えてあげると「ええ!? なあんだ。急げ」と教室の方へ走って行きました。娘に会いたかったようです。

2年生 5月初〜6月末 生活

いろいろな形を作れるようになった

シャボン玉を作るときに、以前は小さくたくさん作ることがほとんどだったが、ゆっくり吹き込んで大きく作ることを楽しむことができるようになった。

父親の仕事帰りが遅いとき「パパは? パパは?」と聞いてきたが、最近は「パパは仕事が終わったら帰ってくるよ」と言うようになってきた。文章が長くつながるようになってきた。

父親と一緒にお風呂に入りたいらしく、仕事中の父親に電話して「帰ってくる?」と聞くので「今日は少し遅いからママと入ってくれるかな?」と言うと「え〜! パパがいい! ねえ! 帰ってくる?」と自分の気持ちを伝えてきて会話になってきている。

切り紙をやるときにカッターを使って見せた父親。「や

アイロンビーズでいろいろな形を作れるようになった。色合いが面白い。アイロンも使いたいようです。電源・スイッチ・温度設定、自分でやっている。

アイロンビーズの色分けを一生懸命根気よくやっていた。この時キッチンタイマーを使って「○分後に休憩だよ」と言うとちゃんと休憩できた。

りたい」と言うので補助して使わせてみたが、まだ危険度が伝わらなかったようで、まだ早かった。

話したいことがたくさん有り過ぎ

矯正歯科で、面識のあった上級生の家族と会い「うちの子がいつも麻友ちゃんに遊んでもらっていると言っているんです。ありがとうございます」とお礼を言ってくれた。「娘の方が遊んでもらっていると思うので、これからも仲良くしてください」と挨拶する。

言語訓練の先生に、学校での娘の発表のときなどでの聞き取り辛さの状況を相談したところ「皆に聞いてもらいたいことや話したいことがたくさん有り過ぎてあれもこれもとなると思われます。とてもいいことなのでその意欲をつぶさないようにしてあげることが大切です」と言われました。娘の場合は、ゆっくりしゃべれば聞きとりやすくしゃべれるようになってくると言われました。気持ちが先行してしゃべってしまうときは、ゆっくりしゃべるように声かけしてもらえるように学校側に伝える。

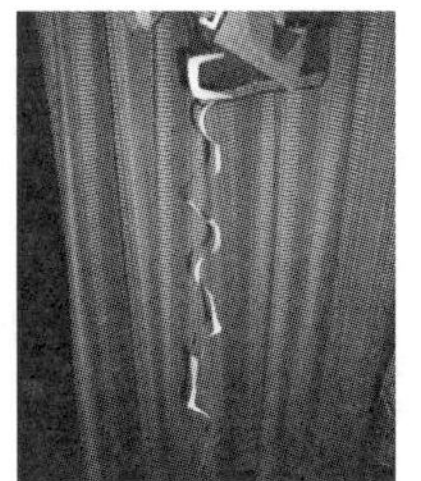
折り紙をりんごの皮むきのように細く器用に外周に沿って切ることができるようになった。

祖母の家に行ったとき、夕食の片づけを１人で進んで洗ってくれました。何も指示はしなかったのですが､積極的に手伝ってくれた。台所には興味があるようです。

まゆちゃんのこと好きなんだよ

安城七夕まつりで、学校で書いた自分の短冊を見つけて喜んでいた。自分のだけでなく、友達のも見てあげれるようになるだろうか。広場で行っている出し物の大きい音は、苦手です。

✿

友達が「○○君はまゆちゃんのこと好きなんだよ」と教えてくれたのです。好意を持ってくれている子がいるようだ。親としてとても嬉しいこと。

友達が「麻友ちゃん2年生も皆と一緒でよかったね。だって○○○（支援クラス）だと毎日ママが迎えに来ないといけないじゃん」と言っていた。支援クラスは毎日お迎えが来る決まりだと思っている生徒もいるようだ。

夏休みの感想絵で下書きを２種類書きました。好きな方を選ばせると難しい方を選んだが、根気よくがんばって塗っていた。

夏休み明けの学校

夏休み明けの学校をとても楽しみにしている。登校日の朝は準備も速く出発時間よりもかなり速く集合場所に行く。早く学校へ行きたいのでしょう。

✿

Tみうちゃんが、娘からの手紙を喜んでくれていた。自由帳にみうちゃんの名前をフルネームで書いて絵を書き、そのページをハサミで切り取ってあげたようです。友達の名前もフルネームで書くことが増えている。

学校の登り棒を上から降りられるようになった。放課中のときには５回降りていた。友達からも、娘が降りられるようになったことを教えてくれる子もいます。

放課から戻り、手洗い・うがいをしていると、クラスの男子が探しに来てくれる。

下校時に、ある男の子が自転車に乗っていたので自転車のことを褒めたのです。その後、娘が「まゆちゃんもピンクのシンデレラのついた自転車持ってるよ」と言っていた。かなりしゃべれるようになって来た。

クラスの男子が「まゆちゃん今日も遊んでばかりだったけど、勉強がんばってたよ」と教えてくれた。彼もよく気にかけてくれる生徒です。

友達が「まゆちゃんって、パパといるとすごいハイテンションで、すごいしゃべってたよ」と言うので「学校でまゆちゃんしゃべってる？」と聞くと「うん！　皆が悪いことしてると注意してるよ」と教えてくれる。家ではうるさいくらいしゃべっています。おしゃべり好きです。

夏休み作品展示会の時、父親が授業を見学する。下ばかり向いて話を聞いてないのかと思いきや周りの声は聞いているようでなじんでいる感じで安心。

通学班のお姉さんの傘を壊してしまう。同じマンションなので謝りに行く。保護者様はとても良い方です。本人に謝らせるが、お姉さんは怒っていて出てくれなかった。申し訳なかった。後日には大丈夫だった。

こなつちゃん

地震が起きた時、揺れがおさまると「パパこっち!」と逃げるよう指示をしてくれる。

蒲郡の花火大会に行く。行く前から楽しみにしていた。花火でアルファベットが打ち上がり「A, B, C」と読んでいた。出店でのフランクフルト、かき氷は大好き。

ディサービスのHPを見ていると、ひとしきり「こなつ!こなつ!」と言うので「この子、こなつちゃんって言うの?」と聞くと「そうだよ」と教えてくれた。しばらくしてこなつちゃんに手紙を書いていたが、それがフルネームで書いていたので驚いた。

海水浴前に従姉たちと(小2)

船から飛んで遊ぶ。

チャッチャマンボウダンス?

夏休みに従姉たちと

夏休みに、父親の実家(岡山)の従姉の子たちと遊んだが、しきっていた。優しい従姉なのでいいなりです。

従姉と女の子同士3人で一緒にお風呂に入る。皆がいると顔つけもできる。

海に入るのも平気で、船からも飛んで遊ぶほど。怖くないようだ。ビート板を使って、息継ぎができている。

父親と姪っ子があっち向いてホイをやって、三回負けたらものマネをやることになる。姪っ子が負けて「(芸人の真似)チャッチャマンボウ♪ チャチャマンボウ♪ バキュンバキュン♪」をやって笑わせてくれる。それを見た娘もあっち向いてホイをせがむのでやる。娘が負けると、チャッチャマンボウをやる。従姉のを見てすぐに覚えていた。「皆でやって」と父親が言うと従妹同士でダンスを披露。「きど先生にも見せる！」と言っていたのでした。

「崖の上のポニョ」のモデルとなった鞆の浦へ出かけた。ポニョのモデルになった金魚を見たがアニメと現実での関係は全くイコールにならず。わからないようで残念。

「きょうはあつかったねえ」と共感を求める言葉が出ている。

テレビのハードディスクに記録している番組の見方を数回教えたところ、すぐに使えるようになった。おかげでお気に入りの番組ばかり見ている。

手芸のスイーツデコ

手芸屋さんに立ち寄った時「これやりたい」と言うので、何かと思うと「スイーツデコ」だった。材料が高いので買い集めるまで時間がかかりそうだったので一カ月程我慢させた。一カ月たっても熱はおさまっておらず、ずっと「パパがクリーム買って来てくれるよ」と楽しみにしていた。材料が揃い「よく我慢できたね」と材料を見せると大喜びでした。父親と作成開始。本格的なスイーツデコだが、ピンセットを器用に使っていた。従姉にプレゼントすると言って作っていた。誰かの為にという気持ちがある。

音楽療法でハンドベルのコーナーがある。ある一曲を演奏する時に順番がきた。先生が指示してもなかなか鳴らさない子に、あなたの持っているベルの番だよと言わんばかりに指示していた。

言語訓練で使用している「スリーヒントかるた」というのがあるが苦手。同じかるたを使って夏休みに従姉たちと遊んでみる。盛り上がったおかげか「スリーヒントかるた」をやろうと誘ってくるようになったのです。

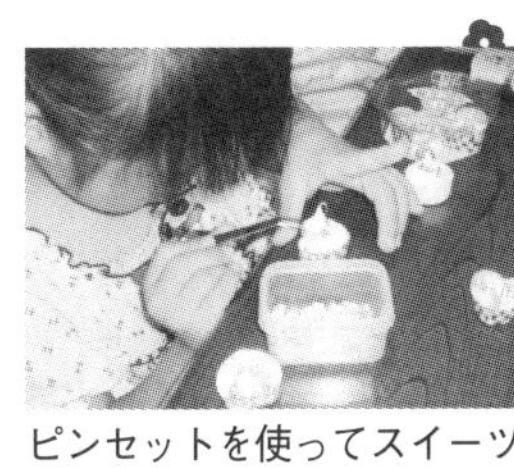

ピンセットを使ってスイーツデコを作る。

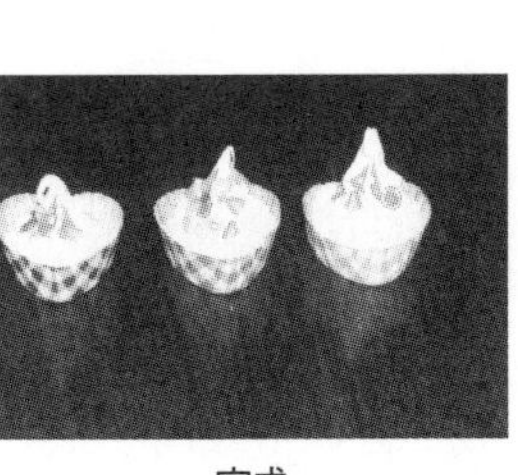

完成

近所のお姉さんの、まりんちゃんが遊びに来てくれた時にピアノの練習をしていた。家に入って待っていてもらう。練習が終わった後に一言「お待たせー」と言ったので、状況に合わせていろいろな表現でしゃべれるようになってきたなあと思う。幼児期に2年生までにしゃべれないと言葉の獲得は難しいと聞いたことがあったので少し安心です。

父親とスイーツデコを作っている時、材料が無くなり「パパ、これ無くなったから買って」と言ってきた。何でもすぐに手に入ると思うといけないので、少し我慢させることにする。

ダウン症の親の会の運動会にて。赤ちゃんもいます。その赤ちゃんを見て「かわいい。かわいい」と言って頭を撫でたり「いないいないバー」をしてあやしていた。お姉さんになってきたかなと思う瞬間です。以前は赤ちゃんが苦手だったのですが。

その運動会にて。友達が「まゆちゃんは？　まゆちゃんは」と探してくれて、一緒に参加して輪に入るきっかけを作ってくれました。何かきっかけがあるとスムーズに入れる。

2年生　夏休み　片山先生

やさしく、しつこくをモットーに

著書『「きたえる」ダウン症児と取りくむ母親と教師の記録』の先生にお会いした。

偶然にも父親が小学校在学中のときに「ことばの教室」の先生でした。市ぐるみで福祉にご尽力されている先生で、デイサービスを発足したりダウン症の相談窓口を開設した

著者の片山先生と

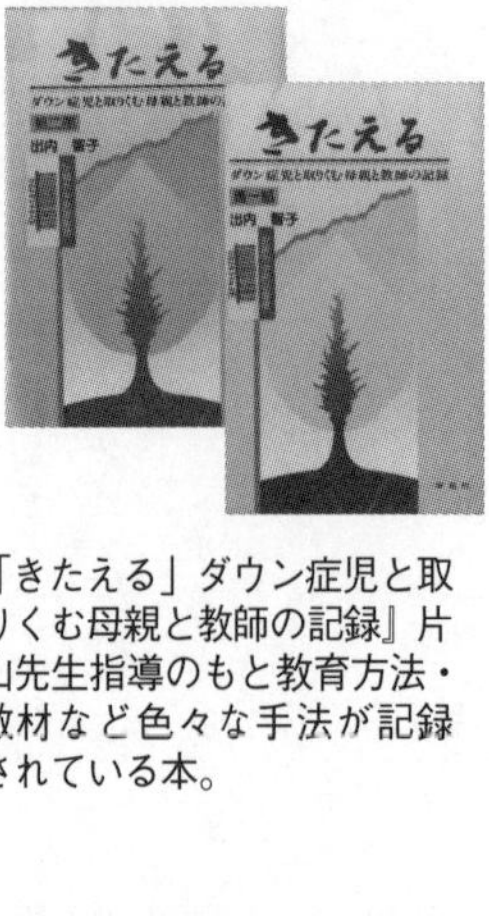

『「きたえる」ダウン症児と取りくむ母親と教師の記録』片山先生指導のもと教育方法・教材など色々な手法が記録されている本。

りと忙しい中、夏休みを利用して1時間程お話をする。父親の地元に帰省したときにお会いした。

娘にも本のように試したが見向きもしなかった話をすると、「やさしく、しつこくをモットーに」と教えていただきました。なかなか実行するには難しい言葉です。

✿

娘の学校生活の状況をお話したところ「学校はよく考えてくださっていますね」と言われていた。本校しか知らない私にとっては、この環境が普通なのかなと思った。

自作指導要領「ダウン症児に指導について」の資料もいただく。「あのときは若くて肩に力が入り偉そうなことばかりを書いてしまった。しかし思いは今もかわらないです」と言われていたのを聞いて、ダウン症に向き合われている先生がいることに心強く感じる。

✿

一番は子どもの気持ちを大切に！

「国語、算数の授業中では、一緒に問題を読みながらすぐに答えを教えてあげていいので満足感を与えてあげるといいです」とのこと。学校では対応しているのでよかったです。親は教科での技術をと熱くなりがち、一番は子どもの気持ちを大切に！　というアドバイスをいただく。

「学年が上がるにつれて低学年のような「できた。できない」ではなく抽象的な質問や回答になっていくのでそのあたりを本人がどう感じるかが学校生活の鍵となります」とのこと。自己肯定感を持てるようにと願うばかり。

✿

学校卒業後は作業所に通う方も多い。程度によるが最低限働くうえで、例えば「今日は○○を5つ作りましたなど作業記録が書けるように、と考えて接しているとのこと。親も心がけようと思った。

優しいしゃべりで物腰やわらかい先生で、娘も初対面であるにも関わらず寄り添っていました。

通学班について登校

現在は登校時は親の付き添い無しで登校している。何とか通学班について行けている。今のところ、班からのSOSも無し。このまま順調に行ければよいのだが。

登校時は、門の所で止まらずに教室へ直行できているようで、友達に「まゆちゃん　いた?」と聞くと「いたよ。ランドセルと靴と帽子はベランダに置いてあったよ。片づけるのが面倒くさいんじゃない」と教えてくれた。遊びたくて仕方ないのでしょうか。後で自分で片付けていることができているのかな?

自宅で毎日使っている予定表ボードを見て準備をするときがある。朝は必ずチェックしているので「今日は○○だ!」と自分で納得して落ち着いている。

登り棒の所に雲梯（うんてい）もある遊具。登り棒の二本を両手で持って雲梯に足をかけて、手だけで登っている。握力と手の力も付いてきているようだ。

放課終了のチャイムが鳴り、遊具場から教室へ帰る途中に男の子と手をつないで教室へ帰っていた。後ろ姿の二人がとても可愛い。

登り棒で遊ぼうとしたら、先を越されて泣いていた。泣いても誰も相手にしてくれないので、自分で涙を拭いて遊び再開。いろいろと皆の中で揉まれて強くなって欲しい。しかしそんなことで泣かなくても。

メジャーを持って、適当だが「○○センチ、○○センチ」と測っていた。メジャー＝センチと読むというのがわかっている。

友達が大好き

娘の誕生日に　Tみうちゃんとまことちゃんがお祝いの声をかけてくれた。「おめでとう!　健やかに育ってね」と。2年生にもなればいろいろな表現をする。嬉しかったですね。

ゆうや君が遊びに来てくれたときに、スイーツデコを見て「麻友ちゃんが作ったやつが欲しい」と言うのであげていた。

友達が遊びに来てくれると大喜び。トイレに行っている間に帰られると寂しいようでトイレも我慢。トイレに行くように言うと「待っててね」と念押ししてトイレに行く。本当に友達が好きな娘です。

✿

朝の集合の時に通学班のお姉さんを迎えに行く。来ると「おはよう」と声をかけていた。朝起きた時も、家族にしっかり挨拶をしてくれる。

✿

日直の日。クラスの友達に「麻友ちゃん日直できた？」と聞くと「ちゃんとできてたよ」と教えてくれた。日直の日はとても喜んでご機嫌なのです。

✿

町探検の授業でのこと。消防署で質問を記入する時、自分から友達に「見せて」と言うと友達が「うん。いいよ」と言ってくれたので一生懸命写していた。書かないといけないということがわかっている。

✿

学校でこけてしまってしょんぼり。まことちゃんが「まゆちゃん元気出してね」と心配してくれる。次の日にまことちゃんにありがとうを言うと「いいよ。でもね、最初はみうちゃんがお父さんにまゆちゃんを元気にしてあげて、と頼んでくれたんだよ」と教えてくれる。とても感動して涙が出そうでした。

✿

芋掘りの後、学校に着くと母親に「ついてきてくれてありがとう。帰っていいよ。バイバイ」と言う。本人なりに学校と家の区別をつけているようです。

✿

11月4日　学校帰りに副班長さんに登校の様子を聞いてみた。「ちゃんと歩いているよ」と教えてくれた。少しホッとする。

芋堀り当日、大きい芋を掘りあてる。楽しんでいた。
帰りは雨が降っていて、車道脇を歩くので危険と思ったのか、まなかちゃんが手を繋いでくれて帰校する。（中央が本人）

小2

集団生活と言語訓練

言語訓練で「かるた」をやったときのこと、先生が取り手・娘が読み手でやっていた。先生が取ろうとしたかるたが二人同時になったので、娘が「ジャンケンして」と言ったそうなのです。言うこと聞いてくれるとわかると仕切り屋さんになる。

言語訓練の先生より「言い回しが上手になって来ていますね」「相手によって対応を変えてしゃべっています」とのこと。親としてもそう感じている。間違いなく言葉の成長はしていると感じる。親の願いの一つでもある、先生・友達への言葉の使い方・使い分けができるようになることを願っている。

✿

言語訓練の所長先生に、学校での様子を話したところ「現在の麻友ちゃんは今のところ全く問題なく順調です。そして学校でいじめや問題が起きると本人に兆候が出ます。それは絶対見逃さないから安心して下さい」とサポートもして下さって安心です。親としても特に気を付けている点でもある。

言語訓練の所長先生が「麻友ちゃんはいいキャラを持っているので今後が楽しみですよ」とおっしゃっていた。いろいろな方を見てきているので、どういう成長をしていくか大体の検討がつくようです。

言語訓練の所長先生に、娘の感情の起伏が少し激しいことを相談したところ「それは集団生活の中で本人が体験していきながら覚えて自分でコントロールして安定してきます」とのこと。「いろいろな点から見ても集団生活はとても重要なのです。ただ麻友ちゃんの場合はトラウマになると行動しなくなるので注意してあげて下さい」とアドバイスをいただく。確かにそうなので、陥った場合はそこでやめさせずに気持ちを切り替えさせて再挑戦させるようにしている。

✿

ぐずっていたら放っておく？

最近、出先で自分が欲しいお菓子等があるときは「パパ、お金ちょうだい」と言ってくる。もちろん、我慢させたり諦めさせたりするが「いくらいるの？」と聞き返すことにしている。その品物の値段が言えればあげようと思うが正解はなし。何故かいつも「98円」と言う。父親と買い物に行くと品物の名前を一緒に読んで値札を見させて値段を一緒に読んでいる。

✿

「婆ちゃん！　お風呂空いているから早く入りなさい」と言う。人に言うくらいなら自分こそ早く入って！　と言いたい。

車に乗るとシートベルトをすぐにしている。車のドアの鍵も「鍵して」と言っている。

✿

食事のときはいつもテレビを消してラジオをつけて食べているが、テレビに夢中になっているときでも、きりがついたら自分でテレビを消して食卓についている。

ごはんやみそ汁のおかわりも自分でよそうときがある。ときどき面倒になるのか「パパ！　ジャンケンしよう」と言って勝っても負けても「パパ入れて来て」と言うのです。ついついよそいに行ってしまう父親。娘には甘い父親です。

夕飯の時、ぐずっていたので放っておいたら5分後には何事も無かったかのように諦めて食卓についていた。食べさせてもらおうとしていたのでしょう、その手には引っかかりません。

✿

父親と二人でおもちゃ屋での出来事。ＬａＱというパズルが欲しかったのか我慢させた後に、女子トイレに一人で入ったのです。なかなか出てこないので父親が入る女性に状況を見て欲しいと頼むと、なんと鍵をかけて中で座りこんで泣いていたようでした。らちがあかず店員を呼んで、父親も中に入って連れ出す。後で聞くとＬａＱが欲しかったようなのです。高価なので一年以上我慢させていたので誕生日に買ってあげた。興味を持てることはいいのですが女子トイレで泣かれたのには困った。何かを作るということがとても好きな娘です。いろいろ挑戦させて得意分野を見つけてやりたい。

✿

ピアノレッスンは両手で弾く段階に入ってきた。「むずかしい」と言っていたが、見やすい楽譜を見てなんとか弾いている。

イオンに行くとすぐに「ピアノの所へ行く」と言って楽器屋に直行。長い時間ひとしきりピアノを弾いている。曲にはなっていなくて適当だが、本人は何かを弾いているのでしょう。お店の方すいません。

✿

通販の本を見て「パパこれ買ってって言って（母親に）」と言って来た。自分で言ってくださいませ。

✿

メチャメチャかわいい

家族での8歳の誕生日会の時。プレゼントを貰って「こんなに？　こんなに？　ありがと！　ありがとね」と興奮する。一番喜んでいたのはローソクの火を消すことと、ケーキを食べることでした。

✿

仕事帰りの遅い日が続いた時に「パパ元気？」と父親に聞いていた。気の利いたことも話せるようになってきた。

ＬａＱ（パズル）で参考写真を見ながら作るのでビックリ。ＬａＱを使って自分で好きな形を作っていた。「ハサミ」というので見たら本当にハサミの形を作っていた。

✿

公文で以前から気にかけてくれている男の子が、公文の先生に「この子メチャメチャかわいい」と言ってくれていた。周りの子に可愛がられていたのが嬉しいです。

✿

お祭りの金魚すくい

白山神社のお祭りで、数人の友達に会って大喜び。友達のお母さんの方から声をかけてくださる方もいました。面識がない方もいたので、あわてて挨拶をする。友達が家で娘のことを話してくれているようでした。

✿

お祭りのときに金魚すくいに興味を持ち「やりたい」と言うので、悩んだあげく「生と死」を知るよい勉強になると思ってやらせた。まず父親がやり方を見せた後にやらせる。かなり長いこと慎重にすくっていたが一匹も取れませ

折り紙で「キツネ」を折っていた。最近折り紙も器用に折れるようになってきた。

となりのトトロの字を見てわざと「となりのととくち！」と言う。簡単な漢字は読みます。

ん。また次回再挑戦。

金魚は全部で五匹飼うことなる。しばらくして一匹死んでしまう。直接見せて「麻友ちゃん死んじゃったね。死んじゃったらもう諦めるしかないんだよ。だから元気になるようにお世話しないとね」というと涙ぐんでいた。

✿

しっかりしたことをしゃべるようになる

娘が「かるたやろ」と誘ってくるので「いいよ。宿題一つでもやったらやろ」と言うと「じゃあ公文一つやったらやろ」と言ってきたが、なんと一つも出来ませんでした。

かるたとりをした後、取ったかるたを一枚づつ数えながら三一まで数えていた。数えることは多少できる。

✿

一年に一回の眼科検診に行く。結果は著しい問題はなく。視力は両目で1・0程度はあるようだ。

✿

言語訓練にて、娘が先生に時計の11：10のことを「11じ2」と言う。まずはそういう読み方でもいいかと思った。

✿

おでんを食べているときの父親と娘の会話。

父「麻友ちゃん、おでん入れてくれるかなあ」

娘「いいよ。(よそってくれる)」

娘「…なんでパパは自分でやらないの？」

父「だって麻友ちゃんが入れてくれると美味しいから」

娘が一言「もう、自分でやらなきゃ」

食卓が爆笑です！　父親の負けです。

しっかりしたことをしゃべるようになる。

✿

家での本読みのとき「　」文の所で感情移入して読むときがある。本が読めるようになってきた。字が読めるようになってきたので、出先でも商品名・看板等を読める字だけ読んでいます。楽しいようです。

✿

ゴム鉄砲を教えようと的を作って遊ぶ。とても楽しかったのか夢中になって盛り上がる。その後には本人はマイクをもって、父親は三角座りをさせられて、得点結果の発表をしているのです。結果発表などは学校でやってる光景なのでしょう。

学芸会では歌・演技を楽しめていた

「まゆちゃんのことよく知ってるから6年生まで、きど先生だったらいいのにね」と言ってくれる友達がいた。子どもたちなりにいろいろ感じとっているようです。

通学班のお姉さんに、娘の校内学芸会の様子を聞くと「皆とできてたよ。多分あれが麻友ちゃんだったと思うけど」と見てくれたようでした。

お風呂で何を言っているのかと思ったら、九九を言っていた。正解ではなかったがリズムはつかんでいるようでした。

新しい上履きを持って行った時。先生に「新しいいね？どこで買ったの？」と聞かれると「ピアゴ」と答え「誰に買ってもらったの？」と聞かれると「ママ」と答える。単語だけではなく○○です、と答えられるようになってほしいです。

学芸会

学芸会では歌・演技は楽しめていたようです。タイミングを逃してしまってセリフを飛ばされたハプニングがあった。いじけるかと思ったが、その後は自分で考えて列に並び直せたのでした。友達のお母さんには、娘のセリフを楽しみにしてくれていた方もいた。今後はタイミングを練習してセリフを言えればいいのですが、その後の行動がよかったのでＯＫ。

お芋参観日

インフルエンザの予防注射。「まゆちゃん注射痛かった？」と聞くと「あかちゃん泣いてたよ」と言うので「まゆちゃんは？」と聞くと「痛くないよ。お姉さんだから」と胸を張って言う。お姉さんだからという表現に一応自覚はあるのかな。

Ｔみうちゃんから手紙を貰ってとても喜んでいた。手紙には漢字で名前が書いてあったが、普通に読めていた。友達の名前で漢字を覚えているようです。

親子でのお芋参観日。子どもたちが考えたクイズコーナーで、父親が質問すると急に娘が泣きだす。親が手を挙げるたびに嫌がる。なぜ泣くのかわかりません。おそらく自分たち子どもの世界に親が入ったのが原因だったのかな。

参観日で、班ごとに前に出て発表をする。題名を黒板に貼る作業はできたが、その後は恥ずかしかったのか教壇の下に隠れてしまう。我慢して皆の横に立っていられるようにがんばってほしかった。

参観日が終わった時に母親に「今日来てくれてありがとう」と言う。学校は自分たちの世界だと認識している。

参観日の帰りにクラスの男の子が「まゆちゃん！ バイバイは？ バイバイは？」と促していたが、娘は無視。それでも皆関わってくれてありがたい。

友達をほうきでたたいたり、押したりしているようでその場を見たら叱ってほしいと先生にお願いする。

このまま通常クラスで

母親が「もう！」と言った瞬間「もうじゃねえよ！」と言い返す。言葉使いはよくないですが、言い返すようになってきた。

娘がトイレに行く時「パパって呼ぶね！」と言ってトイレに行く時があるのですが、昔から大便の状態を確認して体調に気をつけてやっていたので、今でも便が出ると呼ばれて見せられる時がある。

三者懇談があった。校長・学年主任・担任先生との話し合い。1時間半近くの話し合い。校長から支援クラスへの勧めがある。交流もあると言うので、全面交流を提案してみた。全面交流は経験がないとのこと。担任先生から学力面で「じっくり教えてあげれれば、必ず伸びるし、それができればいいのですが」と言ってくださったので「ではじっくり放課後に教えてあげてほしい」とお願いしたが、それは難しいようだった。まずもって本人に確認すると皆と一緒にいたいと言うので、学校側の勧めの移籍する提案もあると思うが、我が家はこのまま通常クラスでお願いする。

家族が喜んでくれるのが嬉しいようです

父親にビールを開けて注いでくれたり、仏様にも用意してお供えしている。鈴を元気よく鳴らして手を合わせて「パパは○才、ママは○才、ばあちゃんは○才、ありがとうございます」と拝んでいます。

父親が帰って来ると、晩御飯の箸を準備、ご飯を盛る、味噌汁を入れる、食卓へ運んでくれたり等を即座にやってくれる時が多い。家族が喜んでくれるのが嬉しいようです。

朝着て行く服や靴下など「これがいい」と出してくるも、望みがかなわないと泣いている。皆の格好や上級生のお姉さんの格好をしたがる。おしゃれに興味があります。

パソコンでの印刷操作ができるようになってきた。

公文教室

公文教室はとても楽しいようです。送った時は喜んで走って中に入り、時間になって迎えに行っても「まだ帰らない」と言って教室から出て来ない。学区外の生徒が多いが友達でもできたのかな？

公文の宿題をやっている時、国語のプリントを大きい声で読んでいたのですが、自分の声が大きいと思ったのか「うるさい？（ニコニコ）」と聞いてきて前向きです。

歌番組が大好きで、歌番組があるとマイクを持ってライブスタート。

イオンでショッピング

イオンに行く途中にあるイオンの看板を見て「パパ！イオンだよ！　カチカチ（ウィンカー）出して！　はやく！こっちこっち」とせかす。よく周りを見ている。

イオンでショッピング中、店から出た後に父親が逆方向に歩き始めたら「パパそっちじゃない！　こっち」と教えていた。父親は本当に間違えていたようで「わー！　本当だ間違えた！　まゆちゃんすごいね。ありがとう」と言っていた。方向感覚はある。

焼いた銀杏の割り方をハサミを使って教える。慣れた頃に、父親が「もう一個割ってくれる？」と言うと「駄目！疲れた！　でもまあいいか」と周りを笑わせていた。

エレベータで人に会った時に「こんにちは。今日は寒いですね」と挨拶していた。挨拶の後に一言付け足すところがすごい。大人でもなかなか言えないので感心です。

わかってくれているといいのだが

お風呂に入ることを促して、遅れて娘が入った時のこと「パパ、シャボン玉やろ」と言うので「パパが行こうと言った時に来ないと時間が無いよ。パパは出るところだよ」「学校でも先生の言うことを聞かないと時間が無くなって何もできなくなるんだよ」と言うと「パパごめんなさい」と謝る。わかったのかどうかわからないが、素直に謝れた。

娘が父親に「ビーズ買って」と言うので「麻友ちゃんは片付けをしないでしょ？　片付けができないから我慢しなさい。自分がやりたいことがあるなら一つ片付けて次を出すんだよ。わかった？」と言うと、わかったと言うので指きりゲンマンしたが、わかってくれているといいのだが。

母親が何かの話をして「はいはい」と言うと「はい（返事）は一回でいいの」と注意する。親が言うことを逆に使う知恵が付いている。

娘の財布にお小遣いを入れてやり、スガキヤに行った時のこと。自分で注文するように言うと「ソフトクリーム下さい」と言えていた。定員さんも聞きとれたようで「９０円です」と言われると財布から５００円出す。お釣りとレシートを受け取って、財布に入れた。嬉しそうにソフトクリームを購入できました。

言語訓練にて

先生：「発表会やった？」娘：「やってない。」
先生：「あっ！音楽会やった？」娘：「やってない。」
先生：「じゃあ劇をやったの？」娘：「うん！」
先生：「何やったの？」娘：「スイミー」
先生：「そうかあ。今何年生だっけ？」娘：「２年３組」
先生：「ん？　３年生？」娘：「２年３組！」
先生：「ふーん2年生なんだ。先生の名前は？」娘：「んー。

忘れた！　もう忘れちゃった！」と答える。先生には少し聞き辛い部分があり、同じ質問を何度もされて、最後は返事が面倒になってしまったみたいで「忘れちゃった」と笑いながら答えていたのでした。

❀

お風呂でシャボン玉をしている時、シャボン玉を見ながら「きいろ！　オレンジ！　むらさき！　みどり！…」と言う。母親が「いろんな色があって奇麗だね」と言うと「絵の具みたい」と言っていた。色から絵の具を連想したようでした。

❀

カレンダーにシールを貼る

曜日感覚を持たせるために、毎日カレンダーにシールを貼っているが、最近「明日○○あるの？」「明日は○○ちゃん遊びに来るよ」等、曜日ごとの活動を言ってくる時がある。少しはシール貼りが効果あるかな。

毎日カレンダーにシールを貼っている。

❀

瀬戸市の岩屋堂公園に紅葉を見に行く。写真を撮る時の表情はサービス満点。

家族写真

わたしもやりたい

下校時、一人で帰れた時があり「一人で帰れたよ！ 帰れたよ！ お姉さんだもん」と喜んでいた。

書き初めで友達が「まゆちゃん一番に書けてたよ。上手に書けてた」と教えてくれた。どの程度かは、わからないが皆見てくれているようだ。

「マミー！ マミー！」と言うので「マミーって誰？」と聞くと「ママ！」と言う。友達が英語で言っていたのを覚えてきたのでしょう。

ゴム鉄砲で的を作って遊んでいた紙に、時間割なのか算数を漢字で書いていたので驚く。

数字の練習に砂時計を使うと素早く書き終えることができた。砂時計が効果あり。

数を数える時に指を使って 2・4・6・8・10（ニーシーローハートー）と数えていた。指動作は適当でしたが。数え方を学校で覚えてきたようだ。

朝、班のお姉さんが集合場所に来ないので、皆で呼びに行ったようです。「ピンポーンって鳴らしたら、すぐ行くよ！と言ったけど先に行っててって言ってたんだよ」と教えてくれた。詳しく伝えることができるようになってきている。

こぎつねの歌を「ドレミファソ ソ・・・」と音階で歌う。適当ですがピアノでもこの曲をよく弾いている。

友達の髪を触りながら「かわいいねえ」と言う。髪型など容姿など関心を持っている。

晩御飯の準備の時など「わたしもやりたい」と積極的に手伝ってくれようとする。

北小まつり

北小まつりの学校イベントでは、楽しむことができたようです。昨年と比べるとかなり進歩する。

北小まつりで一緒に回ってくれた友達に「まやちゃん行

くよ」と促していた。一緒に回ってくれた友達は楽しめたのだろうか。回ってくれる友達がいてよかったです。

北小まつりでは、上級生のお姉さんたちが「まゆちゃんこっち！　こっちきて」と声をかけてくれていた。他学年の生徒からも声をかけてもらっているようだ。

北小まつりで、楽しんでいた途中なので終了のチャイムが鳴って教室へ帰れるかな？　と見ていたらしっかり帰れていたので安心。しかし手荷物を忘れて戻っていた娘でした。

✿

マラソン大会延期

自宅で先生のマネをしていた。「発表します」と言って友達の名前を言って「立って下さい」と言う。しっかりと見たり聞いたりしているようだ。

日直のセリフで「今週の目当て」と言っていた。日直は好きです。

✿

友達二人に手紙を書いて「明日持って行く」と張り切っていた。次の朝はご機嫌で出かける。

✿

今年のマラソン大会は延期になる。本人の中では気持ちが途切れてしまったようだ。本番では皆が応援してくれているにも関わらずそれに応えようとしていなかったのでとても残念。走ろうとしていなかったが先生が何とか走らせてくれようとしてくれていた。来年は素直に走って欲しい。

✿

「勉強が楽しい」

学校が楽しいと言うので「何が楽しいの？」と聞くと「勉強が楽しい」と言う。「勉強は何が楽しい？」と聞くと「こくご。漢字のプリントが楽しい」と言う。漢字に興味を持っているようだ。

娘に「3年生になったら習字があるよ。筆で字を書くんだよ」と言うと「えっ？　えいごは？」と言うので「えいごも少しはあるかもよ」と言うと「A・B・C・・・♪」と歌いだす。3年生になったらローマ字があることも伝えていたので習字の話から英語の話になったのです。

マラソンは先生が並走してくれる。

漢字を書く

公文に行ったとき「こんにちはー。おねがいしまーす。先生来たよ」と挨拶して入る。

喜んで公文へ行くので安心。勉強の方は時間がかかっても終わらせている。子どもたちがいる所が好きなようで帰ろうとしない。

看板や広告をよく見ている。ひらがな・カタカナが読めるようになってきた。書く方もがんばってもらいたい。

買い物へ行く時にはメモ書き

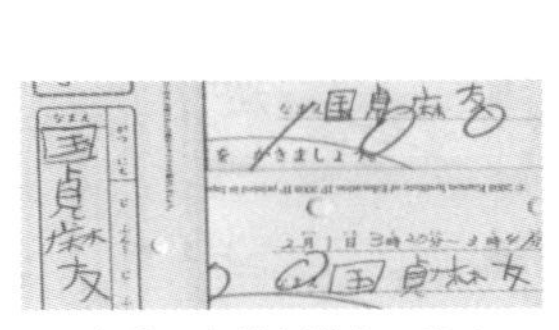

自分の名前を漢字で書く

「パパ！　コーヒーいる？」と言うので、お願いしたらお茶が出てきた。「（お茶だったのねと思い）ありがとう」と言って飲むとお茶に砂糖が入っていてびっくり。不味い！　その後インスタントコーヒーの入れ方を教えたが、それからは入れてくれなくなる。

自分の名前を漢字で書くことが増えてきた。国貞という字は横線が多いが、国の横棒が1本多いときもあるが、今は十分。

母親が買い物へ行くときにはメモ書きを持って行くので、本人も一生懸命メモを書いていた。

横線の多い【書】などの漢字は苦手のようだ。

新聞を見て簡単な漢字は読んでいる。

朝父親が遅く起きると「パパ遅いよ。遅れるよ。早く早く」と言ってパンを焼いて飲み物を入れてくれる。

手袋が汚れていたので洗ったら「手袋洗ってくれてありがとう」とお礼を言ってくれる。常識です。

晩御飯の手伝いで餃子の皮巻をお願いした。器用に包んでくれる。

ネイルアート

ネイルアートに興味を持っているので、１００均でネイルアート用のシールを買って、器用に自分で貼っていた。雑誌などに出ているネイルアートも興味深く見ていた。いろいろ興味を持つようになる。

cmをしっかりとセンチと読めていた。cmは長さの単位だということは何となくわかっている。

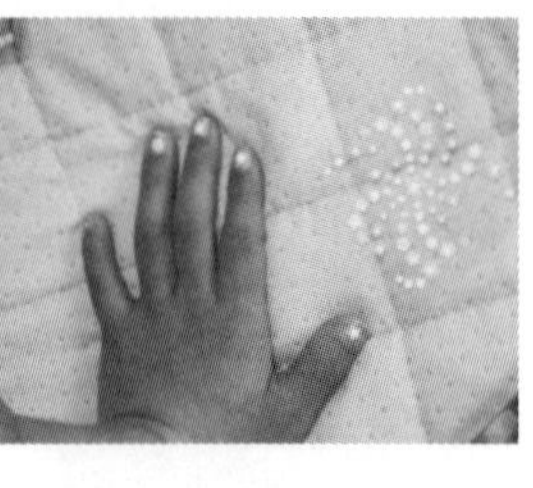

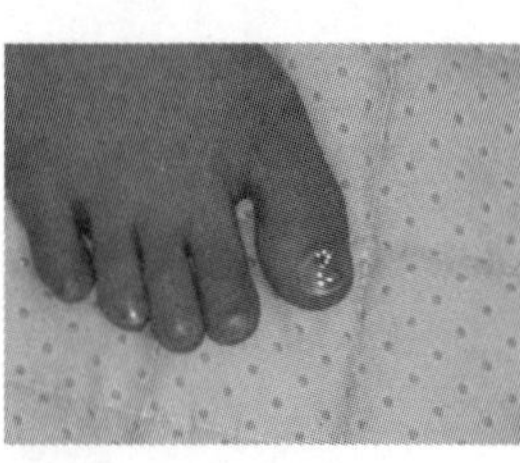

祖母宅のお風呂に入ったとき「ばあちゃん家のお風呂は大きかった？」と聞くと、両手を広げて「90センチあったよ」と教えてくれる。

父親が携帯を忘れて会社に行った次の日「パパ携帯持った？　忘れてない？」と忘れ物チェックをしてくれる。

ショッピングに出かけて、お店から出るときに「ありがとうございました」と大きい声で言うので店員さんも笑顔です。

今年度も通常クラスに

昨年度同様、3年生になるにあたり娘の意思を確認してみたところ「みんなといっしょのへやがいい」と言う。友達といることがとても好きです。今年度も通常クラスに決める。本人と親の挑戦が続きます。

2年生も終りの頃、友達からとても嬉しい手紙をもらう。

「まゆちゃんへ　この一年間ありがとう。とっても楽しかったよ。まゆちゃんとあそんだ時とても楽しかったよ！いつも先生にほめられているまゆちゃんにはあこがれます。○○より」

こんな素晴らしい手紙を貰えるようになるとは思っていませんでした。返事はしっかり書かせました。

新学年を迎え、娘は「みかせんせい！　みかせんせい」と言うので「みかせんせいが担任なの?」と聞くと「うん」と言う。

通学班

3年生になって1日目から下校時に泣いていた。班のお姉さんがカバンを持って列に並ばせようとしたので泣いた。班のお姉さんには「まゆちゃんはカバンを引っ張られると嫌だから、今度から一言かけて手をつないであげるといいよ」と伝える。

通学班で出発の時さっと先頭に立ち、娘が一言「おい！行くぞ」とお姉さんたちに言い、お姉さんは「まゆちゃんが、おい！　行くぞって」と苦笑いして並んで登校。言葉使いが良くないです。

以前よりも読める漢字が増えている。中でも友達の名前から覚える漢字が多い。「○○ちゃんの○！」と言う。漢字には興味を持っている。

通学班の皆が家へ相談に来ました。「言うことを聞いてくれない。(座ったまま動かない、他の班の子と歩いてしまう等)」と。どうしてほしいのか尋ねると、自分たちで何とか連れて行きたいので、アドバイスがほしいと言う。「まゆちゃんは、良いことも悪いこともマネをしたがるから良いところを見せてあげてね」と伝える。時にはお姉さんに言い返すこともあるようで「うるせー!」と反抗する時もあってヒヤッとする反面、言い返すことができているのがすごい。

✿

下校時に座ってカバンを広げている子を見て、心配した娘が「大丈夫?」と聞く。後でその子が「あの子が大丈夫?って聞いてくれたよ」と教えてくれた。困っていると思って声をかけることができたのです。

✿

近所のお姉さんが遊びに来てくれた時に、計算ドリルの宿題を教えてもらう。「ありがとう」とお礼を言っていた。そのお姉さんも間違えていた。何とも微笑ましい光景です。

✿

祖母と古今東西ゲームをやっていたが、以前より物の名前がスラスラ出て来るようになって来た。

✿

授業参観

授業参観でのこと。国語の時間では座っていることができていたので褒めました。本人は国語の本を読んでいた? 見ていた? ようですが、周りの声は聞いている感じです。学年が上がるにつれて落ち着いてきています。

授業参観で授業間の10分の休憩で、トイレに行きたくてソワソワしていた。「トイレに行ってきたら?」と言うと走ってトイレに行くのです。次の音楽の授業に少し遅れてしまうが、用が終わると戻って来たので安心した。

授業終了後に教材を片付ける手伝いや、黒板を消したり、嬉しそうに手伝っていたのが印象的。役割りはどんどん与えてやってもらいたいと先生に伝える。日直さん等はとても好きなので、人前でしゃべるのが楽しい時もあるようだ。

授業参観の時、親に「あっち行ってて!」と怒っていた。何故かは不明。以前より、学校は先生・本人・友達の場所という意識が強く、親が行くと嫌がる。

✿

一人でという意識が強くなる

朝の集合場所に中学生のお姉さんもいるが、出発するまで少し遊んでくれる。ハグをして行くほど、気を許しているお姉さんもいるようだ。

昨年2年生の運動会で、3年生の鳴子踊りを見てやりたそうにしていた。今年も鳴子があれば張り切ること間違いなし。保育園の時にも鳴子踊りがありがんばれていたのでできると思う。

❀

昨年2年生までの帽子取りは本人の意思を聞いて参加させた。2年生の時は帽子を取られて号泣。本年度は1、2年生の時と対戦方法が異なると思うので、練習の時に本人にやるかどうか聞いてもらってもよいことを先生に伝えた。

❀

下校中に迎えに行こうとすると、一人で途中まで帰って来ていた。母親の姿が見えると怒っていた。一人で帰れると自信があったようです。一人でという意識が強くなってきている。

友達と遊ぶ

公文から帰る時。公衆電話からの帰るコールをすることが楽しみ。自宅電話番号も覚えて自分でかけているのです。

ある日曜日に近所の5年生のお姉さんが遊びに来てくれて大喜び。半日遊んでいた。とても可愛がってくれて接し方の上手なお姉さんです。

✿

まりんちゃんとボールで遊んでいた。テンションが上がりクタクタになったのか、途中で「は〜疲れた〜休憩〜！」と言う。本人が「（本気で）疲れた〜」と言うのは珍しいのでビックリ。

しかし仲の良い二人です。まりんちゃんのお父さんも「二人仲いいね」と言っていた。

まりんちゃんの誕生日に、家までプレゼントを持って行く。「まりんちゃん。誕生日おめでとう」と言ってプレゼントを渡していた。「ありがとう」と言ってくれたので、それだけで娘は上機嫌の一日。

✿

かるた遊びが楽しくできている。読み手も積極的にやろうとする。

今度百人一首をやらせてみようと考えている。

✿

近くの公園に遊びに行った時に同学年の友達がいたので少し遊ぶ。その時に友達が他の友達に「まゆちゃん1年の時よりよくしゃべれるようになったんだよ」と教えてあげていた。一人の友達として見てくれている。

✿

父親と遊ぶ

休日に芝桜の写真を撮りに行く。写真を撮るのが好きです。クリスマスに祖母からデジカメをプレゼントしてもらった。人を撮る時は注文がうるさいです。「ピースしろ」「目を開けて」「笑顔で」等々。いいなりの父親。

✿

春休みに、授業（図工）でやった内容で「ブクブクやりたい！ 友達とやったよ！」と熱望するので、図工の本を見て父親と一緒に長い間やっていた。図工はとても好きです。

お金を持たせてジュースを買う（110円）時、レジ員さんに「100円！ 10円！」と渡していた。

天気のいい休日「電車に乗ってお花見行こうか？」と聞くと「行かない。近くの公園がいい」と言うので不思議に思いながらも公園に行くと、友達が声をかけてくれて一緒に遊んでいたのです。友達と遊びたいので近くの公園で遊びたいと言っていたようだ。

図工の復習

何やらホワイトボードに絵を描いていた。【たのしいね。】と思っている表現が文字にできるようになってきた。

1年生のときから使っている予定用のホワイトボードに【3年生おめでとう・・・】のメッセージに【ありがとう】と書いていたので感心した。

朝食の準備

朝食の準備を一人でやってくれる時がある。父親はパン食ですが、コーヒーも入れることができて美味しいと父親。「ありがとね。美味しいよ」というとニッコリとして「ありがと」と言う娘。毎回同じコーヒーの濃さで驚く。最初に教えたコーヒーの量を守っている。

パンも焼いてくれる。本人は牛乳、杏仁豆腐、バナナ等を準備している。本人は自らおにぎりを握って食べている時もある。食後の洗い物をやる時もあるが、洗剤が多くて泡だらけ。洗剤量を教えたので次回に期待。

小3

リズムをとって歌う

TVアニメの中で、お墓参りのシーンがあった。影響されたのか墓参りへ行きたいと熱望。墓参りに行くとやっと納得。墓参りを熱望する子どもは珍しいです。

ピアノ教室で楽譜を見ているためか、音符を書いていた。音符も簡単な楽譜を見て「シーブン（4分音符）シーブン（4分音符）ニブオンプ（2分音符）シーブン（4分音符）シーブン（4分音符）フテンニブオンプ（付点2分音符）」とリズムをとって歌う。

音符を書いていた

時計は、きりのよい時数の時間（6時、7時など）は読めている。しかし「○時になったら教えてね」と言ってもだめでした。他ごとに夢中になっているからでしょう。

市議会議員のポスターを見て読める漢字の名前を読んでいた。

爪噛みする。爪噛みをしないように特定の爪にマニキュアを塗ってやる。塗っている間は爪噛み無し。

運動会の練習がんばってたよ

通学班のお姉さんたちにメモ紙に名前付きで似顔絵を書いてプレゼント。とても和やかな雰囲気で登校。お姉さんが「名前付き似顔絵がとても嬉しかったよ」と言ってくれる。

学校からリコーダーをもらって帰って来た。「こうやってたたいたり、落としたりすると壊れるよ」と取り扱いを説明してくれる。先生からの説明を聞いて教えてくれた。

リコーダーを持って帰って来て、とても嬉しそうに吹いていた。リコーダーをもう1本購入したので親が教えながら一緒に吹く時もある。音楽の教科書を見ながら父親にも教えていた。

運動会の練習があった日に迎えに行くと、他クラスの友達から「麻友ちゃんソーランがんばってたじゃん」と褒めてもらっていた。

違う友達からは「麻友ちゃん運動会の練習がんばってたよね」と言ってほっぺをプニュプニュとしてもらっていた。クラスが違っていても皆よく見てくれているようです。

運動会本番

待ち時間には、まあやちゃんと一緒に仲良くしているところがとても印象的。毎年クラス別けで新しい友達ができていろいろな友達が関わってくれる。学区外の保育園からの入学で、心配していた時もあったが、今では友達との関わりを楽しんでいる学校生活になっていると思う。

練習程の成果は出せなかったようだ。時には練習中にシルバーさんに近寄って話しかけたり、皆とは別行動をとっている姿を見てとても切なさを感じた時もあったが、全般的にはがんばることができていたので良かった。本人も喜んでいた。ソーラン踊りは、今でも家で大きい声を出して踊っている。

帽子取りでのこと。本人はスタート直後には帽子をすぐに取られてしまい泣いていたが、泣き終わった後はとても喜んでいた。退場の際はクラスの友達と手をつないでニコニコして退場し、満足げにしていた。「帽子取りできたよ」と自信満々。本人が「やる！」と言っただけある。

✿

運動会の待ち時間の時にクラスの友達に「まゆちゃんのお父さん？」と聞かれたので「そうだよ。まゆちゃんがんばってる？」と聞くと「うん！　がんばってるよ。帽子取りは、すぐ取られちゃって泣いちゃったけどね」と教えてくれた。すごくごった返している競技なのにしっかり見てくれていたようで嬉しい。

✿

運動会で親が写真を撮ったりしていると「あっちいって」とか、両手で×をしたりと、とても嫌がる。

私達の邪魔をしないで、と言っているかのようです。そういう感覚を持つことも大切ですが、状況を理解して、親が見学に来ているということも少しは喜んでほしい。

✿

徒競争の時は、先生も並走してくれた。友達が先にスタートしたので腹が立ってスネてしまった。それが競争。冬のマラソンもしかり、普段の走り姿を見ている限りではしっかり走れると思う。皆より遅いけど最後まで走る気持ちで挑戦できればいいのですが。

徒競争のゴール寸前では、友達ががんばれコールをしてくれているのにマイペース。応援してくれている気持ちに応えられるようなってほしいです。

ソーラン踊り

帽子をすぐに取られてしまい泣いていたところ、先生に誘導される。

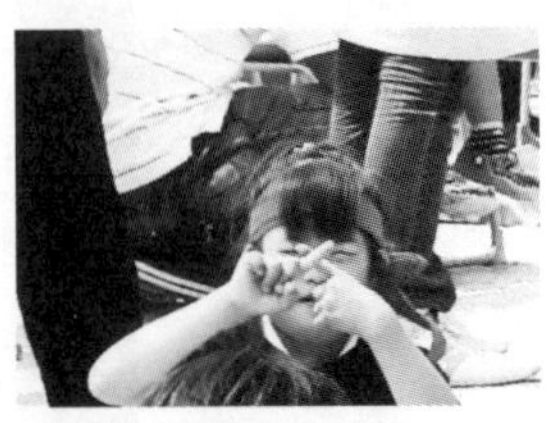
運動会で親が写真を撮ったりしていると、両手で×をしたりと、とても嫌がる。

徒競争のときは、先生も並走してくれた。

運動会が終わった後「まゆちゃん今日は何が一番楽しかった?」と聞くと、何と帰ってきた言葉が「弁当」でした。家族大笑い。娘らしい答えです。

✿

登校と下校の時

下校時は友達と手をつないで帰って来ている時があり、とても和やかで嬉しい。

✿

クラスの友達から手紙をもらって来た。とても嬉しい手紙でした。内容は「いつもあそんでくれてありがとう。いつもえがおでかわいいよ。これからもあそぼうね。まゆちゃんだいすき」と書いてくれていた。学校では楽しく過ごせているのでしょう。

✿

登校は集合場所へ行く時も一人で出かけられるようになる。大きい声で「行ってきまーす」と元気よく出かけられている。

早く学校へ行きたくて出かける登校時間を間違えた時がある。いつもは午前7時15分に家を出るところを、6時15分準備万端張り切って「行ってきまーす」と言うので引き止めるという一幕もあった。ビックリした。最近は自分で時計を見て出かけるのですが、その時は見間違ったようです。今ではピッタリ7時15分に出かける。よほど学校が楽しいのです。

✿

集団下校の時には班のお姉さんたちと帰って来たが、マンションエレベータを止めてお姉さん数人を待っていたのです。一緒に乗ろうと思っていたのでしょう。たまたまお姉さん数名は階段で上がってしまい娘は泣いてしまう。一緒に乗っていた班のお姉さんが家まで連れて来てくれて事情を話してくれました。娘はとても思いこみが強いのでもう少し柔軟になってくれたらいいのです。

✿

授業の中で

国語の教科書の漢字にふりがなを書こうとしたところ、すでにふりがなが書かれていた。びっくりした。友達数人で書いてくれていたのです。気にかけてくれている友達がいます。

✿

小3

英語の授業があったのでしょう、帰ってくると「♪ハワユーハワユー♪　I　LOVE　YOU…」のような歌を歌っていた。楽しそうに歌っていた。

英語の授業があった日、帰ってくるなり「えいごおしえて」と言ってきた。いろいろ興味を持っているようです。おそらくローマ字のことでしょう。教えてもわかっていません。

✿

地図記号かるたを購入。地図と照らし合わせて遊んでいる。病院記号は覚えている。あとは地図内にあったマクドナルドマークを頻繁に探していた。「♪マクドーナルドーおじさん♪　えいえいおー」と歌いながら。

✿

コンパスの使い方を一生懸命教えてくれる。力配分はまだ安定はしていないが使い方はわかっている。自由帳にたくさん書いていた。慣れればしっかりした円を書けるはず。

✿

プールが始まる時に耳栓を持って行くと「耳栓持ってきてくれてありがとう」とお礼が言えた。耳栓していても先生の指示は聞こえるかな。耳栓に興味を持っている子から「これ何？　何？」と聞いてくるので「耳栓だよ。耳が痛くならないようにしているんだよ」と教えてあげたのです。

✿

1年2年では胸部の心臓手術後の傷を聞いてくる子がいたのが、3年は誰も聞きません。聞いて来たらいつもと同様「お胸が痛かったから治したんだよ。まゆちゃんがんばったんだよ」と教えてあげるつもりです。

✿

次の日の授業科目を教えてくれる時がある。「明日社会があるよ」など。連絡帳をなぞったり写し書きをして帰ってくる。次の日の授業は何かわかっている時がある。

✿

集合写真を見て友達の名前を教えてくれる。

✿

プールの授業時間、着替えや移動の際に待ってくれる友達がいる。本人も「待って」と言う。

友達は他の友達に「まゆちゃんを待ってるから先に行ってていいよ」と言って娘を待ってくれる友達もいてありがたい。そういう友達の気持ちを大切にできるようになってほしい。

これも大事な経験

ＤＶＤを見ていて「麻友ちゃん6時になったらお風呂へ行こうね」と言うと「いいよ」と返事。6時ぴったりになると「あっ！　6時だ」と言ってテレビを切ってお風呂へ入る。最近時計を見るようになってきた。6時はわかる。時間を確認させて気持ちを向かせると行動がスムーズ。

✿

刈谷交通公園でキッズコースターへ乗るのを怖がっていたが挑戦させる。大好きなアイスを買う約束をしたら、がんばって乗る。初めてのコースターだが喜んで乗れた。

✿

祖母と会話。キラキラ柄の鉛筆を祖母が使おうとすると娘が違う鉛筆を渡していた。そこで祖母が冗談で「麻友ちゃん。パパにキラキラの鉛筆を買ってもらえるように頼んで！」と言うと「パパ！　婆ちゃんがキラキラの鉛筆を買ってって言ってるけど高いよね？　98円！　高い！　駄目だね！」パパ「…」娘「駄目だって！　婆ちゃんはこっち！　これ！」と言って普通柄の鉛筆を貸していた。何とかしてキラキラ鉛筆は使わせないように阻止しようとする。がんばって知恵を働かせていたのには笑えたが、いろいろ考えるようになった。

✿

友達の家へＢＢＱに行った時、友達のお兄ちゃん（6年生）がずっとＰＣでゲームをやっていたので、娘がスイッチを切ってしまう。お兄ちゃんにたたかれて怒られる娘。謝ることができず号泣。これもとても大事な経験です。父親のＰＣをよくいじっているので電源操作は簡単にできる。

時々朝起きてみるとＰＣを起動してゲームをやっている。ＷＯＲＤを立ち上げて適当に書き、それをプリントＯＵＴまでやっている。終了の時はスタンバイ停止をして終了。ＰＣが壊れても構わないという気持ちで、どんどんさわらせている父親です。

一人でやろうとしている

✿

ピアノ教室にて。曲のイメージを聞きとる問題で「♪♪♪…（笑っているイメージ曲）。今のは泣いていた？　笑っていた？」と尋ねられると「泣いていなかった」と答えていました。違う答えかたに感心。

✿

イオンでコインゲームをやっていると、偶然にも同学年の男の子の友達がいて、娘に声をかけてくれた。出先で友達に会うととても喜ぶ。今は金魚すくいのコインゲームがお気に入り。

✿

コインゲームでコインが無くなると、自分の財布から100円を出してコインを買っていたので驚く。いつの間にかいろいろできるようになっています。

コインを大量GETすると大興奮！　遊び方を教えなくても遊んでいる子どもの方法を見てゲームします。

家ではDSゲーム等は持っていないので時々ゲームセンターで遊ぶ。

✿

自宅マンションの隣にスーパーがある。買い物に行く時、本人は階段で降りていた。下で待っているのかと思いきや居ないのです。探しても見当たらないので、もしやと思いスーパーに行くと　しっかりカートを押して買い物してるではありませんか。今度から一緒に行くように叱ったものの買い物も一人でやろうとしているところに成長を感じた。

✿

公文では集中してやれているようです。帰る時は帰る帰るコールをしてくる。

✿

テレビで英語会話のシーンを見て「あっ！　英語！　ハーワーユー」と言う。英語だということがわかるようだ。

夏休み前の授業

漢字ドリルの宿題があった。2カ所だと思って、終わって褒めていたら「先生がここやって来て（3カ所目）と言ったよ。花丸くれるよ」と言うのです。3カ所宿題が出ていた。先生の話をしっかり聞いていた。

夏休み前。夏休みの楽しみを聞くと、1年生の時に従姉とスイカ割りをして楽しかったのでスイカ割りをしたいと言う。スイカを一気にがぶがぶと食べたことも覚えていた。2年前のことをしっかり覚えている。

台所の後片付けで洗った食器を拭いて食器棚へ戻してくれる。手伝いをしてくれる。

学校プール見学にて。男の子の友達にちょっかいをかけられていて楽しそうな一面を見た。

学校プールで準備体操や泳ぐ順番、動き、指示、ルールが守れていた。

図工のある日は特に楽しみで、喜んで学校へ行く。図工は好きです。

友達が言うのでしょう「やばい！　やばい！」とよく言う。いろいろな言葉を覚えてくる。

読める漢字が増えて来た。漢字プリントもがんばって写し書きする。書き順はバラバラですが。画数が多い字は苦手です。

先日まりんちゃんと妹のあんじゅちゃんが遊びに来てくれた。自分より小さい子には手加減して遊べている。おやつの時には、妹が手をつけないので「食べる？」と聞いてあげていた。

夏休みの宿題で絵を書くとき、父親が書いた絵を下書きした後、自由に色を塗る。がんばっていた。

夏休みの自由研究

夏休みの自由研究で新聞のエコバックを作る。母親が手伝いつつ娘はのり付けをやる。

公文へ行った帰りに「友達来てた？」と聞くと「はやなちゃんがいた」と言うが、聞きとり辛くて何度も聞いていると、手の平に「は・や・な」と書いて教えてくれた。

手紙の絵が上手になってきた

薬局の看板に書いている十字を見て「病院」と言う。地図記号に出てくるので病院と言ったのでした。

「今日習字はあったの？」と聞くと「あったよ」と言うので「何ていう字を書いたの？」と聞くと「下」「あらすごいねー」と言うと手の平に指先で「こうやってグッと止めて、それからこうやってグッと止めて、そして点をこうやって」と教わった内容を教えてくれた。

音楽療法の発表会。娘も「みか先生が来てくれたー」と喜んでいた。音楽療法中では娘はいつも声が大きいのですが、本番では声が小さくなる。恥ずかしいのか自信がないのか。学芸会を思い出す。人前に出ることは嫌いではないのですが。

「りんごを英語で言うと何ていうの？」と聞くと「アップル」と言うので「では犬は？」と聞くと「いないよ」と言い返し、父親は爆笑！　更に「じゃあ猫は？」と聞くと「猫もいないよ」と言って爆笑です。面白いことを言う。

スーパーへの校外学習に行った日、「何の勉強？」と聞くと「社会だよ」と答えていた。社会の時間だというのはわかっていたようだ。

先生や友達へ書いている手紙の絵が上手になってきた気がする。言語の先生や矯正歯科の先生へも書いて喜んでくれている。

一人でやって一人でできる？

「ブーメラン」という文字を見て、「ラーメン！　ラーメン！」と、わざと読んでいた。

スイーツデコやビーズも根気よく作る。器用にやる。

宿題を机の上に準備をしておくと、いつもではないが自分からＴＶを切ってやっている。

公文でプリントを一人でやっていてわからないところは、先生に聞きに行けている。

朝、一人で起きると台所で何やらやっていた。弁当を作っていたのです。電子レンジも使って朝食の準備を一人でやって一人で食べている時がある。

車で移動中に、走っていた車を見て「社会！　社会！」と言うので何を言っているのかと思ったら車の横に【社会式株○○】と書いているのを見て言っていた。ドアの都合で逆並びで書いてある字を見たようです。

料理番組を見ている時に「料理」という字を見て「理科」と言う。確かに似ているが違うことを教える。

うわの空で娘の話を聞いていると「ねぇパパ！　聞いてる？」と注意される。うわの空だということがわかったのです。時には「ねぇ聞いてるの！　もう！」と言うので、笑ってしまうと「何笑ってるの？！」と怒られていた父親です。

定期検診

心臓の定期検診（年一回）に行く。問題は無いとのことで検診は二年に一回となる。

小児科検診（半年一回）に行く。いつも泣かずに採血する。結果問題なし。身長・体重等も問題なし。

虫歯になるから歯磨きしておいでと言うと、親の分まで歯磨き粉をつけてくれる。

朝食の時「パパ。コーヒーほっと？　あいす？」と聞いてくるので「あいすコーヒー」と言うとちゃんとアイスコーヒーを作ってくれる。

✿

悪いことをして叱ると泣き始めて、諭していると更に意固地になる。無視していると、そのうちに嘘泣きをするので更に無視をしていた。父親と母親が楽しそうに話をしていると、とうとう諦めたのか「ママごめんね」と謝れたので、そこで褒めてあげた。まだまだ素直に謝れないことが多い。素直に謝ることができるようになってほしい。

✿

母親が「麻友ちゃん、グリーンセンターについてきてくれる？」というと「お米？」と聞いてきた。グリーンセンター＝お米と思っているようだ。

✿

母親が「もう！」と言うと、「もうじゃねえよ！」と言い返す強気な娘です。

✿

海水浴からの帰路に、いとこと恒例の記念写真。（本人右から2人目）

数回見て覚える

夏休みに従姉に会うのが楽しみなあまり気がつくと予定ボードに自分で「おかやま」と書いていた。

✿

夏休みにマルモリダンスを双子の従姉（4年生）に教えてもらう。「見て！　まゆちゃん踊れるようになったよ」と言うので見てみると数回見ただけで、踊れていた。覚えるのは速かったです。

✿

ＬａＱというパズルを使って何をしているのかと思ったら、形・サイズごとに仕分けをしていた。微妙なサイズの違いも見分けていたので驚いた。仕分け作業は根気よくやる。

✿

天気の悪い日に家で遊んでいると退屈したみたいで「誰か来ないかなあ」と一人言を言う。約束という行為がまだ出来ないし、こちらから遊びに行くことがあまりないので、来てくれると嬉しいようです。

ハサミを半開きにして、紙をサーッと切ることができる。学校で覚えて来たようだ。

✿

ＴＶのクイズ番組で「し○と○」の○に文字を入れるというクイズで、すかさず「しりとり」と答えていたので驚く。簡単なクイズならできそう。

✿

とある曲が流れると、「あっ。ばあちゃんとパパとママと4人で飛行機見に行った時に歌ってた」と言うので驚きました。セントレアに遊びに行った時にチャリティーで来ていたシンガーソングライターの方が歌っていたのを覚えていた。その時は釘づけで聞いていたので記憶があったのでしょう。

小3

てほしい。注意してくれる友達がいてくれてありがたい。

学芸会の映像を見せると、喜んで見ていた。友達の名前を言いながら楽しそうに見ていたのが印象的。

学芸会の本番までセリフを何度も練習させたがだめだった。自分のセリフもわかっていたようだが、本番ではカーテンの陰に隠れていた。しかし、隠れながらも自分のパートをやっていた。まずは一歩前進。本当は舞台でやりたかったのです。

学芸会の最後の歌では隣にいた、まあやちゃんに「ちゃんと歌える?」と声をかけてもらっていた。しかし娘はダメダメと言っていた。壁を越えれば。友達の気持ちをわかるようになってほしいです。

学芸会期間中、家では友達のパートの振りや歌も覚えていた。劇の内容も覚えていた。もう少し自信を持てるといいのですが。友達の協力で何とか無事に終えた。

学芸会

お年寄りの方との交流茶会があった。前日から楽しみにしていて「明日、おじいちゃん、おばあちゃんと抹茶飲むよ」と教えてくれる。帰って来るとお手前の様子をジェスチャー交えて教えてくれた。

学芸会の練習をしている時「ちゃんとやらなきゃダメだよ」と友達に注意されていたが、全く無視。他の友達にも「練習しないとダメだよ」と注意されていた。一歩踏み出し

なぜかカーテンに隠れての演技
（本人右端）

連絡帳と宿題

日曜日になると「明日学校だ」と言う。曜日がわかっている。時間割もわかってきている。「明日は○○と○○がるよ」と言っている。宿題も「先生が○○と○○をやって来てって言ったよ」と言っている。

連絡帳を毎日書いてくることで、次の日の授業は何があるかを覚えている時がある。特に楽しみしている授業は図工。まだ一人ではできないが、連絡帳を見ながら時間割り通りに準備をしている。

宿題は必ずリコーダーから始めている。【夕やけこやけ】が好きです。リコーダーの穴は全部しっかりとふさげられないが、ほぼ指位置は合っている。

リコーダーの練習本に音階を友達が書いてくれていた。聞くと「かれんちゃんが書いてくれたよ」と教えてくれる。ありがとう。

通学班

通学班のお姉さんに、しっかりと登校しているか聞いてみると、「はい。しっかり歩いています」と教えてくれた。歩くペースを合わせてくれているようです。

登校時には自分の決められた定位置に並んでスタートしている。

下校の時は途中まで迎えに行く。待っていると集団の少し後方から一人で帰って来る時もあるし、友達と帰って来る時もある。班長さんと手をつないで嬉しそうに帰って来た時もある。

友達と4人くらいで帰って来た時のこと、まことちゃんが手をつないでくれていた。友達に「学校好き?」「先生好き?」「パパ好き?」と質問攻めにされながら、ニコニコして「うん」と返事をしていた。中には「まゆちゃん　かわいいもんね」と言ってくれる友達もいる。

三者懇談――現状のままで

4年生はどうするか話をすると「皆といっしょがいいの!3年3組がいいの!」と地団駄を踏んで怒ります。特に3年3組はとてもお気に入りのようです。嫌がらず元気に学校へ行けている。

三者懇談。校長・学年主任・担任と懇談する。1時間30分の話合い。校長先生から「将来をどのように考えてますか？」と聞かれるが、今が精一杯であり、将来を考えるためにも今が必要だと思っていた。「自分が小学校の時には将来のことなんて考えてなかったし、皆さんが皆考えてないのでは？」と言うと学年主任から「そんなことないですよ！皆さん考えられてますよ」と言われる。では参考に教えてもらいたいくらいだ。「お父さんとお母さん！　そんなことではだめですよ」と言われたが、学年主任の立場もあるのだろうと気にもしなかった。校長から支援クラスへの勧めがあったので「先生がずっと（一生）見て下さるなら心強いしうれしいんですけど」と言う。校長から「考えて返事を下さい」とのことだった。担任先生は何も言われなかったが立場もあるのでしょう。一つの選択肢として一通り話を聞く。本人は皆と一緒にいたいと言っている、本人の意思を伝える。

後日、現状のまま通常クラスで進めることを伝える。

おしゃれに興味を持っている

幼児用のパズルはできるが、ジグソーパズルも少しできるようになってきた。外周ピースを集めるように頼むと外周ピースだけ集めることができた。急にできるようになったので驚いている。

夕食でのでき事。娘：「いただきます！」父：「……」娘：「パパ！　聞こえないよ！」父：「いただきます！」娘：「はいどうぞ」と父親が言われていたので笑えた。いつも挨拶はするように言っているので逆に言われたようです。

祖母がやっていた裁縫を見て、いつもの好奇心が出てきたのか、やりたくて波縫いを教えてもらっていた。

夕食後、自分が使った食器を流しまで運んでくれることが多くなる。給食で毎日皆と片付けをしているからでしょうか。続けてほしい。

ワールドカップバレー２０１１を見ていると「がんばれー！　がんばれー！」と興奮して応援していた。どっちがどっちかわかっているのかな。開催中はいつも「今日バレーある？」と聞いている。がんばる姿がいいのでしょうか。

昨年、遊びに行った【なばなの里】のイルミネーションがＴＶのＣＭで流れたのを見て「ここ行ったよ。また行きたい」と、覚えていたようだ。シラーっとしているので覚えていないかと思っていても覚えていて感心した。

髪を短く切った時、とても淋しい表情をしていた。髪型はとても気になっている。おしゃれに興味を持っている。

リンゴ狩り

近所の方にリンゴ狩りに誘われて行く。リンゴがどう実るのかを教えるいい機会。リンゴの木が見えると大興奮。農家の畑では「あれを取る」「これを取る」と楽しんでいた。農家の方にリンゴのもぎ取り方も教えてもらう。リンゴはどのように実るかわかったかな。

更に興味を持ったのが、農家で作業していたリンゴの選別・仕分け作業。その工程や機械をじっと興味深く見ていた。農家の方に「いい社会勉強だね」と声をかけてもらう。許可をもらって娘に写真を撮らせた。質問することまではできませんでした。

リンゴ狩り中

作業の見学

公文も楽しい

言語訓練では早口言葉を取り入れて訓練中。言えている文章もあるが、意味のわからない単語が出ると戸惑う。日本地図のパズルもやっている。

公文では簡単な足し算を交えながら８０～１００までの数字習得をやっている。内容は８０～９０、９０～１００までの数字が飛び飛びで書かれていて、その間の数字を埋める、というプリントをやっている。なんとか一人で埋めている。勉強を見てもらいたい時はわざと間違えて気を引こうとする。

公文の国語は、音読や【○○と○○、○○の○○】という問題の○の所を埋めるというプリント等をやっている。

先生にあげると言ってスイーツデコをがんばって作っていました。

運筆も続けている。

公文と学校の授業では差があるが、本人は気にしていない。授業は難しくても楽しめているのでしょう。皆の発言の声・褒められている時・叱られている時・ざわついている時、いろいろ楽しいのかな？

公文も楽しいようで、嫌がらず素直に行く。幅広い学年の生徒がいるので楽しいのでしょう。

✿

公文のお迎えでのでき事。お迎えを待っている間、ジグソーパズルで遊んでいた娘。迎えに行ってもパズルが切り上げられず母親と先生にせかされていると、男の子が「最後までやりたいんだよ。気持ちわかるよ」と言ってくれた。いつも大人の都合で急がせたりさせてしまうことが多い中、男の子の言葉を聞いて子ども目線で見ることも大切だと気づかされてしまい反省。

日本地図パズル

雨が降りそうな時は、黒い靴を履いて出かける。母親が「今日は黒い靴を履いてよ」と言うと「傘は?」と言うのです。雨＝傘と連想ができている。

❀

「縄跳び11回できたよ」と学校でのことを教えてくれる。

❀

日本地図パズルを買うと興味を持ってやっていた。愛知・岡山・北海道・東京・高知・大阪・青森　あたりはスムーズにはめこむ。県の形で覚えているだろうか。最近は少し時間はかかるが一人で全部できる時もある。

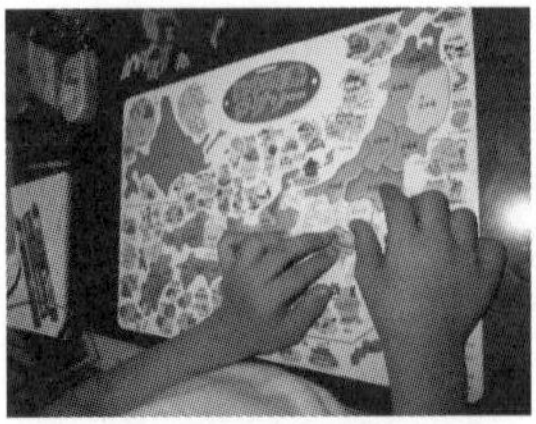

日本地図パズル

❀

自由帳を忘れて学校へ行った日、帰って来て「あー、自由帳忘れたー」と言いながら自由帳をランドセルに入れていた。失敗して勉強することもある。

❀

数字は１２０まで読む。まだ正確ではないが。広告を見て値段を読むことも増えている。

❀

学校から帰ると、脱いだ靴はちゃんと揃えて、うがい手洗いをしている。習慣付いている。

❀

小学校祭りでは、お弁当を「○○ちゃんと○○ちゃんと一緒に食べたよ」と教えてくれる。一緒に食べてくれる友達もいてありがたい。

祭り当日の朝に「今日見に行くね」と言うと「いいよ」言っていたのに、行くと怒ってしまって友達を困らせてしまう。

せっかく楽しんでいた友達に申し訳ない。

一人で帰れる？

3学期に入り、下校時に「迎えに来ないで」と言うので「えっ？　一人で帰れるの？」と聞くと「うん」と言うのです。試しに一人で帰らせてみるとしっかり帰れた。その後も迎えを拒否するので、心配ですが一人で帰らせている。歩いて15分程度の距離。

下校時、二度ほど途中で泣いていたハプニングがあった。友達が呼びに来てくれたり、友達のお母さんが連れて帰って下さりました。蹴られて泣いていたということ。誰に蹴られたのかはわからない。自信を持って一人で帰れるようになったのにとても残念。

次の日から一人で帰れなくなり迎えに行っているが、しばらく挑戦する勇気が出てくるまで待ちます。また一人で帰れるようになるだろうか。

学校生活ではいろいろと失敗も経験してほしい。失敗から学び挑戦できる強い子になってほしい。

今日は何をやったの？

登校時、雪が降っていた。教室に入らずに、いつまでもランドセルを背負ったまま校内で遊んでたようで、先生が呼び戻してくれた。家を出る時に「雪遊びは学校に行っても放課に遊ぶんだよ」と言ったのですが聞いていたのかどうなのか遊んでしまったようです。

「みか先生にチャイムが鳴ったら教室に帰って来てねって言われた」と言っていた。家でもそれがルールだということを教えたがわかったのかな。

席替えした時「隣は○○くんだよ！」と喜んでいる時もあれば「よくないよ」と言っている時もある。その時のしぐさが笑える。小学時代にしか味わえない感情を持てることができていいです。

「今日も学校楽しかった？」と聞くと「うん」と言うので「今日は何やったの？」と聞くと「りか」と言うので「理科は何やったの？」聞くと「まめ（まめ電球）」と言っていた。会話が単語だけになることがあると思えば、しっかり伝えようとがんばって説明してくれる時もある。

❀

「今日は学校で何やったの?」聞くと「えいご! あのねぇ、みか先生が♪ABCD♪ を歌ってくれたよ」と嬉しそうに教えてくれた。

❀

みか先生の真似でしょうか? よくしています。「はいやめてー! それでは…」等。聞いているようです。指示はしっかり入っているかな。

❀

学校が楽しくなかったと言った時がある。その時の会話。「今日は学校楽しかった?」と聞くと「うーうん（しょげ顔で首を横に振る）」「どうして? 何かあったの?」と聞くと「○○くんと○○くんが先生におこられた」と言うのです。「先生は○○くんと○○くんのことを思って叱ってくれているんだよ。悪いことしたから叱られたんだよ」と言うと「そうだよ」と言っていた。叱られた生徒が悪いことをしていたというのが、娘にもわかっていたようです。

❀

学校まで迎えに行った帰り道の時のこと。クラスの友達ななみちゃんと一緒になり、クラブ見学の話をした。ななみちゃんは、娘が何クラブを希望したのかを気にかけてくれていた。ななみちゃんは「まゆちゃんは頭で考えるクラブより、フラワーアレンジメントとか何かを作るクラブがいいかもね」と言ってくれる。いろいろなクラブから娘が好きそうなクラブを教えてくれた。娘は何を選択したのだろう?

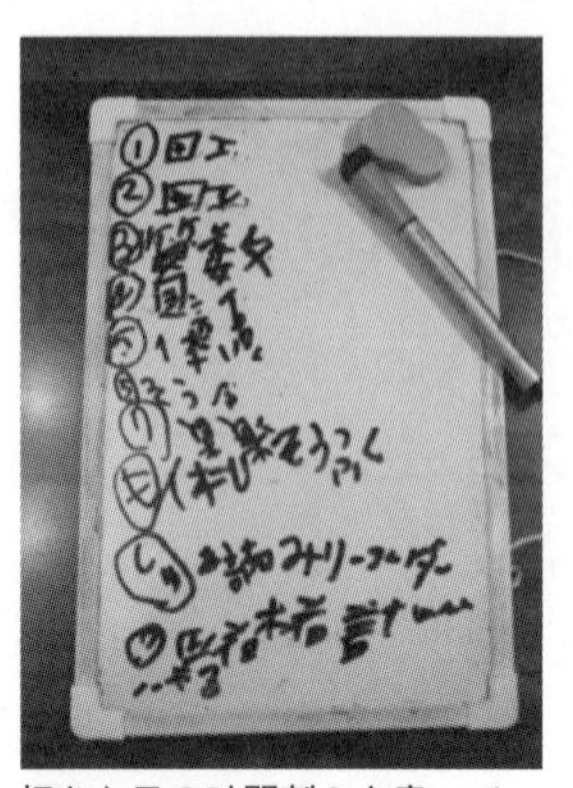
好きな日の時間割？を書いていた。連絡帳かな。

大切な気持ちが成長できている

娘が自分の用事をしている時にもたついていた。父親が手を出すと「いいから！　パパは自分のことやりなさい」と言う。いつも言われるので同じことを言い返して来た。

公文で生徒がゴミを落としたのを見てさっと拾ってゴミ箱へ捨てていた。

クリスマスプレゼントに「たまごっちがほしい」と言うので、たまごっちをプレゼント。今では毎日お世話をしている。操作も慣れて親よりも操作が速い。

バスツアーを利用して仲良しの友達と伊勢旅行に行った時のこと。バスで友達が眠そうにしていると膝かけを枕代わりしてあげていた。気づかいができている。

帰りのバスの中ではビンゴゲームをやる。ビンゴカードも数字を探してできていた。「リーチ」「ビンゴ」を教えたがわかったのだろうか。

祖母が忘れ物（眼鏡）をした時に「ばあちゃん、連絡帳に書いていれば忘れないよ」と言う。メモをすれば忘れないというのがわかっている。

母親が熱を出して寝込んでいる時「ママ大丈夫かなあ」と心配していた。学校から帰って来て寝ている姿を見ては心配そうにしている。父親が「大丈夫だよ。1日寝れば治るよ」と言うと「やったー！」と安心する。

母親の具合が悪い日の朝、自分でお茶を入れてロールパンを半分に切りサンドウィッチを作っていた。父親がキャベツを出そうとすると「キャベツじゃない！　レタス！」と言ってレタスを取り出し、ハムと一緒に挟んでいたのです。母親が体調悪いので自分で何とかしようと動いていた。キャベツとレタスの違いもわかっている。

母親の体調が改善して食事をしていると「ママ元気になっ

てよかったね！　皆で食べれて嬉しいね」と喜んでいた。大切な気持ちが成長できていてとても嬉しい。

算数ブロック

父親が算数の教材を作り始めた時のこと。算数ブロックを作るために2㎝ずつ印をするように言われて「1・2㎝！1・2㎝！」と言いながら印を付けていた。センチがわかったかな。根気よく手伝ってくれる。110個分印を付ける。

ブロックを使って、父親が「これが10のかたまり、これが100のかたまりだよ」と視覚的に教えていた。視覚認知がよいです。

英語アルファベットのパズル

アイロンビーズを使った英語アルファベットのパズルを作る。まだ補助は必要ですが、がんばってはめ込んでいた。新しい物好きで英語に興味が出ている。

バレンタインデーのチョコレート

父親にバレンタインデーのチョコレートを手作りしてあげた。楽しそうに作っていた。

言語訓練

言語訓練へ行く。訓練部屋への保護者立会いはできないが、声は聞こえる。スムーズな時もあれば集中できない時もありムラがあるようだ。

言語訓練の担当先生は二名。先生によって対応が違う娘。

110個分印を付ける

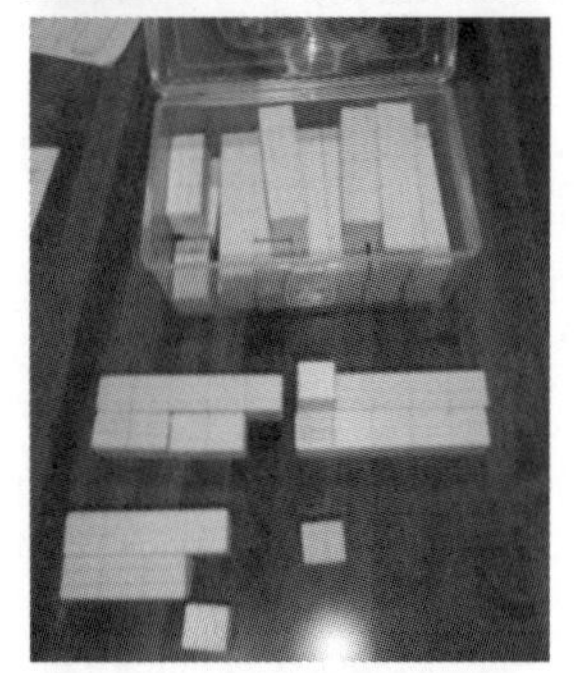

ブロックを使って足し算を教えるととてもスムーズにできる。視覚を使って教えるとスムーズです。

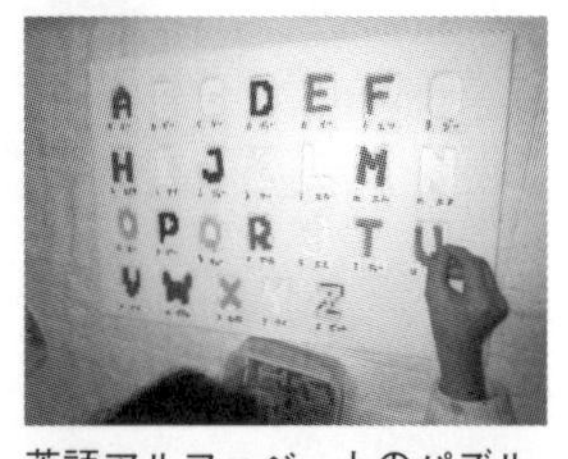

英語アルファベットのパズルを作る。

バレンタインデーの手作りお菓子

小3

やさしい先生にはわがままを言う。

言語訓練で「さ行は難しいですが、最近は発音が向上してきています」ということで、さ行に向上傾向が見られる。

長文をしゃべれるようになる

公文に行けず残念がっていた。「行きたかったの？」と聞くと「うん」と言うので、どういうところが楽しいのか尋ねると、公文生徒の名前を言っていた。先生との関わりも楽しみにしている。

公文の迎えについて「国語と算数と迷路（運筆）が終わったら電話するから迎えに来てね。パズルして待ってるから」と言う。長文をしゃべれるようになり、聞き取りやすくもなってきた。

ディサービスキッズサポートへ送った時のこと。通所が楽しみで仕方ないのです。中へ入るなりにっそりと喜ぶ笑顔がとても印象的。

ディサービスからの帰りは「今日は迎えに来て」と言うが、仲良しの友達がいる時は一緒に送迎車で帰りたいので「送り（送迎車で）でお願いしまーす」と意思を伝えていた。

韓国スター名鑑を一緒に見ていた時。男性俳優を見て「この人カッコイイ！」と言う。学校でも「○○くんがカッコイイ」と言っている。誰でもカッコイイと言っているのではないようです。

祖母が遊びに来てくれると一緒に晩御飯を食べたいので「ばあちゃん晩御飯を一緒に食べよ」と誘っている。皆で食事をするのが好きです。

最後まで完成させる

電気ストーブのリモコンが壊れてしまって、父親が分解した後、娘がリモコンを一生懸命に組み立てていた。もし

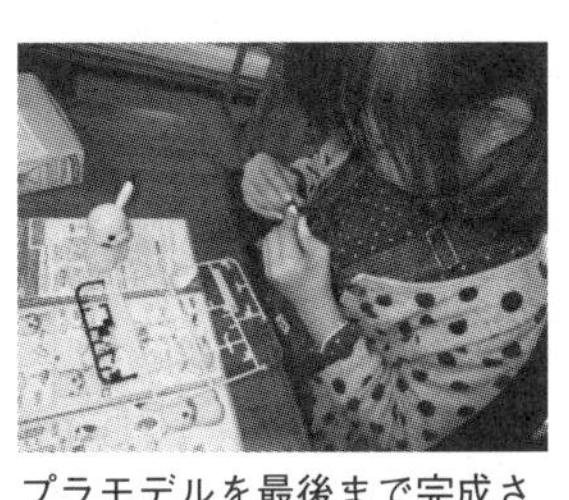

プラモデルを最後まで完成させる

かして、と思ってプラモデルを買ってみる。興味しんしんで作り始める。諦めることなく最後まで完成させることができたので褒める。

「ママ（パパ）大好き！」とよく言う。大好きと言う表現をよく使う。

朝早く起きると一人で弁当やおにぎりを作って食べている時がある。ご飯は自分で電子レンジを使って温めている。

父親のパソコンを起動させてゲームをやっている。いつもやるゲームのルールはわかっている模様。流石にチェスはわからず適当に動かしている。

パソコンゲーム

紙芝居を最後まで読む

トランプが楽しいようで神経衰弱をやる。記憶力はある。ルールもわかっている。ババ抜きも教えるとできていた。1番に上がると大喜び！

晩御飯の時に娘がスプーンで豆腐を食べていた。父親も豆腐を食べようとしたのを見て「パパ　スプーンかしてあげようか？」と言ってくれる。周りをよく見ています。

人気グループの歌をよく歌っている。学校の友達のことも「○○ちゃんも好きなんだよ」と教えてくれる。学校で友達が人気グループの話をしているのを聞くのでしょう。皆と一緒にいると流行を楽しめます。

市の図書館に行った時に「紙芝居を借りたい」というので借りてきた。「からかさおばけとのっぺらぼう」という紙芝居を借りてきた。何度か借りて来ていたが今回初めて紙芝居を聞かせてくれた。がんばって最後まで読んで聞かせてくれた。しっかり読んでいた。

保育園年長時代の発表会で、女の子四人で踊ったダンスを今だに覚えているので驚いている。曲がかかると踊り始める。よく覚えている。

✿

心配し不安になる

父親が電車で出かけた帰りに人身事故で電車がSTOPする。帰りが遅れることを聞いた娘は、とても心配していた。電車が開通し父親が帰れること伝えると「あーよかったああ!　よかったああ!」と力を込めて安心表現。

✿

母親が公文の迎えに行くのが少し遅くなった。娘は少し不安になったようだ。いつもは迎えに行くまで先生宅で遊んでいるが、母親が到着する前に先生宅から出てしまい母親の車を一人で探していた。外も暗くなり、車通りも多い所なので本人には注意をした。とても不安になったのでしょう。

小3

4年生 3月初~5月中 学校

環境が変わったばかりで落ちつかない

返事をしないことが多くて困る。呼んでも無視。選択させる場面でも無視が多い。学校ではできているのかな。

事あるごとに「ちがう！」「だからー！」と強い口調。注意するが治らず。友達が気分を悪くしないか心配。それでよく友達もかまってくれているなあと感謝するばかり。

✿

下校時にはよく一緒に帰ってくれるお姉さんがいる。帰り途中で別れるが「まゆちゃん！　じゃあまた月曜日ねー。バイバイ」と言ってくれて「バイバイ」と嬉しそうに返す。一緒に帰ってくれるお姉さんがいてありがたい。

✿

ちょっとしたことでも会話をしようと思い「今日のお昼の給食は何だったの?」と聞くと、いつも聞かれて面倒になったのか「献立見て」と言われる。

✿

進級当初「4年1組だよ！　1組」と喜んでいた。4月は環境が変わったばかりで落ちつかない様子だが、学校へ行きたくて仕方ないようです。

✿

簡単な足し算（1桁~2桁＋1＝）ができるようになる。

✿

おしゃれに興味

クラス写真撮影の朝。「今日はクラス写真撮るんだよ」と教えると。「こうやって撮っていい？（両手ピースでニンマリ）」と冗談を言う。「気をつけして撮らないと駄目だよ」と教える。

✿

毎日、下校時には途中まで迎えに行くが、一人で帰って来られるか聞く時もある。迎えに行った日、たまたま早上がりだったのか、一人で帰って来た。それからは一人で帰れる日が増えている。

✿

成長と健康状態の定期健診に行く。結果は問題無し。

早朝何をゴソゴソしているのかと思ったら、両手両足にマニュキアを塗っていた。ネイルアートに興味を持っている。その日が連休前の登校日だったので「明日から休みだから帰ってきたら塗ってあげる」と約束した。帰宅後に約束通り塗ってあげると嬉しそうでした。おしゃれにはとても興味を持っている。

朝、時々だが一人で服を選び出して着ている。たまに季節感がない格好の時もあるが、一人で着たい服を選び出して着ている。学校の友達やお姉さんたちの格好を見ている。

自分で判断

一斉下校の時に一人で走って帰ってくるなり「パパ来て！ちょっと来て！　こけて泣いているからおんぶして連れて帰ってあげて！　こっち！　こっち！　はやく！」と言うのでついて行くと、同じ班の子（1年生）がこけてしまい膝と肘を打って泣いていた。娘は大きい声で「〇〇ちゃん大丈夫？」と叫びながら歩み寄っていた。いつもと違うしっかりした娘でした。こけた子は一人で怒っていたので状況はわからないが、擦り傷等はなさそうだが泣いていた。通学班の皆もいたのでゆっくりと帰る。

3年生3学期頃に自分が下校中に泣いていた時に、友達がお母さんを呼びに行き、おんぶして連れて帰って来てくれたときのことを覚えていたようだ。どうすればいいのかを自分で判断して父親を呼びに来たのです。

宿題

消防施設設置地図の宿題で、家の周辺を探して回る。出かける前に探す物を説明して出かけた。消火栓の標識を見かけると「あった！　あった！」と写真を撮っていた。

宿題シートの略地図は親が手伝ったが、場所の印はカメラを見ながら本人が書いた。

「あった！　あった！」

小4

失敗しても諦めないで

初めてのクラブ活動。一輪車&縄跳びクラブに入る。自分で決めたようだ。心配していたが帰って来て「縄跳びをしてきたよ。楽しかった」と言うので「誰と一緒だったの？」と聞くと「まあやちゃんとまりんちゃん（6年生）」と教えてくれます。

❀

「今日は運動会の練習を一人でできたよ」と帰って来た。ソーランの練習だったのでしょうか。本人なりに頑張っている。この調子で本番も頑張ってほしい。ソーランでの課題は立ち位置の移動がスムーズにできるかどうか。

「ソーラン一人でできたよ！　ソーラン踊るから、パパはカメラで撮ってね」と言う。毎度行事ごとの本番では実力が出せていないのでどうなることか。「家では一人でしっかりとやれるのに、どうして本番では皆の前ではやらないの？」と聞くが、内弁慶な娘です。はじけてくれる日は来るのかな。本番では失敗してもいいので諦めずやってほしい。

❀

席替えをしたのか「席替えしたよー！　○○くんの隣だよ」と教えてくれたので「○○くんは優しい？」と聞くと「うん」と言っている。学校でのことをよく教えてくれます。

❀

五月九日朝、水筒を持って出かけるのを忘れる。本人は途中で気付き、班の子に戻る理由を伝えずに家まで取りに帰ってきた。班の子たちは娘がなぜ戻ったのかわからず。班の子たちが、水筒を持って先回りしていた母親と会う。母親は娘がいないので聞いてみると「麻友ちゃん戻っていっちゃった」と教えてくれた。追いかけてみると、娘は自宅近くまで戻っていた。本人に「どうしたの？」と聞くと「水筒忘れた」と言うので「黙って戻ったら班の皆が心配するから、言わないとダメだよ」と言ったが、わかったどうか。事故が無くて良かった。その後、班の子には娘が戻ってしまったら「どうしたの？」と聞いてあげてほしいとお願いする。

❀

五月十一日金曜日、学校で少しお漏らししていたようだ。トイレを我慢していたのでしょう。人に言えないことをした時や恥ずかしいことには、違う理由を作って避けようとする時がある。

ルールはわかっている

食事中に父親と母親がしゃべっていると「うるさい！静かにしなさい」とか「シー」と注意してくる。自分も入りたいのに入れないので言っているようだ。

❀

たまごっちで遊ぶ。病院や電車内は、周りの迷惑になるので音を消して遊ぶ。周囲への配慮ができるようになる。飼育の方法やゲームのルールはわかっている。新しいアイテムを入手すると「見て　見て！」と喜んで見せてくる。

❀

子ども用コインゲームで遊ぶ時、父親が100円分買って、しばらくすると無くなった。「まだやりたい」と言うので追加100円でコインを購入。更に「まだやりたい」と言うので「自分のお小遣いを使いなさい」と言うと自分の財布から100円を使う。またまたコインが無くなったので「自分のお小遣いを使いなさい」と言っても使おうとせずに、せびる娘に負けた父親。「これが最後の100円だよ」と言い聞かせ、遊び終わるとキッパリ終了できた。自分のお金を使わないようにしたいという知恵や最後の100円だという約束を守って遊ぶことができた。

コインゲームを通して数の勉強・指先の使い方・ゲームルールを認識・コインを考えて使えるように、ということで遊びに行き始める。最近ではコインゲームをやりたいとせがんでくる。いつも行くわけではないので我慢をさせる時が多い。

❀

乳歯がぐらついてなかなか抜けない時、かかりつけの歯医者で抜いてもらう。歯を抜く時の状況を教えてくれる。「あのね～。グリグリメリメリって取ってくれたよ」終わると「ハー！」と一息。麻酔の注射を見ても大丈夫。麻酔は痛くない歯医者ですが、我慢しているのか昔から泣かない。虫歯は無し。

❀

父親が腹痛の時「パパ大丈夫？　さすってあげようか？」

と言ってくれた瞬間にバイクの音が。「もう！ うるさいな!! パパがお腹痛いって言ってるのに」と怒ってくれる。優しい。

ブランコの乗り方が上手になる。１００まで数えて乗っていた。

パスワードをなんなく入力

パソコンの立ち上げパスワードにローマ字で「ＭＡＹＵ」と入力設定した父親。いつも一人でＰＣを立ち上げてゲームをしているので、パスワードを娘の名前をローマ字にした。最初はメモを貼り、見ながら入力していたが、今ではメモがなくてもＭＡＹＵと入力して立ち上げる。これがＭＡ（ま）ＹＵ（ゆ）だよ。と何度も教えている。今度は「ＭＡＹＵ　ＫＵＮＩＳＡＤＡ」と設定しようと思っている。

最近の娘のお気に入りのＰＣゲームは、「上海（シャンハイ）」という麻雀ブロックパズルゲーム。何度もやっているのでルールも多少わかってきたようだ。時々親と一緒にやっている。他には「チェス」もやっているが、これは適当。ルールはわからずとも相手のコマを取ると「イェーイ」と喜んでいる。

父親がＰＣで、あるキャラクター集を作り、まだ途中だったのでセーブしておいていた時のこと。次の朝一人でＰＣを起動、パスワード「ＭＡＹＵ」もなんなく入力。何かプリンターの音がしているので見てみると、セーブしていたキャラクター集を見つけ出し、印刷していた。どうやってキャラクター集を探したか聞いてみると「ここ」と教えてくれるのです。合っていて驚いた。

ＰＣのＷｏｒｄで、パスワードにしている「ＭＡＹＵって入れてごらん」と言うとひらがなで「まゆ」と出てくるのを見せて、「ほら、まゆちゃん　これがローマ字なんだよ。ローマ字でＭＡ（ま）ＹＵ（ゆ）だよ」と教えた。

眠くなると一人で布団を敷いて寝ている。

人前では実力は出ない？

一般お祭りイベントにて。ディサービスからのダンス体操に選抜されて出場。しかしながら先生の後ろに隠れ、しがみ付いていていた。恥ずかしかったのか自信が無かったのか。

仲良しの友達と出たが不完全燃焼。終了後は「帰りたい。帰りたい」の連発で号泣。家では一人で踊れるが、人前だと実力が出せないようだ。学校行事でも同じ傾向がある。ディサービスの先生からは「いつかは自分の中で　はじける時があるから待ってあげなさい」と言われている。早くはじけて皆と楽しめるようになってほしい。

✿

休日に父親とリレーの練習をした。嬉しそうに走ってバトンを渡す練習ができた。

✿

友達とモリコロパークに遊びに行く。粘土でモリゾーキッコロを一緒に作ったり、遊具で仲良く遊べた。

✿

夕食の餃子作りを手伝ってもらう。皮巻きを全部と並べ方がとても上手にできたので写真を撮る。

✿

ピアノ教室は続けている。音楽療法の先生にレッスンしていただいて早三年。調子の波はあるがマイペースでレッスンしている。

モリコロパークで粘土作り

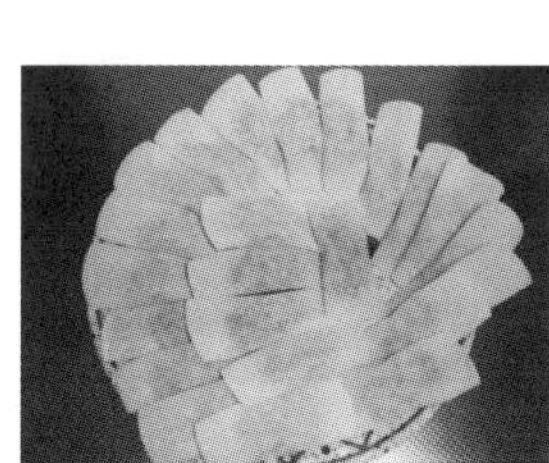

モリゾーキッコロを作る

餃子作りを手伝う

運動会本番

用事があって学校へ行った時のこと。友達が「まゆちゃんソーランがんばれるよね?」と言うと「がんばるよ」と。友達が「お母さん、期待して見に来て(運動会)あげてね」と言ってくれる。友達が認めているくらいならとてもがんばっているのだなと確信した。

違う日にも違う友達から「まゆちゃんソーラン上手にできるから見にきてあげてね」と言ってくれる。皆見てくれているんだなと思うと嬉しくなる。

ソーラン踊りが気に入っているのか、家でもソーラン踊りとずっと踊っている。やっていると「ソーランうるさい?」と言いながらも大きい声で踊っていた。納得するまでやっている。

運動会の練習を見に行くと楽しそうにしていたので、本番がダメでも練習ができていればいいと思っている。運動会本番はとてもがんばれていた。

運動会本番。ソーランは元気よく自信を持って踊る姿があった。その証拠に終った後「一人でできた! がんばったよ!」と言う。「麻友ちゃん! 素晴らしい! がんばったねー」と言うと、友達に寄り添い笑顔で口を押さえる仕草をして嬉しそうにしていた。友達にも認めてもらえたことが自信につながったようだ。家では寝ぼけながらソーランを踊っているほど。

リレー本番前に、父親がお友達に「麻友ちゃんってリレーの練習してた?」って聞くと「麻友ちゃんリレーの練習やってないよ。私が代わりに走ってた。でも今日は麻友ちゃん走れるかもしれない。多分走れそうな感じがする」と言う。「まゆちゃんリレー走れるよね?」とお友達が言うと「うん! 走れるよ」と言っていたのです。友達は娘のことをわかってくれているようです。

皆が迷っていても
本人は自信を持って

リレー本番

親子競技

椅子の片付け
本人中央手前、友達が手伝ってくれる

リレー本番では、クラスの一員として皆と同じ距離を一人走りきることができた。皆よりも距離が短くてもいいと思っていた親としては大満足。周りからは「麻友ちゃんがんばれー！」という声援も聞こえて感激です。

✿

親子競技では、娘が動いてくれるか心配していたが、今年は完璧にこなせた。入場から退場までペアの友達が手をつないでくれて、声をかけながらの入退場。そのおかげなのか自然と競技に気持ちが向いてくれたようだ。

✿

閉会式ではダラダラ感があったのが残念。開会式の行進前まで友達2～3人とじゃれあっていたところ、整列の合図で友達が前を向きました。そこから少しすねてしまう。そういう場面では気持ちを切り替えれるといいのですが。

✿

運動会終了後。偶然低学年の頃、放課の時間によく遊んでくれていたお姉さん（現在中学一年）と会う。お姉さんが娘に「あ～！　まゆちゃん！　覚えてる？」と聞くと娘は「うん！　覚えてるよ」と嬉しそうでした。嬉しいこと楽しい思い出はよく覚えている。優しいお姉さんなのです。一緒に写真を撮ってもらう。

終了後の椅子の片付けも、友達と楽しそうにできていた。

✿

学校で、ある支度の時に友達が「やってあげようか？」と聞かれて「いいよ！　（自分でできる）」と答えていた。ちゃんと意思表示ができた。

進んで宿題をやることが増えている

宿題中には父親も近くに座り宿題と称しロジックパズルをやっているが、ある日娘が「パパがんばれ！　もう少しだよ」と応援していた。父親は心の中で「(お前ががんばれ！)」と思ったのです。人は応援出来るが自分のことはマイペース。

新聞の広告欄に「松竹梅」と書かれていた。娘が「あいな！あいな！」と言うので父親が不思議がっていたが、ずっと「あいな！　あいな！」と言うので「友達の名前？」って聞くと「うん！」と言うので、〝あいな〟とはどこにも書いてないのにと不思議に思っていると「竹○あいな！」と教えてくれた。松竹梅の竹を見て友達の苗字を言っていたのです。友達の名前の漢字は覚えている。

原理はわからなくとも知っていることが大事

家で白紙に何やら計算式（割り算のひっさん）を書いていた。もちろん適当だが、ひっさんの存在がわかっただけでもよい。「パパも書いて！」と言われて書いていた父親。「あれ？　割り算のひっさんがわからん！　どうやるんだった？　そういえば小学校以来割り算のひっさんってやってないわ」と父親。すかさず娘が「パパだめじゃん。これが…こうで…」と父親に教えていた娘。適当ではあるものの技術はわからなくても、算数の世界にひっさんの存在、そしてひっさんは計算するもの、算数だということがわかるだけでもいいかなと思った。

簡単な足し算（一桁～二桁＋1程度の計算）がスムーズにできるようになり、数字の順番がわかっている。以前は数字を数えるのも嫌がっていたが、今では嫌がらず数えている。

初プールでは、とても楽しんでいた。その日父親が「プールどうだった？」と聞くと「こうやって(寒い格好して)た！」「寒かったの？」聞くと「うん」と答えていた。

プール授業の時、泳げるレベルのクラス分けで同じチームの男の子の友達が「まゆちゃん！　がんばれー！」と応援してくれる。嬉しいですね。

友達が「まゆちゃんっておもしろいんだよ」と教えてくれる。どうしてなのかを聞いてみると「同じ質問をしても、いつも違う答えを言うんだもん」と言う。

✿

昨年までは授業参観へ行くと「帰って！」とか、両手でばってんジェスチャーをしていたが、今年度はそういうこともなかったので安心した。

✿

朝の準備が早めに終わった時、集合時刻まで遊んでいるが、遊んでいても時計をしっかり見ていて7：15になると「あっ！　3になった！　行こっ！　行ってきまーす」と元気よく出かける。

✿

授業参観の時の休憩時間にトランプをやっていた友達がいた。娘はその中へ入って行き、参加はしないがじっと見ていた。

✿

理科の実験道具を持って帰ってきた時は、やり方を一生懸命教えてくれた。先日、空気・水鉄砲を持って帰って来た時「教室で皆でポーン！　ってやった」「こうやってた！（相手の空気鉄砲で飛ばしたスポンジを取る仕草）」空気が圧縮されて飛ぶという原理はわからなくても、こうやると飛ぶ、こういう道具がある。ということを知ったようだ。

✿

先生方も気をつけて見てくださっている

お友達が親切で傘を持って行ってくれた。自分で持って行こうと思っていたので泣いてしまった事件があった日。

ピアノレッスンの日だったが、楽譜を見ても「分からない」と言うので（簡単な楽譜なのですがいつもは読んでいる）、先生は、今日は何かあったみたいなのでレッスンは進まないだろうからほどほどにしようと思ってくれる。気持ちを切り替えると同時に練習曲を三回弾く。「（楽譜が）分からない、と自分の気持ちを出しているし、何より気持ちを切り替えることができるようになってきているのでとても成長している」と言ってくれる。

「ダウン症の人たちは自分の気持ちを出さないで我慢してしまう人が多いので、これからも気持ちを出すことができるようにしてあげることがとても大切です」とアドバイスをいただく。

✿

校外学習で名古屋市科学館へ行く。付き添いのお願いがあったが、学校側で対応してくれることになる。

しかし、親はこっそり現場に状況を見に行く。動きは遅れていることもあったようだが、他の先生方も声をかけて気をつけて見てくださっているようだった。

✿

校外学習で名古屋市科学館のプラネタリュウムから帰って来て「いろいろな色の星があってきれいだったよ」と教えてくれた。暗い所なので入れるかどうか心配していたが、入れたようだ。バスで行ったことも教えてくれた。

いろいろな言葉づかい

娘に「ことばづかい！」と言うと「こびとずかん？」と言い返してきた。確かに少し似ているが。面白いことを言う。

学校も好きですが、公文も好きです。いろいろな生徒がいるので楽しいようだ。人と関わるのを心支えとしている。公文が終わると、電話番号を覚えているので自分で電話をかけてくる。迎えに行くとまだいたいのか「な・に・か・ご・よ・う？」と言う。いろいろな言葉づかいをします。

公文の帰り等に、生徒とお母さんとすれちがうと「こんにちは」と挨拶ができている。

自宅マンションの住民の方にも挨拶ができている。挨拶が基本なのでこの調子で自然に身について欲しい。

仕事が忙しくて帰りが遅い日が続いていた父親に「晩御飯一緒に食べようよ」と言うので「今、お仕事が忙しいから金曜日ね」と言うと「今日は水、木、金。今日は水曜」と言うので「明日は？」と聞くと「木」「あさっては？」「金」と答えていた。連絡帳を書いているからか、曜日がわかっているようだ。家族での夕食を楽しみにしている。

新聞を見ていると友達の名前を言っていたのでどうしたのか聞くと、新聞に「日本望みつなぐ」と書いてあり、逆から「なつみ」と友達の名前を読んでいた。

朝起きて台所でごそごそしているので、何をしているのかと思って見ると、父親の帰りが遅かった時の夕食の後片付け、食器の洗い物を一人で洗っていた。

朝は娘が一番早く起きるが、台所で包丁を出して食パンの耳を切り取り。ハム・レタスを出しサンドウィッチを作っていた。何とか作れていた。料理などにも興味を持っている。

数を数えられるようになってきた

パズルがお気に入りで３００ピースのジグソーパズルを

やっている。一人ではまだ難しいので親と一緒にやっているが、スムーズにはめ込められるようになっている。

父親が屋内プールへ連れていくと、ビート板を持って一人で泳いでいる。父親が教えようとしても言うことを聞かず、逆に指導してくる。

言語訓練にて、数字間を結ぶパズルをやっていた時。1~40番くらいまでやると疲れてきたようで、先生が「今日は終わって次回やろうか?」と言うと「やる!」と言うので、最後の120番までやりきる。

公文では+2をやり始める。家ではブロックを使うこともあるが120まで読めるので、以前よりも多少はスムーズ。ブロックを使って教えていたので、4+2、9+2等の繰り上がりは「はみ出る!」と言って答えを書いている。

数を数えられるようになってきたので、今後は電卓の使い方を教えようとしている父親。

天然石の本を見ていて「わーきれい!」と言いながらカタカナの石の名前を読んでいた。カタカナは読めている。

ショッピングへ行った時のこと。ネイルアートをしていた店員さんを見つけ「わー! かわいい!」と言いながら店員お姉さんに見せてもらっていた。ネイルアートはとても興味を持っていてネイルコーナーへ行っては見ている。

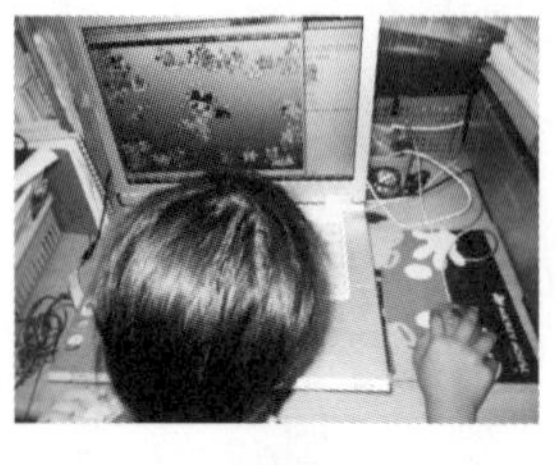
PC起動!

パズル300ピース

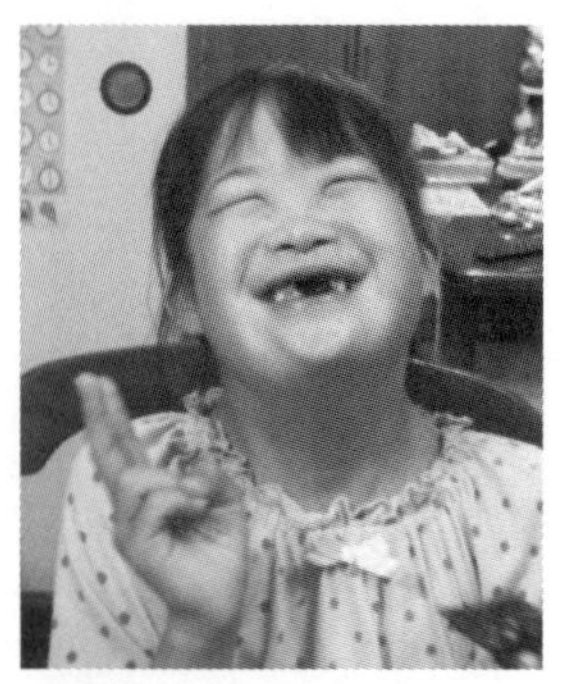
歯に海苔をつけて

小4

PC起動

PC起動→パスワード入力（MAYU　KUNISADAとメモを見ながら）→ネット接続→ネット立ち上げ→今はマイブームのネットジグソーパズルのサイトを立ち上げ→パズルを一人で完成させている。終了後はシャットダウン。この一連の操作ができていた。

ネット接続は、父親がやっているのを見て覚えた。

先日、友達とピアノコンサートに出かけた会場内の席で、友達が叱られてしょげていると、娘が持っていたタオルケットをそっと友達にかけてあげる。

ピアノコンサートの後、友達の家で遊ぶ。いつも片付けができず、母親に注意されるが、友達の家という意識があるのか、言われなくても進んで片付けができていたようだ。娘なりに外では気をつかっているようだ。

海苔を歯につけて笑わせてくれる。人を楽しませようとしてくれる。

小4

自由研究「まくら作り」

友達が「5年生は、まゆちゃんと同じクラスになりたい。まゆちゃんおもしろいもん！」と言ってくれる友達がいる。家でも皆を笑わせてくれるが、学校でもおもしろいのかな。

男の子のクラスメイトから、ありがとう文をもらう。『片付けてくれてありがとう』と書かれていた。

何か手伝ってあげたのでしょう。

七月に二日連続で迎えに来てほしいと学校から連絡あった。本人に聞くと「暑いから車で帰りたかった」とのこと。理由が怠慢。先生には何て言ったのかな。2日目は自転車で迎えに行くと残念がる。荷物も持たせて一緒に歩いて帰らせる。

夏休みに、祖母が新しい靴を買ってくれた。自分で選んだ靴で、新しい靴を履いて早く学校に行きたいようだ。「学校行きたい！　学校行きたい！」と言っている。

自由研究での布団屋さんにて『まくら作り』を楽しんで作成できた。今でもそのまくらを自分専用で使っている。時々父親が娘のまくらを使っていると怒っている。

ポスターと読書感想絵は、まず父親が輪郭を薄く下書き。輪郭を濃くなぞることと色塗りは全て本人が塗る。根気良く塗る。絵具を使って絵を描くことがとても好きです。

まくら作り

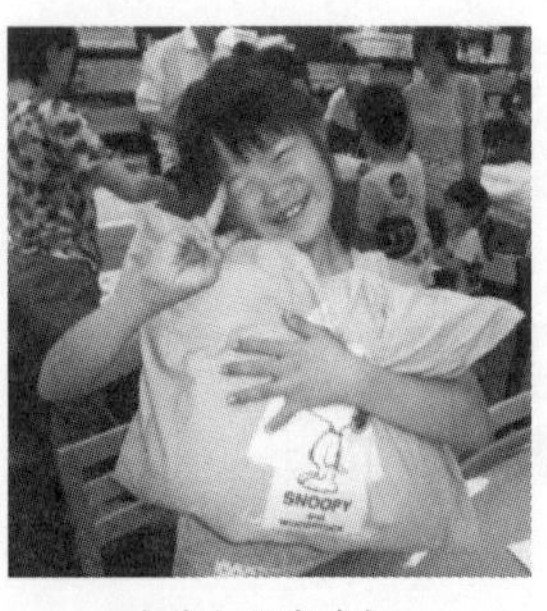

わたしのまくら

ポスター

小4算数の問題はわかっていないが、算数は好きなようだ。「算友やろっと」と言っては答えを書いている。やろうという姿勢があるのに感心。

✿

漢字テストだと言って升目を作り、母親に書かせていた。定規で升目を書いていたが、形よく書けた升で驚いた。

✿

膝が曲がる？

9月に入り、膝を痛めて曲がったまま伸びなくなってしまった。整形外科で診察したが正常とのこと。学校へ三～四日は送迎する。ある程度歩けるようになった朝、近所で通学班の笛が聞こえると一人で行こうとしていた。まだ少し引きずって歩いているので、念のために車で連れて行く。引きずる状態で準備をして出かけようとしていた姿に、頼もしく感じた。

✿

集合時間になっても来ていない生徒がいた。それに気づいた娘が一人で呼びに行く。黙って呼びに行ってしまったので、班長さんが困惑。一言言って行動できればいいのだが、

✿

登校時、歩くのが遅かったのか、並んで歩いていなかったのか、班の子に押されてしまい座り込んで泣いて動かなくなる。近所の方が気づいて学校へ電話をしてくださいました。父親が通勤途中に通りがかりに気づいたので、学校まで付き添う。班長・副班長には押さずに手をつないであげるといいよ。と伝える。

✿

クラスの雰囲気と担任の対応

9月21日に父親が学校へ見学に行く。長放課～3時間目授業を見学する。長放課のチャイムが鳴ると、さきちゃんと走って校庭へ出る。運動倉庫のボールを出して投げ合って遊んでいた。さきちゃんは手加減して投げてくれている。長放課は友達と遊んでいることもあるようだ。終了五分前チャイムが鳴ると、仲良く二人で走って戻っていた。

✿

三時限目の国語も見学する。友達が「まゆちゃんのパパだー」と言う声に気づかれてしまう。「がんばれ」と小声とジェスチャーするとニッコリする。補助員がついて下さっていた。落ち着いていたのがとても印象的。

✿

三時限目終了と同時に娘がかけ寄ってくれる。娘を追うように「まゆちゃーん！」と友達四～五人やって来て、娘に質問攻め「まゆちゃんうれしい？」「パパ好き？」「パパ来てくれてよかったね」「パパ来てくれていいなあ」等。娘は「うん」「そうだよん」と答えていた。すると他のクラスからも二人「まゆちゃーん！」と来てくれる。友達は接し方が上手です。ちょっとしたこういう友達との関わりがとても大切でいいと感じる。

✿

長放課のチャイムが鳴っても帰れない時があるようで、父親が見学した後日にも母親が見に行く。今度はチャイムが鳴っても帰らないので、補助員先生が呼びに行く。すると走って帰っていた。補助員の先生を待っていたのか。家で言い聞かせると「わかった。チャイムが鳴ったら一人でちゃんと帰れるよ」と言うのです。帰れないことが続くようだと、長放課での外遊びはしばらく禁止にしてもらってよいと、学校へ伝えた。

✿

毎日帰宅すると自分から進んで一時間は宿題をやろうとする。習慣づいてくれていればいいが。リコーダー、本読み、漢字、公文の算数・国語の各5枚ずつをがんばってやっている。

漢字を書いている時「自分で漢字を書かないとマルがもらえない」と言うので「がんばる？」と聞くと「ていねいに書く」と言う。先生からマルをもらえるのを楽しみにしている。

✿

授業中に外で一人で二～三時間もどんぐりを拾って時間をつぶしていたり、教室に入らず隣にあった少数クラス空部屋に一人いた。特別面談（教頭・前担任・本年担任）があり、担任からは「勉強が嫌なのでは」という否定的な発言が多かった。まずはクラスの雰囲気と担任の対応がどうなのか気になる。1～3年はそんなことなかったのだから。娘のけなげな笑顔を見ていると切なくなる。二次障害になるのではないか不安になる。

検査

背が伸びていることから、かかりつけの小児科で初潮についてホルモン分泌状態を調べてもらう。結果正常。過度に分泌されていることもなく周りの子と同時期と予想される。

身長、体重については健常児の平均値（下方）に入っている。

子供用の包丁で指を切ってしまったが「次もまたやりたい。使いたい」と言っていた。

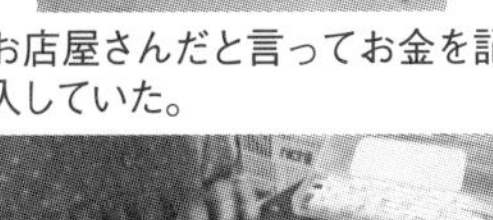

お店屋さんだと言ってお金を記入していた。

紙のくさりを作っていた。

小さめの折り紙に、定規で数ミリの幅で細く線を引き、切った後に紙のくさりを作っていた。細かい作業もできている。

言語

遊んでいる時に「レディーゴー！」とか「ナイスキャッチ！」と言う。

学校で覚えてきたのでしょう。英語だということもわかっている。

言語訓練にて。「前後左右の脳の信号がしっかりとれているから、あれだけの会話ができるんです。集団の中にいることも効果があると思われます。とてもいい状態です」ということでした。

言語訓練で出会うお母さんからも「まゆちゃんすごいしゃべれますね」と言ってくださる方もいる。家でもうるさいくらい話をする。おしゃべり好き。一日の出来事を伝えようとがんばって教えてくれる。話を聞いてくれる人には、積極的にしゃべる。

夏休みの出来事

安城七夕に行く。目的だった、かき氷を食べ終わると「帰ろう帰ろう」の連発！　我慢しなさいと言うのですが、目的達成するとすぐに帰りたがる。

毎年三尺玉の上がる蒲郡の花火大会へ行く。絶えず「すごーい！　すごーい！　わーきれい！　きれい！　雨見たい！　赤・青・・・」と喜ぶ。感情が素直に出せる。

夏休みに、ホームセンターでスクールガードのおじさんと会う。娘は喜んでいた。「おっ！　まゆちゃんじゃないか！　夏休みは楽しいか？」「はい」「そうか。夏休みが終わったら元気に学校行くんだよ。おじさん待ってるからね」「はい」とニコニコして話をしていた。昔から知っているスクールガードの方にも「まゆちゃん大きくなったね。まゆちゃんと会うといつもニコッと笑ってくれるから嬉しいよ」と教えてくださります。

ぶどう狩りの遊び場で卓球。

ぶどう狩りの遊び場にあった一輪車を一生懸命に乗ろうとする。皆のように乗ってみたいのでしょう。「明日クラブがあるよ」と、一輪車クラブなので楽しみにしていた。

いとこたちと海水前の祖父の船置き場の前で恒例の写真。おちょける娘。（左から二人目）

いとこの双子の女の子の髪型をまねたくてピン止めで髪を止めていた。それを見たいとこは「まゆちゃん、かわいい！」と言ってくれる。おしゃれ大好き。お姉さんのおしゃれのまねをしたがります。（前列右から二人目）

お盆に、岡山県のいとこたち（双子の女の子5年生、男の子3年生）に会うのが楽しみで仕方ない。お盆までに宿題を終わらせようと積極的にやっていた。

岡山へ行って遊んだ後は、いとこたちも安城へ遊びに来た。とても仲良しな女の子同士。遊びに出かけることよりも、いとこたちといるだけで嬉しいようです。

✿

夏休みに新美南吉記念館に行く。本人は「きつね？」と言っていた。展示物やムービーなども見たが、ごんぎつねの授業の時には覚えていてほしい。

✿

ぶどう狩りにて。ぶどう狩りよりも、遊び場で遊びたくて仕方ない様子。時間予約制の卓球台があるので遊ぶ。割り込もうとしてきた男の子に「順番だよ」と注意していた。偉かったです。

✿

オリンピックの卓球を見ていたので、まねをして笑わせてくれる。隣にいた知らない子に「オリンピックじゃないんだから」と突っ込まれていたが娘は無視。時おりしっかり打ち返してくる。楽しんで遊べた。周りから見ても楽しそうに見えたこと間違いなし。それくらい大はしゃぎ。時々ときは卓球で遊んでみようと思っている。

✿

岡崎こども美術博物館に万華鏡の展示を見に行く。見るもの見てはのぞき込んで「こっち見て！　これ見て！　きれいきれい」と勧めてくれる。

LIXILへ行って光る泥団子を作る。ころころ丸めるのは保育園時代から得意！
しかし今回は少し難しかったようだが、何とかがんばる。テーマは地球。

岡崎こども美術博物館で、焼き物体験をやる。

「おしゃれなスカート」と言って柄紙を切って貼り付けていた。きれいに切って順番に貼っていた。

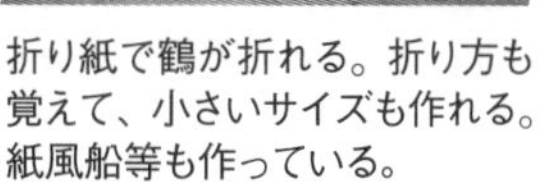

折り紙で鶴が折れる。折り方も覚えて、小さいサイズも作れる。紙風船等も作っている。

焼き物体験をやる。絵付けを迷っていたので、「アイロンビーズを作るみたいな絵を描いてもいいんだよ」と言うと細かく絵を描いていた。本人は可愛いと言っていた。カラフルに仕上がった。

出先のトイレに入り水を流した後、次の待っている人に代わろうとした時、流しきれてないことに気付いた娘。次の人に「ちょっと待ってください」と言って流しなおしていた。後の利用者のことを気づかえていて感心。

公文で

公文で、先生と先生の間に座って勉強する時があり、大人しく勉強する。調子のいい時は一時間で終わるが、三時間程度もかかる時もある。ムラがある。何か家で楽しみがある時は早く終われる。

公文で算数5枚80問中78問が正解だったと教えてもらう。その時は+2の問題。現在は+3をやっている。「がんばってますよ」と先生談。指を使って解いている。

父親に

父親が仕事へ出かける時「さいふ、かぎ、とけい、カード、携帯、目薬・・・持った?」と確認してくれる。「ああ!○○忘れたー」と戻ると「だめじゃーん」と言いながら忘れ物も持って来てくれる。

出先から帰って来た時、父親が靴を脱いで上がると「パパ0点」と言われる。父親が自分の靴を揃えなかったのがいけなかったようで厳しい。

テレビ

テレビ番組で上体そらしをやっていたシーンを見て本人もやっていた。計測してみると48㎝もありびっくり。体は柔らかいが背筋もついている。

スーパーで支援員の先生に会った時に「まゆちゃんは最後まで決めたらやるからいいね。その笑顔が好きです」と言ってくれる。最後までやるのがいいのか悪いのか、途中で切り替えられないこともあり周囲に迷惑がかかることもあるので悩みどころです。

テレビ番組ではゴルフ番組も好きな番組の一つ。チャンネルをかえていてゴルフをやっていると「ゴルフがいい」と言って見ている。選手がパターで打つと「行けー！　行けー！　入ったーーーー！」と叫ぶ。歌番組も好きだが演歌番組も好き。渋い番組が好きです。

✿

パソコン

いつもパソコンを自由に使わせている。ネット接続した後、アニメのサイトを立ち上げると、見れたので小さくガッツポーズ。どうしても見たかったのでしょう。

パソコンで無料キッズゲームの出し方を教えた。次からは一人でパソコンを立ち上げてゲームを始めている。簡単なゲームが豊富なのでいろいろ立ち上げては遊んでいる。初めてやるゲームでもいつの間にやら操作をしている。この調子で他のことにも適応能力が向上してほしいと願っている。

小4

クラスメイトとして

学校からなかなか帰ろうとしなかったのか、先生が家まで送ってくれた日があった。

✿

台風が来た日曜日「明日弁当だよ」と言っていたが冗談だと思って作らなかった。しかし本当にお弁当の日だったようで急いで作って学校へ持って行く。がんばって伝えてくれたのに、信じてやらないとダメだと反省。弁当の日はとても楽しみなのです。

✿

体育の時、ハードル授業で「麻友ちゃん上手なんだよ」と教えてくれた友達がいた。

友達が「麻友ちゃん図工が得意だよね」と言ってくれる。昔から図工は好き。

「麻友ちゃん学校ではどう？」と聞くと「女子は全然平気だよ。男子は怒ってるけど」と言っていた。原因もなく怒らせることはないことを女子に伝える。

友達が家に遊びに来てくれた時、飾ってあった写真を見て「この子麻友ちゃんと同じ障害？」と聞いてくれた。娘に障害があるということは認識してくれている。今の娘を純粋に受け入れてくれる友達。

✿

友達が「機嫌がいいと上手くいくけど、機嫌が悪いと、かまわないようにしてる」と教えてくれた。機嫌が悪い時は遠巻きに見てくれているようだ。家でも、素直な時とそうでない時のムラがある。困っていることの一つ。素直になるまでもう少し時間がかかるだろう。

✿

友達に「麻友ちゃんは勉強が苦手かもしれないけどできることもあるよ」と言うと「そうだね」と言ってくれる。おもしろい人が好きらしい。家でもある一人の男の子の名前ばかり言っている。

「麻友ちゃんハードル上手だからスペシャルオリンピック

に出ればいいのに」と言ってくれたり「リコーダーもがんばってるよ」と教えてくれる友達がいる。クラスメイトとして見てくれている。

✿

友達には娘のしゃべっていることはわかるようだ。遊んでいる子に聞くとだいたいの子がわかると言っている。話を聞いてくれる人にはしゃべる。相手にしてくれなかったり、真剣に向き合ってくれない人にはしゃべらないです。

✿

学区の中学校まで散歩に行く。途中で遊んでいた友達に会うと娘も友達も大喜び「麻友ちゃん！　麻友ちゃんと休みの日に会えるなんて嬉しい！　麻友ちゃん（ハグハグ）麻友ちゃんかわいい」と喜んでくれる。しばらく遊ぶ。とても楽しむ子どもたちです。

✿

通学班を替われ？

一〇月九日の夜中にお腹が痛いと言って眠れない。翌朝病院へ連れて行こうと思っていた。朝方に他の通学班の笛の音が聞こえるとスイッチが入ったようで「ヤバイ！」と言って歯を磨いて「学校行くわ」と言って出て行ったのです。あのお腹が痛かったのは何だったのだろう。

✿

近所のお祭りで友達や上級生に会う。ハグしてくれる友達もいて、いろいろな人に声をかけてもらう。

✿

友達と一緒に遊んだ放課後の次の日。友達数人の絵と名前を書いてた。よほど楽しかったのだろう。

「学校は楽しい？」と聞くと「楽しいよ」と言っている。理科とか社会とはどうかを尋ねると「理科はね、こうやって（手で回すマネ）やって温かくなるとオレンジ色にかわるんだよ」と教えてくれた。実験でニクロム線でも使ったのでしょう。いろいろな経験ができている。

✿

授業のクラブで、ちょっとした誤解があって友達に石を投げて軽い怪我をさせてしまう。しかしその友達はそれでも娘のことを心配してくれて近くで見守ってくれていたようでした。そういう親切にしてくれる人の気持ちがわかるようになってほしい。とても申し訳なく切なくなる。お家の方には、本人を連れて謝りに行きました。

✿

通学班は女子娘1人。通学途中で、娘が動かなくなって皆遅刻しかけてしまう。同じ通学班の生徒宅に学校から「まだ来ていない」と連絡が入ったらしい。連絡が来た生徒宅に謝りに行くと「班を替われ」と言われる。替わろうかと思ったが、隣の班は学校の逆方向でもあり、そのまま替わらなかった。

大人には子どもの代わりはできない

親の言うことや大人が言うことにはすぐに反抗するが、友達の言うことにはとても素直に聞けていることが多い。

クラスメイトのブラジル男子が日本語教室へ行く時は、連れて行ってあげる時があるようだ。「お願いしまーす」と言って日本語教室まで連れて行ってあげる。

父親が「授業中は先生が書いた黒板を写すとかしたらどうだ?」言うと「聞こえな〜い」と耳をふさぐ。生意気なことを言う。都合の悪いことは聞こうとしない。

父親が「算数とか難しいでしょ? パパも小学校の時は難しくてわからんかった。でも麻友ちゃん、先生が黒板に書いてある数字はわかるでしょ?」と言うと「ああ! ○○・○(小数点)とか?」と言うので「そうだよ。その数字をノートに写したらどう? 写すのも難しいんだよ。わかるとこだけでもいいから写したノート、パパに見せてね」と言うと「うん! わかった。いいよ」と言っていた。その後、全部ではないが一部は写している。

友達から手紙をもらう。内容にとても感動してしまう。とても純粋で娘を冷静に見てくれている。「麻友ちゃんが元気だから私も元気になれるよ」、等々。大人目線で見る娘と、子ども目線で見る娘は違う。大人には子どもの代わりはできないと強く思う。

学芸会

学芸会当日4年生の出番は午後から。学校へ集まって行くことになり、出発時刻には同学年の生徒が迎えに来てくれる。女の子は「麻友ちゃ〜ん」と声をかけて、友達と手をつないで嬉しそうに登校する。

学芸会では「私は前に出ないよ」と言う。舞台には上がら

リコーダー

ないようだ。音楽隊なので歌とリコーダー。本番はがんばって歌っていたがリコーダーは自信なかったのか下を向いて恥ずかしそうに吹いていた。それでも皆と出ることができてとても大切な学芸会となる。

✿

来年度も通常クラスで

休日にはいつも学校で遊びたいと言う。登り棒・バスケットなど。低学年の時には怖くてできなかったターザンロープができるようになっていたのには驚いた。

✿

朝エレベーター待ちの時「よし行こっ！」と独り言を言って気合いを入れて登校していた。

✿

学校でパソコンをさわる授業があったのでしょうか。その日は「こびとずかんを調べたよ」と教えてくれる。ローマ字は打てないので先生の補助により調べることができたのでしょう。

✿

マラソン大会の前日「ドベになってもいいんだから最後までがんばって走るんだよ。途中歩いてもいいんだからね。最後まで走るんだよ。皆応援してくれるからね」と言うと「うん！　わかった。走れるよ」と言っていた。さて本番はどうでしょう。

✿

特定数名の男の子にからかわれているようで心配。娘も悪いのでしょうが、つばをはいたりお腹を見せたりしているようなので注意してやってほしいと先生に伝える。からかわれているのは先生のいない放課の時。トラブルを起こしたらその場で人間の関わり方を指導してやってほしい。真剣に接すると本人もわかることを伝える。

✿

今年度の三者懇談は、1担任と保護者だけで懇談。担任先生から「来年もこのまま（通常クラス）でいいですよね？」と確認がある。本人の希望で来年度も通常クラスでお願いする。

子どもたちのいる場所は気になる

テレビ番組で学校のドキュメント等で子どもたちが映るとじっと見てはニコニコして見ている。子どもたちのいる場所は気になるようだ。

誕生日に友達数人が来てくれてお祝いをしてくれた。皆で盛り上がる。誕生日会には「宿題の漢字ドリルと漢字ノートを持って来て」と言ったらしく、皆持って来てくれて皆で宿題をしていた。皆がやっていると一緒にやれる。友達の指示はとても素直に入る。

家族で食事するのを楽しむ

金曜日になると父親に「御飯一緒に食べれる？」と毎週言っている。食べられないと泣いてしまう。家族で食事することをいつも楽しみにしている。

お店で、商品をレジへ持って行くと「お願いします」と言えている。

ある日突然「お寿司食べに行かない？」と言ってきた。自分から外食へ行きたいと言うのは珍しい。

自宅で、理科の授業で電池を使っていたのを思いだして「電池一個は動かない。二個にしないと」と一人言のようにしゃべりながら実験道具をいじっていた。電池の勉強ができたようだ。

食事をするときに待ちきれないときに「お先にいただきます」と断りを入れて食べている。

父親と二人で出かけたとき、お昼を食べていると「ママは食べたかなあ？」と気にしている。おやつの時間にソフトクリームを食べていても「パパは食べないの？」と気にしてくれる。

パソコンをさわることに違和感ないように

タブレットを購入。娘に使い方を教えている父親。まだゲームをやっているだけだが、一度教えると何とかできる。パターン化するとできる。どのゲームにもSTART　STOP　RESTARTと、英語で書いてあり、一度教えるとどのゲームでも押せている。

家にある2台のパソコンのうち1台を娘用にして自由に使わせている。まだゲームだけだが、パソコンをさわることに違和感ないようにしている。知らないうちに2台共使っている。

言語訓練の先生より「サ行とタ行はまだ難しいようですが舌の動き・使い方は問題ありません。集団の中で皆の声を聞くことや接することで必ず改善します」と言ってくれた。安定した発音を獲得するまであわてず待つことにしたい。

4年生　12月中〜3月初　学校

校外学習

下校時に、祖母の友人と会う。一緒に帰ってくれる。エレベーターで「おばちゃんはピアゴで買い物するからね」と言うと「一緒に上がろう」と誘う。感心してくれた祖母の友人。

名古屋科学館への校外学習は楽しかったようだ。バスの中で皆と歌を歌ったこと、友達と展示物を見たこと、展示物のボールで遊んだこと、プラネタリウムは星がプチプチの点々で線が引かれて斧を持っていた絵が出たこと等教えてくれた。

校外学習は、現場へ行ってこっそり様子を見る。みんなとの行動が遅れる時もあるが先生皆で補助していた。

本番のマラソン大会はダメダメ

先生が「マラソン速いねって言ってくれたよ」と嬉しそうに教えてくれる。

北部小学校ホームページにマラソン練習をしている本人の写真を見つけて「ねえ！　見て麻友ちゃんだよ」と教えてくれる。パソコンでのホームページ閲覧は自分で操作している。

本番のマラソン大会はダメダメでした。友達や友達のお母さんが「麻友ちゃんがんばれー！」と応援してくれたのに、母親のがんばれコールの瞬間、走るのをやめてしまい更には校庭中に響き渡るくらいで大泣き！　情けないやら恥ずかしいやら。最後まで走れず。

ご褒美作戦

善行賞をもらって喜んで見せてくれた。「皆がおめでとうって言ってくれたよ」とニコニコして教えてくれる。娘がお世話になっている関係者の方にも見ていただきました。「なかなかもらえない賞なんだよ」とか、子どもを高揚させる学校の良さを誉めてくれる。

昨年の学芸会の歌を長い期間歌っていた。「しまったうっかり見つかっちゃった♪　しまったうっかり見つかっちゃった♪　びっくりびっくりびっくり♪」親もまねして歌っていると「違うもっと丁寧に」と指導してくる。指揮者のまねをしながら「こうやって　みか先生がやってたんだよ」と教えてくれる。

一月の約束は、チャイムが鳴ったら教室へ入る、返事をする、の2つを約束。守れたらほしがっている本（なめこ図鑑）をご褒美として買う約束をする。ご褒美作戦を試す。

百人一首

国語の授業で百人一首のプリントを持って帰って来たので「これは百人一首だねえ。これだよ」と百人一首を見せると「やりたい」と言うのでやる。読み手・取り手両方をやる。根気よくやれた。

「ママ明日来てくれる?」

席替えをするたびに「となりは○○くんだった」と教えてくれる。いろいろな友達と隣同士になっていろいろな思い出を作ってほしい。

一月の約束でなめこの本がほしいので、学校から帰って来ると「約束守れたよ！」とアピールしていた。実際のところは不明ですが、きっと守れていたと信じてご褒美のなめこの本を買ってあげる。「チャイムが鳴ったら教室へ入れたよ」と教えてくれる。

とても寒い日、忙しいにも関わらず前年度担任の、みか先生に送っていただきました。

とても寒かったのに先生は「大丈夫です」と言われてましたが学校まで車でお送りしました。車ではとてもご機嫌な娘。みか先生には心を開いている。

翌日に参観日がある日、母親が「明日参観日だね？」と言うと「ママ明日来てくれる?」と言ってくれる。低学年の時は、姿が見えただけで怒っていたが、喜んでくれるようになる。

「数字」という漢字が綺麗に書けていたのでびっくり。父親より綺麗な字で書いていた。大体の字は書き順も合っている。

工作でハサミを使う時、細かい所まで切ることができる。回転させながら自由に使いこなす。

友達が先生に怒られていたことや友達が好きなキャラクターなど教えてくれる。しかし自分の都合の悪いことは黙っていたり、嘘をついたりする。成長している証拠なのだろうか。

本人の意志を聞いてやることが第一

担任先生より、通学班のことで電話がある。娘は電話相手を知るよしもなかったが、電話を切った後、学校からと感じたようで「Y先生？」と言うので「そうだよ。代わりたかったの？」と言うと「うん。挨拶したかったなあ」と言う。会話で学校からというのがわかったのでしょう。

卒業まで通学班は女子娘一人となるので、通学班変更しようかと娘に聞くと「今の班でいい」と言う。「でも麻友ちゃん女の子一人だけどいいの？」と聞くと「いい」と言う。今までの通学路・メンバーに慣れているのでしょう。親が勝手に気をまわし過ぎで、本人の意志を聞いてやることが第一だと反省する。

集団の中で世界が広がる

4年生の一年間を振り返るといろいろとあったが、友達に救われた一年間だった。正直厳しい先生でした。本人も辛かったことも多かったと思う。「先生にも笑う人笑わない人、それから友達にもいろんな人がいるんだよ」と言い聞かせ、社会勉強中の娘です。

4年生も今まで同様に学校へ行きたがらないことは一度もありませんでした。

「ギャングエイジ」と言われ心配していたこの学年で、友達関係がうまく乗り切れるかを心配していた学年だったが、なんとか乗り切れた。集団の中でのいろいろな関わりで娘なりの世界が広がっていることは間違いない。

クリスマスケーキを作る

エレベーターに乗るときに先に乗っている方に「失礼します」と言って乗っていた。

✿

会社帰りが遅くなった父親の食事後の状態を翌朝に見た娘に「あーもー！　クチャクチャじゃん！　片付けてよ」と怒られていた父親。

✿

クリスマスケーキを、母親と二人で作る。父親に「麻友ちゃんが作ったから食べてみて！　おいしいよ。フルーツとかもいろいろ入っているよ」と言うので「作ってくれてありがとう！　おいしいよ」と言うと喜んでいた。がんばって作れたようだ。

ケーキ作り

完　成

✿

テレビのCMで出てきた星座を見て「あっ！　これ見たよ！」と言っていた。オリオン座が出ていたが、校外学習での名古屋科学館のプラネタリウムで見た星座を記憶しているようだ。冬休みの星座の宿題でも、理科の教科書を見て「あっ！　これ知ってるよ！」とオリオン座の絵を見て言う。

✿

一年前に友達と一緒に遊びに行った所がTVに映ると「○○ちゃんと行ったね」と言っている。よく覚えている。

✿

正月に、従妹の家に行って祖母にお年玉をもらう。娘はほしがっていた本（こびとずかん）をもらう。「○○ちゃん

（従妹）よかったね♪　よかったね♪」と喜びあう。共感していたことに感心。価格ではなく価値観が違うんだなと思った。

父親のタブレットを使い、自分のほしいおもちゃがオークションに出ていたのを見て、勝手に落札してしまう。特に高額ではなかったものの、父親がパスワードを切り忘れていた。これには父親が反省した。よく落札できたものだ。

刈谷郷土資料館

刈谷郷土資料館に行く。そこの展示品にあった兜を見て「あっ韓国」と言う。韓国時代劇ドラマの印象があったのでしょう。他の展示品を見ていると「計ドだ！　計ドだ！」と言うので何を言っているのかと思ったらメンコの絵に鉄腕アトムが書かれていた。ドリルの表紙が鉄腕アトム。鉄腕アトム＝計算ドリルのようです。

資料館は、昔の農機具・おもちゃ・生活道具などが展示。社会の授業で習った後だったので興味深く見ていた。

郷土資料館で、学芸会での兵中のうなぎの籠と同じものを見つけて「兵中のだ」と言う。

学芸会のことも細かく覚えています。

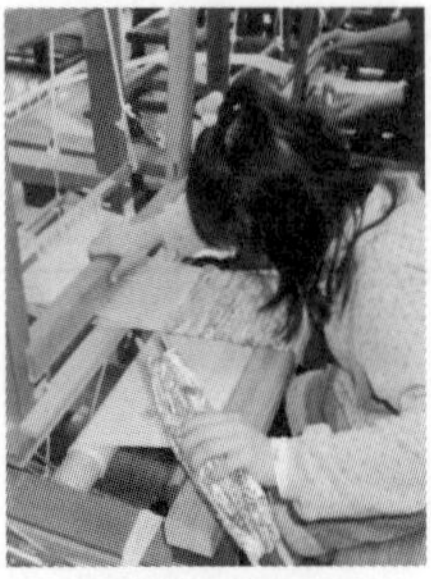

郷土資料館にあった、ホッピングをやりたいと言うのでやってみた。最初は手助けしたが、しばらくすると一人で数回飛べるようになる。

一人でホッピング

郷土資料館で、初めて機織り体験。流れがつかめるまでは担当者の方が丁寧に教えてくれた。中盤からは一人で織っていた。担当者の方も、最初は「難しいかなあ」と思っていたようだが、一人でこなしているのを見て感心していた。

感想を聞かれ、木の板椅子だったので「お尻が痛～い！」でした（笑）。

機織り体験

小4

公文の算数は＋5に入る。＋4はスムーズにできるようになった。算数は一人でできることが増えている。国語は音読が苦手なのか進みが悪い感じがする。漢字については書ける字も増えている。何かあると「漢字で書いてもいい？」と聞いている。

✿

昨年末から、おねしょがぴたっと止まる。子供なのでまれに失敗はあるが、本当に不思議なくらい止まった。我慢のし過ぎでパンツを少しぬらしてしまうときはあるので、我慢せずトイレに行くように言っている。

✿

食事中のこと。父親が食べ物を少し落としてしまったのを見た娘は「パパもっと前で食べなよ」と言いながらお膳を前に寄せてあげていた。自分が言われているからでしょう。言われていることを親がやるとすかさず言い返してくる。

✿

今でもオンブや抱っこをせがむ。やめさせたいと思いつつも情緒的欲求は受け入れる父親。「抱っこは気持ちいい（安心する）」と言っている。オンブのときは「パパの背中は大きいか？」と聞くと「うん」と言うので「パパもじいちゃんにオンブしてもらったとき、じいちゃんの背中は大きかったよ」と言うと、わかったかどうか「ええ!?」と言っていた。しかしもうすぐ5年生なので、そろそろやめてほしい。

✿

セントレアへ行ったとき。ハワイイベント中でフラダンスをやっていた。珍しく凝視して見ていたので興味があるのかと思い「麻友ちゃんもやってみる？　かわいいスカートもはけるよ」と聞くと。「やらない。私はエビカニクスが踊りたい」と言う。意志表示はする。初めて見るフラダンスでした。

✿

ペーパークラフト

父親がペーパークラフト（弁当）を印刷して、一緒に作る。

ハサミを使って器用に切っている。

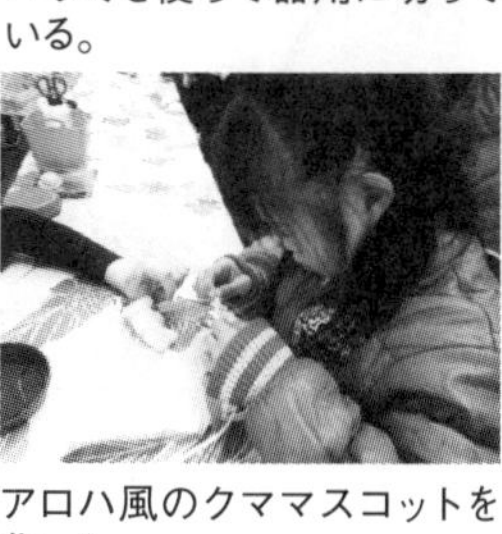

アロハ風のクママスコットを作った。

父親が「麻友ちゃん、算数で直方体・立方体とかやってるでしょう。あれと同じだよ。こうやって合わせると形になるんだよ」と言うと「ああ！」と言う。ハサミを使って器用に切っている。低学年のときも挑戦させたが、格段にきれいに切れていた。作った後も大事に使うことができている。

✿

セントレアのイベントでアロハ風のクママスコットの作成をやった。針を使って作成するのですが、親は一切口出しせずスタッフさんに任せてみた。スタッフの言うことを聞けて作っていた。

上級生の卒業式の練習ができている

4年生の終わり頃「もうすぐ春休みだよ」と言うが、季節の春はわかっているのかな。

リコーダーの音が以前よりもしっかり出せるようになっている。音がハッキリ聞こえる。

卒業式の練習でしょうか「校歌斉唱」と言って歌っている。君が代も歌えていた。

担任先生が「卒業式の練習ができていますよ」と誉めてくれる。練習できているようだ。

クラス内で友達のいいとこメモで、友達から「ぼくがいつも寝ているると起こしてくれてありがとう」「給食をしっかり全部食べられてすごいです」「まゆちゃんは勉強はわからなくても、自由帳とか一生懸命書いていていてすごいです」と書いてくれた友達がいた。いいところを見てくれている子はいると感じる。

算数の宿題で「0.001」と書いてあるのを見て「ゼロテン　ゼロ　ゼロ　イチ」と読んでいた。

概念はないと思うが、このような数字もあるということがわかっている。

5年生になれたのがとても嬉しい

5年生になるのがとても楽しみだった。進級に伴って教室移動をしたことを教えてくれる。次の日に「一人で教室行ける？」と聞くと「行けるよ」と自信満々。

春休みの休日にどこに行きたいかを聞くと「学校で遊びたい。野球もやってるよ」と言う。更に5年生の教室も「下駄箱はここからだよ」と教えてくれる。

5年生になれたのがとても嬉しいようでご機嫌。担任先生は3年生の時の、みか先生です。喜んでいた。

朝もスムーズに機嫌よく起きることが多い。

❀

授業参観に向けて

5年生になった時「名簿順は何番だった？」聞くと「24番だよ」と教えてくれた。後で名簿を見ると24番だったのでしっかり覚えている。

❀

「放課はちゃんと帰れたの？」と聞くと「みか先生が早く帰って来れたのを誉めてくれたよ」と教えてくれた。

❀

5年生になって朝は30分程度早く起きるようになる。更に宿題も進んでやっていて、わからないと教えてほしいと聞いてくる。直しがあってもぐずらずに歌を歌いながら直している。漢字もきれいに書けるようになってきた感じがする。環境が良いとポテンシャルが上がる。

❀

連絡帳は書いて来ないことが多かったが、5年になり安定して書けている。

❀

授業参観に向けて何項目か約束した。約束を何度も言うと「もう！　わかってる（怒）」と口応え。がんばれたら熱望していたコインゲームに連れて行く約束だったが、起立もできておらずとてもがんばっているとは言い難い。コインゲームは無し。家や外出先と全く違って、学校では意味不明な行動。どうしたのかと思い「席に座ってなかったけどどうしたの？　何かあったの？」と聞くと「ない」と手を横に振りながら言う。「どうしたの？　恥ずかしいの？」と聞くと「うん」と言うのです。普段はどうなのかが気になる。

❀

当日は別件で叱ったが「学校では先生の言うことを聞くんだよと言ったでしょう。麻友ちゃんも先生や皆が話聞いてくれたらうれしいでしょう？」「うん（泣）」「だったら、みか先生も皆も麻友ちゃんが話を聞いてくれたら、嬉しいんだよ。皆勉強してるんだから。勝手なことしたらダメなの！」と叱る。「わかった。わかった」と泣いていたが、わかったのかどうか。言い続けるしかない。

❀

昨年の班長が新班長の男子に「麻友ちゃんをしっかり見

てあげてよ」と言ってくれる。本人は班長の横について歩いて通っている。

今年度の目標

今年度の目標は、授業中に先生が書いた黒板の板書をする。写す力も大切だと思っている。写すことにより本人なりに学ぶこともあると考える。まずは一行だけでも書き写せるようになってほしい。

今年度の運動会は組体操がある。最近の様子ではまじめに練習もやれるかどうかわからない。とにかくフラフラしないことを願う。本人が楽しめたらいいと思うのだが。

騎馬戦に関しては昨年のような要領でできればいいと思っている。

昨年度のリレーに関してはスタート前に友達がやる気にさせてくれたようでがんばって走れたが、今年度もやる気になってくれればいいのだが。

親子競技に関してもこれまたスタート前に友達同士で関わることでご機嫌になり、やる気になったため、問題なくクリア。今年も笑顔で楽しんでほしい。

さて今年度は最大イベントの自然教室がある。我が家にとっても大きいイベント。イベント前に一度下見に連れて行こうと思っている。

麻友ちゃんの【勘】

言語訓練の所長先生に相談する。「娘はすごく人を選ぶのですが、大丈夫でしょうか」と聞くと「最近はいろいろな人もいて、変な人もいるので、麻友ちゃんの【勘】で人を見ることも大事なのでいいのです」とのこと。確かにそうだと思った。

言語訓練で「服も自分で選んで着る行為はすばらしい。おしゃれにも興味を持っていていいことです」とのこと。おしゃれにはうるさいです。

✿

公文の算数を親と一緒にやっている時。答えが7のところ父親が10と言うと「10じゃないよ」と間違いを指摘。あれ？わかってるの？　と思った瞬間。

✿

出先で、庭先に出ている人に挨拶をするので感心です。相手の方も挨拶を返してくださいます。

✿

パソコンのゲームで　英語のゲームをやっていることが多い。どこで覚えたのか色ゲームでは、ブルー、イエロー、レッドはわかっていた。英語での数字では1（ワン）から10（テン）は何となくわかっている感じ。

✿

雑貨屋さんで、こびとづかんのグッズを見ていると、小さい子どもが娘に「これ、こびとづかん？」と聞いてきたのでどうするか見ていたら「そうだよ」と答えていた。無視しなくて安心した。

✿

桜満開の花見写真が載っている新聞を見て「パパと見に

おとなしいなと思っていたら、小さい折り紙で鶴を作っていた。

行ったよ」と言う。岡崎公園に行った時に桜はまだ咲き始めだったが花見に行ったということがわかっていたんだなと感心。「ママも今度連れて行って」と言うと「ダメ！　だってママはくしゃみが出るでしょ?」と言うのでした。

✿

岡崎公園で【葵武将隊】がいました。リハーサル中でしたが、少し怖がって近寄ることができない。鎧兜姿を見ると「かんこく　かんこく」と言うのです。韓ドラ時代劇の印象があるようです。

✿

ディサービス10周年のお祭りイベントがあった。小学生チームとして日頃の練習の成果の発表会があった。いつものごとく先生の影に隠れてしがみついてダメダメ。いい加減諦めて克服してほしい。

✿

定期検診

小児科の半年一回の定期検診では問題なし。採血もする。血管が細いので針が入らない時もある。刺し直しをされることもある。本人は泣かずに頑張っているが、今回は「一回でやってください」と看護師さんに頼んでいた。いつもは黙っているが今回は主張できていた。

✿

耳鼻科の定期検診に行く。左耳はチューブが入っているが、中耳炎を頻繁に起こすことも少なくなり安定してきている。

✿

耳鼻科で新しい先生に診てもらう。「先生名前は何て言うの?」と質問したのにはビックリ。気になることには積極的です。

✿

眼科に定期検診に行く。問題なし。先生にも「やってみて」と検査器具を渡していた娘。慣れると積極的です。

✿

空気が読める?

銀行員と話をしていた父親。話が終わり銀行員の方が娘に話しかけてくれる。恥ずかしそうだったがしっかりした返事で「はい」「いいえ」「～です」と敬語で答えていた。話を聞いてくれる人だとわかったのか、善行賞を見せて誉めてもらって喜んでいたのです。入学時の願いでもあった言葉の使い分けができていた。

銀行員と話をしていると大切な話だと感じたのでしょうか、一人でさっとお風呂に入り「パパが話をしてるからシー！　だよ」と母親に言う。空気が読めているようだ。

五感を使う

友達の家からチューリップをいただく。花びらをさわってみては「ツルツルだ」と言う。五感を使って観察していた。

何故か急に「ニンジンの種を植えたい」と熱望する。何を思ったのか不思議です。ディサービスでの農作業経験からなのか。とりあえず育てさせてみようと思い、種・土準備万端。

休日の朝、台所で1人ゴソゴソ。見るとピザトーストを作っていた。
包丁を使ってきれいに作れている。
今までに指を切ることは何度かあったが、カットバンを貼っては作っている。

マナーがいい時

食事は皆がそろうまで待つ。皆がそろってから「いただきます」を言います。学校でも皆がそろってから食べているからでしょう。我慢できない時は「お先にいただきます」と言って食べる。特に教えていないがマナーがいいです。

以前に知り合いの双子のお子さんと遊んだことがあった。他校だがその子たちが「麻友ちゃんって、5年生も普通のクラスかなあ。それとも支援クラスにかわったのかなあ。麻友ちゃんが私のクラスにいたとしても全然大丈夫だよね」と双子同士話をしていたそうです。こういう関係を大切にしてやりたいです。しかし本人は我が道を行くという自分勝手な状態で、多少なりでも同じ行動をとれる協調性ができればいいのですが。

友達の家に遊びに行った時のこと。車から友達の荷物も持って降りて玄関に入ると「こんにちは。お邪魔します」と言って入る。その後出かけることになったようで、自分の荷物をさっとまとめて出かける準備ができていた。

祖母が体調を壊して病院へ付き添いに行った時に「ばあちゃん。薬貰ったらちゃんとお水で薬飲みなさい」と言うのです。更に待合場所から帰る時には受付の方に会釈をして帰っていた。

小5

曜日の感覚はわかっている

算数プリントで「これ立方メートル?」と聞いてきた。読みが立方と言えることに驚く。

✿

わり算で÷を見て「わる」と言いながら写している。最近は分数をよく口にする。「パパ、分数わかる?」と聞くので「パパね。学校が嫌いで勉強も難しかったらわかるかなあ」と言うと「もう!　じゃあパパは足し算ね!　麻友ちゃんは分数!」生意気なことを言うが、分数より足し算の方が簡単だということはわかっている。

✿

学校で耳鼻科検診があった当日「麻友ちゃん明日はA先生が来るねぇ」と言うと「パパ?　明日はここだよ（カレンダーの曜日を指さす）今日はここ!　今日あったんだよ」と父親の間違いを指摘。「なんだ今日あったの?」と言うと「うん」と教えてくれた。曜日の感覚はわかっている。

✿

運動会の練習がんばったよ

「運動会の練習がんばったよ」と教えてくれる。本当にがんばっているようだ。家でも組体操の練習を「やろう!　やろう」と熱望する。とても楽しいのでしょう。

6年生の運動会でもある組体操、高揚できてよい。

✿

運動会の練習で疲れている時、公文から帰って来ても「さあ!　宿題やろう」とがんばっている。5年生になってとてもがんばっている。落ち着いている感じがする。

友達が「麻友ちゃん運動会の練習ね、がんばってたよ」と教えてくれた。よく見てくれている。

✿

友達が「麻友ちゃん踊ってくれるんだよ」と言うので「家でもAKBとか歌って踊ってくれるよ」と言うと「麻友ちゃん踊って踊って」と言われて踊り始める。皆が頼んでいたのはチャチャマンボでした。踊り始めたら皆が集まって皆で踊り始めたのです。友達が「麻友ちゃんね、これでクラスの一躍人気者になったんだよ」と。従姉に、三年前くらいに教えてもらった芸人のギャグ。

✿

最高の運動会

運動会本番では心配していた開会式・閉会式。毎年ゴソゴソしたり座り込んだり、目立っていたので心配していたが、今年は行進、回れ右の号令、準備体操とがんばれていたので非常によかった。行進の足踏み停止もぴったり合っていて感動した。

✿

リレー、騎馬戦、組体操、全て皆と同じメニューでがんばれて自信もついたはず。リレーの入場の時、娘がどこへいるのかわからなかったので、走るの嫌だと拒否していたのかと思ったが溶け込んでいた。リレーはクラスのメンバーとして走れたので安心。真剣な姿で力走。

✿

騎馬戦では土台の馬役をこなし、大将を守る騎馬隊になる。騎馬戦は終始ニコニコだったのに驚いた。怖くなかったそうだ。騎馬戦で土台の馬役を担当するなんて想像もしていなかったので感動です。本人も自信がついたことでしょう。

✿

組体操では全ての形を友達と一緒に、土台・肩車・上に乗ると演技をこなせてすばらしかった。先生の補助のおかげもあり本人も安心して演技に取り組めたはず。友達同士で「そーれ」とかけ声をしていた時の表情は真剣。

クラスメイトを笑わせる（本人は左側）

組体操（本人上）

組体操（本人逆立ち）

リレーで力走

中央の騎馬(本人後側の馬役)

保健委員として運動会競技中の役割リレー順位旗持ちをする。競技はもちろん一人の生徒として仕事を与えられ責任という勉強ができる。見ていたら低学年の生徒には、ちゃんと座って下さい、とジェスチャーしていた。運動会の後片付けでは、皆と招待者の机を片付けていたのが印象的。この運動会がいろいろなことで自信が持てたのではないかと思う最高の運動会になった。

運動会は、同じ通学班だったお姉さん(現在中2)が娘に会えるかと見に来てくれていた。帰りは一緒に帰る。「麻友ちゃん組体操がんばってたね」と言ってくれて優しいお姉さんです。写真を一緒に撮ってもらってニコニコの娘。

運動会でクラスの男子が娘にちょっかいかけてるのを見た女子が「○○やめて!」叱ってくれる。後に「麻友ちゃんも　やめて!って言って突き放してるよ」と教えてくれる。自分でも言えているようで安心。

運動会の帰り道、低学年の時から仲良くしてくれている男子に会う。「麻友ちゃん、僕のこと覚えてるかなあ?」と言うので、娘に「麻友ちゃん、この男子覚えてる?」と聞くと「うん。ゆうや!」とこたえると彼は「あー(笑顔)」と喜んでくれた。かわいいことを言ってくれる彼です。低学年の時から優しく接してくれる。

運動会の練習と本番ともがんばれたので、次の日コインゲームに行く。納得するまで心置きなくやる。自分で納得できたのか、終わる時も自分から終わりを宣言する。「がんばれば皆も嬉しいし、麻友ちゃんも嬉しいでしょ?」と言ったがわかっただろうか。

学校の授業を家で教えてくれる

友達が、娘の自由帳に「おとわちゃんって書いてるけど誰なの？」と聞かれる。他校の仲良しの友達です。公文で会う他校のお姉さんの名前も書いている。

友達が娘に「麻友ちゃん好きな味は何？」と聞いた時「グレープ」と答えたらしく。「麻友ちゃんが英語で答えたからビックリした」と教えてくれる。家でも英語の授業でやっていた内容を、英語のつもりでしょう、しゃべったり歌ったりしている。

理科で使った芽を持って帰ってきた。「理科の実験で使ったよ」と教えてくれる。理科の教科書も見せてくれながら説明してくれた。

先生のまねをよくしている。「お願いします。はい今日はいい天気になりました」等々

自宅でタイマーを持ち出して何を始めるかと思うと「一分間スピーチを始めます。パパとイオンにコインゲームに行きました。こびとづかんとなめこと…、質問ありませんか？」とスピーチをしていた。学校で一分間スピーチをやっているのでしょうか。一分を過ぎてしまうと「はい！　やり直し！」とやり直しをしている。

休日に学校へ遊びに行くと、キックベースをしている子達が「麻友ちゃん麻友ちゃん」と声をかけてくれる。学校へ遊びに行くと誰かがいるので嬉しいようだ。

5月の参観日は、申し訳けなさそうに手をあげていた。友達が「先生！　麻友ちゃんが手をあげてるよ」と教えていた場面が印象的。手をあげるのを見たのは久しぶり。

時々トイレにこもる時があるので、トイレが終わったら教室へ戻るように言うと「もう！　わかってる！　帰ってるってば」と言う。自分なりに気をつけているのかな。時々お腹が痛い時にはトイレが長めになってしまう時がある。

通学班は、毎日バラバラ状態。班長が先に行くので娘も付いて行こうと必死。更に毎日のように班長は走って行くので、置き去りになりがらも必死に追いかけるメンバー達。大丈夫かな。

小5

香嵐渓でいろいろな体験

出先にあった案内図の文のマークを見て「ここ小学校?」と聞いてきた。地図の文マークが学校だということがわかっている。

香嵐渓で体験をやる。縄跳びの縄作成をやる。縄ゆいを教えてもらう。指導の方から「縄ゆいやったことあるかな?」と聞かれて「ありません」と敬語でしっかり答えられていた。

香嵐渓で藍染めの体験もやる。ハンカチを染める時にゴムでビー玉を縛る作業を根気よくやっていた。染め液へ浸ける時洗い流す時は、しっかり指示が聞けていた。完成を喜ぶ。

香嵐渓にて。自転車リム転がしを教える。興味しんしんで時々できていた。根気よく挑戦して楽しんでいた。

羽子板が置いてあった。羽根つきは楽しいようで、ひとしきり遊ぶ。数回は打ち返すことができる。

お昼には五平餅を食べる。少し味噌が辛かったようで全

縄ゆい

藍染体験

藍染完成

自転車リム転がし

五平餅

鮎は丸かじり

潮干狩りに行く。いつも砂遊びだが少しは活躍してくれるようになる。

部は食べられず。鮎は丸かじり。自然教室でも食べると思うが、五平餅は皆と食べると食べられるかな。

✿

香嵐渓の川の流れを見ては「絵具で絵を描きたい。白い所（水泡）とか」と言う。何か自分の中で思いついたところがあったのでしょう。

✿

内緒ができない娘です

潮干狩りに行く。いつも泥遊びばかりしているが、昨年今年とアサリ掘りを活躍してくれる。今年は一センチ以下の大きさでも探し出していた。とても小さいのによく見つける。

✿

ある日、自宅エレベーターに乗ると近所のお姉さんが「麻友ちゃんは？」と聞いてくれた。その時は公文でした。「なんだ〜公文か〜」と会えなかったので残念がっていた。会いたいと思ってくれているのが嬉しい。

✿

洗車をがんばって手伝ってくれた。ウォーターガンをやらせると、はしゃいで水をかける。

後日、母親が洗車場を通ると

「パパとここで車洗ったよ」と教えてくれた。

ちょっとしたことでも教えてくれる。

✿

学校の授業で茹で玉子を作った日のこと。父親が「今日は玉子作った？　誰と作ったの？」聞くと、「ん？　にわとり！」(笑)。面白いことを言う娘に笑ってしまう。その後に、しっかりメンバーを教えてくれた。

✿

ショッピングセンターでトイレに入り、流しながらトイレに「ありがとうございました」とお礼を言っていた。その時だけだったが、何にお礼を言っていたのか。

✿

ショッピング先で、コインゲームに行きたそうにしている。4月の参観日の件で行かれないことは自分でもわかっている様子。しかし父親を少しずつゲームセンターの方へ近づけさせている。父親は「やりたいの？　じゃあ内緒で少しだけやっていこうか。内緒だよ」と言うと「うんわかった」と大喜び。帰宅後祖母と母親に「あのねえ。内緒の内緒でコインやったよ！」ありゃりゃ。内緒ができない娘です。

洗車のお手伝い

浜松楽器博物館

浜松楽器博物館に行く。以前からピアノの仕組みにとても興味がある。何故音が出るのか不思議なのでしょう。仕組みをとても興味深くさわったり見たり聞いたりしていた。

ピアノの仕組み

浜松楽器博物館にあるスチールパンのドラムとハンドベルがお気に入りに。楽譜が音楽教室と同じだったこともあり楽譜を見ながらやっていた。

先生が吹いていたフルートもありヘッドホンをして聞いていた。

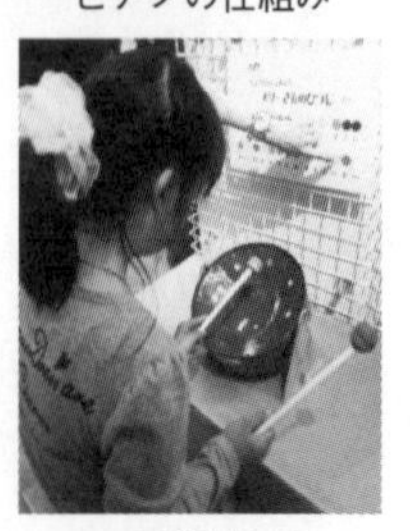

ドラム

琴も初めて触った。最初は触ろうとしなかったが一度さわると面白かったのか、夢中になる。

浜松楽器博物館に備え付けのクイズ用紙（初級）を利用して積極的に楽器を探し出して楽しめた。

ハンドベル

学校生活が楽しく充実しているのだろう

お風呂時間が長いので100まで数える以内に洗うように言

馬への餌やり。馬の大きさに怖がっていたが、一度安心だとわかると積極的にできる。

牧歌の里では、パン作りを体験した。時間が少なくて親も手伝ったが興味深くやることができた。

初めてのゴルフ打ちっ放し

う。数え初めて80くらいになると「ああヤバイヤバイ」と急いで洗う。100に近づいているのがわかる。

✿

友達と肩を組んでいる姿をよく見る。肩を組んで下校している時もある。

✿

公文で他校の生徒と遊んでいた。「あの子は誰？」と聞くと「〇〇のお姉ちゃんだよ」と教えてくれる。公文でも仲良くしている子がいる。

✿

牧歌の里に行った時一面に広がっているチューリップを見て感激していた。とても素直に自分を出せれている。

✿

温水プールに行こうとすると大喜び。父親と自分のサンダルを玄関に並べて、行く気満々。

✿

ビート板を使っての泳ぎ方が上手になっている。体を浮かせる時は顎を引いて浮いていた。息継ぎができればもう少し長く泳げるだろう。自由に泳ぎたいようで、教えようとすると嫌がる。

✿

昨年では、入れなかった大きい方のプールに入れた。「あっ！　足が足りる足りる」と言いながら入っていた。中央の深い所で1・15m。

✿

初めてゴルフの打ちっ放しに行く。「打ちたい！打ちたい」と言って打っていた。あれよあれよという間に100球。好奇心旺盛です。また行きたいと言っているので連れて行こうと思う。

家で晩御飯の手伝いに白菜を切ってもらう。「ゆっくりやっていいよ」と言うと「ゆっくりじゃないよ、丁寧だよ」と言っていた。危ないから気をつけて切らないといけないという自覚はある。

✿

出先で、自動演奏で動いていたピアノを見ると、早速ピアノの内部をのぞきこむ。「みか先生が見せてくれたのと同じだ」と言うので「みか先生ピアノ上手だね。弾いてる時に見せてくれるの？」と聞くと「うん」「麻友ちゃんも上手になりたい？」「うん」と言う。このまま興味を持ち続け、これからの趣味の一つになってほしい。

✿

ピアノ教室では先生に「とても集中できるようになっています」とのこと。最近は宿題・公文も進んでやろうとする。がんばろうとしている姿がある。学校生活が本人なりに楽しめていて、充実しているのだろう。

小5

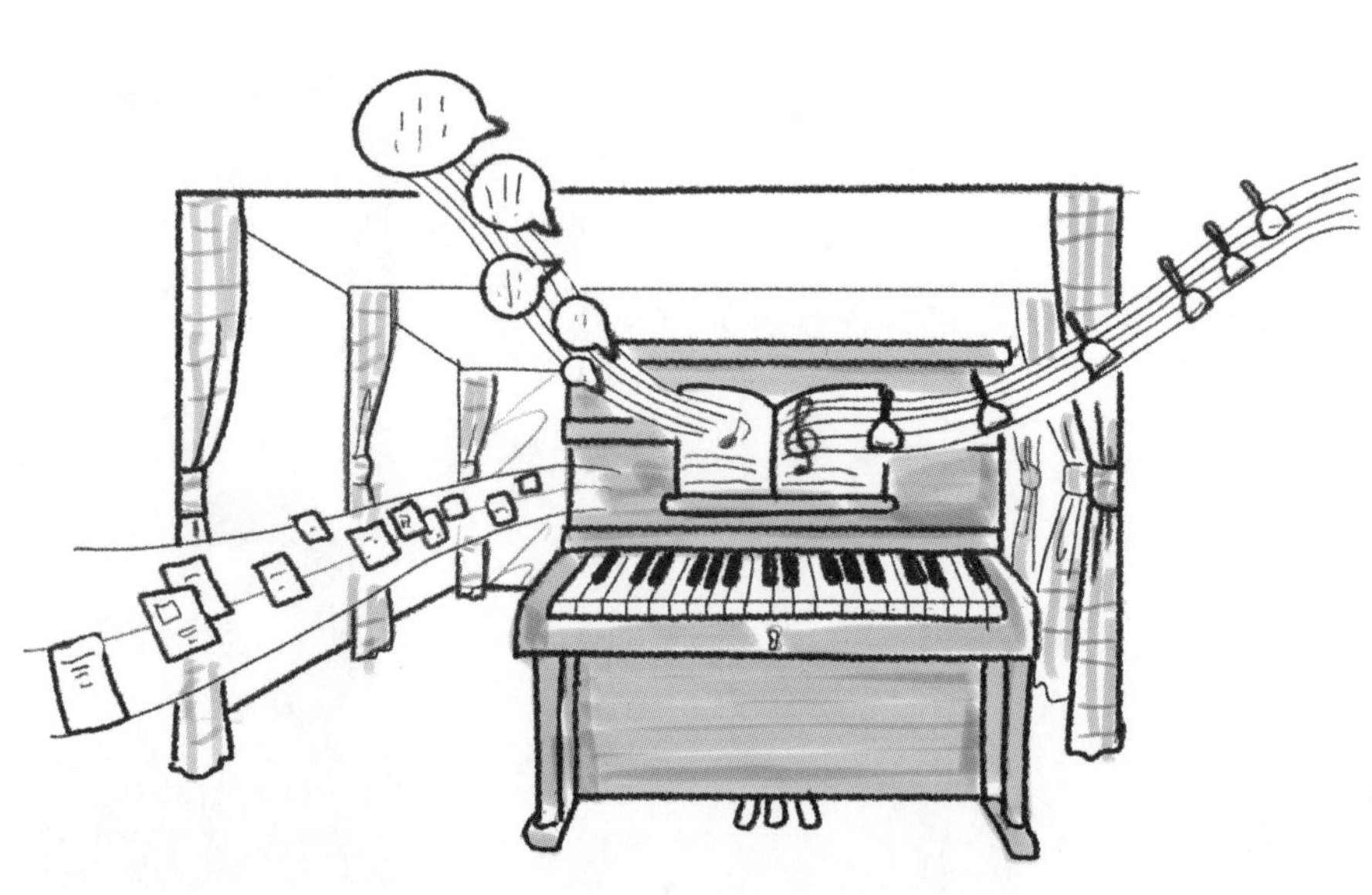

根気よくがんばる

奉仕活動でのこと、班の男子は別班と行動し、娘は一人で家族と回る。班の男子に「ちゃんと一緒に回ってあげて」と頼んでも知らん顔。次回より仕分け側で手伝うことにする。

✿

校庭を歩いていた娘。校舎二階から「麻友ちゃーん」と声をかけてくれていた1年生。1年生も娘のことを知ってくれている。

✿

娘が4年学芸会での歌を歌っていたので父親も一緒に歌っていた。「たいせつーな　もーのを♪」、「ものを　じゃない！　ものに」と厳しい指摘。

✿

コンパスを持ち出して何をしているかと見ると　二等辺三角形を書いていたのでビックリ。ちゃんと描けていたので感心。

✿

夏休みのポスターの下絵は親が手伝ったが、色塗りは本人が根気よく完成までがんばる。

✿

夏休みに書いた自分の日記を覚えていて、父親に「○○っ

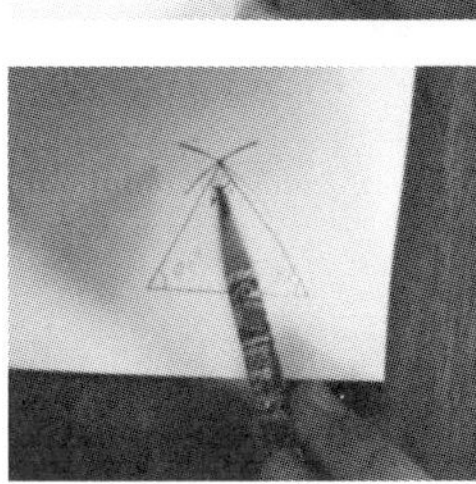

二等辺三角形を描いた

夏休みのポスター

てことを書いたよ」と説明してくれる。写した文章だったとはいえ覚えている。

✿

「パパ避難訓練やったことある?」と聞くので小学校の時に訓練したことを教える。

本人から「あーあーグラグラってなって机の下に入って逃げたよ」と学校で避難訓練をしてことを教えてくれた。

✿

学校の資料を見てクラスの友達の名前の漢字を読んでいると、間違いを指摘する。

友達の名前で漢字を覚えている。

✿

自然学習の下見

自然学習の下見に二回行く。テントの位置、管理棟内など確認。

✿

下見に行った時、他校の子どもたちがいて「カエルを捕まえたよ。見る?」と言って見せてもらっていた。相手の親が「今日は泊まりますか?」と聞くので「泊まらないですよ」と言うと「泊まりなら一緒に遊べたのにね」と嬉しいことを言ってくれる。カエルにもさわらせてもらっていた。

✿

下見に行った時、見学途中でドングリ拾いを始めて動かない。本番で同じことをするといけないので帰りに父親が叱る。泣いた後「パパ怒ったでしょ。ごめんなさい」と素直に謝れた。当日はしないように約束させた。

✿

自然学習はとても楽しみにしている。食事時間になると自然学習での歌を歌っては食事をしていた。「1と2と3と♪」

✿

下見の時にシャワーの使い方を説明する。できるかどうかは本人次第。当日はできたと言っていた。

✿

楽しんだ自然学習

テントで寝なかったのと、予想外の昼寝をしたのが非常に残念。体力もある方で昼寝なんてしない子なのですが不思議です。テントでは暗くても寝させれば諦めて寝れるはずなのだが。

以前は辛いと言って食べられなかった五平餅。完食ではないが食べられたらしい。帰宅後に五平餅の作り方を聞かせてくれる。

自然学習はがんばったと言う。「あまごつかみはヌルヌルだった。さわったよ。水が冷たかった」と教えてくれた。楽しんだようでよかった。

友達に「麻友ちゃんがんばってた？」と聞くと、「メッチャがんばってたよ。あまごつかみなんか泣いてる男子の分も取ってあげて内臓も出してあげてたよ。麻友ちゃん豪快！カレーの時はジャガイモの皮むきやってたけど残念ながら身まで剥いてたよ（笑）。でもね、麻友ちゃんががんばってたから私もがんばらないとと思ったんだよね」と教えてくれる。とても嬉しい言葉です。娘なりにがんばっていたと確信。

娘はキャンプから帰っても「楽しかった。また行きたい」と言う。友達の評価もよかった。

ピアノの先生にもキャンプの出来事を自分から楽しそうにしゃべる。魚つかみでは友達を助けてあげて　私も役に立ったんだ、と自信がついたはず。友達と離れている時間があったのは残念だが、本人は先生を独り占めできた時間がたくさんあったのも楽しかったのでは。

幸せってわかるの？

田植えをしてからは、田んぼの稲を見て「米ができてるよ」と言う。

❀

朝一番でパソコンを立ち上げて好きな動画を見ている。知育菓子の動画を見ていることが多い。同じ物をほしがる。

❀

外食で、何がいいのかを聞くと「ジュージュー焼肉がいい」と。焼き肉へ行きたいので「パパが好きなビールもあるよ」と焼き肉へ行く口実作り。家族で爆笑。娘の好きな「お寿司は？」と聞くが今回は焼肉だった。

❀

広告に書いてあった【朱】の字を見て「〝失礼〟だよ」と言う。似ているがおしい。

❀

朝出かける時、父親が忘れ物を取りに帰って来た。「パパまた忘れ物？　しっぱいしっぱい」と言う。自分が忘れ物をした時は失敗したと認識しているのだろう。

❀

ゴルフ練習場で打っている時「ダウしてダウして」と言うので、何を言っているのかと思ったらティーの高さを下げて（ダウン）と言っていた。機械にダウン・アップと書いているので、ダウンは下がるアップは上がるというのを覚えたようだ。

❀

朝食時、父親がパンにマーガリンを塗っていると、塗りが多かったのかマーガリンを取り上げられている父親。娘はいつもトーストの隅まできっちり塗るので、途中で取り上げているためか。

❀

タブレットが無い時。「パパ？　パソコンかして！　タブレットは会社に持って行くでしょ？」と言うので。「パソコン勝手に使ってもいいよ」と言ってあげる。タブレットが無い時はパソコンをさわっている。

安城七夕で、自分の短冊には全く見向きもせず、みか先生の短冊を見つけて喜んでいた。

よく「幸せ幸せ」と言っている。「幸せってわかるの？」と聞くと「わからない」と言っていたが、理由なんてないのでしょう。

新聞を見て見出しの所などの、わかる字を読んでいる。

車で聞く音楽に、娘の好きな曲を入れた。後日父親に「パパ○○入れてくれてありがとう」と言う。お礼はちゃんと言えている。

安城七夕で、まことちゃんと会う。帰ってからも友達の話をずっと教えてくれる。友達大好き。

蒲郡の花火大会に行く。今年は特に「わーきれい　きれいすごいきれい」と気持ちが出されていた。まわりの人も微笑むほど興奮気味。

従姉たちと遊ぶ（本人右端）

従姉と遊ぶ

待ちに待った夏休み、従姉と遊ぶ。1週間毎日一緒に遊べてとても有意義でした。

毎日予定がぎっしりで遊ぶ。

仲良しだからか口のききかたが乱暴な時がある。「おい！」「お前ふざけるなー」「○○じゃねー！」など。これも成長なのか。

新幹線で英語アナウンスが流れると「あっ英語だ」と言うので「英語だってわかるの？」と聞くと「うんわかるよ。アメリカ」と言う。意味はわかっていません。

どこへ出かけても人ごみと暑さのためか動かない時があり「帰ろ帰ろ」の連発。座り込んでしまいスムーズに動いてくれないことが多い。双子の従姉が両側で手をつないで歩いてくれることが多かった。

休憩をとりながら「次に行こうか」と声をかけて歩く。「自分で歩く」と言った時は最後まで歩いていた。子どもたちも「麻友ちゃん約束守れたね」とほめて高揚させてくれた。

従姉に「麻友ちゃんのような子がクラスにいたらどう？」と聞くと「全然平気。大丈夫だよ」と言ってくれる。

従姉と観光している時に車の中で楽しく会話をしていると娘の笑いが止まらなくなり「麻友ちゃんが壊れたあ」「しゃべってたらすぐ時間がたつわ！　面白いー」と車の中でも盛り上がる子どもたち。

あまのじゃくなので答えてくる言葉が反対語ばかり言ってくる。正解の言葉を言わせようと逆に反対語で質問すると、正解の答えを返してきた後「（あれ？？）」と気が付く。同じ質問をしてみると答えてこない。やはりわざと反対語を言っていたようだ。

夏休みに出かけた先のお土産屋にて。レジの店員さんとなにやらしゃべっていた娘。電卓を教えてもらっていたのです。店員「これは賢いんだよ。○足す○は…」娘「すごいですね」と。敬語で返事をしていた。言葉の使い分けができていると感じる。

従姉と別れの日、父親の後ろに隠れて静かなので見てみると、涙ぐんで寂しそうに泣いていた。とても楽しい一週間だったので寂しかったのでしょう。そういう感情が育っていて嬉しいです。

ゴルフは楽しい

ゴルフの打ちっぱなしが楽しくて仕方ないようで「行き

自分のゴルフ道具

パター練習も楽しそう

たい行きたい」と言うので連れて行く。

パター練習も楽しそうにやる。あまりにも頻繁に行きたいと言うので、中古の安い道具セットを買う。すると更に行きたいと言う。行く時は、父親と自分のゴルフバッグを玄関に準備までしてくれる。

✿

ゴルフへよく行くので、練習場店員のお姉さんも覚えてくれて声をかけてくれる。「道具買ってもらったの?」「うん!」「よかったねーいつも練習がんばってるもんね」と話をする。よく「学校がんばったからゴルフ行きたい」と言う。二階から打って80ヤード程度は飛ばす。

✿

練習前には、周りのお客さんの見よう見まねのストレッチをしたり、運動会の準備体操のストレッチをやってから打っている。

ゴルフのテレビ番組もよく見る。録画していると「パパゴルフ見よう」と言う。ゴルフも一つの楽しみとなってほしい。

練習からの帰る途中にはすでに「楽しかった—。また連れてって」と言う。

かなり楽しいようだ。

✿

娘のおかげで助かった父親

電車に出ている掲示板で【次は金山】という字を見て「つぎは　きんやま」と読むので「かなやまって読むんだよ」と教える。笑わせてくれる。

✿

心臓の定期検診に行く。問題ないようで安心。一度手術すると血液の逆流がある場合が多いらしいが、見当たらずとても良好。

✿

出先にて。保育園時代の仲良しの友達に会う。手を振ってくれるが本人は覚えてないようだ。しばらくして娘に「○○ちゃんに会ったね?」と言うと「○○に居たよね」と覚えているのか忘れているか。相手は覚えてくれていたので嬉しかった。その友達のお姉さんも覚えてくれていた。

食玩を買う時に「これっていくら?」と聞くと「(値札を見て)250円」と言うので「100円何枚?」と聞くと「…」と答えられない。「100円3枚で足りるね」と言うと「じゃ3枚ちょうだい」と言う。値札を見ての値段は言える。お金の種類もわかっている。どの硬貨を出したら、何枚出したら欲しいものが買えるのかはまだわかっていない。

早朝、まだ親は寝ていたが、新聞を取りに行ってくれた。その時に近所の方と会うと挨拶ができていた。

誕生日に、友達に手紙をもらったり、プレゼントを持って来てくれた友達がいた。他クラスの友達も来てくれた。本当に嬉しいかぎりです。

公文へ迎えに行くと、まだ音読が残っていたが、次の予定があるので切り上げさせようとすると、音読やりたいと泣いていた。泣くほどのことでもないのに。

運転手は母親。父親が娘を公文教室へ迎えに行き、車に乗せた直後。母親は父親も乗ったと勘違いして発車。車内で娘が「ママ!? パパが困ってる」の声で父親が乗っていないことに気がつく。娘のおかげで助かった父親。

はぜ釣りに行く。帰ろうとしていた釣り客が娘に「ハゼいる?」と聞かれた。どうするかと遠目で見ていると「(声をかけられて少しビックリした様子)あっ! いいです」と断っていた。親としては、知らない人から受け取らずに断れたことに感心した。

釣った魚の中でもフグは、わし掴みする。怒って膨らむのが面白いのでしょう。

アイロンビーズが完成すると「寂しい」と言うので「また作ればいいんだよ」と教える。作っている工程が楽しい。アイロンビーズはお気に入り。ピンセットや指ではめ込むのはお手のもの。

漢字ドリル

漢字ドリル内の機織り機の絵を見て「これやったことがある。青や赤の色で…」と、以前の機織り体験のことを言っていた。

漢字ドリルの【織】【職】【識】を見て「(へんのつくり)ここが違うよ」と一人言を言いながら漢字を書いていた。

次の漢字を見た時に言っていた言葉。群→くん　祝→お兄さん　件→牛乳　枝豆→支える　材料→料理　点→100点

まゆちゃん優しくて大好き

台風が来て自宅待機になった日。朝から学校へ行く気満々。待機となると残念がる。あくる日はダラダラ。泣きながら動こうとしないので「みか先生に電話して休みますって言うよ」というと「ダメ行く」と言う。だらけていただけ。

「明日の授業は何があるの?」と聞くと「家庭科があるよ。エプロンやってる。ミシンを○○くんと○○ちゃんと一緒にやってる」とすごく楽しそうです。

父親が算数プリントを見ていると「小数点をこうやって消すんだよ」と教えていた娘。父「麻友ちゃん難しいね」麻「そうだよん」と。計算はわからないけど、小数点を消すということは授業で見ていたのでしょう。

友達に手紙とお土産をもらって帰ってきた。手紙には【まゆちゃん優しくて大好き】と書いてくれていた。涙が出そうで嬉しい。皆に優しく接することができているのでしょうか。これからも皆との触れあう中で「思いやり、優しさ、感謝の気持ち」を勉強してほしいと願っている。

学芸会の練習

11月に入ってから学芸会の練習。「セリフが言えたよ!【たくさんです。】って。これだけ(小さい声だけど、手でジェ

スチャー）」と教えてくれる。本番で言えなくても毎日の練習で言えているならば一歩前進だと思っている。

コマーシャルで、水中から出てくる自由の女神を見ると「あっ！アメリカだよ。アメリカ」と言う。

自由の女神を見てアメリカだと知っている。学校で習ったのでしょう。

ホームページのキャンプの写真を見て喜んでいた。キャンプファイヤーでは「友達の肩が焦げた」「○○（友達名）だ」と教えてくれた。中に自分の班が写っているのに自分がいないので「あれ？　私がいない」と言う。「水筒は写ってるね。トイレに行ってたんじゃないの」と言うと「ああそうか」と自分のことなのに納得していた。

学芸会「夢から覚めた夢」の練習。友達から「まゆちゃんまだ一回しか練習できてない」と聞く。時間がたつにつれて練習もでき始めたようだ。ちさとちゃんからは「まゆちゃんが一緒にセリフ言おう！　って言ってきた」と教えてくれた。徐々にちさとちゃんも娘のタイミングを見ながらセリフを言ってくれている。

校内発表会では、大きな声でセリフが言えたようで、本人もちさとちゃんと一緒に言うことで安心できたのでしょう。家では毎日のように「これくらい（指ジェスチャで）の声で言えたよ」と言っていた。それが徐々にジェスチャーの幅が大きくなっていた。

校内発表会を見ていた友達からは「まゆちゃんはちさとちゃんと一緒に言ってるけど、私はあれで麻友ちゃんはできてると思うよ。あれでＯＫ」と言ってくる友達。周りの友達も気にして見てくれているようだ。

学芸会本番ではセリフの声もしっかり

本番当日　学校へ行く途中で、友達たちが「まゆちゃ～ん！」と遠くから声をかけてくれる。笑顔で手を振り返す。皆と合流するとハグしてくれる友達。手を繋いでくれる友達。楽しそうな子どもたちの光景。娘は「今日はがんばろうね」と皆に言っていたのです。

本番。学校まで行くと昇降口が開いていない。近くの公園で時間をつぶしていた5年生たち。娘は「行かないと授業に遅れちゃうよ」と言っていたが、皆が説明してくれて近くの公園で待つ。遅刻を気にする発言に感心。

本番当日登校時に、友達が工場見学のしおりを持っていたので「まゆちゃん持ってる?」と聞くと、「ランドセルに入ってる」と。友達は「教科書入れる箱じゃない? 箱に入ってるかもよ。行ったら見てみようか?」と声をかけてくれていた。

学芸会のセリフ本に小道具で使う物があるため【まゆCへ　パスポートなくさないでね。】と心配してくれた友達が書いてくれていた。本人は友達の気持ちがわかっているのだろうか。友達の親切な気持ちを大事にしてほしい。

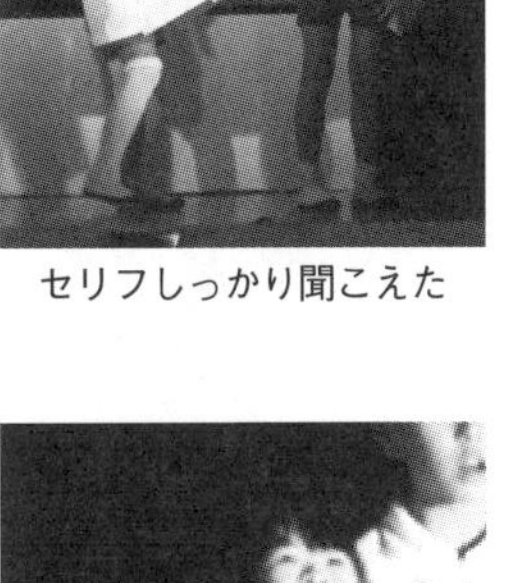
セリフしっかり聞こえた

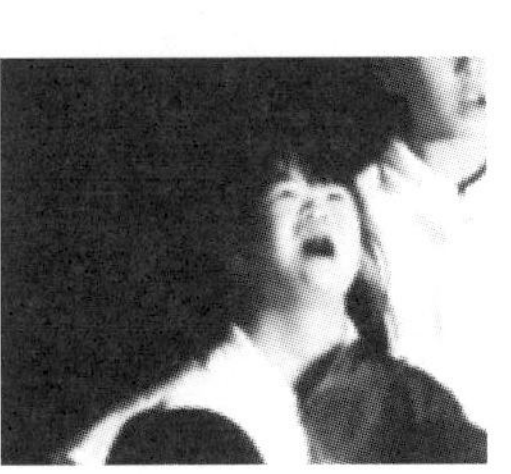
しっかり歌っている

学芸会本番ではセリフの声もしっかり聞こえた。しっかり歌っている姿も確認できた。5年目にしてやっとセリフが言えたのです。ちさとちゃんのサポートがよかったのでしょう。

学芸会後に校庭で待っていると、友達と一緒に出てきた。先生は「校庭に並んでから解散」という指示だが、娘は親の姿を見て帰ろうとしたところ、友達が「みんな並んでから帰るんだよ」と声をかけてくれる。怒ってうつむいていたが友達の言葉に納得して校庭に並ぶことができた。

学芸会後も　タブレットで夢から醒めた夢のミュージカル動画を見ては台本を片手に歌っている。夢から醒めた夢の話しは記憶に残るだろう。

家でも小道具のパスポートをしばらく持っていた。「黒くなってない?」と聞くと「なってないよ」と。「皆の言うことを聞かないと黒くなるよ」と脅しておいた。

夢から醒めた夢の動画をタブレットで見ていたが「パソコンでも見れるようにしたよ」と言うと「やったあ!」と

喜んでいた。

まゆちゃんが一緒なら心強い！

工場見学の話をしていた。「車のドアを付けてた」「バスは、みか先生の横だよ」「鬼ごっこしたよ」等々、いろいろ教えてくれる。

下校時は友達と一緒に帰って来ることが増えた。

宿題の算数練習プリントの割り算・ひっさんの下書きをやっていた父親。困っていると「パパわからんの？　大丈夫？」と言うのです。「わー難しいね」と言うと「そうでしょう」と。父親「わからんけど、中学も高校も行けたぞ」と低レベルな会話に笑える。

外から帰宅すると、手洗いうがいは必ずやっていて習慣づいている。

友達が持っている文房具のことを教えてくれる。誰々が何を持っているとか、誰々が何の匂いがする消しゴムを持っているとか。文房具売り場に行くといつも食い入るように品定めをする。

マラソン（１５００ｍ）試走では、最後まで一緒に走った友達が「本番でもまゆちゃんが一緒なら心強いから走れる」と言ってくれた。マラソンが苦手な友達。娘も本番には「○○ちゃんと手をつないで走れる」と言っていた。とても人として大切なことを勉強している。本番がダメでも充分だと思った。

試走当日「○○ちゃん笑って走ってた」と言う。友達もとても安心できたのでしょう。娘も役に立っているのかな。

グリーンカード

グリーンカードをたくさんもらってきた。友達が娘に対してどう思っているのかよくわかり親としてこの上ない喜び。これからも仲良くしてやってほしいと願う。

娘はグリーンカードの内容より、カードをくれた友達の名前を見て「○○ちゃん、○○君がくれた」と友達にもらったことを喜んでいた。

学校で生理になった時、娘は慌ててトイレに走ったみたいだが、カバンに入れてある用品を持って行くのを忘れてしまった様子。一緒にいた友達が気づいてくれて先生を呼びに行ってくれた。助かった。

✿

父親がちょっとした資料を見ていた時、記事に埼玉県と書いているのを見た娘が「さいたま？」と読めていたのでビックリした。勉強している。

✿

三者懇談は、担任先生との懇談。話し込んでしまい一時間を超えてしまう。学校でのことを伺ったり、私生活の面もお伝えする。（出来事資料で伝えているが詳細に伝える）楽しんでいるようだ。友達関係もよいようで安心する。

小5

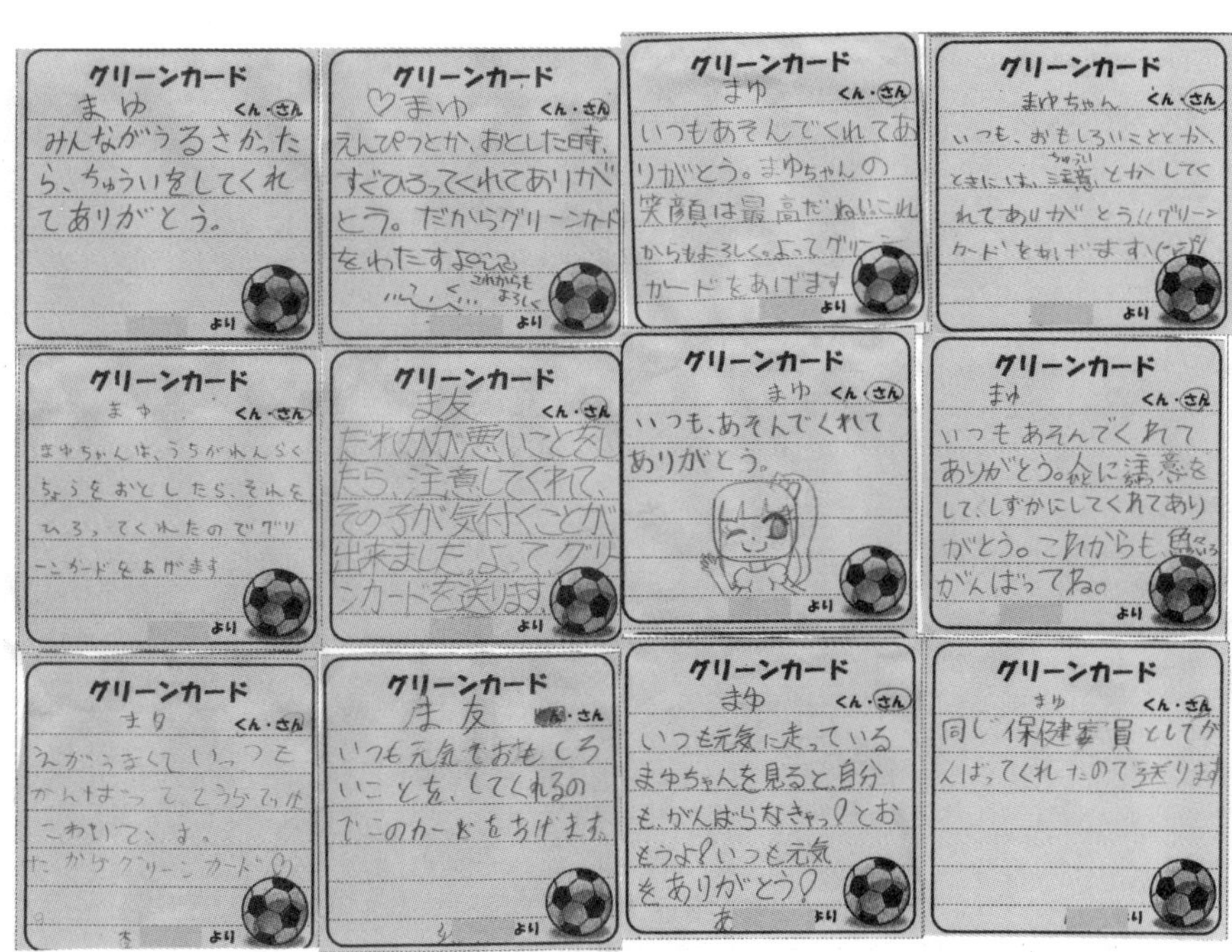

グリーンカード
まゆ くん・さん
いつも、やっては、いけないことをしていることをみつけると、ちゅういできているので、このグリーンカードをあげます。
より

グリーンカード
まゆ くん・さん
まゆちゃんは私がおとした物をすぐひろって、わたしてくれます。そんなまゆちゃんにグリーンカードをプレゼント!!
より

グリーンカード
まゆ くん・さん
いつもしょうたのつくえをきれいにしてくれて、ありがとね!!これからもよろしくね。よってグリーンカードをあげます!!
より

グリーンカード
まゆ くん・さん
はいぜん台を1人でやっていた時てつだってくれてありがとう!! いつもありがとう!! グリーンカードを送ります。
より

グリーンカード
まゆ くん・さん
うるさい時、みんなに注意をしてくれてありがとう。
だから、グリーンカードあげる。♡
より

グリーンカード
まゆ くん・さん
ほうそうだよと教えてくれたので
あげます
より

グリーンカード
麻友 くん・さん
まゆちゃんは、しょうたくんの、かわりに、はいぜんだいのおてつだいをしていたのであげます。
より

グリーンカード
まゆ くん・さん
走ったあと、「がんばったね」といってくれていたのでこのグリーンカードをあげます。
まゆちゃん。本当にスゴイ!!
うちにはできん!
より

グリーンカード
まゆちゃん くん・さん
えんぴつとかおちたときにひろってくれてありがとう☆
グリーンカード、プレゼント♡
うさぎ まゆちゃん
より

グリーンカード
まゆ くん・さん
ほうかにあそんだりしてくれてありがとうグリーンカードプレゼント
より

グリーンカード
まゆ くん・さん
いつもあそんでくれてありがとう
より

グリーンカード
まゆ くん・さん
いつもきょうしろうたちがいけないことをしてると注意をしてあげているのでグリーンカードをあげます。
より

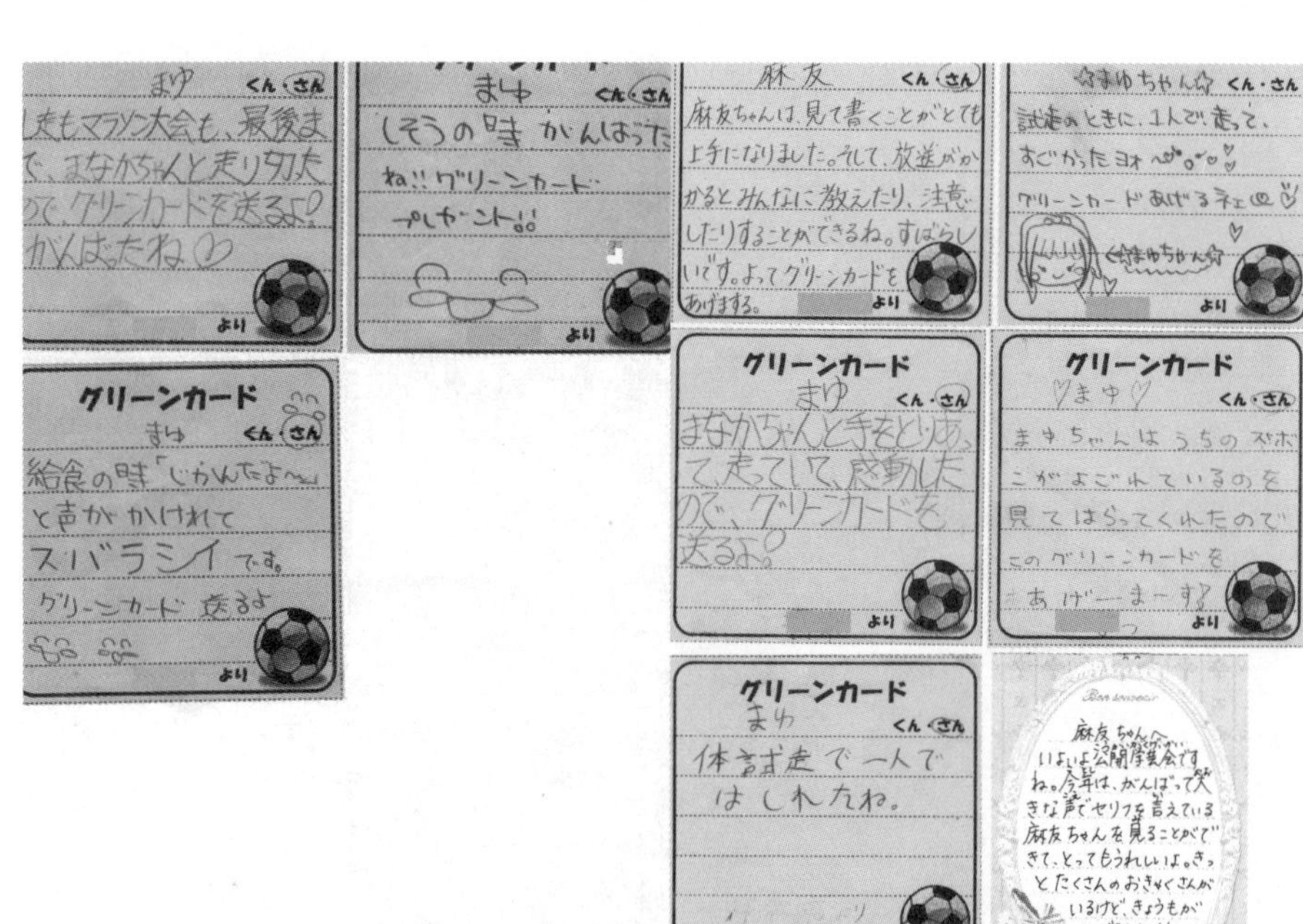

まゆ くん・さん
走もマラソン大会も、最後まで、まなかちゃんと走り切ったので、グリーンカードを送るよ!
がんばったね♡
より

まゆ くん・さん
しそうの時がんばったね!! グリーンカードプレゼント!!

麻友 くん・さん
麻友ちゃんは、見て書くことがとても上手になりました。そして、放送がかかるとみんなに教えたり、注意したりすることができるね。すばらしいです。よってグリーンカードをあげまする。
より

☆まゆちゃん☆ くん・さん
試走のときに、1人で走って、すごかったヨォ〜
グリーンカードあげるネェ
麻友ちゃん
より

グリーンカード
まゆ くん・さん
給食の時「じかんだよ〜」と声かかけれて
スバラシイです。
グリーンカード送るよ
より

グリーンカード
まゆ くん・さん
まなかちゃんと手をとりあって、走っていて、感動したので、グリーンカードを送るよ!
より

グリーンカード
♡まゆ♡ くん・さん
まゆちゃんはうちのズボンがよごれているのを見てはらってくれたのでこのグリーンカードをあげーまーす!
より

グリーンカード
まゆ くん・さん
体育走で一人ではしれたね。
より

Bon souvenir
麻友ちゃんへ
いよいよ公開学習会ですね。今年は、がんばって大きな声でセリフを言えている麻友ちゃんを見ることができて、とってもうれしいよ。きっとたくさんのおきゃくさんがいるけど、きょうもがんばろうね!!
みか先生

小5

四家族で一泊旅行

父親が腕時計をはめて出勤準備をしていた。はめた時計を見て、休みと仕事の日と使い分けをしてはめていると思っているようだ。休みの日によくはめる時計を見て「今日休み?」と聞いてきた。よく見ている。

友達家族四家族一三人で浜名湖方面に一泊旅行へ行く。まず遊園地に行ったが乗り物は乗ろうとしない。喜んで乗っている友達を見るだけで喜んでいる。唯一乗ったのは観覧車とメリーゴーランドのみ。

ブレスレットのたま選び

ゴム糸を通す

ブレスレット完成

せっかくの遊園地なのに乗り物に乗らないので手作りブレスレット作りをする。店内に入るなり「わあ、きれい」と、興味ありそうだったので「作る?」と聞くと「うん」と言うので作ってみる。ブレスレットのたま選びは色を見て全部違う色を選ぼうとしていた。こだわりのたまもあったようだ。ゴム糸へ通すのはお手のもの。

旅行の移動には家族ごとの車で移動したが、とても仲良しの友達の車に乗ろうとしていたので、「乗せてもらってもいいのか自分で聞きなさい」と言うと「乗せてもらってもいいですか」としっかり言えていた。

宿泊先での晩御飯。娘一人だけ眠たいと言い始め一人だけ食べず。皆が食べ終わると食べ始める始末。皆のペースを乱してしまう。

食後は子どもたちでトランプをやって盛り上がるが脇で見ているだけ。一番になれないと嫌なのかゲームに入らないで見ているだけで楽しんでいた。皆でお風呂に入る。準備と片付けはできていた。使い終わった後のタオルはきちんと丸めて片付けていた。

お風呂上がりには遊技場にあったビリヤードで遊んでいたお父さんたち。子どもたちが「やりたいやりたい」というので教えながら遊ぶ。タブレットでビリヤードゲームをやったことがあるので自信があったのでしょうか、しきろうとする娘。友達は自由にできないようで申し訳ない。

宿泊先では家族ごとの部屋に別れる。子どもたちは一緒にいたいようで遅くまで遊んでいた。仕方なくお母さんたちと子どもたちは一部屋で就寝。

旅行での昼食時では自分が思っていた食べ物屋とは違い、泣いてぐずり始める。車から降りない。父親に叱られてやっと皆と合流。友達が「麻友ちゃんなぜ泣いてるの?」と聞いてくれるが、それでも「食べない」と意地をはるので「食べるな」と父親に言われる。反抗期? 根性? あります。

しばらくして機嫌が戻り「食べる」と言うので注文してやるが、すでに皆は食事終了まぎわ。皆に迷惑かかるということがわかっていない。勉強のためにも注文しない方がよかったのかな。

旅行帰りにまた友達の車へ。晩御飯に友達が「かっ○寿司へ行きたい」と言ったらしく、友達のお母さんが「麻友ちゃんかっ○寿司へ行く?」と聞いてくれると「私も行ってもいいのですか?」と敬語で対応していたそうだ。感心していた友達のお母さんです。

誤解させないように気をつけないと

父親が小銭が無くて母親にもらおうとしていた。母親が父親に「バックの中の財布を見て」と言うので見ていた父親。それを見て「ママ! パパが勝手にとってるよ」と言う。事情を説明する。誤解させないように気をつけないといけないと反省した親です。

公文から迎えの電話がかかってきた時のこと。「パパ帰って来てる? 一回代わってくれる?」と言う。電話では、しゃべってる言葉がハッキリ聞き取れる。

出先にてジュースを買うと、飲みたい時には「どこか座るところないかなあ」と言う。歩き飲みはしません。

✿

ゴルフ練習場では二階の中央30番の打席がお気に入り。娘を見た店員のお姉さんは好きな打席を知っていて「もうすぐ30番が空くよ。待つ？」と声をかけてくれる。30番の打席が空いて順番が来ると「ありがとうございます。すいませんでした」と敬語で対応して会釈をしていた。終わった後は「楽しかったです」と打席カセットを返却する。

✿

晩御飯の時に父親がおつまみを食べ始めていると「パパ？ママを待ってあげないと」とそろって食べようと言います。

✿

公民館文化祭用アイロンビーズの配色は本人が担当し、配置は家族３人で考える。固定は親が担当した。配置については娘も直感で配置していた。

公民館文化祭にアイロンビーズを出展した時は、いろいろな方が見てくださったようだ。

公民館文化祭

公民館文化祭では「よう！　まゆ！」と声をかけてくれる男子。更には保育園時代の園長先生にも会う。一緒に記念写真。娘は覚えているのかいないのかわからないがニコニコしていた。

✿

公民館文化祭では「あっ！　まこ！　まこ」と遊技場下駄箱で友達がいることに気がつく。何故気がついたかを聞くと「黄色の靴でわかった」と言う。よく見ている。お母さんともお話ししてるとアイロンビーズの展示品も見てくれて褒めてもらっていた。

✿

公民館文化祭の手伝いをしていた祖母に「ばあちゃん晩御飯食べて行ったら？」と夕食に誘っていました。「ばあちゃん何て言ってた？」と聞くと「自転車があるから帰るって言ってた。もう！　食べようって言ったのにわかってない」とご立腹。発言内容がお姉さんです。

✿

皆の中で育っている

トラックの後ろに書いてある【危】を見て「危ない」と読めていた。

✿

言語訓練にて、院長とお話しをする。「とても順調ですよ。麻友ちゃんは脳内の能力を吸収する容量がまだまだありますので、これからもっと刺激を受けるといろいろ吸収してまだ伸びます」と教えてくれる。「言葉も、悪い言葉使いもOK。それも皆の中で育っているということです。使い分けができればいいのです」とアドバイスをもらう。

✿

食事中に残り一個になったおかずを指して「パパこれ食べた?」「食べたよ。あと食べてもいいよ」と。気づかいができていた。

✿

就寝前に少し遊びたいので、先に歯磨きをやって遊ぶようになる。

✿

食事の片付けをしてくれる。流し台まで自分の物を持って行く。

ゴルフ練習場に行くと「夢」と書かれた額があったのです。定員のお姉さんに「ゆめ…」と読んで学芸会の夢から醒めた夢の話もしてあげていた。

✿

お姉さん的な一面

近所の方がリンゴ狩りに誘ってくれたので一緒に行く。奥さんが教諭経験があり、娘にいろいろと体験をさせてあげたいとよく声をかけてくれる。そこでも学芸会のパスポートを見せてがんばったことをアピールしていた。よほど嬉しかったのか。

✿

りんご狩りにはお孫さんも来ていた。りんご狩りも楽しみながら赤ちゃんが「かわいいかわいい」とあやしていた。よく笑う赤ちゃんだったのであやせたのでしょうか。とにかくお姉さん的な一面が見られた瞬間でした。

✿

りんごを箱詰めが終わると、誘ってくれた方の方へ行き「手伝います」と手伝っていました。大人は、食べ物ということもあり手伝いは少々躊躇してしまうが、娘の自然に対応している姿に感心。

帰りには誘ってくださった方に、娘が「今日は楽しかったです。ありがとうございました。幸せ」近所さん「よかった。そう言ってくれるとおばさんも幸せになるわ」と。自分からお礼を言って行ったのでビックリした。

いいお友達がたくさん

コインゲームに行く。楽しんだ後コインが無くなるとまだやりたいと言うので、小銭財布を見せて「もうないから終わりだよ」と言うと「千円があるじゃん」と。お金の種類はわかっている。

言語訓練の先生にグリーンカードを見せる。褒めてもらっていた。「麻友ちゃんはいいお友達がたくさんいていいですね」と言ってもらう。

ゴルフ練習場に入るなり、いつものお姉さんと店員さんが一斉に笑顔でお出迎え。娘「(笑顔で) こんにちはー」お姉さん「こんにちは。30番（打席）空いてるよ～」娘「ありがとうございます」と。その光景がとても微笑ましい。

ゴルフ練習場でクラスの男子友達と会う。友達も娘もビックリ。すぐ一緒にパターコーナーに行って仲良く遊んでいた。

ダウン症親の会のクリスマス会にて。いつもサンタとの記念写真は親と一緒でないと撮れないのに、今年は1人で撮れた。会の終了後の片付けも手伝っていた。

赤ちゃんが「かわいいかわいい」とあやしていた

イオンに行くと必ずさわる楽器屋のハイブリットピアノ。構造がおもしろいようで、とてもお気にいり。

スクールガードのおじさんへ花束

二回目の善行賞を貰う。二回貰えるのはなかなか難しいと聞く。

漢字を見ては「○○くんの○！」「○○ちゃんの○だ！」と教えてくれる。友達の名前で覚えている漢字が多い。

宿題の漢字の練習での写し書きが上手になってきていると先生から聞く。

「ずるい～」「よゆうだて」とか、時には「コマネチ」と言っては周りを笑わせてくれる。友達同士で言っているのでしょう。本当に楽しそう。

「ありがとう」と言う時にちょっとふざけて「(お尻を向けて) サンキュウプリーズ」と言って笑わせてくれる。

「○○くんポケットから手を出して！　何回目だ」と先生のまねをしている。

5年生になり、学校行事を楽しみにしている。

全校生徒の前でスクールガードのおじさんへのお礼の花束を渡す役割をした。いろいろなことに挑戦して本人も自信がついている。当日も楽しみにしていた。スクールガードのおじさんはよく声をかけてくれる方です。

公民館祭りでも「おー！　まゆちゃんじゃないか」とスクールガードの方が声をかけてくれた。「いつもハイタッチをしてくれるんだわ」と教えてくれる。地域の皆さんに声をかけてもらってありがたい。

一人の友達として

友達と遊ぶ約束をする。曜日は正確に教えてくれたが時間は曖昧。自由帳を使って確認して約束したようだ。友達が遊びに来てくれて楽しそうな子どもたち。約束ができるまでになれたこはとても成長です。

✿

友達が遊びに来てくれた時のこと。「麻友ちゃんは障がいがあるよね?」という話になる。細かい話はしないが「障がいのある麻友が同じクラスにいても大丈夫かなあ?」と聞くと「大丈夫だよ」と言ってくれて、娘を一人の友達として付き合ってくれていることが本当に嬉しい。

✿

いろいろなことを吸収する

ドアを開ける時「オープン」と英語で言うので「学校で教えてもらったの?」と聞くと、「違う。夢から醒めた夢で」と言う。学芸会でのワンシーンでの台詞で覚えたようだ。いろいろなことを吸収することが増えている。

算数自作テスト

人前での作文発表

小5

✿

自分で算数や音楽のテストを作っては自分で書いて自分で採点している。違ってはいるもののテストの形式は少なからず再現されていて驚いた。

✿

登校日の朝、「お腹が痛い」と言うので心配していた。うずくまっているので「学校行ける? 休む?」と聞くと「行く」と言う。学校がとても楽しいようだ。

✿

漢字練習で「因果応報」という字を書いていると「果てしない〜♪の字!(学芸会の歌)」と言っていた。いろいろなところで漢字と出会うようです。

✿

授業参観で作文を発表することができた。今までは人前に出るのもダメだったがすごい成長ぶり。先生の助けもあり大成功。自信が持てたようで、発表後は笑顔で席に戻っていた。

✿

学校で、乳歯がぐらつくので自分で抜いたようだ。すると男子の一人が「おースゲーって言ってた」と教えてくれる。

服の着替えは、座って着替えていたが立って着替えれるようになった。

電気屋にて。みか先生と同じタイマーを見つけて「これ、みか先生のと同じ」と教えてくれる。その後は、先生のまねでしょうか「一分間　静かに聞きましょう」と言う。

これからも皆に笑顔で接してほしい

友達が娘の絵を描いてくれる。皆上手に笑顔な絵を描いてくれる。

嬉しそうに見せてくれた。

友達が描いてくれた娘の絵

いろんなまゆちゃん

通学班の集合場所にて、班長が遅い時に娘が見に行って班長が来ると皆に「来たよー」と教えていた。

登校時か下校時でしょうか、友達が「(校門で) 待っててね」と言ってくれたようで、「○○ちゃんが待っててねって言ってくれたよ」と教えてくれた。一緒に行動してくれようとしてくれる友達がいる。

貰ったグリーンカードに、「いつも笑顔にさせてくれてありがとう」と書いてくれて嬉しいです。これからも皆に笑顔で接してほしいです。

5年生になっていろいろと成長がうかがえる

公文でもらった飴を父親にあげていた。「麻友ちゃんはいらないの?」と聞くと「麻友ちゃんはグミがあるよ。りんごの先

小5

生（矯正歯科）に歯が壊れるからダメって言われてる」と。言われたことをきちんと守っていた。

✿

音楽で習ったのでしょう。「ケチャ（インドネシア）のテレビを音楽で見た」と教えてくれた。ＹＯＵＴＵＢＥで見せると「これこれ」と食い入るように見る。キリマンジャロの歌もよく披露してくれる。いろいろ覚えてきて教えてくれる。

✿

「もうすぐ6年生だね」と言うと「6年生は勉強を速く終わらせて外で遊べるようにがんばりたい」と抱負を言っていた。

✿

次の日の時間割を自分でできるようになっている。５年生になっていろいろと進んで行動するようになり成長がうかがえる。

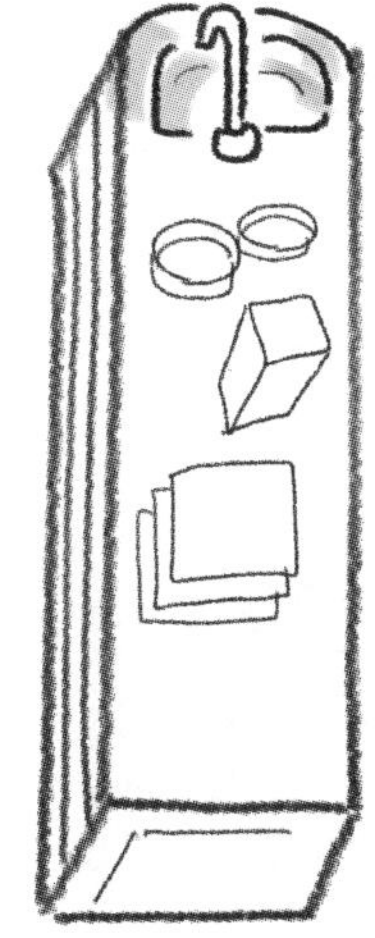

小5

LIXILでの体験

父親が昨年末に捻挫をした。歩けないくらい痛くしていると「足大丈夫？　痛い？　車椅子いる？　押してあげるよ」と心配していた。お風呂に入っている時も「足痛い？洗ってあげるよ」と言って背中を流してくれる。

✿

常滑のＬＩＸＩＬへタイル造り体験に行く。説明を聞いた後にタイルを並べる時間は三〇分程度。時計を確認しながら作業をする。タイルを一個づつ手に取って並べていたが、時間が経つにつれ「ヤバい時間がない」と言いながら、五、六個を手に取って効率を上げていた。普段の学校生活の成果でしょうか。

ＬＩＸＩＬ美術館内の焼き物の説明文を読める所だけ、諦めず最後まで全文読んでいた。

ＬＩＸＩＬ内の展示品を見学していると、怖い顔の作品があったので怖がるかと思いきや、まねをしていた。笑わせてくれます。

✿

子供新聞をとっているが、英語欄にとても興味があるようで見ている。

✿

スラックライン教室

公民館でのスラックライン教室（全五回）があり途中四回目から参加した。行ってみると友達が二人参加していた。

タイルを並べる

タイル造り完成

説明文を読む

恐い顔のまね

スラックライン

娘に気がついた友達が喜んで駆け寄ってくれ、娘も驚いて大喜びの三人。
終始まとまって教室を楽しんでいた。いろいろと参加してみるものだ。

✿

スラックライン教室最後の日。何故か急に怒りはじめたり、しょげて泣いていたり、「もうやらない」と言うので見学させていると今度は気持ちが変わり、参加してみたり。動きの指示があっても自分中心で動いたりしていた。本人の中で何か噛み合わないことが合ったのか、気持ちがつかめない。

✿

曾祖母の葬儀

曾祖母が亡くなった葬儀にて。焼香もあげてお参りをする。当初駆けつけた時はものものしい雰囲気に震えていた。故人との対面では涙を流しながらもしっかりと対面する。曾祖母に「死ぬ生きる」ということを勉強させてもらった。

✿

キルト手芸体験

セントレアでキルト手芸展があったので遊びに行く。体験コーナーに機織り機があり「やりたい」と言うので体験する。担当の人に「やったことある?」と聞かれて「はいあります。足助でやりました」と敬語で答えていた。一度やっているので少しの指導でできた。実は足助にもあったのですが、やったのは刈谷の歴史資料館です。4年生の時だがよく覚えている。

キルト手芸体験

キルト手芸体験完成

マスコット作りを体験

マスコット完成

小5

こまマンガを描いていた。こまマンガを描くなんて驚いた。友達が書いているのを見ていたのでしょうか。

セントレアでの体験コーナーでは、マスコット作りを体験。針を使ってボタンを付ける体験。担当の方が身に付けていたマスコットを見て「おしゃれ！」と褒めていた。そこから場が和みはじめて話をしていると偶然にも担当されていた方が障害者の作業指導されていた方だったのです。娘の作業状況を見て「娘さんは手つきもいいですね。教えたらすぐにできるようになりますよ」と言ってくれた。まずはボタン付けができるようになってほしい。

集団の中での勉強が力になる

言語訓練にて。低学年の子とレッスンが重なり、ところどころ一緒にレッスンしていた。娘が「こうやるんだよ」と教えていた。低学年の子はとてもうれしかったようで、お母さんが「今日はお姉さんとふれあえてとても嬉しそうな声が出ています」と喜んでくれる。年下の子のお世話ができるようだ。

言語訓練の院長との話。体育館への移動の際に、友達に椅子をもってもらい自分は平気な顔をしていたので叱ったことを相談すると「友達が助けてくれるそのアプローチ方法を見て、今度は困っている人がいたら同じように助けてあげれるようになればいいのです。そういう出来事も麻友ちゃんには集団の中で勉強している大事なことなんです」と言われて目から鱗でした。

スーパーのお菓子売り場にある知育食玩がお気に入りで細かいのに根気よくやっています。親はちょっと面倒なのですが。

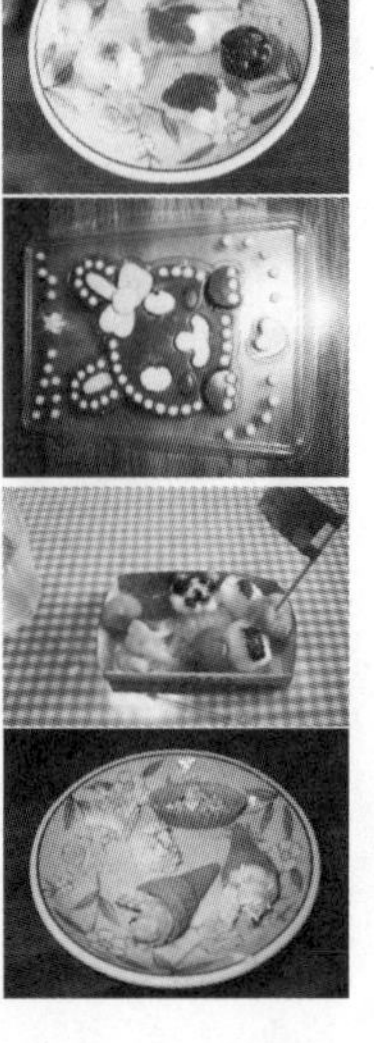

知育食玩

バレンタインの日、友チョコを持ってきてくれた友達がたくさんいた。娘は公文で留守だったが、帰ってきて大喜び。お礼の手紙を書いていた。

✿

何でも興味をもつ

父親が曜日がわからなくなったので娘に聞く。「明日って何曜日だった?」と聞くと「明日は水曜日だよ」と的確に教えてくれた。

✿

お鍋の夕食食事中。母親が取り分けていると「ママ食べてる?」と言って心配していた。気づかいができる。

✿

テレビ内臓のハードディスクに録画していた番組を見ていた娘。「父親が半分見せて（2画面）」と言うと「いいよ」と言いながらDVDプレーヤに切り替えていた。ハードディスク内臓の再生中は2画面にできないので、DVDに再生すると2画面になることを知っている。驚く父親。

✿

ゴルフショップで買い物をしている時。パター売り場の試打エリアにて一人で遊んでいた。買い物が終わり帰ろうとすると試打エリアで「おじいさんが教えてくれたよ（パター）」と。その直後何故か不機嫌になり始めたので聞いてみると「お客が多くて打てないから」という理由。しかたのない娘です。

イチゴをつぶす

料理のお手伝い

✿

テレビでイチゴジャムを作っているところを見て、作りたいと言うので作る。何でも興味をもつ。イチゴをつぶす工程が楽しいようでした。

✿

お願いをすると喜んで料理のお手伝いをしてくれる。

ピアノの発表会

ピアノの発表会に参加することになりレッスン日は先生と。自宅では父親が先生代わりで連弾の練習をした。

当初、「発表会は出ない」と言っていた。しかし参加が決まり、逆に父親に「パパ出よっ」と誘っていた。ピアノの先生が「パパに出ようって言って」と言うと、娘は「どうかなあ、パパ忙しいからなあ」と言うので「麻友ちゃんは本当に優しいねえ」と言ってくれる。

本番では無事に弾けて安心。
なによりも本人が笑顔で楽しそうに
弾いていたのでよかった。先生と連弾。

発表会が楽しかったのか、次の日には自らすすんでピアノ練習していた。

ピアノの先生と連弾発表会
本人右側

発表会には、担任みか先生が来てくれて喜ぶ。お土産もいただきました。
「美味しすぎる～」と言って食べていた。

三月一五日に耳鼻科にて。中耳炎も安定して改善しているので、八年近く左耳に入れていた治療中のチューブを取りました。右耳側は自然に取れていた。取る時は大人でも痛いそうなので心配していたが、大泣きすることもなく冷静にしてがんばることができた。鼓膜のチューブ後の穴は自然にふさがるとのこと。

小学校生活が成功している証

6年生でも次の項目に気をつける。

① 元気な挨拶
② 身だしなみ
③ 場に合う言葉使い（敬語）
④ 素直に人の言うことが聞ける
⑤ 体力の向上
⑥ 一生懸命にやる（だらだらしない。）

右記のような行動で皆に接することで　思いやり・優しさ・感謝の気持ち　の、この3つを少しでも育んでほしいと願うことを学校へ伝える。

始業式の日に「先生が誰になっても、ちゃんと先生の言うことを聞くんだよ」と言うと「わかってるってば！」と言う。

5年生の終わり頃に「みか先生に手紙を書く」という宿題に対して、

「みか先生（みたい）になりたい」と言う。もうその言葉だけで感激して　やった！　という思い。これは小学校生活が成功している証ではないかと思う。

自分はこうなりたい、という気持ちが持てるなんて嬉しいこと。貴重な小学校生活6年間となると思っている。

5年生の終業式から帰って来た日「5年生終わっちゃった」と笑顔で言いながらも、どことなく淋しそうだ。6年生も楽しんでね。

早くも中学が楽しみ

6年生初登校日の日。担任が「みか先生だった！」と笑顔で喜ぶ。

校長先生が代わる。

自己紹介は、しっかりとできたようだ。皆の前でしゃべれるようになる。

6年生になったばかりなのに「中学が楽しみ。はやくなりたい」と言っている。その前に6年生の運動会や学芸会や先生の言うことを聞いてがんばることがあるでしょ。と言っておいた。

授業参観

授業参観では黒板を写していた姿が印象的。前を見て先生の話を聞いていた姿もあった。2限目終了後「がんばったよ。がんばったよ」と言っていた。自分なりにがんばれたのでしょう。

その後に友達が来てくれて「麻友ちゃんめっちゃかわいいよ」とハグしてくれる友達。じゃれあいながら「遊ぼ！何して遊ぶ?」と言いながらニコニコで友達の輪の中に入って行く。

授業参観で【わたしのいちばん大切なもの】という課題では〝友達〟と書いている生徒が多かった。家で改めて聞いたところ「みんな」と答えた。皆の話は聞いていた。良い答えを言えるなら授業中に言えばいいのにと思うのです。

学力テスト

娘に学力テストのことを話すと「なぞるから大丈夫」と言うので「明日のテストは自分で書かないといけないテストだよ。皆も難しいけど書くんだからね」と言うと「そうかあ。わかった。書くよ」と言う。

学力テストはどうだったのかを聞くと「難しくてかわらなかった」と言う。

難しいということはわかったようだ。もちろん皆と一緒に学力テストは受けた。

通学班

現在、班長・副班・他男子三人、女子は娘一人　計六名で通っている。班長・副班は二人並んで先頭で歩いて二人揃っては娘のまねをしたりして、からかって楽しんでいることがある。何度注意するも直らない。通学班集会の時に班担当先生でもかまわないので指導してもらうように伝える。弱い子をターゲットにしたり、先生や親の前ではちゃんとしたところを見せようとする子はどこにでもいる。4年生の時には同学年の特定の男子で誰なのかは不明ですが、からかわれていたこともあるので気をつけてほしいことを伝える。

✿

娘は通学班集会で決められた位置で歩き、雨の日は一列で歩いて皆に迷惑をかけていない。

✿

昨年度末、集合場所で走りまわっている子どもたちがうるさいと　マンションの方から苦情があった。教頭先生が直接来て注意してからはしばらくはよかったのが、またひどくなる。マンション通路、駐車場や道路にまで出て走り回る。注意するがわからないようだ。夜勤明けで寝ている方もいるので静かに集合して速やかに出発してほしい。集まったら出発するように促すがダメです。通学班集会の時にも指導お願いする。

小6

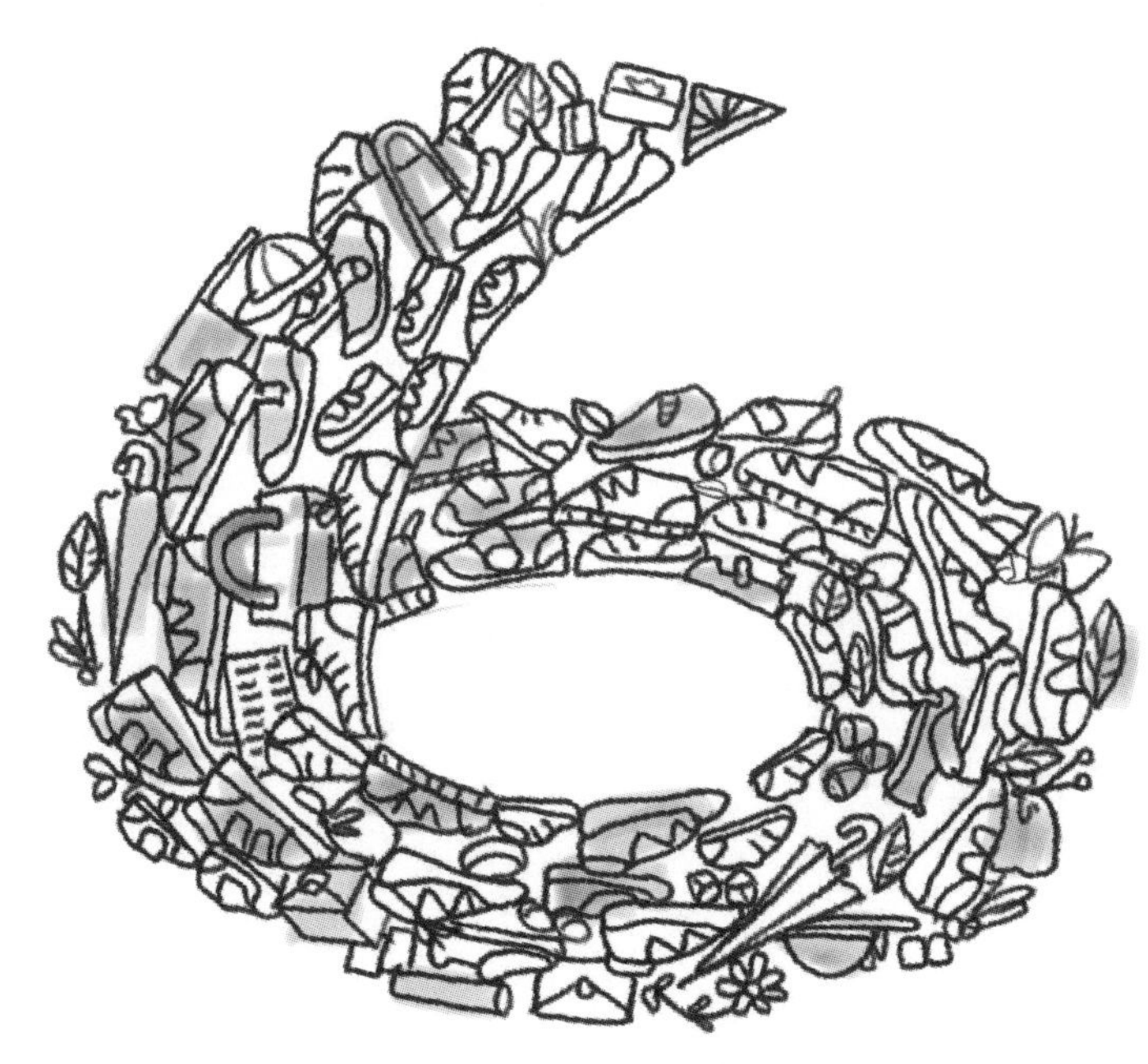

「いつも挨拶してくれますよ」

ショッピングセンターで数字の看板を見て。
娘「1(ワン)、2(ツー)、3、4、5、6」
祖母「7(セブン)、8(エイト)、9(ナイン)、10」
娘「何がない(ナイン)?」
祖母「9をナインって言うの」
娘「オーマイゴー!」(笑)

✿

近所の薬局に行き、トップバリューの商品を見て「イオンだ」と言っていた。トップバリューの商品がイオンにあることを知っている。

✿

定期眼科検診に行く。結果は問題なし。視力は 遠0・8 近0・9です。

✿

大河ドラマを見ていた。何やら「パパが好きなドラマこうやって(刀を使うまね)こんなのかぶって(兜)社会の教科書に出てるのと同じ」と言って教科書を出して見せてくれる。教科書にも載っていた。よく見ている。

✿

近所の方とエレベーターで会うと挨拶ができている。近所の方が「会うといつも挨拶してくれますよ」と教えてくれる。

できるだけ出会いのある環境に

モリコロパークであった手芸イベントに行く。その中に就労支援作業所A型(土岐の方)の出店があった。ポスターを見ているとスタッフの方が声をかけてくれたのです。一生懸命しゃべる娘。そして「笑顔がいいですね」と言っていただく。その方の所は二、三〇~名の作業所のようで、二年間で一名だけが就職できたそうだ。就職の現実は厳しい。スタッフの方が言われるには、まずは「挨拶が第一の基本」次に「明るく元気が大切」と言われていた。改めて挨拶の大切さを感じる。

就労支援作業所のスタッフの方に「どこかの支援学校に通われています?」と聞かれ「地域の小学校に通っています」と答えると「地域で育ち、いろいろな出会いがあるといいですよね」と言われていた。できるだけ出会いのある環境にいてほしいなと感じる。

名古屋のデパートで開催されたハワイアンイベントに行く。体験コーナーがあり「やりたい」と言うので体験。スタッフの方に「楽しい。楽しい」と素直に感情を出せれていた。

キーホルダー作成

完成

小6

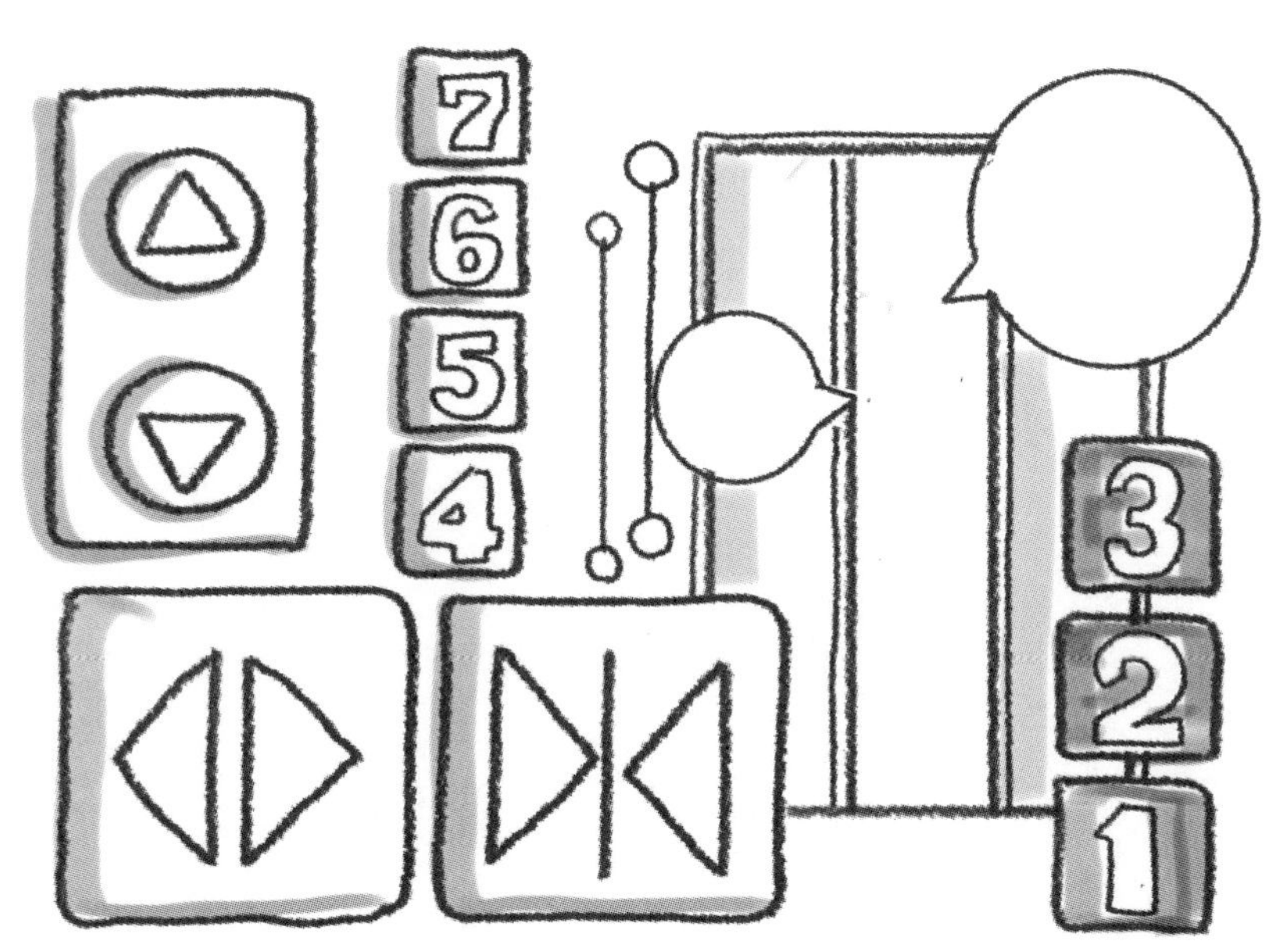

通学班長と喧嘩?

一斉下校。父親が学校まで迎えに行く。娘が「班長と喧嘩した(しょんぼり)」と言うので、班長に聞くと「何もしていない」と言う。班長として女子や下級生が困っていたら助けるように言う。帰宅後、娘に事情を詳しく聞いてみると、どうやら班長は他の男子と喧嘩していたようで、それを見て悲しくなったのです。誤解でした。悪かったと思ったが、注意する機会があってよかった。

✿

娘には、いろいろな人がいるから気にしないように言っている。学校は先生や友達もいて楽しいようなので通学班は我慢できるのでしょう。人との接し方に幅広さが持てるように社会勉強になれば。強くなってほしい。

✿

班の3年生男子が「何かあったら教えるね。何もなくても教えるね」と言ってくれる。その後「今日も昨日も何もなし」とこっそりと教えてくれる。上級生には気をつかっているようですが班の中で一番優しい子。「○○も何か嫌なこと言われたりされたりしたら先生に言えばいいんだよ」と言うと「先生に言ってどうなるの?」と言うのでドキっとしたが「先生がよくないと思ったら上手に注意してくれるから」と教える。

✿

6月末頃に、班で優しい子に班の男子のからかいはどうか聞いてみると「最近は何もないよ」とのこと。

✿

学校での委員会は給食委員会。作業の時には他クラスの子と仲良くこなせていると聞いて安心。

✿

クラブはクッキングクラブ。4年5年と一輪車クラブだったので6年も同じかと思いきやクッキングクラブに入る。自分で選択したのかな。

✿

学校のなんじゃもんじゃが満開の時に写真を撮りに行く。

校庭なんじゃもんじゃの木の前で（右から二人目が本人）

すると通りがかりの友達が遠くから「麻友ちゃー ん！」と声をかけてくれる。友達もいたので一緒に遊んだりもした。

皆と6年生の記念に写真を撮る。

羽子板で遊んだが羽子板を知らない友達もいて「麻友ちゃんできるの？」と聞かれて一、二回打ち返すと驚いてくれる。

✿

クラスの友達がコーラの匂いがする消しゴムを持っていた。よほど欲しかったのか学校から帰って来て「ダイソーの100均で買ったって」と言いだす。どこで買ったのか聞いたようだ。

✿

国語の教科書に「ふりがな書いてあげようか？」と聞くと「まなかちゃんが書いてくれた」と言っていた。友達が書いてくれる時もあるようだ。

✿

学校で遊んでいると、保育園時代の友達のお母さんが娘に声をかけてくれる。「あっ！ こんにちは！ 麻友ちゃん？ 麻友ちゃんじゃない？ Lのママだけど覚えてる？」「今度中学校同じだからヨロシクね」と声をかけられてビックリしていた。娘に誰のお母さんか聞いてみると「Lのママだよ」と言っていたのだが、覚えていたのかな。

運動会で皆と合わせて動き、我慢もできるようになった

運動会の練習を見学する。時間の変更で練習が延長。間違えて教室に戻ってしまって叱られる。その後大丈夫かと思ったら、しっかり皆の中へ合流できていた。低学年時代だと、へそを曲げて動かなかったと思うが高学年になって気持ちの切り替えができるようになっている感じがする。

✿

「組体操の練習はがんばってる？」と聞くと「みか先生がいるからがんばれるよ」と言っていた。

先生が見ていてくれているので安心して自信を持って練習をがんばれていたようです。

友達に「麻友ちゃんリレーの練習やってる?」と聞くと「麻友ちゃんリレーめっちゃ速いよ。抜けないもん」と教えてくれた。

✿

組体操の練習などでは、ごったがえしているが、立ち位置まで友達が連れて行ってくれているのがとてもありがたい。

✿

綱引きの練習では「つなひき勝ったんだよ」と教えてくれる。

✿

昨年度に引き続き、運動会本番ではリレー・組体操（全行程）・騎馬戦（騎馬サポート）・綱引きなど全てにおいてクリアできた。可能な限り本人の力でやらせてもらう。

✿

リレーでは皆と同じ距離を走る。真剣な顔で走る。クラスの一員で一丸となって走っている。

✿

低学年時代の運動会練習では教頭先生と一緒に見学していたり、合流できなかったり、本番での開会式閉会式などには座り込んでしまう姿に心配していたが、高学年になると皆と合わせて動き、我慢もできるようになってきている。

✿

綱引きでは、保育園時代には怖くて泣いてしまい、できなかったので心配していたが、友達と一緒にやるからだろうか大丈夫だった。勝った後は友達とタッチ連発。

組体操（本人は上左）

組体操（本人後ろ向きの右）

組体操（本人上中央）
先生がサポート

組体操（本人一番右下後）

騎馬戦（中央騎馬隊のキバ担当）

リレー

綱引き

勝った後は友達とタッチ連発（本人右手前）

「ガンジンは頭がツルツルだよ」

片付けの時、友達と三人で校庭にいたが、しばらくして怒っているので聞くと祖母が先に帰ったことにご立腹。そこに先生の放送で「まだ作業している人もいる！　待ち方を考えなさい」と言われると、怒りながらも自分のクラスの所へ戻っていく。気持ちの切り替えができるようになることも一つの願いでもあったのでとても嬉しく思う。

❀

友達のお母さんより「運動会のリレーの直後に話声が聞こえたけど、お母さんたちの会話で『麻友ちゃんリレーすごいがんばってたよー』と話をしていた方がいたよ」と教えてくれた。思いもよらないことで、気にかけてくれる方もいるんだと嬉しく思う。

❀

運動会の写真を撮ってくださっていたお母さんがいた。後日ちょうだいする。

❀

運動会の時に、友達とトイレに行く。トイレを我慢しすぎてパンツが濡れてしまい、学校のパンツを借りる。後日、自分で保健室まで返しに行く。

❀

授業中の黒板をノートに写せている

廃品回収は仕分け作業を手伝う。作業開始の合図の後は何をしていいのかわからず戸惑っていた。父親が「これをあそこへ運んでくれる?」と少しだけサポートをすると作業はできた。見通しを立てられる一言を言うだけでスムーズに動く。

音楽の授業参観。5年の時には先生の横にくっついていたので今回は？　と心配していたが、自席へ座れていた。皆がリコーダーを吹いている時に、本人は何故かエアーリコーダー？　音違いが恥ずかしいのか。

道徳の授業参観では、先生の奇跡・感謝の話にとても感動した。先生の話になると、子どもたちが真剣な眼差しに変わる。特に女子。子どもたちの中には涙が出そうだったという声もあった。教室で聞いていた父兄の中にも涙していたお母さんもいた。娘も真剣な話が身についていればいいのだが。

社会で習ったのでしょうか【鑑真（がんじん）】の似顔絵と【聖徳太子】を書いていた。「ガンジンは頭がツルツルだよ」と教えてくれる。

授業中の黒板をノートに写せていることが増えて、ノートを時々見せてくれる。

中央図書館に行った時のこと。歴史の図鑑の中に縦穴式住居や土器の写真が出ていたので「これって社会で習ったんじゃないの？」と聞くと「これやった！　こうやって（火おこしのジェスチャー）」をしていた。遠足で行った歴史博物館での思い出を教えてくれて話がつながる。

修学旅行では「大仏さんが見たい」と言う。「大きいんだよ」と言うとニコニコして楽しみにしている。

会話をする時に、伝えたいという気持ちが前に出すぎてしまい、結果だけを話すことや、相手が知っているという前提でしゃべったりすることが多いので、何言っているのかな？　となりがち。聞き取り辛いところもあるので友達はわかるかな、と思うことが多い。本人は意味なくしゃべっているわけではなく、思いを伝えようとがんばってしゃべっている。

「皆さんに元気を与えてあげて下さいね」

教育センター講演会に参加した。元校長先生（現教育課

小6

長）に挨拶をしました。「麻友さんのご両親ですね」と覚えていてくださりました。私達をセンター所長にも紹介していただきました。

入学前の見学の時には校長先生の「一人の生徒として見て行きますよ。麻友さんがいることで周りにもよい影響を与えますからね。一緒にがんばっていきましょう」というお言葉で今があることを伝える。入学当時と比べて我慢できるようになってきたことや、少しは皆と同じ動きもできるようになってきたこともお話する。学校を楽しんで行っていること。担任先生もとても真剣に向き合ってくれていることも伝える。

✿

今年度6年生になったことを元校長先生にお伝えすると「そうですか、では次は中学ですね。ご両親が前向きですから中学も乗り切れるでしょう。モデルケースとなって、皆さんに元気を与えてあげて下さいね」とお言葉をちょうだいする。入学当時の気持ちなども教えていただいて嬉しかった。とても貴重な時間でした。

小6

中日クラウンズ

中日クラウンズのキッズ観戦が当選したので見に行く。25名を3組に別けて行動。ＣＢＣテレビ番組の裏側を見学。本人はあまり関心なさそう。選手のプレーを間近で見ていてもボールの行方が速くて見えないようだ。

中日クラウンズで偶然にクラスの友達と遭遇。友達が気付いてくれる。友達はキッズレッスンが当選したようで「あ！　まゆちゃん？　まゆちゃん」と驚いていたので「まゆちゃんも少しゴルフやるよ」と言うと「え〜！　まゆちゃんすごいじゃん！　すごいじゃん」と驚く。その後、学校で仲良くできているかな。

中日クラウンズでは、立ち入り禁止の所に子ども限定で見学させてくれる所があるが、娘は知らない子ばかりで同じ行動ができず。父親と待っている時もあった。やはり何をするのか何をされるのか見通しがたたないことはとても不安がって行動が緩慢になりやすい。

ゴルフ場までのシャトルバスにて。乗り降りでは運転手さんに「お願いします」「ありがとうございました」と言えていた。

織部まつり

岐阜県土岐市の織部まつりに行く。その時のシャトルバスでも「お願いします」「ありがとうございました」と言えていた。

織部まつりでは、ろくろ体験をする。体験事は積極的にできる。3人の先生がいたが、先生を指定していた。笑顔で言葉をよくかけてくれる先生を希望していた。手の使い方などの指示もしっかり聞いて作れていた。持ち上げる時は冷や冷やしたが何とか完成。

ろくろ体験

おとさないように

完成！

小6

織部まつりの出店で、ダウン症の画家の絵と焼き物コラボ店をみつけた。ダウン症の本人も来場されていて絵を描いていた。家族の方からお話を聞く。「以前は作業所に通っていたのですが本人に合わずやめてしまった」とのこと。その理由は「皆のまねをして覚えることが多く、ふさわしくないまねまでしてしまいそれが身についてしまう」とのこと。意外な視点からのお話で勉強になった。

✿

娘も自分のことを伝えようと一生懸命がんばってしゃべっていた。「笑顔がいいね」と言ってもらい「いい出会いをありがとう」と言ってお別れする。娘も話を聞いてくれたことがとても嬉しかったようでご機嫌さん。

✿

できる幅が広がる

公民館体育館にてスナックゴルフ教室をやっていた。友達がいないか見に行くと、以前参加したスラックラインのお手伝いの方が声をかけてくれて体験させてくれた。皆さん「ああ！　覚えてるよ」と声をかけてくださいます。いろいろと出かけて挑戦させるといいです。

✿

祖父のお墓参りに行った時に、マッチを使ってろうそくに火をつけていた。「こうやってつけるんだよ」と言いながら火をつける。「まゆちゃんマッチが使えるの？」と聞くと「使えるよ。理科で習ったよ」と言うのです。いろいろと本人のできる幅が広がっています。マッチが使えるとは素晴らしい。授業でも新しい出会いがある。

中京レディースゴルフ観戦に行く。目の前に選手が通っても知らない選手なので興味がなさそうです。打つ時は見ているもののボールが速くて見えてない。それよりも芝生の上で食べるお昼ご飯やおやつを食べる方が楽しそうだ。

全選手ティーショット終了後にはティーグランドで「こうやって打つ！　ん～届かないなあ」と言うので、練習したら大丈夫だよと言ったのですが、一言「無理！」

帰りのシャトルバス待ちでは、かなり混んでいた。数十分待ったが待つことは問題なく大丈夫。色々な場面でも大人しく待てる。

中耳炎治療のため入いれていた鼓膜チューブを取る。取る時は大人でも痛いのに、泣くこともなく取ることができた。取った後一ミリ程度の穴から現在では針の穴程度まで小さくなってきている。プールでは塩素消毒されているので耳栓なしでOK。海やお風呂では耳栓をするように言われる。

読みやすい腕時計をはめさせている。短い針を読んで長い針を見るように教えると少しは読めている。

テレビの旅番組をよく見ます。たまたま見た時に有松が出ていたので、次の日に「テレビで出てた所に行くよ」と言って有松絞り祭りに出かけた。

絞り体験をやる。以前体験した手法と同じだったので手慣れたものだ。よそ見をしながらも指先は動いていた。

ゴルフ場ティーグラウンド

読みやすい腕時計

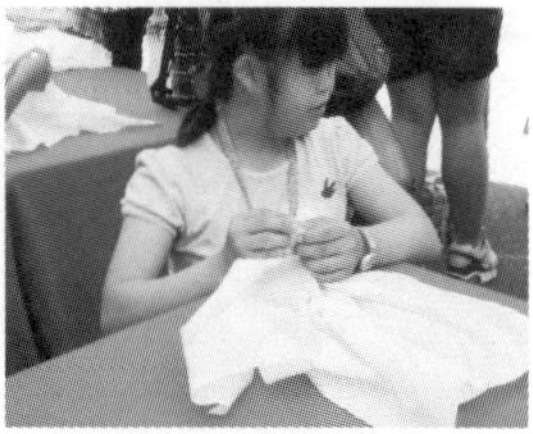

有松絞り体験

完成！

「やりたい」と言って宿題を提出

自由研究用に完成した土器と一緒に、土器の作り方マニュアルも作る。下書きは父親が書いたが清書は本人ががんばって書く。

✿

夏休みの宿題のポスター作成では、下書きは父親が薄く書く。色付けは本人が全部塗る。

✿

夏休みの宿題「東海道の調査について」題材の本を参考に絵を描いていた。一生懸命に根気よく書いていた。

自由研究　作成中

自由研究　展示

夏休みの宿題の１つ

写した絵

社会の宿題で織田信長を調べるという宿題でのこと。先生から難しいので無理しなくても大丈夫ということだったが、本人はやる気満々だったので年表を写す。本人に「やらなくても大丈夫だよ」と言ったが「やりたい」と言って宿題を提出する。

✿

「学校じゃすごいしゃべってるよ」

通学班で登校中。クラスの友達のまなかちゃんが「(登校中)麻友ちゃん全然しゃべんないんだね」と言うので「(通学班は）男子ばっかりだし特にしゃべることもないからかねえ。学校ではどう？」と聞くと「学校じゃすごいしゃべってるよ」と教えてくれて安心した。

まなかちゃんが自由研究の発表についても「麻友ちゃん自分で発表できてたよ」と教えてくれた。先生のサポートもあり発表できたのだと思う。

「思いやりって知ってる？　意志力だよ！」と言うのです。急にすごいことを言ってきたので驚かされた。言葉の意味はわかっているのかどうかはわからないが、そういう言葉を発したことに驚いたと同時に感心。学校で勉強したのだろう。

クラスの友達のTみうちゃんと土器づくりの時に撮った写真をあげる。写真を渡せたかどうかを聞くと「渡したよ。ありがとうっていってくれた」「みうちゃんがねえ、一分間スピーチで麻友と一緒に土器を作ったって言ってくれた」と嬉しそうに教えてくれたのです。

歴史に興味あり

「まゆちゃんこれ鑑真？」と聞くと「違う！　鑑真はこれ」と違う所を指さしました。「これは　ぎょうき（行基）」と言うのです。「鑑真と似てるね？　ここに大仏作りって書いてるじゃん。大仏作った人？」と言うと「……」行基という名前を知っているところがすごい。歴史に興味があるのでしょう。

「早く行こうよ」

下校中にトイレを我慢していたので、まなかちゃんとひかるちゃんが一緒に手をつないでくれて急いで帰ってきた。

翌日の時間割は学校から帰って来るとすぐやっている。自分でやれている。

通学班集合場所にて毎朝、全員集まっていてもなかなか出発しない。娘は小声で「早く行こうよ」といつも独り言のように言う。出発が遅いわりに途中から「早く行くぞ」と言っては班長と副班長は速く歩いたりする。集まったらすぐに出発すればいいのだが。

素直な表現が出ている

ＤＶＤを見ている時に「おことわり」と表示されると「おわりのことば」と読んでいた。文字の全体を見て雰囲気で読んでしまうことがある。

安城歴史博物館に土器を作りに行く。机に案内されると、偶然にも仲良しのＴみうちゃん家族に会う。お互いビックリ！　終始仲良く作っていた。

土器づくりの後、公園で遊ぶ。Ｔみうちゃん姉妹と仲良く遊んでご機嫌でした。Ｔみうちゃんがいてくれてよかったです。

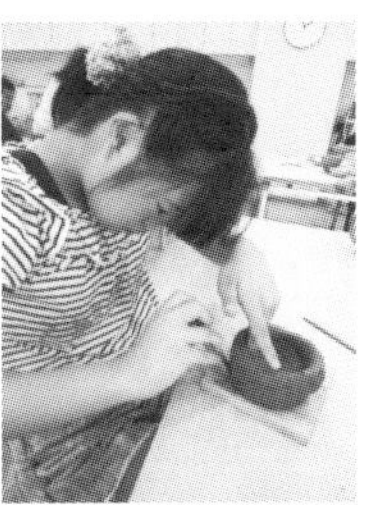
土器作り体験

蒲郡の花火大会へ行く。花火が上がるたびに「わーキレイ」と喜んでいた。三尺玉は特に興奮する。毎年行っているが素直な表現が出ている。

花火大会に行くと必ず、かき氷・フランクフルトを買っているが、今年はスーパーで買い物をして行った。本人が欲しい物を買う。買う時に屋台では買わないことを約束させたので、屋台でほしがることはなかった。

花火大会終了まで見ていると帰り道が混むので途中で帰る。「そろそろ帰るよ」と言うと素直に帰れた。

安城七夕まつりに行く。みか先生や友達の短冊を探しては「あっ！　Ｋ・Ｒのだ」と言いながら嬉しそうに見ていた。

安城七夕まつりでは、少し進歩？　が見られた。いつもは途中まで歩くとすぐに「帰ろう。帰ろう」と言うが、今年は「もう少し先まで行ってみる？」と聞くと「いいよ」と言って人混みの中を歩くことができたのです。

カチューシャをほしがるので買う。自分で選ぶ。当日着る服なども自分で選んで着ている。組み合わせのおかしい時もあるが、そういう時は母親がアドバイスしている。

おもちゃの中古機織り機

おもちゃの中古機織り機をネットで購入。難しそうだったが挑戦させたくて購入。自宅へ届くとやりたくて仕方ない娘。設定が細かいので父親が休みの日まで我慢させる。箱の中を開けては説明書を見て興味しんしんです。一週間我慢してやっと遊び始める。コツがつかめないようだったが、諦めることなくやれていた。

機織りに夢中になっているところに声をかけると「だまってて！　おかしくなるから」と言う。集中していた。

友達同士の会話は成立できている

言語訓練にて。会話の時に、主語が無かったり言いたいことを先に言ったりするので、文法について相談する。尋問形式で返せばよいとのこと。例えば「やったよ」という話に「何をやったの？」「誰とやったの？」等々。そうすることで「やったよ」だけでは相手に伝わらないということを自分で理解するようになると、アドバイスをもらう。

言語訓練の所長先生からは「麻友ちゃんは、単語を知らないわけではなくて、かなりの単語は習得できているので会話は成立するはずです」とのこと。今の状態でも友達同士の会話は成立できているのかを聞くと「子どもたち同士では、そういう会話の仕方は麻友ちゃんだけではなくてもよくあること。問題なく成立していると思われます」とのこと。友達に聞くと、言っていることはわかると言う友達はいる。

中耳炎について相談する。「チューブを取った後の穴もふさがっているということだし、体つき、年齢からしても、もう心配することはないと考えられます」とのこと。長い間悩まされていた中耳炎も終息気味なので嬉しい。

夏休みに岡山の祖父母の家に行く。

倉敷美観地区で藍染体験をした。体験コーナーを見つけると「やりたい」と言う。染物は何度か体験したこともあり違和感なくできていた。地域によって染め方の体験方法も異なる。ていねいな染め方の工程だったが、指導の方の指示も聞けて頑張って楽しんでやれた。

出先では暑くてもがんばって歩く一万歩以上。

祖父母と一緒に倉敷イオンへ買い物に行く途中。祖母「ばあちゃん初めてイオンに行くわ」父「この前の休みに行ったんじゃないの?」と言うと間合いをとることなく「もう!ばあちゃんうそつき」とつっこみを入れて皆を笑わせる。すかさず返答を返せる。

岡山では、恒例の曽祖母の住んでいる島で海水浴。海は怖くないようで、浮き輪を使って一人で沖の方まで行くのです。さすがに危険なので足が届く所まで引き戻す。水中メガネやシュノーケルの使い方も従姉に教えてもらう。

くらげを平気で触る。下側をさわると危険なことを教え、上側だけさわらせる。

海水浴では浜辺で従姉弟と一緒に砂穴と砂山を根気よく、長い間力仕事をしていた。

にし貝を子どもたちが取っていた。とても小さい貝ですが湯がいて食べる。娘も一個ずつコツコツと爪楊枝や針を

体験中集中

藍染め中

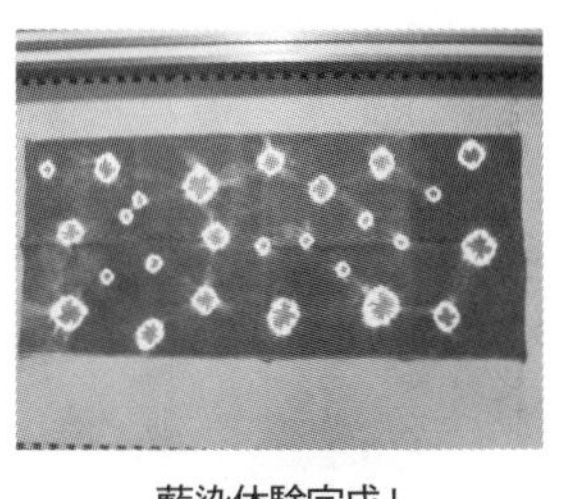

藍染体験完成!

小6

使って食べていた。にし貝は好きなようで子どもたちで全部食べちゃいました。

中学生の従姉とはとても仲がよい。従姉がとても優しいので、娘のわがままを聞いてくれるので調子に乗る。

従姉との別れの時には寂しがるかと思いきや「もう安城に帰るね。ゴメンね。ゴメンね」と言っていた。帰路でも特に寂しがることもなく平然としていた。

しっかりと場に合った言葉使いができた

母親が体調不良の時に、手紙を書いてくれた。父親にも手紙を書いてくれます。【パパ　いつもありがとう。】と書いてくれる。学校でも友達同士で書くのか手紙はよく書いている。

いつも娘のことを応援してくれる知り合いの方から果物をいただく。お礼の手紙を書きました。

文章は写させたが、とても丁寧にお礼の言葉が書けた。その後電話をちょうだいしたが、しっかりと場に合った言

にし貝を全部食べちゃいました（本人中央）

（本人中央）

恒例の海水浴前記念写真（本人中央）

移動中には、MP３プレーヤーで好きなグループの音楽を聞きながら折り紙や絵を描いたりして大人しくできていた。

砂場で力仕事

シュノーケルを従姉に教えてもらう（本人右）

葉使いもできていた。先方様は、手紙は宝物にすると喜んでもらえたのでこちらも嬉しかったです。

仲良くしてくれている他校の友達の家に一人でお泊りに行く。荷物の片付けや身の周りのことは自分でやれていたようだ。

24時間テレビのロケがあり、いつも利用しているディサービスの皆でビリーブの歌で出演。ロケの時には男性ユニットグループの内二名と、中京テレビ女性アナウンサーが来てくれた。アナウンサーの方が接してくれたが、とても恥ずかしがる。とてもよい経験ができた。

誕生日が近いので、興味のあったMP3プレーヤーをプレゼントとして勧めると、とても喜ぶ。色は「薄いピンクがいい」と言う。ただのピンクと言うのではなく薄いピンクと言う表現をする。

イオンのコインゲームに行く。駐車場を探していると一箇所空いたのです。入れようとすると先に駐車されてしまう。ゲームを早くやりたい娘が一言「あ〜！　やられた〜！」

家で何やら一人でしゃべっていたので聞いてみると「ブランコは二〇回ね！　ルールは守りましょう」と言っていた。子どもたちの中でブランコルールがあるのか。ルールはわかっているようだ。

父親が足の指を負傷したので「パパ足どう？　治った？痛くない？」「もう痛くないよ」と言うと「やったあ！　じゃあゴルフ行ける？」と言う。ゴルフの練習に早く行きたいようです。

市役所の障がい福祉課で面談があった。本人の同席が義務付けられていて「何年生？」「修学旅行は楽しみだね？」との職員の問いかけにも「6年生です」「はいそうです」「よくわかりません。すいません」としっかり言葉の使い分けができていた。

公文から帰ってくると「YくんとTくん（他校）が来てて楽しかった」と言う。友達と会うのが楽しいのでしょ

小6

う。勉強はマイペースであわてず焦らずで、本人のできるレベルでやっている。

興味があるところはしっかり

はぜ釣りに行く。大漁に釣れたのでバケツの中は魚がたくさん。その中に平気で手を入れていた。魚はわしづかみもOK。気持ち悪がることもない。

魚がかかってから娘に巻きあげさせていた。「ピクピクする〜！」と言いながら嬉しそうに巻き上げる。

釣り中

魚をわしづかみ

ぶどう狩りに行く。娘はぶどう狩りよりも遊び場で遊びたくて仕方ない様子。特に卓球にはまっていた。以前と比べるとしっかり打ち返してきて楽しんで遊べた。

卓球は一組につき三〇分と決まっている。終了時間になり「時間だよ」と言うと「分かった」と言って道具を片付けることができた。

ダウン症の親の会でプチ運動会があった。毎年ボランティアの高校生のお姉さんたちが来てくれる。優しく接してくれるので娘も安心して関われていた。

担当のお姉さんと一緒に、二人三脚などの競技に参加。

こども新聞で本人の興味がある記事のところは、見ている。特に学校の授業で習ったことがあるらしき内容の記事には目が止まるようです。

折り紙を細かく筒状にして何かを作っていた。「これ引いてみて」と言う。見てみるとおみくじを作っていたのです。棒には数字が書いてあり細かい作業をしていた。

✿

芸人さんのクイズ番組を見ていると、織田信長の肖像画が出てきた。「あああ！　これ！　社会で習ったよ」と興奮気味。どんな人物かわからないとは思うが、社会で習った歴史上の人物だということはわかっているようで勉強しています。

✿

セントレアに行く。駐車場のアルファベットの棟名を読み上げていた。停めた所はＢ棟。歩きながら「Ｂ！　Ｃ！　Ｄ！　Ｅ！」と。帰りに「まゆちゃん駐車場はどこだったっけ？」と聞くと「Ｂだよ」と覚えていた。

✿

セントレアでやっていたイベントでシュシュ作りの体験をする。かぎ針を使うのでとても難しく、祖母と一緒に体験。ところどころは見よう見まねでやっていたがさすがに難しく一人では困難な体験となるが、何とか完成させる。

こども新聞を読む

おみくじ作り

シュシュ作りの体験

自信の付いた学芸会

ポスターの宿題は、下書きは親が書く。色付けは本人が根気よく塗って完成させることができた。絵具を使うのは好きです。色を混ぜて色を変えることにも興味を持っている。

学芸会【月光の夏】練習期間中。他のクラスのなつみちゃんと、なおちゃんが下校中に「麻友ちゃん、大きい声でセリフが言えたじゃん。みか先生も褒めてくれたね」と言ってくれて「うん」と笑顔で言っていた。友達も気にかけて見てくれている。

ポスターに色を塗る

学芸会の練習当初は、声が小さいのでマイクを使うかもしれないと聞いていた。それでもよいと思っていたが、大きい声で言えるようになりマイク無しになる。本人も自信がついたことだろう。

本人も「セリフ大きい声で言えた！　みか先生が褒めてくれたよ」と喜んでいた。

本番に向けて自信も付いているのか「学芸会見に来てね」と笑顔で言ってくれる。先生からも電話で「学芸会頑張っていますよ」と教えていただき、かなり自信を持って本番に臨んでいるようで楽しみです。

本番では、セリフの順番も間違えることなく大きい声ではっきり言えていたので感激。振り返ると1年生では舞台後ろで座っていることが精一杯。2年生ではセリフを言えず飛ばされて少々不機嫌。3年生は舞台袖のカーテンに隠れてしまい、4年生では歌とリコーダーで遠慮気味。5年生では友達の助けもあり少しセリフを小声で喋る。6年生では大きい声でセリフを言え、年々と成長が感じられた小学校の学芸会でした。本人にとっても充実した締めくくりにふさわしい会でもあり、思い出にもなったことでしょう。

本番中は舞台上で、皆と並んで40分間という長い時間も、

大きい声でセリフを
（上左から二人目）

皆と一緒に歌を歌う（中央）

40 分間舞台でがんばる
（上からに2列目の左から5人目）

落ち着いていた。

終わった後は家族を見つけて笑顔で手を振って、わかちゃんと一緒に話をしていたのが印象的。

✿

昨年同様、今年の学芸会も本当に素晴らしかったです。ストーリーも感動する話。入学当時からの子どもたちを見ているとすごく成長を感じる。

✿

学校が楽しい

登校時。校門に入ると振り返りながら手を振り、スキップして下駄箱まで向かって行く姿がある。学校が楽しいというのが伝わってくる。

✿

終了後 家族を見つけて手を振る

親子ふれあい教室で粘土細工

登校時。スクールガードの方に笑顔でハイタッチをしたり手を振っている。「いつも手を振ってくれてありがとうね」と喜んでくださいます。「下校の時もいつも笑顔で帰ってますよ。いいですね」と教えてくれる。

✿

修学旅行前の言語訓練にて。先生方に修学旅行の話をしていた。「大仏を見たい」と言っていたので「麻友ちゃん、大仏って誰が作ったんだった?」と聞くと「ぎょうき」と答えていた。先生方は「わ〜! 麻友ちゃん凄いねえ。そういうことも勉強してるんだねえ」と感心しています。

✿

親子ふれあい教室で、粘土工芸をやったが、極力親は手を出さないようにした。本人は大きく作る作業より小さい細部を作り始める。

テレビを見ていると、織田信長の肖像画が出てきた。「あっ！　社会でやった」と言う。以前から肖像画が出てくるとテンションが上がる。

資源回収では先生と一緒に仕分け作業を行う。前日から「明日も、みか先生に会える」と喜ぶのです。学校の資料に、みか先生と娘の作業姿が掲載されていた。ほのぼのした感じでがんばれたようでよかった。

修学旅行も友達と一緒

修学旅行出発前日の説明会で聞いたのでしょう。帰宅してくると「お土産は、荷物もいっぱいあるから刀は長いしダメ～」と言っていた。話は聞いているようだ。

修学旅行当日は朝が早くまだ薄暗いので「まだ外、暗いじゃん！」とテンションが低かった。

旅行では少々まわりを困らせた場面もあったようだ。しかし楽しめていたようでよかった。

皆と一緒に寝られたのか聞いたところ「熱が出て調子悪かったから皆と寝てない」と言っていた。友達にも何かあったらいけないので先生が一緒に寝てくれる。最初は保健の先生と寝ていたようだったが落ち着かず、みか先生が来ると落ち着いて眠りについたと聞く。本当に先生のことが大好きな娘です。

修学旅行の翌日に生理になる。先月もそうだったが、生理前は少しムカムカして吐き気がする。

北小ホームページで修学旅行中の様子を見る。七宝焼き体験での様子や金閣寺で友達と写っている写真が出ていて楽しそうな顔をしていたので安心。岡山の従妹たちもホームページを見たようで「天気もよくて、麻友ちゃん楽しそうで良かったねえ」と気にかけてくれていた。

帰って来ると、大仏が大きかったこと、大仏の手の格好を教えてくれる。柱の穴は通れなかったこと、かわいい子鹿をさわったこと、金閣寺を見たこと、舞妓さんの戸の開け閉めの真似、更に見学先のパンフレットを出していろいろ教えてくれた。とても楽しそうに説明してくれた。

お風呂もTみうちゃんと、なおちゃんと入ったと教えてくれた。Tみうちゃんとなおちゃんもいろいろ助けてくれたのでしょう。本当にありがたいです。

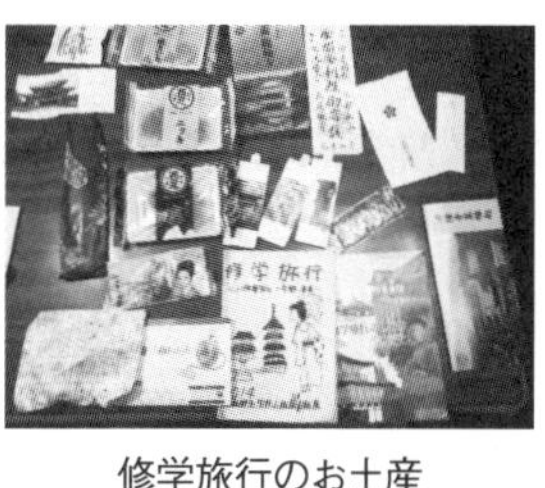
修学旅行のお土産

お土産も「これはパパ、これはママ、これは　ばあちゃん…」と言いながら出していた。

お土産選びは先生に手伝ってもらったのでしょうか。自分には大仏のストラップがついたシャープペンと鹿のストラップを買って来た。シカは「かわいかった」と鹿のストラップをなでていた。家族には八つ橋を買ってきてくれる。親としては娘が初めて買ってきてくれたお土産なのでとてもうれしかったです。祖母は食べるのがもったいないらしく仏壇に供えてくれていると。

帰って来た次の日に偶然テレビで清水寺が放送されていた。すかさず「あっ。ここ行ったよ。行ったよ」と興奮気味。行った所は覚えている。6年生の全員が参加することもできて、友達と一緒に行けて本当によかった。

下校時に父親が迎えに行った時のこと。少し元気がなかったので「どうしたの?」と聞くと「先生に怒られた」と言っていた。反省したでしょうか。娘には「麻友が悪いことしたんじゃない? 麻友が悪いことをしなかったら先生は怒らないよ」と言ったのですが。

調理実習でハンバーグを作る。上手にできたのかを聞くと「ハートを作ったけど壊れちゃった」と言っていた。でも楽しかったようだ。

学校から帰って来て「今日社会のノート書いたよ」と板書したノートを見せてくれる。これからも板書をするように言う。

小6

誕生日に

誕生日に、友達からたくさん手紙をもらう。「前から麻友が欲しかったやつだよ」とプレゼントもくれた友達がいた。プレゼントを家まで届けてくれる友達もいて感激です。友達同士で一枚の絵を描いてくれたり、友達の妹も折り紙のプレゼントをくれた。手紙にはとても嬉しいことを書いてくれている友達もいて本当に嬉しいです。表現がとても素晴らしい。皆と一緒の学校生活は社会では味わえないものがある。

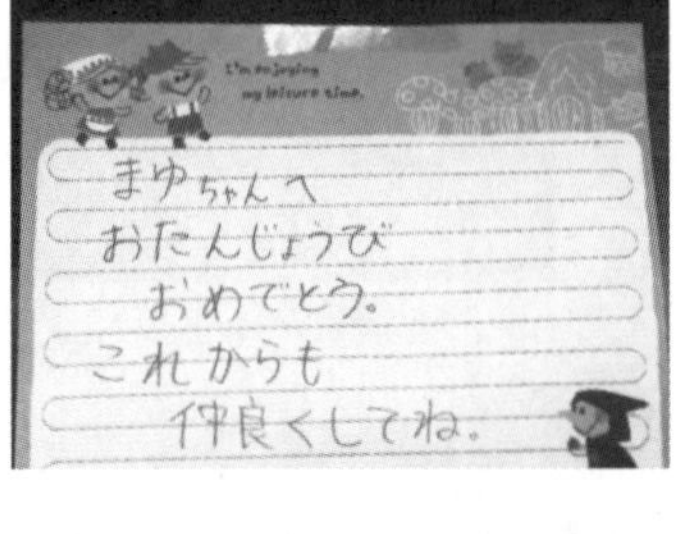

夢中になれることがあるのはとてもいい

本屋で【英語】という文字を見て「これは外国語」と言う。英語を見て外国語だとわかるようだ。学校の授業で触れているからなのでしょう。

❀

娘が大好きなダンスグループがイトーヨーカドーに来たので見に行く。

念願だった写真を一緒に撮ってもらう。サイン会もあり希望だった男子メンバーに直接サインももらう。話もしていた。とても上機嫌の一日。夢中になれることがあるのはとてもいいです。

❀

ダンスグループと写真を撮る順番を待っている時「一人で撮れる?」と聞くと「うん。行ける」と言うので一人で撮ってもらう。以前だと一人では行けない可能性が大きかったのでびっくりしている。

❀

教えてなくともできるのは皆といるから

外食中に父親がテーブルにある爪楊枝を一本出していると、じっと見ている娘。父親が「おっ!　大吉」と言うと大笑い。おみくじの真似ってわかったかな。

❀

言語訓練にて。最近の娘の状況を話すと「感情により声の出し方や音量が変えられるのはいいことです。こちらの質問に対しても返してくるので会話が成立しています」と言われていた。聞き取り辛い時もありますが、会話の流れにのってしゃべれているとのこと。

❀

スカートをはきたがる。足を開いて座るので「足を開かないようになればはけれるよ」と教える。座る時もあぐらをかいて座ったりするので注意している。

食事中も椅子にあぐらをかいて足が上がっているので注意している。逆に父親の足位置も見ては注意している。

❀

近所の方が赤沢自然休養林のトロッコ列車に誘ってもらう。

赤沢で森林散策中に小雨が降ったりやんだりしていた。初めて折り畳み傘を持たせていた。一人足早になった時に雨が強くなってきた。どうするか見ていると折り畳み傘を出して使っていた。教えてはいないが折り畳み傘を使っていた。登下校中皆のを見ているからなのでしょう。

アイロンビーズは趣味の領域

北部公民館文化祭があった。昨年に続いて今年も新作のアイロンビーズを出展。配置は親が手伝ったが、全て娘が作成。アイロンビーズは今も作っている。始めたのは5歳くらいで、長く続いていて今では趣味の一つ。

アニメキャラクターのアイロンビーズも作りたいと言うので作らせてみる。参考図案をプレートの下に置いて作っていた。図案を見ながら作るのは難しいようですが、下に敷いて作るのはできる。完成するともっと作りたいと言う。

新作のアイロンビーズを出展

アニメキャラに挑戦

小6

文化祭でスクールガードの方に会う。展示のアイロンビーズを見て下さったのでしょう「おお！　すごいなあ　おじさんビックリしたぞ」と声をかけてくれた。娘は笑顔で照れていた。

三連休があった一日目。宿題が多い。その午前中はずっと机に向かっていた。

敏感な心で親切ができる

マンション住民の方より。住民の方がポストから郵便物を出しているところを見かけた娘。なかなか取り出すことができず「取れないね」と娘に声をかけると、手伝ってくれたのですよ」と教えてくれて喜ばれていた。親のいないところでも親切にできているようです。

父親が少し元気のない時「パパ元気ないじゃん。いつものように笑顔で笑って」と言ってくれて泣けそうでした。娘の前では元気にしていたつもりでしたが気が付いている。とても敏感に感じとる。

親が横になって居眠りをしていると布団をそっと掛けて

くれる。机で居眠りしている時もジャンバーなどを掛けてくれる。

一人でできること、友達といてできること

ピアノ教室にて。楽譜の勉強をしていた時、何故かファにつまずく。

更には先生に「ファって何？」と不思議な質問をしていた。何か思いあたることでもあるのかな。

ピアノレッスンをしていて一曲合格になる。テンションが上がってきたのか、終了間際になっても「まだ弾きたい」と言うので時間を延長してもらう。

言語訓練では音読がやれていたようだ。家では苦手なのですが。

休日一人で公文の宿題をやっていた。途中で答えがわからなくなり、母親の携帯から祖母へ「問題がわからないから教えて」と電話をする。後で娘に「電話をどうやってかけたの？」と聞くと、携帯操作を再現してくれる。一度も教えたことはないが、親が電話をかけているのを見て覚えたようだ。

現在公文での算数は簡単な足し算。国語は主語述語をやっている。算数は一人で解いているが「国語は難しいよ」と言っている。

ダウン症の親の会で、クリスマス会があった。娘と仲良しの友達も来ていて二人は上機嫌で大はしゃぎ。学校外でも関わってくれる友達もいてよかった。

会の出し物の際、子どもたちは前列で見学。以前までは前列には行けなかったが、今回は友達が誘ってくれて前の方へ座ることができた。サンタが出てきた時も「わ〜！あ〜！　サンタが来た！　来た来た」と大はしゃぎ。とても純粋です。

サンタとの写真撮影でも、友達が「麻友こっちおいで。こっちこっち！」と誘ってくれる。一緒に行けていた。以前だと一人で集合写真に入って行かれなかったが、友達が誘っ

てくれたおかげで集合写真が撮れた。

✿

タブレットでよくＹＯＵＴＵＢＥを見ている。ユーチューバーが何やら食玩・玩具の新商品を紹介しているチャンネルばかり見ている。流れている声がうるさいので父親がアプリを削除した。しかし削除したのに見ているのです。聞くと、設定からＹＯＵＴＵＢＥを探し出し見ていたのです。父親完敗。

✿

ダンスグループの音楽ゲームも好きです。上から流れてくるバーをリズムに乗ってタップします。親でもタップできないスピードでもこなす。とても動きが機敏なので驚く。

成長を感じるマラソン大会

マラソン大会の練習ではしっかり走れていた。ビリになっても最後まで走れた。

✿

マラソン大会本番でも一人で最後まで走りきることができた。1、2年生では先生が並走してくれ、3年生では校庭中に響き渡るくらいの大泣きもあった。4、5年生では友達と一緒に励ましあって完走。6年生ではしっかり自信を持って走りきることができた。高学年になるにつれてとても成長を感じる。先生も自信を持たせてくれる。

✿

ほくとまつりが近づいてきた頃。友達と一緒に廻ることを楽しみにしている娘。ほくとまつりでは3年生の時には班の友達と廻れなかったが、6年では廻れていたようだ。本人もしっかり担当の係りもこなせていたようでよかった。

マラソン大会の練習

中学校の進学説明会

✿

中学校進学にあたり「麻友ちゃん中学校はどうするの？」と気にかけてくれるお母さんがいます。友達も気にしてくれているので「麻友ちゃんも東山に行くからよろしくね」と言うと「一緒に行けるの⁉（喜）」と喜んでくれた友達もいます。嬉しい限り。

✿

中学校の進学説明会では小学校から生徒たち皆で移動。説明が始まり中学校の先生が「背筋を伸ばして」と言われると、座りなおして背筋を伸ばして座る。緊張しているのがわかる。

進学説明会の時に母親が「麻友ちゃん大丈夫？　行ける？」と言うと「大丈夫だから心配しないで」と言う。覚悟はできているようで楽しみにしている。3校から集まる人数を見ていると親が不安になる。

小6

校内見学が始まる時。何が始まるのか不安そうにしていたので「学校の中を見て廻るだけだよ」と教えると安心していた。見通しが立てられれば安心して動ける。みか先生も近くにいて一緒に廻ってくれたので安心できたと思う。

進学説明会の帰りの時には友達が「麻友ちゃんバイバイ」と声をかけてくれて、笑顔で手を振り返していた。何気ないことだが、親には嬉しくて微笑ましい光景でした。

✿

ダウン症関連の著書を出している先生と連絡をとる。「学校は普通学級でも支援学級でも支援学校でもどこを選んだとしても構わないのです。毎朝ニコニコして笑顔で学校へ来ることこそが最高の教育環境なのです」と言われ納得。「小学校同様に中学校でも笑顔で通うことを願っています」と応援してくれている。

✿

体育の授業でサッカーをやっているのでしょうか。雨が降っている日にサッカーができないので残念がっていた。

✿

修学旅行の写真を見せてくれた。「ここが金閣寺だよ」「まいこさんだよ」と、思い出を嬉しそうに話してくれる。

テレビ番組で京都の放送していた。清水寺が出ると「あっ！　ここ行ったよ」と言う。「ここの水飲んだ？（音羽の滝）」と聞くと「持っていったお茶を飲んだ」と言うのです。ただの水だと思っているようでした。飲めばいいのに、残念。

✿

宿題にとても時間がかかる時がある。残っていると「まだ宿題やりたい」と言う時がある。心意気は認めますがいざ始めてみると、意気込みはどこへやら。

✿

漢字のプリントは丁寧に書くので時間はかかるががんばって書きます。きれいな字を書くようになってきている感じがする。

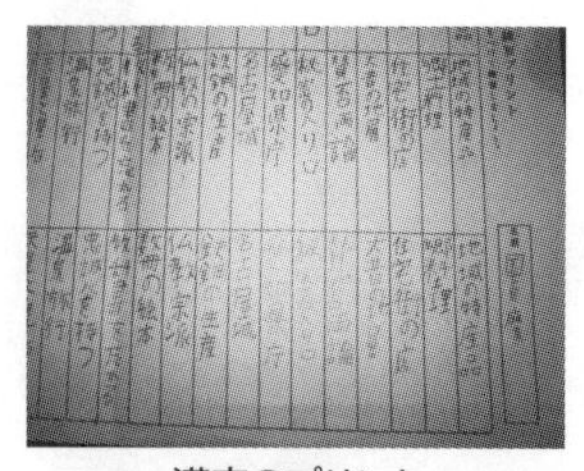

漢字のプリント

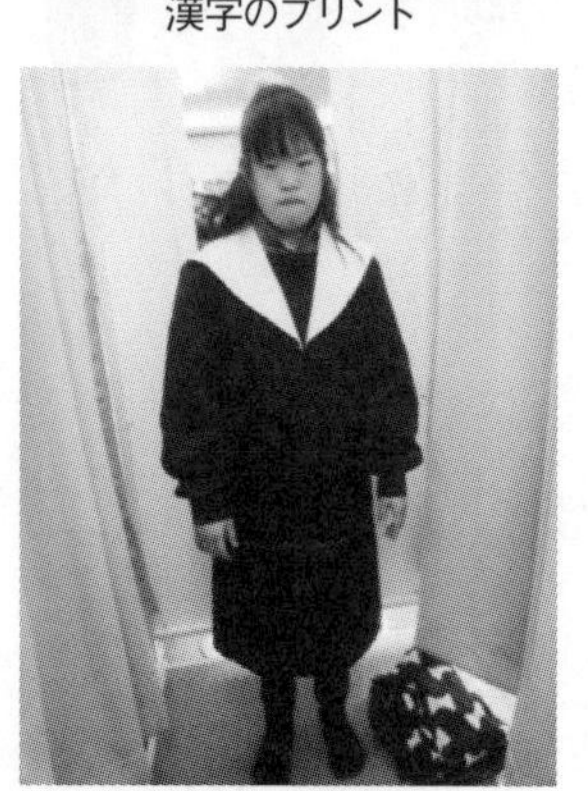

中学校の制服を試着

中学校の制服

寒い日に出かけた時のこと。祖母が「寒いね〜」と言うと娘は「皆　寒いの！　ガマン！　みか先生が言ってたよ」と教えてくれる。先生が皆に指導しているのを聞いている。

✿

中学校の制服を買いに行く。最初は笑顔でサイズ試着をしていたが、いろいろ着ているうちに疲れてくる。全て揃え終わるまで店員さんの指示に従って着替えていた。

制服の試着中、店内のテレビに信長・家康・秀吉の肖像画が出てきた。すると「あれ社会で習ったよ」と店員さんと話をしていた。

✿

通学中、娘が女子中学生を見ていたので「麻友ちゃんも、あの制服を着て中学校へ行くんだよ」と言うと「うん(笑顔)。私楽しみ」と言っていた。希望を胸に。

✿

中学校では「授業は、先生が黒板に書いてることをノートへ写すんだよ。先生が言ってることや発表してる友達がしゃべってることも聞いてね」と言うと「うん」とは言っていたが、はたして。

✿

娘が「中学は、英語と社会と理科と国語と算数と…委員会とかがあるよ」と言うので「そうだねえ。部活もあるよ。麻友ちゃんは何部に入る？　○○とか○○とか和太鼓とかあるよ」と言うと「ああ！　パパと行った時（中学校へ散歩に行く）にドンドン鳴ってた！」と言う。それを聞いて思い出した父親。確かに和太鼓部が練習していた。数年前のことを覚えていてビックリ。

✿

5年生の時の学芸会「夢から醒めた夢」の台本を持ち出してストーリーを話してくれる。よほど楽しかったのでしょう、まだ覚えている。

✿

通学時。校門を入り、ある男子生徒を見つけたと思うと肩を組んで入って行く。同じクラスの友達でしょうか、驚いた。その後男子の帽子を取って追っかけ合う。男子生徒も娘に怒って追いかけるでもなく、手加減して構ってくれる。いたずらして申し訳ないです。

✿

素晴らしい卒業式――クラスの一員として

卒業式の練習のことを教えてくれる。「くにさだまゆ！って呼ばれると大きい声で、はい！って言えてる？」と聞くと「みか先生が、お腹から声を出せばいいって教えてくれた。はい！（大きい声で）って感じで」と教えてくれた。

一人で何やら歌を歌っていたので聞いてみると「君が代」を歌っていた。覚えたようだ。

「今日は○時間目に卒業式の練習があるよ。左から入って右から…」と言いながら教えてくれる。「ちゃんと練習するんだよ」と言うと「練習できるよ」と言っていた。

外食中にも卒業式の練習の話になった時「私大きい声で言えるよ」と言うので、出先なのに大きい声で言わないか心配していたら「はい！（小さい声で）って」と小さい声で言ったので安心した。場所に合った音量で会話ができる。

登校時に元気に走って東門を入ると、生徒をかわそうとして勢い余って大転倒。大の字のうつ伏せで転倒。本人もビックリしてべそをかいて固まっていると、Tみうちゃんとなつみちゃんが駆け寄ってくれて「麻友！　大丈夫？　大丈夫？」と心配してくれる。立ち上がると顔中砂だらけ。友達が顔を洗いに連れて行ってくれる。

テレビでザビエル肖像画が出てくると「ザビエル！　ザビエル！」と言うので「ザビエル知ってるの？」と聞くと「知ってるよ。頭の上が丸くてカッパみたい」と言う。社会で勉強したのでしょう。

卒業式が近づき担任先生への寄せ書きを書いて欲しいと友達が持ってきた。娘の枠もしっかりあってクラスの一員として見てくれていているのが嬉しい。

何気ない普通の出来事が嬉しい。

クラスのお別れ会の時に、数人が先生に手紙を読む。クラスメイトは娘が長谷川先生のことを大好きだったことを知っていることから、手紙を読ませてくれる。子どもたちの気づかいが嬉しい。

卒業式練習の初日、練習しない娘に対して長谷川先生が体育館から連れ出し「やるの？　やらないの？」と諭すように指導することで気持ちにスイッチが入る。二回目からは練習ができた。諭すように話をすると本人も納得できる。

卒業式の日には数人の友達から手紙を貰って、とても喜んでいた。

本番はとても素晴らしい卒業式でした。卒業証書授与はもちろんのこと、入場退場も凛々しく立派にこなせていて感動した。名前を呼ばれた時の返事も大きい声でできていた。

皆には本当に助けてもらって感謝するばかりです。

卒業証書授与

証書を見せてくれる

緊張感を持ったまま席へ戻る

「パパのこと大好き、ママのこと大好き、私幸せ」

クリスマスのプレゼントに「ボピット」というリズムゲームを熱望していた。音声に合わせてテンポよく操作するゲームで点数も出る。娘はリズムにのって100点が出せた。親は50点程度でいつも負けてしまう。機敏に操作できている。

娘の大好きなダンスグループが何度目だろうか、安城のイトーヨーカドーに来た。今回も一緒に写真を撮ってもらう。サイン会もあり、その時に事前に書いた手紙を手渡しすることもかなう。家では毎日のようにＤＶＤを見て歌って踊って夢中になっている。ダンスの振り付けも完璧状態です。

ダンスメンバーが控室から偶然出てきた。その時にメンバーから「この前（前回のイベント）はありがとね」と言ってくれたのです。覚えてくれていて声をかけてくれたのです。とても喜んでいた。これからも夢中になって応援することでしょう。

母親が体調を崩して寝込んでいると、おにぎりを作り水と薬も準備してくれた。「ママ食べてね。お薬も飲まないとだめだよ」と言ってくれる。

食事をしている時のこと。自分が食べてみて美味しかった物は父親と母親の分も残してくれる。

せんべい焼き体験

ソースで絵描き

えびせんべいの里へ、せんべい焼き体験に行く。焼く時にはスタッフが手伝ってくれる。絵描きはソースと醤油を使って長い時間かけて描いていた。納得するまで描いていた。アニメのキャラクターを書いたようです。

ピアノレッスンにて。なかなか気持ちにスイッチが入らず、口ばかりが動く。見ているとイライラしてしまう親ですが、ピアノの先生は「一生懸命に話をしようとするのも大事なのです」と。自信がないのかと思い、しばらく毎日練習をした。

父親と母親の誕生日に手作りプレゼント

アクセサリーをゴムで作る

ピアノの発表会に父親と連弾で出ることになる。「パパと一緒に出るよ」と、楽しみにしている。

父親と母親の誕生日に手作りプレゼントをくれた。誕生日などイベントは大好き。ケーキも楽しみの1つ。「パパのこと大好き」「ママのこと大好き」「私幸せ」とよく言ってくれる。幸せと言う言葉が出るのが素晴らしい。

手芸屋さんでアクセサリーをゴムで作るキットを買う。最初に方法を教えるとスムーズに作れていた。

その場に合った対応ができている

バレンタインデーに友達2人が手作りチョコを持って来てくれた。仲良くしてもらっています。娘も準備していたチョコレートを渡す。

雑貨屋さんで買い物をする。自分の会計の順番が来ると店員さんに「お願いします」と言って商品を渡す。会計の時にはいつも「お願いします」と言える。店員さんに「ご自宅用ですか?」と聞かれて、ちょっと意味がわからなかったようだが「はい」と答えて会計を終えた。自分の物は自分で会計させるようにしている。

✿

食事中に父親と母親がしゃべりながら笑っていた。よく聞いていて話に入ろうとがんばってしゃべってくる。母親が「これちょっと冷めて冷たくなっちゃったけどごめんね」、父親が「家の中は暖かいから大丈夫」と言うと、娘「イエ〜イ！（ピースサイン）」と笑わせてくれる。場に合った対応ができている。

✿

ピアノの先生が体調不良でレッスンが休みになった日のこと。「先生大丈夫かな」と心配していた。体調悪い人がいると心配する。

✿

ずいぶん前から練習していたピアノの練習曲がやっと合格になる。嬉しかったようで、先生に合格と言われてガッツポーズ。家に帰ると花丸をもらった楽譜を見せてくれる。

✿

前回合格になった曲を楽譜なしで弾いていた。弾き終わると「ママどう？」と感想を求める。しばらく間があいてからの練習だったが、曲を覚えていたようだ。

✿

雛人形を一緒に出す。雛人形の並べ方の写真を見ながら並べていた。

✿

ひな祭りが終わり「おひなさま片付けてもいい？」と聞くと「明日学校から早く帰って来るから片付け手伝うよ」と言うので、一緒に片付けた。

✿

バラエティー番組をよく見る。学校で友達が芸人の真似をしているのでしょう。テレビで同じギャグをやっていると「知ってる」と言いながら真似をする。

✿

テレビ番組を見ていて、杉田玄白の肖像画が出てくると「あっ。玄白だ。社会で出てきたよ」と社会の教科書を出して「これ！」と言って見せてくれる。杉田玄白を知っているようで驚いた。

✿

飛行機が見たいと言うのでセントレアへ遊びに行く。い

セントレアの戦国武将コーナー

ろいろ見ていると戦国武将コーナーがあり武将の肖像画を見つけて大喜び。

上顎に矯正装置が装着しているのでしゃべり辛いです。聞き取り辛いことを担任先生へ伝える。

テレビでズワイガニを見て「カニが食べたくなってきた」と言う。

カニは大好き。卒業祝いで食べに行くと喜んでいた。

小6

小学校　卒業

小6

卒業式

卒業式当日、登校時から友達が「麻友ちゃん、かわいい、かわいい！かわいい！」と衣装を褒めてもらい朝から上機嫌。

校庭へ入ってからは友達の輪の中へ入って行き、皆と他の友達を待っている光景がある。

輪の中へ入って行くと皆とおしゃべりをして、寂しがるどころか楽しそう。お互いの服も褒めあってはハグをしている。友達と一緒にいることが本当に好きなようだ。

校庭にて、下級生から送る会をしてもらった後、会場への入場も凛々しく振る舞って感動した。

卒業証書授与式「國貞麻友さん」と呼ばれると「はい！」と大きい声で返事ができていた。

ステージでの手順や立ち居振る舞いもしっかりこなせていて完璧。

答辞は全員ひと言ずつ掛け合い式で行う。セリフ「うれしかったことも」とスムーズにしっかりと言えていた。

退場も背筋を伸ばして凛々しく退場できて感動です。

式の後の壮行会で、下級生に見送られた後、校庭でクラスごとに記念撮影会。その後自由に写真撮影がある。友達から一緒に写真撮ろうって言ってくれるのかなあと心配していたが、心配無用。クラスごとでの記念撮影会後に、すぐに仲良しの子が手を引っ張ってくれて「麻友ちゃん写真撮ろう」って言ってくれたのです。担任先生と一緒に撮った後は、友達同士で声を掛け合って写真を撮り合う。皆と一緒に成長してきた感じがした。共に学校生活を送れることが出来て本当に良かった。

（友達とたくさん写真を撮ったが許可連絡をとり切れなかった都合で掲載できないのが残念）

学校を離れるのを惜しむように、最後になるまで校庭で楽しんで撮影した。

みか先生と（3年5年6年の担任先生）

素晴らしい卒業式でした。小学校生活の締めくくりに相応しく終えることが出来て嬉しさとありがたさの気持ちでいっぱい。感謝の気持ちでいっぱいです。

六年間に感謝

六年間を通して振り返りると、慌てずに待ってやることが大切なことだと感じる。良いことも悪いこともいろいろなことがあった。それこそがまさに集団の中で暮らす社会勉強の醍醐味。何よりも本人が楽しく小学校生活を送れたことが一番の幸せなのではないだろうか。学校生活では、学校が楽しいと言って殆ど休むこともなかった。学校生活では、寂しい思いをしたこともあったはず。耐えることも覚え、本人なりに考えて乗り越えて来た。その反面楽しいことも多くあるからこそがんばれたと思っている。

生きた子どもの集団の中で娘らしさが発揮できることが幸せでもあり成長できると信じていた。人間社会の中で人との関わりで生きて行く基本的な力をつけてやりたいと切に願った貴重な六年間でした。低学年から高学年になるにしたがい成長が感じられたのも先生や友達のおかげだと感謝しているのです。高学年になり自信が持てることが増えたのもその証。待っていた甲斐があった。辛い年もあったが、社会人になってもあること。その乗り切り方も自分なりに勉強していたようだ。

学校に呼ばれることも幾度もあったが、その時には両親揃って行っていた。

褒める時は褒め、叱る時は真剣に叱ってくれて、声かけもして、先生が子どもに対して真剣に向き合う姿を見て、周りの友達も自然と受け入れている環境があると感じた。やはり生徒は先生のことを良く見ているのです。

本人が築き上げてきたこの六年間、その間に仲良くなった多くの友達、接してくれた方々の思い出は本人の宝物であり家族の宝物でもある。これからも忘れることはないでしょう。

「みか先生みたいになりたい」と言って親を驚かせたことや、友達同士との関わりで得たこと、いろいろな人と会うことで人との接し方を覚えたこと、人として大切な勉強ができていると感じた。人は出会いがないと変わらないとよく言いますが、まさにその通りだと感じる。

次は中学校、中学生になっても心配事は尽きないが、本人が望む道をかなえてやれるように応援してやりたい。中学に向けて「皆といると、楽しいもん！」と言うことからしても、小学校では新しいスタートの土台を整えられたと強く感じていて、感謝の気持ちで一杯です。中学校も通常学級へ行きます。さあ皆と一緒に中学生へ向けて挑戦です。

長谷川みか先生より

『麻友ちゃんが笑顔で抱きついてきてくれて嬉しかった。』

これは、私が麻友ちゃんを初めて担任した初日の日記に書いてあった言葉である。

当時の日記や記録を読み返し、いろいろなことを思い出した。すべてを書きたいのだが、それではいくらページがあっても足りなくなりそうなので、わたしの担任としての思いを中心に書きたいと思う。

麻友ちゃんを初めて担任したのは、三年生の時だった。担任が決まった時は、わたしに務まるだろうか、きちんと指導ができるだろうかと不安ばかりが押し寄せてきたのを覚えている。だから、わたしが担任だと分かった時、にこにこ笑顔で麻友ちゃんが抱きついてきてくれてほっとした。麻友ちゃんは、わたしのことを担任として認めくれたのだという嬉しさと共に不安は薄れ、麻友ちゃんとしっかり向き合っていこうと覚悟を決めた。

では、麻友ちゃんをどのように指導していくとよいのか。すべてが手探りの中、麻友ちゃんの指導方針として、私の中で一つだけ決めたことがあった。それは、『特別扱いしないこと』だ。麻友ちゃんは、特別支援学級に在籍して、通常級に交流に来る子とは違う。あくまで通常級に在籍している一人であり、他の三十四人の子と同じ立場にある。だから、他の子と麻友ちゃんで学級の決まりの基準を変えるのは違うと思った。通常級にいる以上は、みんなと同じ。同じルールの下で生活させ、指導する。それが私の考えだった。

しかし、ダウン症という個性をもった麻友ちゃんをみんなと同じ基準でやらせることは、そう簡単にいくわけもなく、挫折の連続であった。何が良くて何が悪いのか、それを教えるのも一筋縄ではいかない。最初は、わたしの思いと、麻友ちゃんの思いがかみ合わず、だめだと叱っては泣かせてしまっていた。また、みんなと同じようにやらせようとするあまり、強引にみんなと同じことをやらせようとして泣かせてしまったこともあった。もっとわたしが上手にやってあげられれば…毎日が反省の連続だった。気分がのれば

小6

にこにこと動く麻友ちゃんだが、一度気分を損ねると、てこでも動かなくなってしまう。それが上手に気持ちを伝えられない麻友ちゃんの精一杯の主張だったと今ではよく分かるのだが、当時のわたしは、やはりみんなと同じ基準は無理なのか…こんなわたしが担任をしていていいのか…と心底悩んでいたのである。

日々答えの見えない中で、わたしを助けてくれたのは、学級の子どもたちだった。

「麻友ちゃん、これ一緒にやろう。」「麻友、放課終わるぞ。帰ろう。」

男女関係なく、麻友ちゃんを気にかけ、声をかけ、一緒にやれるように、同じように動けるようにしてくれた。普段はやんちゃな男の子でさえ、麻友ちゃんには優しく、放課が終わっても遊び足りず、教室に戻って来ない時には、探しに行って連れ帰ってくれた。一年生から麻友ちゃんと一緒に過ごしてきた子どもたちにとって、麻友ちゃんがそこにいるのは当たり前で、手助けしてあげることも当たり前だった。時に手助けしすぎることもあったが、子どもたちは、麻友ちゃんが自分たちと同じ基準でやれることを望むのではなく、麻友ちゃんのペースでステップアップできることを望んでいるのだと気づかされた。他の子と一緒にと必死だったわたしは、子どもたちの方が麻友ちゃんと一緒にいることで、心が成長しているのだなあと感心した。それからは少しずつ、ここまでは許そう、これは許せないという麻友ちゃんに対する基準も決め、できた時には大いに褒め、抱きしめた。麻友ちゃんが体全体で必死に主張するように、わたしも、体で表現しようと決めたのだ。そうすることで、少しずつ麻友ちゃんとの歯車がかみ合うようになっていき、日々が楽しくなっていった。

わたしは、三年、五年、六年の三年間担任をしたが、どの学年でも、彼女の指導には必死になった。なぜ必死だったのか。いろいろ考えて思うのは、周りから麻友ちゃんは、通常級では無理だと言われるのが嫌だったのかもしれない。わたしは彼女の親ではないし、一生のことを考えてあげることは難しい。でもわたしは、実子はいないけれど、担任した子はすべて自分の子どもと同じだと思っている。だから、本気で子どもたちと向き合い、愛し、ぶつかり合う。それは、麻友ちゃんに対しても同じだ。麻友ちゃんが、ダウン症であろうと、わたしの学級にいる以上は、時間はかかってもみんなと同じようにできると信じたかったし、周

小6

りに認めさせたかったのだろう。そして、もう一つ。学年があがるごとにできることが増え、そのたびにはじける笑顔で嬉しそうにしている麻友ちゃんをもっと見たいと思ったのだろう。達成感を味わい、もっとやりたい、もっとみんなと…そんな心の声が聞こえてきそうな麻友ちゃんを、もっと成長させたいと思ったのだ。麻友ちゃんは、そんなわたしの期待に応え、わたしができると言えば、それに応えてがんばった。成果を出し、笑顔で抱きついてくれるたびに、嬉しくて泣けた。この三年間で、いつしか、心で通じ合えるようになっていたのだと、わたしは思う。心で通じ合える…教師として、こんな幸せなことはないだろう。

麻友ちゃんは、わたしにたくさんのことを教えてくれた。麻友ちゃんの成長と共に、わたしも成長できた。未熟な担任だったけれど、麻友ちゃんとの三年間は、間違いなく、わたしの教師人生にとって大きなものとなった。わたしは願う。麻友ちゃんが、これからもあの笑顔を絶やさずに、自分の道を突き進んでくれることを…。

小6

中学も通常学級に決める

中学進学にあたって「皆といると楽しいから一緒に行く」「心配しないで大丈夫だから」と言う。本人の意思もあり通常学級に決めた。友達と一緒の学校生活を望んでいる。

同じ小学校だった生徒は娘のことを知っているが、出会って日の浅い他校からの生徒には理解に時間がかかるかなと感じる。初めての授業参観を見ていると、友達が書いている内容を覗き込む娘、その姿を見ている皆の表情や、グループでの話合いの時に不思議そうな表情をしていたクラスメイトを見てそう感じた。担任先生には、そのあたりをうまくとりもっていただくようにお願いする。

我が家は小学校同様に次の項目を目標にしていることを伝える。

中学入学（校門にて）

① 元気な挨拶
② 身だしなみ
③ 場に合う言葉使い（敬語）
④ 素直に人の言うことが聞ける
⑤ 体力の向上
⑥ 一生懸命にやる（だらだらしない）

これからも思いやり・優しさ・感謝の気持ちを育んで欲しいと願っている。そのためには皆のなかにいることで成長できると信じている。

✿

入学式前に担任先生との話し合いがあった。何か言われるのではと不安なまま学校へ行く。担任先生と二人だけでの話で、娘の様子を知りたいということだった。ホッとする。会話後には、娘に早く会いたいと言ってくれた先生で嬉しくなる。

担任先生は、小学校6年生の時に、娘のクラスを見学してくれたようで、真剣に向き合っていただけると確信する。会話の中からにじみ出て来る教師としての人柄にも安心できる先生だと感じた。

✿

さあ中学校生活1年2組のスタート。娘は人をとてもよく見ている。自分が苦手な人だったりすると何かしら行動に表れる。そのマイナス面の行動が、やる気がない・できないと誤解されて受け取られてしまいがち。本当はやりたかったりできたりする。わざとできないふりをしたりもする。ちょっとだけサポートして背中を押してやると行動に移せることが多いことを先生に伝える。

✿

入学式当日

中学校入学式は皆と同じ行動ができるのか心配していたが大丈夫だった。小学校三校から集まる中学校。全校生徒八〇〇人規模。他校からの生徒とうまくやれるのかが気になるところのひとつ。

クラスに、小学校の仲良しメンバーがいてくれてとても安心した。子どもの世界の中で本人が築き上げた大切な友達。小学校低学年の時には「私が一人で困っていた時に麻友ちゃんだけが一緒にいてくれてうれしかった」とエピソードを教えてくれた友達もいた。小学校では親の知っている以上に友達も仲良くしてくれていたのでしょう。

✿

入学式当日、教室での様子を見ていると仲良しメンバーが娘のところに近寄ってくれている姿があった。小学校時代の長谷川先生から「麻友も中学校は皆と一緒に行くから困ってたら皆で助けてあげるんだよ、って言ってた」と友達に聞いたのです。感謝するばかり。

保育園は小学区外だったが中学区は同じ。保育園時代の友達も覚えてくれていて、友達やお母さんが声をかけてくれる。

保育園時代に仲良しだった友達も覚えてくれていた。気になってくれてはいるようだが恥ずかしいのでしょうか少し距離感はある。保育園時代から今の娘を見てどう思っているのか気になるところ。

✿

やりたかった掃除班長

下校時は迎えに行っている。母親が少し迎えが遅れると、友達と一緒に帰ってきた。母親といれ違ったようだが、本人は友達と帰れたことがとても嬉しかったようだ。

下校時の迎えに父親が行った時のこと。男子たちが「麻

中1

友のお父さん！」と声をかけてくれる。「こんちは」と言うと「こんにちは」と元気に挨拶してくれる男子たち。親が友達と話をしている姿を見ている時の娘は嬉しそうです

小学校の頃から「中学生になったらセーラー服を着て学校へ行くよ」と言っていた。セーラー服に憧れていたようだ。帰宅すると、決まったハンガーにセーラー服をかけて着替えている。

✿

学校での役割決めでは、掃除班長をやりたくて引き下がらず友達に頭突きをしてしまう。見ていた友達が真剣に叱ってくれて謝れたようだ。後日謝りの手紙を書かせて持たせる。真剣に叱ってくれる友達がいて幸せです。

授業が始まった日の朝「私授業終わったら黒板を消すよ」と言っていた。小学校では黒板担当をやっていたので自信があるのでしょう。掃除班長をやりたかったのはそのため。

✿

登校中には友達が声をかけてくれる。なつみちゃんが「あ！　麻友！　ま～ゆ～おはよ～」と駆け寄ってくれると「おはよ～。あっ間違えた　おは～！　だった」と言っていた。

なつちゃんが「ああ！　まゆ！　セーラーボタン外れてるよ」と言ってはめてくれる。その後はそのまま手をつないで4、5人そろって登校する。微笑ましい光景でした。

✿

資源回収は中学3年生のりょうさんと、ゆきさんが一緒にいてくれて安心していた。担当の先生が「誰か仕分け担当をしてくれる人？」と言うと、麻友ちゃんがやるなら、という感じでりょうさんが手をあげてくれる。りょうさんにハグって行く娘。小学校時代は同じ通学班でいろいろと困らせたこともあったが、今ではりょうさんと一緒に仕分け作業をした。

✿

初めての社会の授業でのことを教えてくれた。「先生が入ってきてポーっと皆を見て、ワンピース好き？　って言ってた。それからあのね～、髪がここから上が立って…」と教えてくれる。先生の髪型も教えてくれる。社会は歴史が好きなので楽しみにしている。

✿

掃除前に泣いていた。父親がお風呂で聞いてみると、ちょっとムッとして「T君がこうやって（太ももをたたく）

強くたたいた！」と言うので「麻友ちゃんが何かしたの？」と聞くと「やってない」と言う。事の原因は不明。「先生に言ってあげようか？」と聞くと「ゴメンって謝ってくれたからいい。言わないで」と言うので「いいの？　大丈夫？」と聞くと「だから掃除の前に謝ってくれたってば！」と言う。謝ってくれたことで本人のなかで終了したようだ。「困ったことがあったら、先生やお友達に言ってもいいんだよ。ママでもパパでも何でも話してね」と言ってあげる。本人から何かちょっかいをかけたのかなと思います。

✿

和太鼓部に入る

部活の選択方法について。部活ごとの画像をA４にプリントして消去法で決めた。本人は遊び的に考えている感じ。バレー部か陸上部と言っていた。全ての部活を説明をする。本人が納得したうえで第一希望を和太鼓部（実は少し親が勧めた）。最初の見学では音に引いてしまう。第二希望は芸術部か文芸部。活動内容の画像を見て「これならできる」と言うので文芸部にした。

第一希望の体験では、まこちゃんもいて手を引っ張ってくれたが本人は逃げ腰気味。ランニングでは教室へ帰ってしまったとか。当日は月経前でお腹が痛いと言っていたのでその影響か、もしくはランニングをやりたくなかったのか。

第二希望の文芸部の体験へ行くと、娘の得意なアイロンビーズだった。親としては文芸部を選んでも「自信を持って学校へ行けるかもしれないし静かに過ごせていいのかな」と思って、選択は本人に任せようと思う。

✿

和太鼓体験では、ランニングで教室へ帰ってしまった時に、部活の顧問先生が本人に話をしてくれる。「やりたくなくてもやらないといけない時もあるんだよ」と指導してくれる。

部活顧問先生が、ういてしまっている娘を見て、体験中の１年生に「これから一緒にやっていく仲間かもしれないから、少しは気にかけてほしい」と指導してくれたことを知り、お任せして挑戦させてみたいと思った。

部活を通して協調性やチームでやっていくところなどは社会でも同じこと。娘には中学校の今でしか体験させてやれないと思い和太鼓を勧めてみた。地域の中学校で唯一の和太鼓部ということも魅力。本人も納得して決めた。本人なりに壁を乗り越えてほしいと願う。

中１

✿

仮入部初日の朝練習。あんなに逃げ腰だったのに「太鼓楽しみ」と言って出かける。帰宅してからは、かけ声の「いけいけ・・・たいこ！・・・」と教えてくれたり、ランニングをやって先生に褒められたことを教えてくれる。「太鼓部楽しかった」と言う。時間はかかるが流れに慣れて自分の居場所が確立できれば自信を持ってやれると信じている。

✿

仮入部の朝練習の時。1年生の昇降口に鍵がかかっていて入れない様子の一年生たち。そこに、かほさんと、かれんさんがいた。娘に気がついてくれた二人がかけ寄ってくれて、かほさんが「麻友！　一緒に行こう」っと言ってくれると嬉しそうに手をつないでいた。微笑ましい光景でした。

✿

元6年3組全員集合

小学校時代6‐3の集合の誘いがあった。かほさんが「麻友明日来れる?」と聞いてくれて「行けるよ」と言うと、かれんさんが「麻友来れるの！　やったぁ」と喜んでくれる。

休日に小学校の元6年3組全員集合。なんじゃもんじゃが満開の小学校に集まる。友達と会えて嬉しそう。生徒手帳のカレンダーにしっかり予定を書き込んでいた。

小学校へ到着すると「麻友〜！」「麻友〜！」と声をかけてくれる元クラスメイト。久しぶりの友達にハグしていく娘（もちろん女の子にだけ）。全員集まっていた。娘を捕まえようとする友達、笑顔で鬼ごっこのようにダッシュで逃げて遊ぶ。

集まると、男子も女子もとても仲良がよい。中学校では異性で仲良くしていると周りの目が気になるようで喋れないらしいが学校外では違うようだ。娘も自分から皆の輪の中へ入っていく自然な姿があって楽しそうでした。

バスケットやドッジボールをする。友達も心得ていて、友達がボールを取ると娘に渡してあげて娘が投げて失敗しても誰も怒らず何も言わず、次もボール渡して投げさせてくれている姿がある。そこには勝ち負けは存在せず、皆といるその時間その空間を楽しんでいる子どもたちでした。本当に優しい友達ばかりで感激する。大人は子どもの代りはできないなとつくづく思う。

✿

学校からの帰宅中に、わかちゃんが声をかけてくれて一緒に帰る。娘は「あー。わかちゃん。元気してる?」と言いながら、わかちゃんは部活のことや自然学習のことを聞いてくれた。「部活は、やって行けそう?」「太鼓部の声だしは聞こえるよ。ランニングもがんばってる?もう太鼓たたいた?」と話をしてくれる。自然学習は小学校より一日長いこと、カレーを作ったりして楽しいことなど「がんばろうね」と言って一緒に帰る。

✿

帰宅途中で、先輩のりょうさんと、まりんさんに会う。りょうさんが「麻友ちゃんだ」と声をかけてくれた。りょうさんを見つけると近寄っていって手を握って行く娘。りょうさんは「学校楽しい?」と聞いてくれ「はい。楽しいです」と答えていた。「じゃあまたね」と言ってくれると「はい。お先に失礼します」と敬語で言えていたので感心。皆声をかけてくれます。

✿

授業参観にて。国語の授業は黒板を写している姿があった。班での話合いがはじまると、何とか班の皆を楽しませようと自分なりに考えている姿あった。

4時間目の授業が終わり給食の準備がはじまる。「当番じゃないの?」と聞くと「違う」と言うのです。後ろからKみうちゃんが割烹着を持って来てくれて「麻友ちゃんはい」と渡してくれました。やはり当番でした。

✿

先生が出張の時、帰りの時には何先生が来てくれたのかを聞くと「英語のS水先生だよ」と教えてくれた。先生の名前も覚えてきたようだ。学校でのことを教えてくれます。

✿

自然学習先の下見

自然学習先の茶臼山高原野外センターへ下見に行く。どんな所なのか、見通しを持たせて動きが緩慢にならないようにしておくため。宿泊先のセンターへ行く前に初のリフト経験をさせる。リフトの乗り方は前の人の乗り方を見せて教えた。不安だったのか終始父親と手をつないでいたが、問題なく乗れた。

初めてのリフトだが「楽しい楽しい」と笑顔だった。

復路の下りは、手をつないだままだったが怖がらずに乗れていた。

次に宿泊先の野外センターに行く。閉まっていたので中は見られないが、窓越しに部屋の中を見る。寝る部屋やレクレーション部屋などを確認。

お風呂の場所、テント、炊事場、キャンプファイヤー広場、トイレの場所、などを見学。足場が悪いことに驚く。一泊くらいはテントで経験してほしいと思っているが、はたして。

テントや炊事場、キャンプファイヤー広場などを見た娘は、5年生の時に行った自然教室を思い出していたようだ。

✿

次にオリエンテーリングのコースを体験する。所々のポイント地点では休憩をとってお茶を飲みながら周る。スタート~ゴールまで、ゆっくり歩いて所要時間は二時間程度。靴は通学シューズでまわり、歩数は大人で約七、八千歩くらいでした。

ゆっくりとだがまわれた。足場も悪く段差も高いので、所々は手をつないでサポートした。手を離していると更にゆっくりになり遅れ始める時もある。練習では最後まで諦めず歩けた。

頂上展望台付近で休憩すると「私楽しみ~」と言って本

初めてのリフト

足場は悪いががんばる

ゴール！

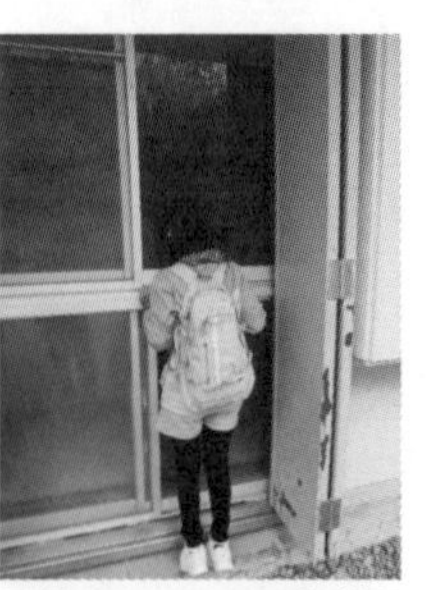

野外センターの窓越しに中を見る

中1

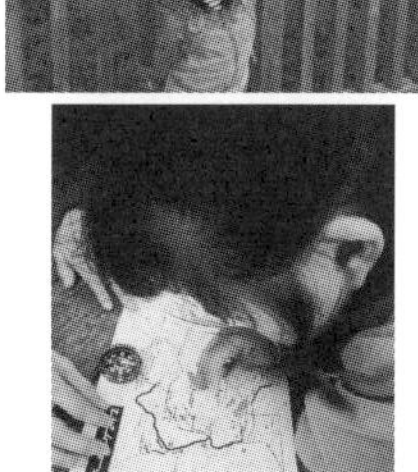
山頂付近

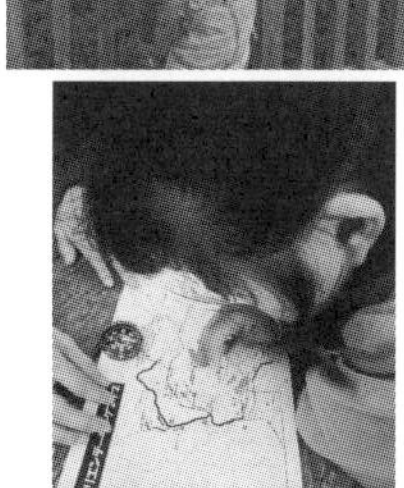
ルート確認

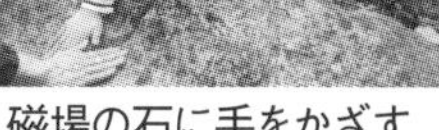
磁場の石に手をかざす

番を楽しみにしていた。

ゴールした時は「私歩けたよ。がんばったよ」と興奮気味に言う。本番は大丈夫だと思う。

コンパスを使って北を合わせ、次に地図を合わせ、現在地を確認したりしてオリエンテーリングの雰囲気を少しでも体験させる。

✿

カエル館も行ったが残念ながら閉まっていたが、カエル館の館長さんがみえた。ゼロ磁場の確認方法を教えてくれたり、この周辺一帯がゼロ磁場であることや、一番反応がある箇所などを聞く。ゼロ磁場の強い石の上に手をかざすとピリピリするらしく、4人に3人はピリピリするらしい。

✿

帰路の途中に、カモシカに遭遇。大きくて道路をふさぐ。ノッサノッサと道路を横切るので娘はビックリする。よい体験ができました。

✿

部活は楽しい！

部活から帰ってくると、太鼓の楽譜を嬉しそうに見せてくれる。「パパと一緒に見る」と言う。

部活の朝練があった日。下校中も笑顔。「ランニングで5周走ったよ」と教えてくれてご機嫌。「まこちゃんと一緒に走った」と言って走ったコースを教えてくれた。

朝練ランニングのあった日に「走ると足が細くなるんだよ。Mちゃん（ダンスグループメンバー）みたいになる」と笑顔で話していた。誰かに走ると細くなると教えてもらったのかな。

✿

いつもの質問、学校は楽しいのか聞いてみる。「学校は何が楽しい？」と聞くと「部活！」と言うのです。本人なりに何となくでも流れが掴めてきているのかな。

「赤ちゃんじゃねーわ」

自分の話を聞いてくれようとする人には、積極的にしゃべって行く。

✿

ある出来事があり「麻友ちゃんは赤ちゃんだねー」と言うと「赤ちゃんじゃねーわ」と言い返してくる。

✿

言語訓練にて。父親に「がんばるから聞いいてほしい」と言う。とても自信があったのか長い音読も読み切ってぃた。先生にも褒められていたのです。もっと自信がつき「次も続きをやる」と言うのです。家では音読は苦手。漢字の練習もやったようで、急に字がきれいになっていたことに驚く先生です。これもなぞり書きや写し書きの成果がでているのか。

✿

公文の足し算をやる時には大きい数字小さい数字を見きわめてやれている。

✿

言語訓練のセンター長には「二次障害も見落とさないようにしていきますので安心しておいてください」と二次障害にも気をつけてくれています。メンタル面についてもサポートしてくれてとても心強い。

✿

父親のパソコンを使っていて固まった時。母親の携帯から父親に助けを求めてきた。

「パパ、パソコンが調子悪いけど、どうしたらいいの？止まっちゃった」と焦った声で電話をしてきた。「壊れてないから大丈夫だよ」と安心させる。処置方法は母親に伝えて対処。携帯操作は教えてないが、母親の操作を見て覚えたようだ。

犬山城でお花見

お花見シーズンに犬山城へ行く。行く時に画像を見せると「桜を描きたい」というので色鉛筆を持って行き写生をする。描きたいと言っていたにもかかわらずなかなか書き始めず。
書き始めたのは30分後くらい。時間がかかる。
犬山城内も見学。急な階段・暗い城内だったが問題なく見学できた。小学低学年の頃ならば「無理」と言って入れなかったはず。
天守まで登り「ここへ秀吉がいた時もあるんだよ」と言うと「え〜」と言いつつも、もちろん実感がわかず。
天守の外周も廻ったが高い所は平気な様子。
自宅マンションのエレベーターで近所の方に会う。「麻友ちゃんどこかお花見行った?」と聞かれて「はい。犬山行きました」と答えていた。今では城を見ると「犬山行ったね」と言ってくる。

✿

大きくなった泣き虫麻友

漢字を書くことは好きです。丁寧に書けるようになった。

二才の時から利用しているディサービス【キッズサポート】の代表に進学報告をした。娘を家族のように思ってくださっていていつも応援してくれる。「あの泣き虫だった麻友が大きくなったねえ」と喜んでくれます。ディサービス利用しはじめから半年間近くは泣いていた、前代未聞の子どもだったらしいほど根性があったらしい。

✿

日曜日になると一人で起きて新聞を取って来てくれる。更には朝食の準備をしてくれる。自分でおにぎりを作ったり、父親のコーヒーを作ってくれたりする。ガスコンロはまだ使わせていない。

✿

イトーヨーカドーにダンスグループが来た。ミニライブが終わって、撮影会とサイン会があり参加。サイン会ではメンバーに手紙を渡した。本当はダメみたいですがこっそりと握手をしてくれたのです。とても喜んでいた娘です。

✿

食事の洗い物を自主的に手伝ってくれる時があり助かっている。

✿

ゴルフは趣味の一つ

二年前くらいからゴルフ練習をやっている。今では趣味の一つ。何とか当てて飛ぶようになった。八〇〜一〇〇ヤードは飛ばす。

「ゴルフ（練習）に行こうか？」と誘うと「青いジャンパー（練習場店員用の服）のお姉さんの所？」と言う。練習場へ行く時はお姉さんがいるかどうかを楽しみにしている。

ゴルフを始めた頃は恥ずかしくてなかなか打たなかったり、打つまでに時間がかかかっていた。今では準備体操後にはすぐに打ち始められる。

✿

今まで一階でのゴルフ練習は嫌だと言うので二階で練習をしていた。先日その嫌だと言う一階で挑戦させると楽しそうに打っていた。一階でも楽しいことがわかったようだ。何でもそうなのですが、やらず嫌いな面が多い。やり始めて慣れると楽しめる。

今では練習場の店員さんのお姉さんとも仲良し。娘もいろいろな話を聞いてもらっている。早く話をしたい時ゴルフの練習を早々と切り上げて受付のお姉さんの所へ喋りに行く姿がある。

ドライバーショット

マイクラブ

✿

「穴のあるゴルフ行くの？（ゴルフ場のこと）」と言うので「行ってみる？」と言うと「私届かない」と言うので「大丈夫だよ。一回で届かなくても、少しずつ少しずつ一回二回三回四回五回ってちょっとずつ前へ打って行けばいつかは届くから大丈夫だよ。何でもちょっとずつやっていればゴールできるからね」と教えた。「わかった」と言っていた。

✿

パパ元気出して！

マンションエレベーターで同じ住居者の、のりかさん（高校一年）に会う。娘に会うと必ず優しく声をかけてくれるお姉さん。小学校の時から同じ通学班で親切にしてくれていた。娘が5年生の時には運動会の組み立て体操が大丈夫なのか見に来てくれていたこともある。いまでも慕っているお姉さん。エレベーターで「麻友ちゃん中学おめでとう」と言われて恥ずかしそうにして「ありがとうございます」と言っていたのです。

❀

父親がいろいろ考え事をして悩んでいると感付いたのでしょう。「パパ元気出して。ご飯食べて遊んでいつもみたいに笑顔で笑って。麻友はがんばってるから」「歌一緒に歌おうよ。元気でるよ」と言うのです。健気な優しさに心打たれます。「ごめんね。大丈夫だよ。パパは麻友が元気で笑顔でいてくれるだけで元気になれるよ」「麻友ちゃん？　学校でも元気のないお友達がいたら元気だしてねって言ってあげてね。きっと喜んでくれるよ」と教える。親が娘に助けられることが多いです。

❀

以前より頭皮湿疹があって頭がかゆくなることが多い。薬を塗ってやっている。

❀

ライブに夢中

名古屋のライブスタジオで、娘が大ファンのダンスグループのライブがあったので行く。グッズ購入では1時間くらい待ちがあったが順番を守って大人しく待てていた。

会場に入ってライブスタート。メンバーが出てくると大興奮。終始二時間立ちっぱなしで楽しんでいた。会場内は爆音状態だが平気です。会場内はすごい盛り上がりで、ペンライトを振ったり、一緒に歌ったり、踊ったりしていた。トークタイムも聞いて笑っていた。とても楽しい時間。

ライブはとても楽しかったみたいで、帰宅時には何度も「楽しかった」と言う。夢中になれることがあることはいいです。

「パパはここまででいい」

毎日嫌がらず学校に出かける。眠たい時でも制服を着ると登校気分のスイッチが入るようだ。

10キロ近いリュックを頑張ってしょって行く。つまづくとこけること間違いないので自宅からはエレベータで降りるよう言っている。

朝「行ってきまーす!」という元気な声を聞くだけで、学校では何とか上手くやれているのだろうと感じとれる。

朝練の時には教室に「先生がいてくれる」と教えてくれる。当初は一人で時間通りに移動できるかなと心配していたが、担任先生がいるので安心できる。

朝は父親が通勤経路ついでに付き添って行くことが多い。学校校門少し手前の横断歩道まで付き添っている。「パパはここまででいい。会社行って」と言うのでそこから一人で行かせている。

✿

自然教室　二回目の下見

自然教室のテント番号が決まったので二回目の下見に行く。当日は先生方も見えていたようで入れ違いになって会えなかった。会えると喜んでいたが残念。

管理人の方がいたので事情を話すと快くキャンプ施設を見学させてくれた。

管理人さんは、我が家が下見に行くことを先生から伝えてもらっていたようでした。見学後は「先生と友達と来てくれるのを待ってるからね」と言ってくれて「はい。わかりました」と言う。

✿

自分の宿泊テント番号を確認

オリエンテーリングコースを廻る気満々だが、

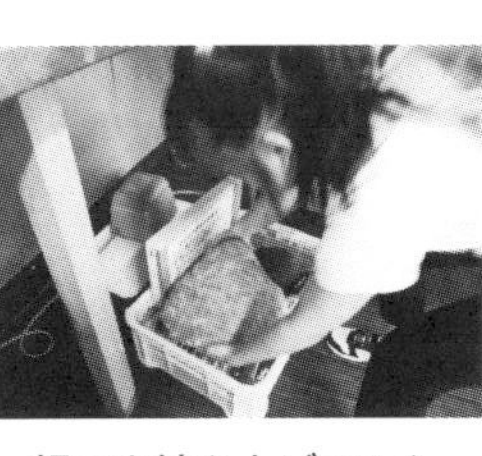

軽石を持ち上げてみた

磁場の強い椅子

月瀬の大杉

二回目の下見の時にもオリエンテーリングコースを廻る気満々。しかしかなり寒くなってきたので風邪をひくと元も子もないので途中で中止。

二回目の下見で、カエル館の見学もする。館長さんが0磁場の反応の強い椅子の上でスマホ方位磁石で不安定になるところを見せてくれる。本当に方位が定まっていない。館内ではおみくじをやったり、軽石を持ち上げてみたりと楽しむ。下見といいつつも家族で楽しめた。

ワンワンと鳴くカエルを見たが実際に鳴くところは聞けれなかった。録画で聞く。

✿

下見へ行く途中では【国指定天然記念物　月瀬の大杉】を見に立ち寄る。かなりの大きさに「トトロの木だ」と言っていた。確かにそれくらい大きな木で、長野県で一番大きい杉の木のようだ。

✿

班の皆とスケジュールをこなせることができた自然教室

自然教室出発当日。機嫌よく家を出発する。時間に余裕を持って学校へ行く。半袖・半パンツの娘。学校到着間際で生徒のほとんどが長袖・長ズボンの体操服なことに気が付いてあわてて家まで着替えに帰るが、困惑することなく急いで着替えられた。集合ギリギリで間に合った。

到着すると笑顔で集合場所に向かう。気が付いたかほさんとあいさんが走って来てくれて「麻友行こ！」と言ってくれて荷物を持ってくれる。母親に「(後は)大丈夫ですよ」と言ってくれる友達。そしてTみうさんが立ち上がって「麻友おはよう！」と挨拶してくれる。皆の気持ちが嬉しくて涙が出そうでした。優しい友達ばかり。娘にはこの友達の気持ちが伝わっているのだろうか。感謝の気持ちを大切にしてほしい。

✿

自然教室は目標にしていた4泊5日を何とかクリア。多少のイレギュラーはあったとしても班の皆とスケジュールをこなせることができて、思っていた以上の成果です。

皆と一緒にオリエンテーリングやテント泊も経験できて本人も自信がついたことでしょう。帰校した時に、バスから降りてくるとスキップしながら「楽しかったー」と帰って来た。先生や友達のおかげもあり楽しく過ごせたようです。

✿

「自然教室楽しかったよ」「山歩いたよ」「テントで寝たよ」といろいろ教えてくれる。オリエンテーリングでは「友達の水筒が他の友達の頭にあたって泣いちゃった。ゴメンねって謝ってたよ」と友達のことや、皆がキャーキャー言うので見たらヘビがいたことなども教えてくれた。

お風呂はKみうさんと、りこさんと入ったこと、Kみうさんのほっぺがつるつるだったと教えてくれたり、塗り絵をしたことなどいろいろ教えてくれる。キャンドルサービスは怖くて、先生と一緒にいたことも教えてくれた。とても楽しかったようで挑戦できてよかった。

✿

大切な友達ができました

学校からの帰りに、なつみさんと一緒に帰る。小学校時代の娘の手紙を読み直してくれていたようで「麻友、字がすごいきれいになってる」と言ってくれる。

✿

提出物の宿題が終わり「どこか遊びに行こうか。どこ行きたい？」と聞くと「ゴルフに行きたい」と言う。練習は早々と切り上げて店員のお姉さんとずっとしゃべっていた。自然学習のことを一生懸命話していた。話をよく聞いてくれて、可愛がってもらっています。

宿題に二～三時間かかっても、しっかり座って書いている。疲れている時はあくびもでるが書いている姿がある。

✿

公文で、クラスメ

イトのKみうさんと会うのを楽しみにしているので喜んでいく。「公文で会う約束をしてきた」と言って学校から帰ってくることもある。

✿

他校出身のクラスの生徒も接してくれる。新しい友達が増えている。学校へ迎えに行った時も母親が知らない生徒が「麻友バイバイ」と声をかけてくれる光景をよく見かける。

✿

先生が「麻友さんは人をよく見ていますね」と感心してくれる。社会にはいろいろな人がいて自分の目で見きわめられることも大切。必要な力も身に付いてほしい。しかしそれを露骨に表に出すこともあるのでそのあたりをコントロールできるようになってほしい。

✿

授業中に何故か靴下を脱ぐらしい。

✿

登校中に同じマンションの、りょうさん（中学3年）と会うと一緒に登校してくれる。りょうさんをとても慕っていて、腕にしがみついて嬉しそうにする。りょうさんも「大丈夫です」と言ってくれるので一緒に行く。

✿

Kみうさんに手紙をもらう。娘が「みうちゃんは私の友達だよ」と言えたようで、とても喜んでくれたのです。もらった手紙の漢字にも振り仮名を書いてくれて読みやすく書いてくれていた。大切な友達ができました。

✿

よっちょれ一緒に踊ろう

朝練がない日に間違えて行く。外の部活も練習している様子もなく。生徒もいないので父親が「あれ!? 今日は部活ないのかなあ」と言うと娘が「あれ〜? 先生に聞いてみる?」と言う。校門を入ると和太鼓部の顧問先生が気づいてくれて「今日はないですよ」と教えてくれた。交通安全指導日でした。娘には「あら! 今日は無かった! 教室で絵を描いたり読書でもして時間つぶしな」と言って見送る。

その日。職員室横あたりに友達が数人いた。どうするのか見ていると、なつさんが「麻友おはよう」と言ってくれると娘が手を振りながら「ハロー」と返事をする。

その日、学校から帰って来て「朝は何してた? もう誰か来てた?」と聞くと「○○さんと○○さんの二人来てた」

中1

と教えてくれる。

✿

体育で「よっちょれ楽しかったー」と言う。先生から「皆が麻友がんばってたよと言ってたよ」と教えてくれた。

✿

中学生初めてのプール授業。入ると足が届かずびっくりして号泣。次のプールはバタ足の練習をやる。「今日はプール入れたよ」とがんばりアピールしてくる。「足は、たりたよ」と言う。プールの端っこでは足がたりるようだ。

✿

「明日英語の提出物をミスターシミズ（先生）に出してね」と言うと「しみたーしみず？」と。（笑）

日本語でも英語でも面白い言葉になってしまう。

✿

提出物を頑張って書いているが、持って行っても出していなかったり、テストも白紙だったりとなった場合、本人のなかではやる気があるのにやる気がないと思われるのではないかと心配。そのあたりをどうしてやったらいいのか悩む。

✿

体育の授業にて。「プール入ったよ。足は届くよ」「バタ足やった。先生が上手だねってほめてくれたよ」と笑顔で教えてくれる。「着替えもみうちゃんとやってる。着替えたら教室へ戻ってるよ」と教えてくれる。次の日の体育のことで「みうちゃんがね、明日よっちょれ一緒に踊ろうって言ってくれた」と誘ってくれたことを嬉しそうに教えてくれた。

✿

【部活動に関する本人の様子】

部活で自己紹介の時、太鼓の説明をして太鼓を大切にしたいと話す。皆の前で自分からしゃべることができるようになり成長を感じる。

✿

筋トレではスクワットなど頑張ってやっていると聞く。「今日は筋トレやるよ」と言っている時もある。

✿

土曜日の練習で集合時間8：15まで見ていると、一人で時間をつぶしていたり、友達に関わっていったり、時には先輩に関わっていく姿がある。

✿

部活の友達が「ランニングは、麻友ちゃん遅くても最後までがんばって走ってるよ」「筋トレのブリッジが上手なんだよ」といろいろ教えてくれる。

走るのが遅いので、どうしても一人で走ることになってしまう。途中で挫けないように顧問先生も並走してくれる時がある。下校時には顧問先生が「一緒にがんばろう！」とハイタッチをしてくれて高揚できている。

✿

顧問先生より「声出しはしっかりと大きい声も出ていて皆でやろうという姿勢が見られます」と聞いて何とかやれていることがわかった。

「部活がんばったよ、楽しい」「学校がんばったよ」と言っている。時にはできなかったことも教えてくれる。「太鼓はちょっとずつ練習したらできるから」と教えた。

✿

土曜日の練習の集合時間前。女子先輩が集まっている所へ行くと、先輩の周りをグルグルまわって構ってもらえるのか様子を伺っている。脈ありと思うと間から顔を入れてのぞき込む体制。先輩たちが構ってくれ始めると、先輩の中心部へ入って行く。するといつも教えてくれる先輩なのでしょうかハグッて行く娘。先輩達も盛り上がる。上手に関わって行く。

ABCの3チームに別れていて、娘はBチーム。集合の際、当初は友達に誘導されていたが、今では自分のチームに並べている。

✿

知り合いの人に、入った部活を聞かれると「私は和太鼓部だよ」と言う。

「おお！　すごいねえ」と言ってもらってニコニコしている。

✿

【定期演奏会7／12】

3年生引退定期演奏会本番では1年生は自由参加。前日の練習集合前に「明日は皆朝から行くの？」と友達に聞くと「行こうと思ってるけど、麻友は？」と言うので「明日は朝から弁当持って行って皆と行くか、家で御飯食べて昼から行くか、どっちがいい？　まこちゃんや、みちるちゃんは朝から行くって」と聞くと「じゃあ私も行く」と言うので「1年生はたたかないよ。先輩の応援と手伝いだよ」と言うと「うんいいよ」と言うので朝から参加させた。

定期演奏会の説明をしていると「私も出たい」と言う。

✿

本番当日、日程用紙を見ながらスケジュールを簡単に説明してやって見通しを立て出発する。

✿

朝集合場所で1年生の女子と一緒に待つ。知っている先輩にも近づいて構ってもらえると腕にしがみつく。その先輩は、娘が小1の時に子供会でよく面倒を見てくれて今でも覚えてくれていた。

✿

演奏会は初めてで暑さで疲れてる感じ、荷物の手伝いも何をしていいのかわからない様子。「手の空いてる一年生、持って行って下さい」という先輩の声も耳に入ってない様子。父親が「先輩が手伝ってって言ってるよ。これ持って行って」と言うと動く。名指しをしてきっかけを作ってやると動く。

会場に入ると自分の位置に立ってお客さんをお出迎え。お客さんが入ってくると「こんにちは！」と挨拶ができていた。

娘が「私は出れない」と言うので「今日は出れないけど皆と応援することが大切。これから練習がんばったら出れるから」と教える。

演奏中は、先輩たちの姿を見てリズムをとっている。一曲終わるごとに拍手もしていた。

先輩が演奏して拍手をもらっているところを見て、本人も笑顔で嬉しそう。

写真撮影の時「1年生もおいで」と言われると嬉しそうに走って行く。以前だと自分からはなかなか入れなかったのだが、進んで入って行く姿を見ると成長を感じる。

終了後は会場の椅子の片付けも一生懸命やっていた。

✿

学校で解散。父親の姿を見て、昇降口から先輩よりも先に飛び出てくる。父親が「麻友！　他の1年生は？」と聞

先輩の演奏が始まると、1年生の皆と一緒にしっかりと見学していた姿が印象的。（本人中央）

中1

くと「中へいるよ」と言うのです。「1年生と一緒に出てきた方がいいんじゃないのか?」と言うと素直に戻って行く。そして3年、2年が出てきた後、1年生の先頭で出てきた。

✿

「今日はどうでしたか?」という顧問先生の質問にも娘「…」。何か答えましょう。家に帰るなりしゃべり始めて「練習する」と言って「ドンドコ♪　ドンドコ♪」とやっていた。

✿

帰宅してからも演奏の話をするので、録画した動画を見せると、食い入るように見ていた。曲と題名を覚えていて「次は○○」「次は○○」と言いながら見ている。

中1

「嫌がらずに学校や部活へ行けるのは自分の居場所があるから」

小児科定期健診にて。血液検査は異常なし。身長はもう少し伸びてほしいのですが伸びしろは少ない。

✿

5月頃、起きると鼻血を出しているので驚いた。爪を見ると血がついていた。本人に聞くと鼻をほじったようだ。疲れて体調を崩したのかと思ったが、鼻をほじっただけだったのでひとまず安心。

元気がないので病院へ連れて行くと便秘だった。無理をさせているのではないかと思ったので本人の様子をかかり付けの小児科の先生に話をした。すると「嫌がらずに学校や部活へ行けるのは自分の居場所があるからなのです。大丈夫ですよ」という回答で安心した。

✿

朝ご飯中にずっと喋って、食事が進まないので「黙って食べなさい」というと「ご飯食べたらしゃべってもいい?」と言う。聞いてもらいたくて仕方ないようだ。

✿

ピアノ発表会の連弾練習にて。父親がミスタッチをしたり和音を間違えると「パパ違うじゃん」と瞬時に指摘。音の違いを聞き分けている。

✿

ゴルフの練習へ行くと「一階で打ちたい」と言う。一階でも練習できるようになる。

✿

公文へ迎えに行くと何やらKみうさんと2人でしゃべっていた。宿題の提出物の話のようです。「麻友ちゃん提出物やった?」娘:「ん!? やってないよ」親:「(汗)」しばらくして娘が「先に帰っちゃうよ。いい?」とバイバイしていた。微笑ましい会話でした。お互いに部活後に公文へ行くので同じ時間帯で会うことができます。

公文の先生が「Kみうちゃんと同じクラスでよかったねえ。とっても優しいんだよね」と言う。

リリアン

父親と連弾

連弾無事終了

✿

リリアンをやっている。

器用に道具を持ちつつも小指先で先端を調整している。

✿

ピアノ発表会の親子連弾

ピアノ発表会の親子連弾にて。思いがけず他校の仲良し友達2人が応援に来てくれた。子どもたちは久しぶりに会ったので楽しそうです。娘は緊張していないように見える。緊張は父親だけか!?

名前を呼ばれて前でお辞儀をして親子で座る。座ると「パパどこから?」「弾いてもいいの?」「ファから?」と言うので「大丈夫だよ。いつもみたいに弾けばいいから。行くよ?さんはい」というかけ声で弾き始める。最初のファが弾けた後は楽譜を見ながらゆっくりだが弾けていた。

連弾が終了すると父親と顔を合わせて口に手を当ててにっこり！　無事終了。

最後の全員での写真撮影では年齢枠の順番で呼ばれて並ぶ。全員が並び終えると先生が全体を確認。背の高さ調整で移動になる娘。「麻友ちゃんここの真ん中に来てくれる?」と言われるとスムーズに移動できていた。

✿

発表会の日は祖母との約束で焼き肉を食べる約束。「やっとジュージュー（焼き肉）行ける！」と楽しみにしていた。お店に行って部屋に通されると「せま！（狭い）」親：（汗）、商品が来ると「すくな！（少ない）」親：（汗汗）会計では「たか！（高い）」親：（冷汗）失礼極まりない言葉連発。店でも注意するが、後で「思っていても、相手が嫌だなと思うことは言ったらだめだよ。麻友も言われたら嫌でしょ」と諭す。友達にも誤解されるようなことを言っているのではと心配になる。

✿

父親が買ってきた0・9ミリシャーペンが書きやすいようだ。

✿

期末テストも終了したので息抜きに大好きなコインゲームに行く。本人には「気が済むまで思いっきりやってもいいよ。コインが無くなってもパパのあげるから」とやらせる。ある程度やると気が済んだのか「そろそろ終わる」と言って終了。

✿

ゲーム中に「トイレ行ってくる」と言って一人で行きかけたのですが、小学生がトイレで誘拐された事件が起きたばかりなのでついて行く。

トイレでは数人が順番待ち（娘は一番前）でした。そわそわしている娘。そこへ小学生が親と来て中を確認。子どもだけ先頭あたりで立ち止まって空こうものなら入ろうという態勢だったので、父親が「皆並んでるから並んでね」と注意。娘一人で行っていたら割り込まれていたことでしょう。言えるようになればいいのですが。

✿

家では和太鼓部でのかけ声をしたり、エアー練習をしている。部活を通して、クラス外の友達や先輩に会えるのも楽しみの一つのようだ。

テレビで和太鼓をやっているとじっと見ている。「音が合ってない」と指摘。

一緒にテレビを見ていると確かに音にバラつきがあった。毎日先輩たちの太鼓の音を聞いてわかったのかな。

友達が増えた

朝機嫌が悪くても学校へは嫌がらず登校できている。登校時間になると気持ちが入るのか「パパ行くよ！」と言って父親を引っ張って登校することも多い。登校中は好きな歌を歌いながら登校している。

✿

夏休みの宿題での読書感想画を描く。下絵は父親が薄く書いた後に、縁取りと色付けは本人がやる。

自由研究ではミシンがけをやる。補助が必要だががんばれた。

✿

読書感想画仕上げ中

ミシンがけ中

完成

朝方、辛そうにしていたので「部活と学校は休む？」と聞くと「(首を横に振る)」、「部活行けるの？」と聞くと「うん」と言うので、もう一度「学校行ける？」と聞くと「うん」と寝ぼけながらでも言う。嫌がらず学校へ出かける。

✿

体育大会の練習を家でやる。学校で競技の練習は「Kみうちゃんと二人三脚をやったよ」と教えてくれた。最初は縛った紐で足が痛いと言って動きが遅かったようだ。しかし皆といると高揚できるのでしょう。

母親が学校へ迎えに行って待っていると、娘と昇降口まで一緒についてきてくれた友達。母親の知らない友達でした。友達が増えているようだ。

✿

応援合戦の練習。途中で踊りの一部が変更になり戸惑う。泣きながら踊っていたらしいが、しばらくするとがんばって踊っていたのを見てくれた3年先輩。「がんばったね」と褒めてくれて本人は喜んだことでしょう。

✿

Tみうさんが放課の時間に応援合戦の振り付けを教えてくれて練習していたと聞く。クラスメイトとして少しでも踊れるように助けてくれてありがたいです。

Tみうさんと、あいさんが「(練習の時)麻友ががんばってたからうれしかった」と言ってくれる。娘には「麻友が、がんばったら皆うれしいし喜んでくれるんだよ」と教えた。クラスが一つになってがんばりたいという姿勢が見える。共に育つ醍醐味。

✿

本人も自信を持つことができた体育大会

本番当日、入場行進で足並みを揃えて歩く時、皆と合わせようとしていた。

ぎこちない感じだががんばって歩く。開会式や準備体操も指示に従って動いていたのを見ているだけで、小学校低学年の運動会で座り込んでしまっていた時のことを思い出し、あれからするとかなりの成長を感じる。

中学では縦割り集団チームで競う。娘のクラスは桃団

中1

準備体操　本人左から2番目

二人三脚　左側本人

リレー激走

先生も並走

駆け足退場や全体止まれの指示もできていた。仲間がいてくれるからがんばれたのでしょう。

チーム（全8団）桃団だけは2年生がいない3年と1年の2学年だけのチーム。がんばって声を出して応援しているところが素晴らしい。

✿

学年競技の足増えリレー。二人三脚でトップスタート。スタート前にはペアのTみうさんが一生懸命足並みを揃える練習をしてくれる。先生も横で高揚させてくれています。桃団三年生の応援の中、競技スタート!トップバッターの娘達のペアが無事走りきり次のメンバーへ。娘とTみうさんペアは8ペア中で3位！　順番を待っていた仲間たちからは拍手！　ハイタッチして喜ぶ2人。アンカーは七人八脚までになる競技で盛り上がる。結果桃団は3位でゴール！　仲間と一緒に上位を目指す姿が印象的です。

✿

一番心配していた学級対抗リレー。三年生は最後の体育大会で勝ちたいのはやまやま。大差がつくなら棄権でもいいかなと思って先生に伝える。しかし小学校でも走れていたし今後の本人のためにも走ってほしいとは願っていた。先生からは「皆と練習もしてきたので棄権は避けたい。当日本人の様子を見て決めます」ということで前向きな回答でした。

✿

本番はバトンを渡す混み合う所を避けた少し先からバトンタッチ。先生も並走してくれる。桃団三年生の応援の前をがんばって走る姿がある。ゴール前ではごぼう抜きされたが他メンバーがカバーしてくれて桃団は3位でゴール。先生もゴール手前で靴が脱げるハプニングがあったがそのまま一緒に疾走、無事次の走者へバトンタッチ。本人は笑顔で走りきり満喫している表情でした。

✿

次は応援合戦。応援合戦も競技のひとつで点数に加算される。泣きながらも練習してきた応援合戦。先生も横で踊ってくれて、立ち位置移動でごった返す状態でも踊る姿がある。時折、皆とは逆に向いて踊っていたのはご愛嬌。振り付けは合っていた。

応援合戦にも力が入る

✿

体育大会の締めを飾る最後の全校踊り「よっちょれ」もしっかり踊れていた。よっちょれの入場の時にはTみうさんが手をつないでリードしてくれる。前側にいたKみうさんも後ろを振り返りながら気にかけてくれていたのです。

✿

閉会式入場の時には、友達を笑わせたりちょっかいをかけたりと、遊ぶ姿がありました。楽しそうな皆の姿を見ると微笑ましい。

✿

全ての競技に参加できた。来年度につながる内容に仕上がったと感じる。中学校では初めての体育大会、要領がつかめたのではないかと思います。

✿

1学年少ない2学年だけの桃団は「不利かも・・・」と子どもたちからの声があったが、競技は準優勝!

応援合戦は応援中にも声が出ていたことと演技が可愛かったということでこれまた準優勝! 子どもたちは大喜び。素直に喜ぶ子どもたちの姿は純粋でとても素晴らしい。皆と一緒に精一杯がんばった結果です。

✿

応援団の解散式では桃団同士が集まって、最後の応援歌

全校生徒での「よっちょれ」本人左から3人目

閉会式入場の合間

友達にちょっかいを出す

桃団女子メンバー　先輩たちと
本人2列目右から2人目

パソコンの楽譜ソフトで個人稽古

エアーで練習

を熱唱。熱唱後に娘が下を向いてしまうと、感極まって泣いてしまったように見えたのか、皆が「麻友〜」「どうした〜」「麻友〜」「大丈夫〜」と皆が集まって来てくれる。言葉に言えない光景で、友達っていいなと感動したのです。

✿

撮影前に、娘のハチマキを結び直してくれていた、りこさん。ハチマキをして写真を撮らせてくれようとしたのです。優しい友達たち。娘はありがとうと言えたのだろうか。

桃団の記念撮影では三年生の女子先輩が「レディースだけで撮るよー！」「麻友ちゃんと、みうちゃん前においでー！」と言ってくれる先輩。その学年でしか経験できないこと、その時にしか味わえない気持ち、同じ年代で出会った人達との交わり、大切な思い出を作って楽しい学校生活を送って欲しいと願うばかりです。

✿

娘が足をひっぱらないか心配な体育大会でしたが先生や仲間のおかげで準優勝ができてよかった。とても素晴らしい体育大会でした。本人も自信を持つことができたことでしょう。

✿

元気もなく辛そうな部活

部活で「K先輩（和太鼓部長）のタオルが落ちてたから拾ってあげた」「ありがとうって言ってくれたよ」とうれしそうに教えてくれる。

「K先輩に手紙あげた」と言うのでビックリ。「何て言ってくれた？」と聞くと「ありがとうって言ってポケットにしまってくれた」とうれしそうに話してくれた。何て書いたのだろうか。

✿

家では声を出して唱歌をやりながら、バチを高く上げてエアー太鼓している。「太鼓の練習しようよ」と父親を誘う。部活を嫌がることはない。

✿

イベントの前にはオーディションがある。家で練習して少しはたたけていたのですが太鼓の前ではたたけないようだ。家ではパソコンを使って音を再現し、締太鼓音もいれて練習している。

✿

部活での状況を顧問先生に伺うと、ほぼたたかないそうだ。小さいころから娘のことを知っている音楽療法の先生にも、たたかない考えられる原因を聞く。ひとつは、先生が手を持ってくれるのを待っているのではないかなということだった。その可能性もある。

初めての部活
ユニホーム

✿

本番は唱歌だけでしたがハッピも着られてうれしそうだ。声をからして唱歌していた。終わると声がガラガラ。

✿

後日予定されていた和太鼓イベント。週頭から体調がすぐれない。どことなく元気もなく辛そうにする。参加は残念ながら休ませる。生理前は嘔吐することがあるほど調子の悪い月がある。

✿

部活顧問先生より。なかなかたたこうとしない・しゃべらないと聞く。「雰囲気ではないかと思われる」とのこと。皆必死なのは当然なので緊張感がある雰囲気になっている。おしゃべり好きなのだが。部活を通して、皆と一つになる良さを経験して欲しい。

✿

部活では太鼓をたたこうとしないので、市内にある和太鼓教室初級を見学した。小学生が4名いた。皆戸惑いながら間違いながらもがんばってたたいていた。見てどう思っただろうか。

これからの中学校生活への心配とその先の進路への不安

漢字テストは50問0点。翌日同じプリントで再テストが行われるとのことで、画数の少なめで本人が覚えられそうな漢字を勉強した。翌日のテストでは14点。更に翌日に追試があるとのこと。友達からは「麻友ちゃん全部埋めたかったのかカンニングしてた」と教えてくれる。覚えた数個の漢字は書けていたようで54点で合格となる。覚えた漢字は今後も忘れずに使ったり読んだりすることができればいいのだが。先生からは努力を認めてくれる。

✿

学校授業で遅れていたバックを作成した。本人ができる所はやらせた。ミシンも補助をしてやればやれている。針通しやボタンの留め方も教えた。その後、学校ではボタン留めもやっていたとのことで安心した。

夕食を祖母と一緒に食べている時。祖母が「皆で食べるとおいしいねえ」と言うと娘が「うん！　幸せ」と言う。親達が笑って会話をしていると本人も笑いながら食べている。娘も、学校でのこと先生のこと、友達のことを一生懸命話してくれる。先日は社会科の先生の物まねをして笑わせてくれる。とても滑稽にまねる。先生や友達のことをよく見ている。

✿

担任先生から誕生日カードが届く。「ああ！　忍先生からだ！　開けてみよう」「かわいい」と喜んで読んでいた。サプライズな出来事でうれしい家族一同です。しかも学校ではクラス皆でハッピバースデーの歌を歌ってくれたそうで感激です。

✿

進路について。担任先生より高校資料を借りる。まだ1年生でこの先の中学校生活での心配事もあり、なかなか目を通せなかった。先輩方の話も聞くと、行きたいと願っても診断名を言うだけで断わられる学校もある。学校へまじめに通っているのに、とジレンマもある。そのような状況で、娘が気に入って通える学校が見つかるのか、とても複雑な気持ちです。

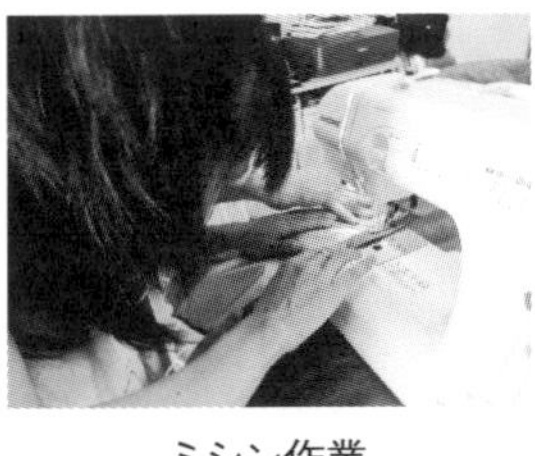

ミシン作業

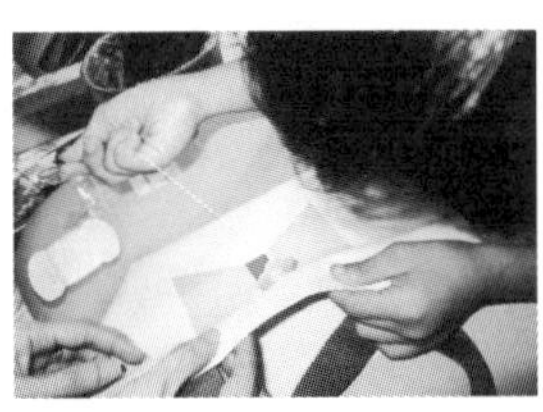

ボタン留め

中1

「いつも幸せありがとう」これからもね

「パパ？　ちょっと来て」と言うので「どうしたの？」と近寄ると耳元で「いつも幸せありがとう」と言うのです。驚いた。「いいよ。どういたしまして。麻友ちゃんがニコニコしてるとパパも幸せだよ」「皆にも言ってあげてね」と言う。

✿

母親が父親に「○○出しといたよ」と言うと娘が「パパありがとは？　ママが出しといてくれたよ」と言う。人のことは良く見ている。

✿

食事中のこと。右手にスプーン、左手で箸を使って食べていた。左手でも箸を持っていた（利き手は右手）。持ち方も間違っていない。器用に食べる。

✿

心臓の定期健診に行く。学校から受診表をもらって来たので心配したが問題なし。激しい運動もＯＫとのこと。次の検診は3年後。今後は症状が悪くなることはないとのこと。

✿

夏休みに入りＫみうさんと遊ぶ約束をする。娘は自転車に乗れないので、自宅まで遊びに来てくれた。仲良く遊んでいた2人。娘のわがままに合わせてくれていたＫみうさん。接し方や喋り方がとても優しいのです。これからも仲良くあって欲しいと願っています。

「麻友ちゃんは顔が広いねぇ」

市内の七夕祭り。まずは短冊を見に行く。自分のは興味なしで友達のを見つけては喜ぶ。普段はケーキのケの字も言いわないのにケーキ屋さんになりたいと書いている。

七夕祭りでいつもＫＩＤＳマニキュア店を見ては「やらない」と言っていたが、今年はやると言う。小学時代からマニキュアには興味を持っ

ネイル中

ていた。ネイルサロン店のサンプルを見たりするのもとても好き。長期休みの時にはネイルを楽しんでいる。

✿

七夕でネイルカラーを乾かしている時に、偶然にもゴルフ練習場のお姉さんと出会う。

ゴ姉：「あれ!? 麻友ちゃん！」
麻友：「あ！お姉さん!! 見てこれ（ネイル）」
ゴ姉：「すごいかわいいじゃん。お姉さんもまゆちゃんにもらったブレスレットずっとしてるよ。学校の宿題やってる？」
麻友：「はい（笑顔）」
ゴ姉：「がんばってるねぇ。ゴルフもがんばってね」
麻友：「はい」

と話をしてくれる。喜ぶ。地域の方にも声をかけてもらえるのはありがたい。祖母は「麻友ちゃんは顔が広いねぇ」と感心する。

✿

夏に小学時代6年3組のクラス会があった。暑い日だったが近くの公園に集合。昼過ぎから夕方まで遊ぶ子どもたち。最初は男女別れて遊んでいたが、すぐに男女一緒に遊ぶ。集まる時は「麻友来れる？」と必ず声をかけてくれる。1年もたってないが既に2回目のクラス会。

✿

「知」の漢字を見て。祖母が「愛知県の知（チ）は知ってるの字、知ってるでしょ？」と言うと「知らないの字」と言って笑わせる。

✿

歯科矯正で付けていた器具を1日だけ外す。その1日はしゃべりにどもりが少なく比較的理解しやすかった。早く外せる日が来るといいです。

✿

出かける時はいつも持ち歩くMP3プレーヤー。操作も覚えた。お気に入りのヘッドホンをして好きな曲を聞いている。周りの音が聞こえる程度に小さい音量で聞いている。

お気に入りのヘッドホンをつけて

✿

蒲郡花火大会に行く。花火の大きい音は平気です。例年通り三尺玉が上がると、とても盛り上がって感情を出せている。

✿

ラムネを開ける時は一人で開ける

夏休みに父親の実家（岡山）に行く。倉敷美観地区で買い物をする。

マスキングテープ専門店では無料で紙袋貼り付け体験。10分制限だが、時間も気にせず一生懸命のめりこんでしまう。花火をテープで表現していた。

✿

倉敷美観地区で鯉の餌やりをやる。一握りの袋に餌が入っている。一粒ずつ投げるのでとても時間がかかる。川には驚くほどのかなり大きい鯉がいる。大きい鯉に餌をやると、素早い小さい鯉に餌をとられて悔しがる娘。白鳥もいる。「見て！　見て！」と言うので「あの鳥は白鳥って言うんだよ。近くで見ると大きいね」と話す。

美観地区での買い物では友達にお土産を買うと言って、数を数えながら購入。

✿

岡山の祖父母宅に、従姉が犬を連れて来た。犬が甘噛みをするので娘は尻込み。隅っこに隠れる。しかし気になるのか恐る恐るなでていた。

✿

岡山の曾祖母（98才）の住んでいる瀬戸内海の島へ海水浴に行く。一日中、海で遊ぶ。従姉が「麻友ちゃん元気じゃなあ。疲れないのかなあ」と言うくらい遊ぶ。海に入ったり砂浜で砂遊びをしたり、従妹とバレーボールをして楽し

鯉に餌やり中

観光地といえば「ラムネ」です。ラムネを開ける時は一人で開ける。

中学２年の双子の従姉と（本人左）

海水浴へ行く前に従姉弟と一緒に（本人左から２人目）

中１

む。娘には加減を知っている双子の従姉たち。

従姉たちとはとても仲が良く、おしゃれの話や学校でのことでもよき相談相手です。

✿

「間違いなく和太鼓にハマります」

絵のなぞり描きをよくやっている。電気のつく台を使って、絵の上に紙を置き透かしてなぞり描きをして遊ぶ。細かいところまで時間をかけて写している。

✿

小学校低学年の時に作った時計が読めるようになってきた。公文の宿題で時間を記入する時に使ったり、朝の支度の時などに使って重宝している。しかし約束事での時間はとても適当。

✿

市内に和太鼓教室があり2回目の見学体験に行く。時間帯都合により高校生以上のクラスを見学した。指導の先生から「たたいてみませんか？」ということで大人数名の中で体験した。バチを持って立つもののたたかない状態。

相談すると「しばらく無料見学で来られてはどうですか？　中学生までのクラスでも全くたたこうとしない子もいます」と提案してくれる。このたたけない壁を乗り越えればいいが。

教室見学では一つの太鼓で、先生が娘と2人でたたいてくれた。娘は「すごかった。すごかった」と感心するばかり。

✿

大阪に、ダウン症と和太鼓の相性の良さをうたって20年近く活動・研究されている方と出会う。棒立ちのままたたこうとしないことについてアドバイスをいただく。「麻友さ

魚釣りで釣った魚は、平気でわし掴み。小さいカニも掴む。

念願だったゴムボートに乗る。従姉にボートの漕ぎ方を教えてもらう。一生懸命教えてくれていた

シュノーケルも付けて遊ぶが、水に顔を付けると、反応的に息を止めてしまうようだ。

中1

んの小さな変化や戸惑い、また自信にいかに気付いてあげられるかだと思います。要は、いかに打てるようになるかというより、何故、迷っているのか困っているのかにフォーカスしたアプローチの方が重要だと思います。大きなフリや大きな声は太鼓初心者には非常に高いハードルです。少しずつ、自信に比例して大きくなることと思います。それができるようになると、間違いなく和太鼓にハマります」と教えていただく。本人は「太鼓は楽しい」と言う。何も全く学んでいないことは無いはず。部活の時間も大切に過ごせていればいいが。

✿

太鼓教室の見学で、指導先生に部活での様子を話す。そうこうしているとバチを出しはじめた娘。構えやフリなどを、笑顔でエアー太鼓を先生に見せる。先生は「形はやれてますねえ」と先生もバチを取り出して太鼓の前に。先生が娘においでと手でジェスチャーすると満面の笑みでバチを持って嬉しそうに太鼓に向かって走って行く。あら!?と思っていると最初は恥ずかしそうにしていたが、先生が「手を高く上げて構えて」と言いながら「そーれ!」と二人で一緒にたたき始めた。「打ち方もできているし、今度も無料見学としてでもいいので来てもらって基本練習だけまずはやってみませんか?」と言ってくれる。「その時も声をかけてやって見てもらえますか?」と聞くと「はい。わかりました」と言われたので「わらをもすがる気持ちで来ました。部活も入ってもう後戻りはできません。何とかたたけるようにしてやってもらえませんか?」とお願いすると「わかりました」と答えてくれた指導先生でした。とても嬉しかった。

✿

指導先生と話しをしている合間にも大鏡の前でエアー太鼓をする娘。バチ2種類と篠笛も見せていた。先生がバチ回しを見せてくれると、娘も先輩に教えてもらったと言ってバチ回しを見せていた。

✿

なぞり絵

自作時計

笑顔で先生と一緒に

初めてのビリヤード

極小アイロンビーズ

パソコンに興味を持つ

ゴルフ道具リニューアル

皆がいてくれるから麻友がいれる

Kみうさんとは学校でも会えるが、公文で会えることも楽しみにしている。学校では、公文へ行くことを確認しあっていることもある。すごく疲れている日でも公文へ行くと言う。公文へはKみうさんの妹も来ていて、勉強後は仲良く遊んでいる。

✿

ビリヤードに連れて行く。父親のタブレットでもやっているゲームで、以前から興味があるようだ。15～30分くらいで飽きるかと思いきや1時間やる。終始楽しんでいた。大人用のキューしかないのでぎこちないが何とかやっていた。入るたびに「やったー」と喜んで楽しさが少しわかったかな。テレビでビリヤードの映像が出ると「ああ！パパ！これやったよねえ」と言っている。また時間があれば一緒に行こうと思う。

✿

極小アイロンビーズに挑戦。通常5ミリ／粒のサイズだが、これは2・5ミリ／粒サイズ。かなり小さいが、やりたいというので挑戦させる。ピンセットを使って根気よく作る。

✿

父親が資料を作っていると興味しんしんに見てくる。「やってみる?」と聞くと「やりたい」と言うので、ローマ字打ちを挑戦させた。パソコンではひらがな打ちもできるが、一般的にはローマ字打ち。【ありがとうございました】をローマ字表を見ながら一生懸命打っていた。

以前持っていたゴルフ道具の一本が折れてしまい、長さも短くなってきたのでゴルフ道具を新しく（中古）購入する。商品が届くととても喜んでご満悦。ゴルフはマイペースでのんびり打っている。店員のお姉さんが打席の清掃に回って来ると、嬉しそうに話をする。練習終了後は店員部屋に行っておしゃべりするほど。会話に割り込もうとすると「ちょっと！　パパ！　今話してるんだから黙ってて」と言われる。

✿

ある休日の日、昼食は外食になる。何が食べたいかを聞くと「ちょっと待って考えてるから」と言う。しばらく時間が経ち「ハンバーグが食べたい」と言うので、お店の場所をいろいろ聞いても全て「違う」と言う。すると「こっちをまっすぐ、この信号をこっち…」と言いながら道を教えてくれる。行ってみるとなんと3～4年前に一度だけ行ったことのあるお店でした。記憶力に驚く。しかもその時に、イベントの合間の昼食中だった小学校の教頭先生と先生方とスクールガードの方々にも来店していて出会った時のことも覚えていたのでビックリです。

✿

娘の誕生日に、Tみうさん姉妹からプレゼントをもらう。学校でTみうさんの文房具を見て欲しかったようで、同じものをプレゼントしてくれたのです。Tみうさんとは小学校1年生からの友達。いつも仲良く接してくれて気にかけてくれる友達です。今では姉妹で仲良くしてくれています。手紙ももらう。【楽しくて明るい麻友。気が付くと麻友の周りにはたくさんの友達が集まっていて、そんな麻友と仲良くできるのがとてもうれしいよ。】と書いてくれていた。文章がとても純粋です。皆がいてくれるから麻友がいれると感謝するばかり。皆ありがとう。

Tみうさんと妹さんにお礼の手紙を送る。手紙を読んでくれた妹は会える機会が少なくなったことで「麻友ちゃんになかなか会えないなあ」と言ってくれていたようで嬉しいです。

✿

誕生日の朝、まこさんが「今日学校から帰ったらプレゼント持って行くから、ピンポン鳴らしたら出てきてね」と約束したようだ。帰って来ると「今日、まこが来てくれるから」と教えてくれる。しばらくすると誕生日プレゼントを持って来てくれたのです。とても喜んでいた。友達に会えるだけで嬉しいようです。

✿

誕生日に、腕時計（Baby-G）をプレゼントした。祖母から は、かわいいカジュアルなリュックをプレゼント。本人は「もうすぐ誕生日だよ。私、精文館（本屋）にあるキラキラのペンがいい」と言うのです。欲がない。学校で皆が持っている文房具を見ては、どこで買ったのか聞いているようだ。

✿

母方の大好きなおばあちゃんと従妹と仲良く遊んでいる。

大好きな母方の
祖母といとこ
（本人は祖母の隣）

中1

「最近、麻友大丈夫?」

体育で剣道をやる。家で剣道の形をやっていた。形になっている。

Tみうさんと一緒にやったと教えてくれる。

✿

体育授業でタグラグビーをやった時。4人1組での競技。メンバーを教えてくれる。タグを取ったと喜んでいた。役に立てたかな。いろいろなスポーツを経験できて勉強になっている。

✿

席替えで隣の男子の声が大きいから嫌だと言って泣いてしまう。先生から男子に話をしてくれてその生徒も気をつけてくれる。その後男子生徒は、給食当番で娘がやりたいパット係りを代わってくれる。仲良くしたいと思ってくれている優しい男子生徒。しばらくして娘に聞くと「仲良くしてる」と言う。

✿

Tみうさんが娘の教科書に「このページをやる。○付けはしない」と付箋にメモをしてくれていた。友達の親切に応えて本人なりにでもがんばってほしいです。

✿

理科の実験で「氷を使って…膨らんで…」と教えてくれる。液体~気体の実験でしょう。実験は好きなようで、新しいことには興味しんしんになる。

✿

テスト前には答案の書き方や書くところを教えている。特に選択問題は書くように言っている。

期末テストでは、テストへの意気込みを感じたということを聞いて驚いている。周りの雰囲気を感じていたのでしょう。

✿

一時期、すぐに頭が痛いと言っていた時があったが言わなくなる。保健室の先生にも会いたいからなのか。保健室の先生も好きです。

その時期に、友達からは「最近、麻友大丈夫?」と心配してくれていた。いつもの元気な麻友ではなかったようだ。家では不調な雰囲気は感じない。

✿

友達がノートを借してくれた。娘がお願いするのか、皆が心配して借してくれるのかわからないがとても助かる。

✿

「今日の麻友は絶好調だった」

合唱コンクールの練習は慣れてきて歌い始めた。初めてのことには時間がかかるが逃げずにやれることが増えている。友達から「麻友が歌ってくれたからパートリーダーが喜んでくれてたよ」と言ってくれていた。その日は「今日の麻友は絶好調だった」と嬉しそうに教えてくれる友達です。

✿

Kみうさんの妹が娘の似顔絵を書いてくれたと嬉しそうに見せてくれた。公文ではプリントを早く終わらせて遊んでいる。その時間がたまらなく楽しみなようです。迎えに行くと楽しそうに遊んでいる子どもたち。別れの時は名残惜しそうです。

✿

和太鼓のイベントには「声出しだけでも行く」と参加している。太鼓を輸送するためのトラックを運転している教頭先生には「いつもがんばっていますね」と褒めて下さります。娘の手伝いをしている姿も見かける。副顧問先生が指示をしてくれる時もある。やることがわかると自信を持って手伝えている。

✿

ほめほめびんごで使った紙をもらって来た。内容がとても素晴らしくて涙が出るくらい嬉しいコメント。皆よく見てくれている。クラスがまとまっているのがとても感じとれる。

✿

帰って来ると必ず靴を揃えて部屋に上がる。出先でも揃えている。特に教えたわけではないが感心する。親も見習わないと。

✿

太鼓のイベントに出かけた時、保育園時代の園長先生に会う。園長先生も娘を見つけてくれて声をかけてくれた。娘も園長先生のことを覚えていた。

✿

朝、先輩のりょうさんと会う。「おはよう」と言ってくれると、ニコニコして「よぅ！」と言うのでビックリ。父親が「先輩なんだからおはようございますでしょ?」と言うと、りょうさんが「先輩と思ってないでしょ?（笑）」と言うので「先輩って言うより、お姉さんみたいな存在じゃないの」と言う父親。

りょうさんと進路のことを話していると、りょうさんが「もう来年卒業だ。そしたらもうバイバイだね」と言うので、父親が「卒業しても同じマンションだしいつでも会えるじゃん」と言うと「まあそうだね」なんて話をしながら途中から、りょうさんと二人で嬉しそうに登校して行く。

✿

宿題をやろうと思って英語の教科書を見ると、2ページにわたって読み方が書かれていた。友達が書いてくれたのでしょう。書いてと言うのか皆が書いてくれるのか、いずれにしてもありがたい。

✿

学校が楽しい

合唱コンクールは頑張って歌う姿があった。指揮担当のKみうさんを見て照れ笑いをしていた。緊張している感じはない。歌が始まるとボソボソ歌っていたが後半になるにつれて口も大きく開けて、指揮者を見て真剣に歌えていた。

成績は最優秀賞。「最優秀賞1年2組！」と言われて喜ぶ娘のクラス。2～3年生からも「おめでとう！」と祝福の声が。しかし何故か娘は「1年1組の歌がよかった」と号泣する。号泣して体育館から戻れずに友達がついてくれていた。素直に喜んでほしい。先生と皆が賞状を見せて「1位なんだよ」と教えてくれてやっと納得したのか落ち着いたようだ。ちょっと天邪鬼なところがある。最優秀賞1年2組と聞いた時はドキッとした。曲「大切なもの」いい曲でした。

✿

初めての文化祭だったがとても盛り上がる。娘は楽しめたのだろうか。帰ってくると英語スピーチをしていた。とても素晴らしい文化祭の二日間。

✿

父親と一緒に登校して別れた後。グランド越しに見ていると、スキップして昇降口に向かう。学校が楽しいのがとてもよくわかる。グランド越しに見ていると運動部の生徒に不審者的な目で見られた父親。不審者じゃないよ。気を付けます。

皆と真剣に！
（本人前列右から５人目）

✿

和太鼓のイベントがあった町内運動会でのこと。参加していたマンションの方が娘を見つけてくれた。その方が「帰ろうと思ってたけど麻友ちゃんがいたから演奏を見ていったよ。がんばってたね」と言ってくれました。声だしだけですが旗持ちでがんばっていた。

✿

寒い日の登校の時、寒くて涙が出ている。父親が拭きなさいと言ってハンカチを出していると「もういいから。早く行きたい」と怒り口調。皆に早く会いたいのです。

✿

テストも皆と受けることが大切

期末テストがあった日「テストで記号書いたよ」と教えてくれた。要領がわかって来たかな。

テストが帰ってきた時「テストで点数取れたよ。英語は六点とったよ」と喜んで教えてくれた。国語・英語・技術・音楽それぞれ一桁だが点数をとってきた。答案用紙の記号部分は書いていた。音楽では赤トンボの作曲家を【山田耕筰】と漢字で書いていたのには感心。先生方の書いて下さるコメントは親としてもとても前向きになれてうれしく思う。点数がとれたら褒めてやっている。娘に「今度もテスト勉強頑張ろうか？」と聞くと「うん」と言う。点がとれたことがよほど嬉しかったのです。1日中行うテスト。その時間はどうやって過ごしているのかも気になる。皆と受けることが大切。

✿

学校で乳歯が抜けて「友達がおめでとうって言ってくれた」と教えてくれた。抜けた歯をティッシュに包んで持って帰ってきた。

✿

下校時に母親の迎えが遅かった時。職員室に行く。中にいた先生に「迎えがまだなので電話してもらえませんか？」と自分でお願いしたようだ。トラブルになった時、困った時にはどうすればよいか判断して行動できた。

✿

まだ実感のない進路

職業インタビューでは父親の知り合いの所に行く。市の施設。丁寧に答えて下さいました。インタビューには40分程度かかったが、自分で全部聞いてメモをとっていた。終わった後は「今日はありがとうございました」とお辞儀をする。

✿

【冬休み前に今日までの自分を振り返ろう】アンケートでは、親が質問形式で聞きながら確認して文章を書かせた。五段階評価のところは【すごくがんばった。ちょっとがんばった。ふつうにがんばった。がんばれなかった。ぜんぜんがんばれなかった。】に分けて聞く。教科ごとの成果を聞くと全てがんばったと答える。

✿

中学区内の小学校で町内会祭りのイベントがあった。1曲の中で先輩と2人でササラ（楽器）を担当。イベント初出場。先輩が鳴らした後に続いて鳴らしていた。終了後の片付けもしっかりできていた。

地元の町内の方が太鼓を運んで下さっていた。演奏終了後は運転手さんたちが歌謡ショーを見てから運ぶことになる。そのため生徒も演歌を聞いて帰ることになる。プロの歌手の方がトーク中に「覚えてくれたかな？」と声をかけられる娘。首を軽くかしげながらニッコリ。楽しんでいた部員たちです。

ササラで出場（本人中央）

✿

先生から進路の見学案内をもらう。見学校はおおよそ検討しているが行かないといけないと思いつつも、毎週末あった部活のイベント参加が必死で行けていない。

進路について、本人は実感がないようだが中学の次は高校というのはわかり始めている。3年間の月日が流れるのは速いということで、1年生の今の時期から早め早めに動いてくれる担任先生です。

細かい作業が得意

言語訓練の所長先生より「言語訓練も大切ですが、それよりも学校で皆の中にいることの方がもっと大切で一番の勉強です」とのこと。中学になって言語訓練に、なかなか通えてないが辞めるつもりはないことや、行ける時は指導してもらえるようにお願いしている。

✿

親がやろうと思って番号塗り絵を買う。しかし娘がやりたいと言って一生懸命塗っていた。

細かい大人の塗り絵でもコツコツと塗っている。薄い線などはサインペンでなぞり細かい作業は得意です。

番号塗り絵に熱中

繊細な絵をトレース

✿

公文から帰る時には手を前にそろえて深々とお辞儀をして「失礼します」と言って帰る時がある。先生が「女性らしくなったねえ。先生も見習わないと」と言ってくれる。

✿

公民館文化祭にアイロンビーズを出展。時間がある時にコツコツ作っていた。友達が「見たよ」と声をかけてくれたり、教頭先生も見てくださり褒めてくれました。男子がいたのでこれ「麻友が作ったんだよ」と言うと「え！」とビックリして「すげー」と言ってくれる。

公民館ボランティアの方で娘を知っている方が声をかけてくれた。「今日は娘さんは？」と言うので「和太鼓部なので皆と来てますよ」と言うと「わー！」と驚かれていた。「見に行くわ」と言ってくれたので「たたかな

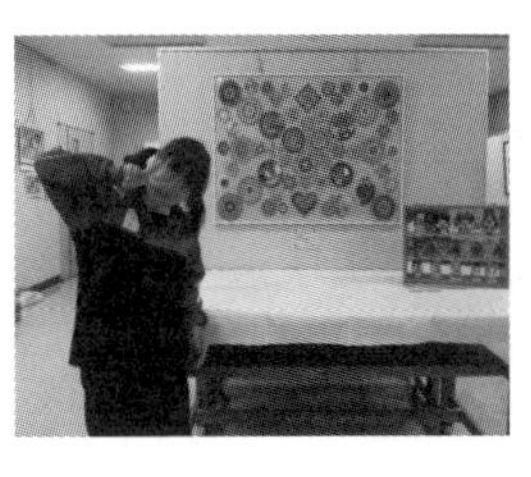

アイロンビーズで出展

いですけど声だししますよ」と教えてあげる。

✿

家族揃って食べられることが楽しみ

娘自作のアンケートを父親が書いていた。適当に書いていた父親。それを見ると「パパもっと書く時は丁寧に書いて。もうパパ字が汚いんだから」と言うので「それは仕方ないじゃん」と父親。言い返すようになる。

✿

「スーパーに買い物に行くけど一緒に行く?」と聞くと、家にいると言うので留守番をさせてみた。遊びたかったようだ。10分程度だが留守番ができた。

✿

父親がうたた寝をしているとそっと布団をかけてくれる。

✿

父親が一人で出かけた時、駅のホームで娘の小学校時代の友達に会う。周りの目を気にすることもなく手を振ってくれる。娘のおかげで友達も父親の顔を覚えてくれている。

その子はマラソンで、いつも娘と一緒に最後まで走ってくれていた。娘には順位より最後まで走ることを目標にさせていた。もうすぐマラソン大会があるが、最後まで走れるはず。小学時代ではゴール間際の声援を独り占めするのが気持ちいいことを知っている。

✿

「パパ一緒に晩御飯食べれる?」と聞いてくる。家族揃って食べられることを楽しみにしている。

✿

バラエティ番組を見ていると、フィヨルドが出てきた。ちょうど社会でやっていたので「こういうところをフィヨルドって言うんだよ」と教える。地形を見るよりフィヨルドという聞いたことがある字幕を見て興味を持っていた。

✿

公文ではKみうさん姉妹と仲がよくて手紙を書いてくれる。「麻友ちゃんは漢字もたくさんかけてお手紙上手だね。

ビリヤードと卓球をやる。楽しかったようで「次はママとばあちゃんと一緒に行きたい」と言う。卓球は1〜2回程度なら打ち返してくる。珍しく汗をかいて遊んでいた。

冬休みになったら遊ぼうね。麻友ちゃん大好き」と妹さんから手紙をもらう。とても仲良くしてくれる。

✿

公文で迎えを待つ間、先生に太鼓の指導していた。思ったようにやれてないと「違う！」と言っていたようでお相手申し訳なかったです。

✿

支援学校のお話

通常クラスに通っている子供のお母さん方の集まりに行きました。その時には、大学生さんも勉強に来ていた。教員を目指している方で話を聞いてみたいということでした。弟さんが自閉症で中学から支援学校に変わったそうですが、皆と一緒にいた時の弟のほうが楽しそうだった。学校を変わったらとても寂しそうで皆と一緒にいたほうがよかったのに、と思っていると教えてくれた。高校は支援学校高等部で、３年間は就職のために時間を費やし一般的な楽しみを知ることなく生きるのはとてもかわいそうだ、と言っていた。就職をと考えて支援学校を選択する人が多いが、弟が通っていた支援学校では作業所のイベントに顔を出す生徒を優先で受け入れるのが現実。希望しても入れないあふれる生徒は結局親が探すことが多いと教えてくれた。しばらくしてその学生さんは教員試験に合格したと一報があった。ハンディあるお子さんがいても私は見られるような力をつけていこうと思っている、と言われていた。

✿

テレビ番組の録画を見ているとＣＭも見る娘。早送りはしないのです。ＣＭも好きで見ている。父親がＣＭを早送りしようとすると、娘にリモコンを取り上げられる。

中１

お腹が痛くても部活もマラソンも休まない

生理時期にお腹が痛い朝でも「学校へ行く」「部活は行く」と言う。「車で連れて行ってあげようか」と言っても「歩いて行く」と言うが、とても辛そうにしていて時間がない時には車で連れて行く時がある。

✿

席替えの時には、隣に座って欲しい男子の名前を書くようで積極的な面もある。

✿

部活の先輩4人くらいに名前を書いてほしくて、一人で上級生側の建物へ行ってしまう。上級生側の建物へ行くことは禁止で、行く時には先生が一緒について行ってくれる。

✿

上級生側の建物へ行ってしまった時のこと。チャイムが鳴っても帰って来ないことがあった。先輩に会いたいのでしょう。ルールを守るように注意した後はあまり行かなくなったようだ。

✿

土曜練習の朝、なかなか起きないので「部活休むの？」と聞くと「行くよ！　こゆきちゃんも来るから」と言う。部員たちの関わりでも「○○ちゃんが壁ドン教えてくれた」とか「○○が肩に肘をかけてもたれて来た（笑顔）」といろいろと教えてくれる。

✿

マラソン大会の日に生理が来そうで「生理が来そうだけど大丈夫なの？」と聞くと「大丈夫だよ。最後まで走れるよ。お腹は重たいけど」と言う。本人が言う時はだいたい大丈夫です。

土曜練習の時に連れて行くと、おもむろにリュックを置いて一人でランニングを始める。皆は走ってなかったので走らなくてもいいのではと思うが、サッと走っていってしまいコースを一周していた。

✿

技術で作った完成したラックを見せてくれた。「ノコギリ

マラソン完走

で切って、かんなでこうやって…」と楽しそうに教えてくれる。補助もあったようだが、しっかり作れていた。娘が作業したと思えるノコギリ跡・かんな跡が確認できた。

✿

クラス競技の縄とび大会。本番では参加もできて「縄跳び出来たよ」と教えてくれる。本番でも入って行くタイミングを友達がとってくれて一回跳べたようだ。

✿

マラソン大会本番1・2キロでは最後になっても諦めず走り続けた。歩くこともなく。友達のお母さん方も応援してくれたのは嬉しかった。しかし母親が応援すると不機嫌になる。ゴール後には体育の先生が声をかけてくれて機嫌回復。

✿

部活イベントで演奏した曲を車の中でも聞いている。聞きながら唱歌をしたりエアーをしたりしている。曲名もしっかり覚えていて「これは○○」と言って唱歌をしている。

✿

通級はやらない！　高校も皆が行く所へ行くよ

三者懇談は1時間以上対応してもらう。我が家はいつも長くなってしまって先生には申し訳ない。学校でのことや進路の話ができた。先生が娘のことをとても考えてくれていることがよく伝わって来ます。

懇談中、本人は先生が言っていたことをずっとメモをとっていた。帰るとメモを見せてくれる。内容がわかる程度に書いていたので驚く。

✿

「学籍は通常クラスで、国語と数学だけ通級はどうですか」という先生から提案がある。

本人に聞いてみた。小学校の時にも通級の経験をしていたので感触はわかっていた。一応聞いてみた。

父「国語と数学や授業は難しい？」

麻「めっちゃ難しいよ」

父「国語と数学だけでも支援クラスでやってみる？　小

学校の時、○○先生の所行ってたでしょ。あんな感じで」
麻「ん？ それはダメでしょ！ 私わかるからいいよ！」
父「難しくてもやっていける？」
麻「大丈夫だよ！」
と言っていた。あまり言っていると怒り始めるので、この程度でやめた。

✿

続いて話の流れで高校も聞きました。
父「高校はどうす…」と聞く間もなく
麻「皆が行く所へ行くよ」と言う。
父「でも高校は皆いろんな所へ行くからバラバラになるんだよ」
父「今の友達とは離ればなれになるけどまた新しい友達もできるかもね」
麻「おお！（笑顔）」
父「じゃあ宿題や提出物をちゃんとやらないと駄目だねえ。行けるかねえ」と言うと。
麻「行けるよ！」
父「おお！いいねえ（どこからそんな自信がでるのだろうか）」

宿題を習慣づける

✿

理科の授業でのことを教えてくれた。「コップの周りに水をつけて指先でなぞると音が出るんだよ」「太鼓の前にろうそくを近づけてたたくと消えたよ」等々教えてくれる。新しいことにはとても興味を持つ。

✿

父親がとある作業を終えるのを見た娘が一言「グッジョブ！」と英語で言ってOKサインをする。学校生活や英語の時間にも聞いているのでしょう。

✿

数学の宿題では、４X－マイナス３＝２X＋３などの方程式を書く時に「…エックス、マイナス…イコール…」と読みながら書いていた。授業でプラス・マイナス・イコール・エックスと勉強したのでしょう。
X：３＝４：５という問題では：を何と読むのか気になっていた父親。しっかり「エックス対…イコール…」と言いながら：を書いていた。

✿

冬休みに一日中しっかり遊ぶ日を設けた後日、宿題ＤＡ

Yと称して宿題の集中日を作った。その日はAM9：30〜12：00とPM2：00〜4：00まで計5時間30分程度みっちり座って宿題をやっていた。かなり進む。

✿

冬休みの宿題で、毎日1ページはやると決めた国語と英語は必ず書いていた。習慣づいていた。一気に数ページやるとなると辛いが毎日1ページだけだと進んで書けた。

✿

体育前の休憩時間、「ポピッ！」と言ったら鬼が交代する鬼ごっこをやっているようだ。「麻友ちゃんが考案した鬼ごっこだよ」とKみうさんが教えてくれる。

✿

一つ壁を越えた太鼓の練習

部活の集合時間前には、吹奏楽の部員数人が「麻友〜おはよう、あけましておめでとう〜」と寄って来てくれている生徒もいて笑顔だった。

年明けの初打ちの部活練習を見学させてもらう。まずは基本練習から太鼓に入って行く。端っこで棒立ちになっているのではと思っていたが、皆の中で基本練習をしていた。足を踏ん張り、しっかり腕を上げて構えていた。強弱では低い姿勢から高い姿勢へと変えてたたいていて練習できていた。

部活の練習
（本人中央、お下げ髪）

数種類の太鼓も使い分けてたたいていた。普段よりも姿勢がよかった。

✿

「清流」という曲の練習にも挑戦していた。所作は複雑で難しいようだが、自分なりにがんばっていた。先輩が教えてくれたり、周りのメンバーが気にして見てくれていたり、曲内での動きも手を引っ張ってタイミングを教えてくれたりと、支えあう姿に涙が出そうでした。助け合う生徒たちの姿に感動。当時の自分たちのことを思い返して大人になって思うと、まさにこの姿こそが中学部活の良さではないかなと思っている。

中1

顧問先生が「麻友さんここ（長胴太鼓）に入って」と指示されると、ばちを持ってさっと入っていく姿がある。昨年聞いていた内容より成長している。何かきっかけがあったのでしょうか。一つ壁を越えた感じがする。

いつもは体の動きが少ないようだ。しかし親が来ているのでがんばったのか、顧問先生からは「体がいつもよりよく動いていました」と聞く。見学に行く前、娘に「見学行ってもいい？」と聞くと「いいよ」と言っていた。嫌なら駄目だと言うが、いいよと言うことからしてもがんばるだろうとは思っていたが予想以上だった。

✿

演奏での反省や気になる点が無いかを聞いていた顧問先生。娘が意見を言う。皆に聞き取れたかどうかはわからないが、先生が復唱してくれて皆に伝えてくれる場面もあった。「自分の考えを言えることはいいことだよ」と褒めてくれていた。

✿

1年生だけの練習にもしっかり入れ、顧問先生からは「すごくがんばっていますよ」と教えてくれる。

✿

家では右手に鈴を付けたリストバンドをして練習をしたり、いろいろ試している。

✿

部活があった日。祖母と会った時「ばあちゃん、今日太鼓の音聞こえた？」と聞く。「聞こえたよ。麻友ちゃんががんばっているんだなあと思ってたんだよ」と言ってくれた。祖母の家は中学校の近くなので音が聞こえる。

✿

ちょっとずつがんばればいい

立体的な絵を描く。美術で作った花瓶の形を絵に描いて教えてくれた。

✿

かほさんからの年賀状に「難しいことでもがんばっている麻友の姿がすごいと思うよ」と書いてくれていてうれしい言葉です。学校では諦めずに物事に挑戦できているのでしょうか。

✿

「今日はバレーがある（喜）社会もあるし理科もある」「バレーはこうやって（レシーブの形）打って、こうやって（トスの形）ポンってやるよ」と体育を楽しみにしている。「みうとロイとチョキとやるよ」とニックネームで話しをする。友達の輪にいる感じが受け取れます。

✿

授業参観。美術を見学する。補助の先生も入っていて、のめり込みがちな娘への時間終了などの声かけのタイミングも絶妙。全生徒を見ながらの感じの補助で良い感だった。

✿

漢字テストがあったが追試になる。覚えやすそうな漢字を中心に覚えさせた。記憶力はあると思うので、可能な限り少しずつ増やして覚えさせた。字体のつくりにわかる字がある場合は覚え易いようだ。例えば、椅子（木でできた大きいやつで子供が使う）、闇（くらい門の所で音が小さくなる所）という感じで教えた。さて追試は何点でしょうか。

✿

土曜日部活でのこと。その日は30分早く始まることを知らずに定刻に部活に向かう。時間を間違えたのかと思い顧問先生に尋ねると、前日の金曜日に「部活を休みます」と担任先生に伝えていたようだ。何故だかよくわかりませんが、その日も行く気満々で「私たたくよ」と言っていた。何か勘違いをしていたのか、もしくは急な予定変更によくわからなくなり休むと言ったのか。顧問先生には、よほどのことが無い限り部活を休むことはないことを伝える。

✿

「忍先生やさしいよ」と笑顔で教えてくれる。毎日安心して学校へ送り出すことができます。

学校であったことや、自分ができたことや、できなかったことも、いろいろと教えてくれる。できなかったことは残念そうに話すので「気にしないでも全然いいんだよ。パパもママもできないこともあるんだから。麻友なりにちょっとずつがんばればいいから」と話をしている。

するとケロっとしてまた楽しそうに話をしてくれる。

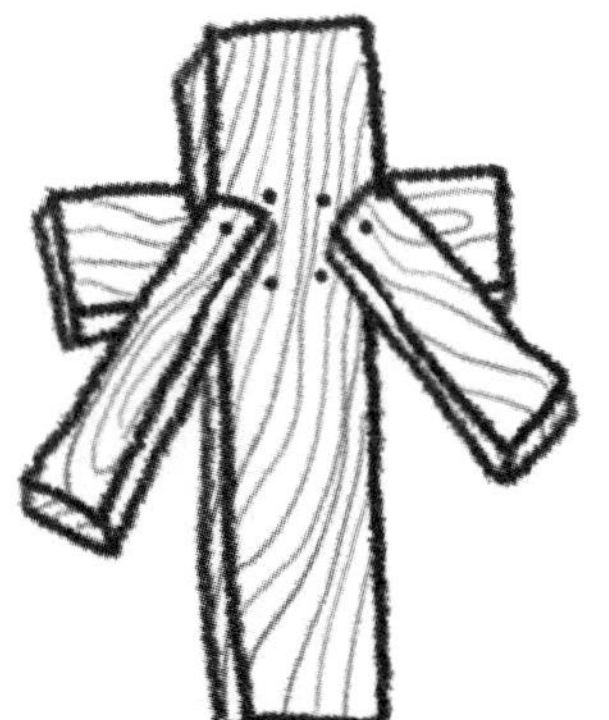

中1

「サンタさんってどこから来るの?」

2才から利用しているディサービス「キッズサポート」では娘と会えるのを楽しみにしている友達がいてくれる。利用日に行くと入り口で待ってくれる友達。娘はテンションが上がるかと思いきやポーカーフェース。帰る時も「麻友ちゃん明日は来る?」と聞いてくれるが「明日は学校だから来れないよ」と言うと残念がる友達です。

✿

年賀状シーズンがやって来ると、数名の友達が「住所教えて」と聞いてくれる。娘も友達に住所を教えてもらう。保健室の先生にも聞いていた。自分で聞いているようだ。

年賀状は、本人分だけでも結構な枚数になる。書けるのか心配だったが本人が皆の住所を聞いてきただけあって全て書きあげた。

✿

近くのスーパーに大好きなダンスグループが来た。ペンライトを遠慮ぎみに振ったり、サイン会と写真撮影では上機嫌。撮影は二枚撮る。一枚はメンバーと普通に撮り、もう一枚は自分が指定した格好でメンバーが同じ格好をしてくれる。自分が希望する格好をメンバーに伝えることもできていた。

✿

サイン会も2回。2回とも希望のメンバーに行けた。一回目はリーダーの所へ。手紙を渡すと「手紙ありがとう」と言ってもらえた。手紙には学校のスピーチでダンスグループの紹介をしたことや給食の時に曲がかかることなどを書いた。2回目は違うメンバーの所へ。何とそのメンバーから「久しぶり――!」と言ってくれたのです。以前控室テント前で娘だけが出待ちをしていたこともあったためか覚えてくれていたのでした。

✿

クリスマス時期に「サンタさんってどこから来るの?」と聞かれて驚く父親。とっさに「パパも寝てるからわかんないんだわ」と答えると不思議そうにしながらも納得して

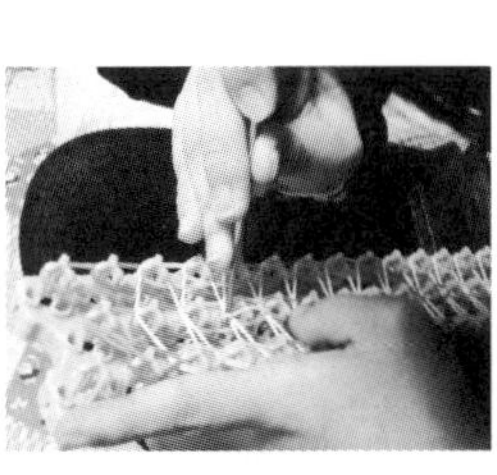

クリスマスのプレゼントはゴムでアクセサリーを作る「ファンルーム」というキットをプレゼント。細かい作業ですが根気よく作ります。

いた。驚く質問をしてくるようになった。

✿

いつまでも仲良く！

公文でKみうさんが漢字の宿題をやりながらお互い何かを話しあっていた二人。それを見かけた公文の先生。これはと思い少し難しい漢字プリントをやらせてくれる。やってみると問題の意味がわからないようでした。その日はKみうさんが先生の代わりに教えてくれる。本人も忙しいのに申し訳ないです。終わるとお楽しみのKみうさん姉妹と4人で自由時間。

✿

公文先生いわく。「Kみうさんは、麻友ちゃんがしゃべっている言葉を毎日聞いているためか、私たちが聞き取りにくい話も聞きとれている」と言っていた。親でも聞き取りづらい時はある。

公文の宿題で「-1＋（-1）＝-2」と言っていた。概念はないと思うが驚いた。

✿

市内の図書館にて、仏像や歴史的建造物の写真集を見ていた。そこに宇治平等院鳳凰堂が出ているのを見ると「ここ10円のところだよ」と教えてくれたのです。

「おお！　そうなのかぁ。麻友ちゃんすごいなあ。よくわかったねえ」と父親。

名前まではわかっていないが10円玉の所だというのがわかっているようだ。

学校で勉強したのでしょう。

✿

冬休みにKみうさんが遊びに来てくれました。姉妹三人で遊びに来てくれたので娘は大喜び。

終始4人で仲良く遊んでいた。Kみうさんと妹もとても喜んでくれる。すでに春休みも約束しているのでした。いつまでも仲良くしてほしいと願います。

✿

冬休みの宿題で数学をやっている時、下書きで父親が答えを　９１０円と書いていた。「パパここ答えのAって入れないと」と言いながら「A　９１０円」とAを書き足していた。自分で書きなさい。

✿

和太鼓教室に正式入会する

本人宛の年賀状が来ると嬉しそうに読んでいた。「かわいい絵　かわいい　かわいい」と喜ぶ。

✿

ローマ字で「MAYU」と書けるようになる。アルファベットのNを逆に書いてしまう癖がある。

✿

市内でやっている和太鼓教室（小学〜中学）に正式入会する。

右側が本人

先生も交代して新しい先生の体制で月2回。小学4人と中学1人（娘）の計5人の少人数でやっている。

✿

当初はその教室でもたたけなかったが今ではたたいている。「基本練習」と「太鼓ばやし」の練習をやっている。数分間の連打も諦めずたたく。

✿

先輩が教えてくれたと言ってバチ回しを見せていた。先生が「おお！　麻友さんすごいねえ。先生は外回しは得意だけど内回しは苦手なんだよ」と話していた。

✿

公文にて。帰る時にKみうさんの妹の、にこちゃんに「飴もらった？」「これ（水筒）忘れないでね」とお姉さんらしく話かけていた。

✿

人の姿をした仏様

「○日の日曜日に、ばあちゃん家でお坊さんが来て皆でお経をあげるからね」と言うと「ああ。こうやって（焼香のジェスチャーをする）やるやつ？　おばさんも来るの？」と言うので、よく聞いていると4年前の法事のことを言っていた。よく覚えている。その記憶力を勉強に活かしてほしいと願う家族でした。

✿

法事にて。お坊さんがお経をあげている間正座のままずっと座れていることができた。

お経の途中休憩では、即座に一番最初にお坊さんにしゃべりかける。場が和んで安心した大人たち。積極的なところに驚く。お坊さんの姿格好が歴史の人物を思わせたようでどうしても聞いてもらいたかったことがあるようだ。「社会の歴史で……お寺が……修学旅行で……」と社会では歴史を習っていることや、修学旅行ではお寺を見て周ったことなどを一生懸命説明していた。お坊さんはしっかり聞いてくれる。自分から積極的にしゃべろうとする。

✿

更に父親の数珠の覗き玉を見ていた娘がお坊さんに「この中に誰かの絵が書いてあるよ」と言うので、父親が「見てもらったら？」と言うとお坊さんに見てもらう。

お坊さんは「これは仏様だよ。ここの（仏壇）真ん中にいる仏様と同じだよ。これは人の姿をした仏様なんだよ」と教えてもらう。勉強になったかな。

中1

漢字テスト、追試74点で合格！

学校へ行く途中に友達と会うと一緒に行く時がある。実力テストのことや漢字テストのこと、部活の話をしている。漢字テストは数回の追試の結果74点で合格したことを伝えると「麻友すごいじゃん！」と言ってくれる。部活では「私、本番に出れるようにがんばってるよ」と言うと、友達は「出る時は見に行くね」と言ってくれる。小学校から一緒に育って来たからでしょうか、普通に接してくれて、会話の内容も年齢相応の話をしている。

✿

朝練登校途中に友達と会うと、歩くのがゆっくりだった友達。いつもなら一緒に行くと言うのだが、その日は遅くなると思ったのか「チャイムが鳴るから先に行くね。遅れちゃうから」と言って、挨拶だけして学校へ向かう娘です。

✿

実力テストの日「先生とやったよ（笑顔）次の中から選べってのを書いたよ」と言うので「書けた？」と聞くと「書いたよ」と言っていた。選択問題は書けるようになってきた。

✿

実力テストの当日は公文の日。学校では一日中テスト。帰ってくるなり「（公文で）今日は、みうと遊ぶ」と意気揚々と出かける。公文へ行くのも楽しみのようだ。

✿

漢字テストの追試を受ける。家でのテスト勉強記憶力勝負。解答欄を白抜きにして数枚コピーをとって、何度も挑戦させる。ある程度覚えたところで学校へ行く前にも挑戦させる。面倒くさそうにもするが挑戦する姿がある。家での最高得点は78点。追試本番では74点とれて合格、やりました。一緒にテスト勉強をしていると親も漢字の勉強になる。

✿

教科ノートを見ると、黒板を写して蛍光ペンで印をしていた。全文かどうかはわからないがしっかり写していた。授業内容もわかるくらい書いている。先生より【ノートが書けていてがんばりが伝わります。】とコメントがあり、がんばりがわかる。

授業も楽しめている

父親の仕事が忙しくて休日出勤の日が続いた時「パパ？今日は一緒に居れる？」と言う。

普通なら「今日は休み？」と聞くところだと思いますが、いろいろな表現でしゃべる。

✿

部活動の話になり、入部選択の時「バレーボールか陸上」と言っていたので「部活選ぶ時に、バレーボールか陸上がいいって言ってたけど和太鼓部に入ってどう？」と聞くと「和太鼓部でよかったよ。だって先輩たち好きだもん」と言う。入部当初はどうなることかと思ったが、今では和太鼓部の一員として自覚があるようだ。

✿

席替えで一人席になったと教えてくれた時「麻友ちゃん、一人席はどう？　誰かと一緒に座ってるのと一人で座るのどう？」と聞くと「一人で座るのいいよ。だって一緒に座ると皆厳しいもん（笑）」と面白い返事が返ってきた。よい勉強です。

✿

音楽の授業で一人ずつ歌を歌うテストがあった。娘は歌わなかったので、先生が説得してやっと歌えたとのこと。親もその手のテストはとても苦手なので気持ちがわかる。嫌なことでもやらないといけない時があることを知るためにも良い勉強。

✿

インフルエンザで2日間の学級閉鎖になる。宿題がつまらなさそうだったので「学校へいる方がいいでしょう？」と聞くと「うん」と言う。学校へ行くのが楽しい。

クラスメイトで休みの生徒がいると「今日は○○が休みだった」「今日も休みだった」と寂しそうな顔をして言っている。皆が揃いたいようだ。

✿

「今日は技術がある。○○先生とやる」と言いながら登校する時がある。授業で作った作品などを持って帰って来て嬉しそうに見せてくれる。先日は、授業で作った座椅子を見せてくれたので、苦労したところを聞くと「釘を打つとクニャって曲がって真っ直ぐならなかった」「ネジを通す

中1

のが難しかった」とか、組み立てるパーツの場所がどこになるかがわからなかった等、苦労点を教えてくれた。いろいろと記憶に残って生活に活かせることを願う。

✿

ある日「アメリカ、フランス、ドイツ、ロシア、ブラジル、中国、韓国、アフリカ…」と言う。そこで社会の話になり、娘が「○○先生（社会科）が『知ってんの？　マジで？』って言ってた（笑）」と教えてくれる。授業も楽しめている。

土曜日の部活の迎えに行った時に社会科の先生と話をした。娘が社会の歴史にとても興味があることを伝えると「興味を持ってもらえることがとても嬉しいです」と言われていた。更に「三学期に入り、手をあげることも増えて質問もしてきますよ」と聞いて驚いた。

その日は社会科の先生と、娘のクラス1年2組の生徒4～5人で和太鼓部の練習を見学したようでした。「麻友さんがんばってたたいていましたよ。生徒たちも『麻友やってんじゃん！』と言ってましたよ」と伺う。皆も気にしてくれていたのでしょうか。嬉しいです。

✿

職場体験の希望は、ＪＡ産直を希望。産直にはダウン症の方も働いているので体験可能かと思い第一希望にした。一緒に体験する友達との相性もあるとのことで無理にでもとは考えていない。小学校時代にパートの方が「産直へ職場体験に来てはどうですか？」と勧めてくれたこともある。

✿

時間管理が曖昧な娘。事の時間を念押しして伝えると自分でも意識を持てる。先日は「美化委員だから7：45までに行くよ」と言う。友達からは生徒手帳に時間メモを張ってくれていた。先生からも念押ししてくれたようです。本人が事の時間の意識を持っていれば自宅で教えてくれるので対応できる。

✿

先日の月曜日「やった！　皆と会える！」と言って、クラスメイトの名前を言う。学校へ行けるのを楽しみにしている。今でも他の生徒がいてもお構いなしで、昇降口までスキップしていることがある。

✿

和太鼓部のイベント、初デビュー

和太鼓部のイベントで北部公民館まつりに行く。当日の朝に顧問の先生から「雅」という曲で出場すると聞いて驚く。

初めてのイベントで演奏する（本人、左端）

演奏終了後のお辞儀

初デビューです。早速祖母に連絡すると祖母の友人と一緒に駆けつけてくれた。

本番では本人が定位置に笑顔で入って行く姿が確認できた。自信を持って行くその姿を見て大丈夫だと確信。演奏は皆と揃ってたたけて、所作もできていたので感動の一言です。がんばって練習してきた成果です。素晴らしい経験ができていることは間違いない。母親と祖母は、がんばっている姿を見て泣いていた。演奏終了後のお辞儀もしっかりとできていた。

✿

自転車に乗れないのでイベント移動では送迎をしている。イベント終了後は一度学校へ集まる。自転車移動の皆よりも一足早く到着する。顧問先生方の帰校が確認できると「私、先生と行く（部室へ）から」とさっと先生の所へ行く。

イベント出場後は自信がついたのは間違いなく、よりいっそう部活を楽しみに行くようになる。

✿

改善したい時間管理の壁

美化委員の生徒は早く登校することになっている日。「委員会楽しい」と言いながら学校へ行く。自分のなかで、やる仕事が明確に持てているのでしょう。

✿

土曜日の部活練習から帰宅後。宿題をＰＭ２：00～ＰＭ７：00頃までがんばっている姿があった。最後は疲れて終了。大人でも5時間はなかなか大変なのにがんばっていた。翌日の日曜日に残りの宿題を終わらせたのですが、その後も「公文（宿題）やる」と言って公文の宿題をやっていた。

✿

英語の宿題【きつつきノート】の、娘の記録表を男子クラスメイトが見てくれたようで「たくみくんが『麻友に抜かれたあ』って言ってた（笑）」と教えてくれる。一生懸命宿題をやっています。

✿

英単語の文字間をあけずに書いていたので「単語の間はあけて書くんだよ。日本語もあけて書くでしょ」と教えたが、すぐ文字間がなくなる。

✿

土曜練習の部活へ行くと、いつもの時間よりも既に早目に集まっていた部員たち。早く集まる話がされていたと思われるが、娘は聞いていたのか聞いていないのか。時間管理では何度も失敗しているのに学習できていない。２年生ではこの時間管理が課題。時間を念押しされていれば家でも教えてくれるが、さらりと言われるだけでは聞いてないのか聞き漏らすことが多い。

学校では助けてもらえるが、社会に出るとそういうわけにもいかず。何とかこの時間管理の壁を改善出来るように力を入れたい。

英語の宿題中

✿

土曜練習に行くと集合時間まで皆集まって自主的に唱歌の練習をしていた部員たち。その集まりに自分から入り辛そうにしていると「唱歌やろう」と声をかけてくれる仲間。やっと入れる。

✿

集合時間で並んでいると何やら楽しそうに笑い合っている娘たち1年部員。「麻友〜！」「ねぇ麻友〜！」「どう思う？（ある男子部員を指さして）」と聞かれて、娘「やだぁ（笑）」と言いながら皆で楽しそうにしていた。恋話！？　をしていた女子部員の仲間達です。

部活でのことも教えてくれて「○○ちゃんが、カンチョウしてきたぁ（笑）」「○○ちゃんが、麻友〜麻友〜って呼んでくれるよ」「○○ちゃんもめっちゃ優しいよ」と部活も楽しんでいます。

✿

お風呂でもずっと唱歌をやりながら手でドンコンドンコンやっている。テレビを見ながらでも、バチを出してエアー太鼓やることもある。この1年間で和太鼓にはまっている感じです。

中1

「KUSAI」？　ローマ字

毎年、父親と母親の誕生日には手紙を書いてくれる。ケーキを食べる時には歌も唄ってくれる。

✿

出来る限りローマ字を毎日少しづつ繰り返し大文字で教えている。ある日、名前を書かせると「ＫＵＮＩＳＡＤＡ　ＭＡＹＵ」と書けたので、父親が「じゃあオナラって書ける？」と「ＯＮＡＲＡ」と書くと、その横に矢印を書いて「↑　ＫＵＳＡＩ　モ～」と書いた娘です。二人で大笑いしている親子。しかし「ＫＵＳＡＩ」と書いたことに驚く父親。

ローマ字を教えていると【ＺＺＺ】と書くので何なのかを聞くと「グーグー寝るマーク」と言っていた。英語の授業で覚えて来たのかな。

ローマ字を教える時に、母音と子音で構成されていることがわかるように教える。母音のＡＩＵＥＯはわかっているようだ。例えば「かきくけこ　って書いて」と言い「か(Ｋ)　あ(Ａ)　き(Ｋ)　い(Ｉ)…」と言ってやり、【か行】が【Ｋ】の列だとわかれば書いている。

✿

公文では現在、算数は10の位の足し算、国語は漢字の部首をやっている。

✿

図書館から立体折り紙の本を借りてきて作る時がある。ある日「パパ！　折り紙の本を借りて一緒に作ろうよ」と言うので作る。同じパーツを数十個作るが、2～3回教えると「私もう作れるよ」と言ってパーツを折ってくれる。組み立ては父親。

立体折り紙の完成

従妹に教えてもらったようで折り紙で小さいバラを折っていた。

✿

公文の先生から「麻友ちゃんは漢字が好きですね」と聞いた。クイズ番組でも漢字コーナーはよく見ている。クイズ番組を見ていると「動」が出

市の和太鼓教室へ向かう時に車の後ろでバチを取り出してヘッドレストを太鼓がわりにたたいている。

市の和太鼓教室でのこと。時間が終わった後も、少しの時間ですが先生がマンツーマンで複雑な動きを教えてくれる。娘が和太鼓部でがんばっている姿に応援してくれている。

てきた。「部活動の【動】だぁ」と言う。

「博覧会」という漢字の【博】の右上の点を書き漏らしていた回答者。すかさず「点!」と指摘した。

✿

「趣味がたくさんあっていいねえ」

日曜日に「今日は何する?」と聞くと「ゴルフに行きたい」と言うので「50球以上は打つんだよ」と言ってゴルフの練習に行く。しっかり50球以上打った後は、仲良くしてくれる店員のお姉さんとお楽しみのお話。寒い間は行ってなかったので「どうしてるか気にしてたんだよ」と話をしてくれる。30分くらい話をしていた。

練習場店員のお姉さんと部活の話をしていると、エアー太鼓を始める。すると打席待ちをしていた年配の女性のお客さんが「あらまあ。太鼓もやってるの？　趣味がたくさんあっていいねえ（笑顔）」と話かけてくれる。いろいろな出会いがあります。

✿

ダンスグループのCD&DVD（二枚組）を買う。父親がCDを借りようと「これどっちがCDでDVDなの?」と聞くと「こっちがDVDでこっちがCDだよ」と教えてくれる。「何でわかるの?」と聞くと「ここにDVDって書いてるじゃん！で、こっちがCDだよ」と教えてもらう父親。父親「……」よく見ると小さい字で隅っこに書いていた。よく見ている。

✿

市の和太鼓教室は、早目に行って先生と一緒に道具を運び準備をします。本人が「準備手伝うよ」と言って締太鼓・長胴太鼓・太鼓の台を運んでいる。運んだ後は「チェックする」と言って軽くたたいて響きを確認。部活でやっているのでしょう。外でも部活の行動が活かされていると思われる。

✿

中1

ディズニー映画を見ていると、目が5つあるキャラクターが出てきた。それを見た娘が「目がゴッあるよ」と言う。イッツと言うところをゴッと言っていたので「イッツって言うんだよ」と教える。頭の中で【5つ】という文字が出てきたのでしょう。

✿

友達4家族でランチに出かけた。前日より、娘に会えることを楽しみにしていた友達もいることをお母さんに聞いてとても嬉しい。手紙も書いてくれていた。純粋で優しい子たちです。子どもたちは子ども同士で座り食事をする。口の周りが汚れていたりすると、お互いに拭くように教え合ったりしていた。

✿

その友達が通っている学校・学級は様々でいろいろな環境で頑張っている。娘は自慢のMP3プレイヤーを見せていたが、皆は興味がない感じで残念がる娘。久しぶりに集まれた友達同士で楽しく遊ぶことができた。

✿

一色高校和太鼓部の演奏会に行ってみた。娘は「高校生のお姉さんがたたくの?」と言う。駐車場に着いてハッピ姿の人を見るとテンションが上がる。500名入る会場は超満員で通路や階段に座る人もいるほどだったので驚く。

演奏がはじまると真剣に食い入るように見ていた。気持ちが高ぶるのか「暑い! 暑い!(笑顔)」と汗を拭きながら見ていた。声も大きく出ていて笑顔で演奏している姿を見ていた。「麻友ちゃん、大きい声が出てるし、楽しそうにたたくねえ。麻友も部活で大きい声出してたたけばかっこいいよ」と言うと「うん(笑顔)」と言う。演奏を見て勉強になったかな。

終了後は出口では、会場をあとにするお客さんに挨拶をしている部員のお兄さんお姉さんたち。「ありがとうございました!」と大きい声にびっくりして引き気味。

✿

ホワイトデーの日に、Tみうさん、Kみうさん、りこさん 3人が自宅まで会いに来てくれた。手作りのチョコレートやクッキーを貰う。仲良くしてくれて本当にありがたくて感謝でいっぱいです。学校へ行って皆に会いたい気持ちがよくわかる。

中1

愛されキャラなので大丈夫

今年度は、先生の話を聞くようにしてほしい。イレギュラーになった場合の行動に気をつけるようになってほしい。部活等では全体口頭で伝えるだけの時もあるので、聞き漏らさないようにしてほしい。

✿

春休みに入り「2年生は先生が誰になってもがんばるんだよ」「離れてしまう友達もいるけどまた新しい友達ができるからね」と教える。

1年生3学期末に、皆へのメッセージということで、書いてくれたメッセージにはとても感動する言葉が多い。学校へ行くのが楽しいというのがよくわかる。

✿

「ほっとノート」という先生にちょっと聞いてもらいたいことを書くノートでしょうか。娘は「今日は黒板をきれいにしました」という文章が多い。自分で一生懸命文章を書いている。先生からも必ず一言添えてくださっています。本人もがんばりがいがあることでしょう。先生のコメントからも仕事をがんばっていたことが伺える。

✿

担任より、スナップ写真とクラス集合写真をいただく。クラスのまとまりを感じる写真です。思い出になっていることでしょう。

✿

春休み中も宿題をがんばってやる。各教科共かなりのページがあり計画的に進めないと完了できないほど。ダラダラする時もあるががんばって宿題をやっていた。完成までもう少しの教科もあったが提出物は全て出せたと思う。

✿

新年度が始まり新しい環境となったクラス2年6組。帰ってくると「忍先生だったよ（笑顔）」と喜んでいた。1年生から同じ友達もいて喜んでいた。新しい友達もできることでしょう。保育園時代の友達もいて、娘のことも覚えてくれていた。

「(クラスの)男子優しいよ」と言っている。「げんとく君と、けんと君、優しいよ」と教えてくれる。

✿

学校側で支援員が必要と判断した時は、学校の方から承諾確認の連絡がある。1年生の時も授業によっては支援員がいた。2年生も授業によっては支援員の状況により6組にも来ていただけることになる。娘からも支援員のことを教えてくれる時がある。

✿

学校では、美化委員と社会教科リーダーをやる。先日社会の先生にお会いすると「教科リーダーがんばってくれていますよ。メモもとりますよ」と教えてくださいます。何とかやっているようだ。仕事を任せるとがんばれると思う。

制服のままで叔父に会った時、美化委員のバッチを見せて「私2年6組、美化委員やってるよ。社会の教科リーダーもやっているよ」と教えていた。責任感をアピールする。

✿

担任先生より「麻友さんがいることでクラスが和みます。愛されキャラなので大丈夫ですよ」と伺う。ここまでこれたのも皆のおかげ。

授業中の時「できたと思う人は立ってください」という先生の声かけに、娘だけが立たなかったとのこと。意味がわからなかっただろうか。そこでクラスの、げんとく君が「麻友は自分に厳しいから立たないんだよ」と皆の前で言ってくれたと聞く。とても嬉しくて涙がでそうだ。大人が見る目線と生徒たちが見る目線は違う。

提出物で、娘はまだ仕上がってない状態。クラス男子が「麻友ががんばってるなら俺もやる、2人でやろうぜ」と言ってくれる。男子からも声をかけてくれて本人も高揚できている。男女がいる中でいろいろと社会勉強できている。

休日明けに「2‐6の皆に会えるね。いいなあ。パパと代わって?」と言うと「いやだよ～」と言う。

✿

4月の授業参観。クラスの雰囲気がとてもよい。娘の笑い声もよく聞こえる。

✿

市の和太鼓教室の先生に、動作のアドバイスを貰おうとイベントの映像を確認してもらっていたところ、話の流れで「一度部活見学してみたいなあ」と言われる。

顧問先生にお話しさせていただいて見学が現実となる。

中2

部員はとても喜んでいた模様。子どもたちの刺激になれば幸い。

家でもイベント映像を見てはエアー太鼓をしたり、メモをとって勉強？ している。皆と比べるとまだまだだが、和太鼓が好きでがんばっている。部活で自分なりに練習しているだけある。

✿

家庭訪問では長時間お引止めしてしまう。娘の話を真剣に聞いてくれる。歴史の資料本を持ち出して先生に説明する時は、本の向きを先生側に見易く向けて説明していたのは感心。

✿

自学ノートに百人一首を毎日一句ずつ書いているので「今度百人一首をやろうか」と言うと「国語の時間に姫…カードをひっくりかえして…国語時間でやった」と教えてくれる。

自学ノートを書いている時、百人一首の「誰ゆゑに」の【ゑ】を見て「何これ？」と質問してきた。「これは古い字で【え】と読むんだよ」と言うと「ふーん」と言う。疑問を持って聞ける。

✿

「高校生になるから勉強する」

職場体験では第一希望の産直がかなって安心した。店長が「ダウン症は一つの個性であり、本人の様子に合わせて見させていただきます」と言ってくれたので安心する。

大切なチャンスをいただけた。失礼の無いようにがんばって欲しい。

一緒に体験する生徒も、優しく接してくれる友達。娘には仕事をするということを知ってもらい。仕事の選択肢を広げるためにも職場体験の一週間がよい経験であって欲しい。

✿

進路希望先の見学会に行く。担任先生が一緒に付き添っていただけるとのことで安心した。本人は「高校生のお兄さんがいるの⁉ 恥ずかしい！」と手で顔を隠す。

✿

体育の授業でテニス予定の日。朝早く起きて「今日は体育テニスだよ。楽しみ」とご機嫌でした。しかし天気が悪かったのか、バドミントンになる。ちなみさんとやったと教えてくれる。

遊び程度でやったことはあるが、できたのだろうか。

✿

普段から「高校生になるから勉強する」と言っている。「ここに白い線（セーラー部分）のある制服がいい」と言う。偏差値の高い学校です。「麻友ちゃん、あの制服はテストで点数が80点や90点が取れる人たちが行けるんだよ」と言うと「ふ〜ん」とわかったのかどうか。後で「麻友ちゃんは、こんな感じのかわいい制服（ブレザー）の高校に行けるかもよ」と言うとこれって制服？　という感じで見ていた。制服＝セーラーと思っているようです。

✿

「高校生になるから勉強する」と言うので「中学校は、提出物や宿題や先生が出してと言うものは出す。やるよって言うことはやるんだよ」と言うと「うん」と返事。が先日の体育では50ｍ走を走らなかったと本人談。注意したら、逆切れしてきた。次の授業では走れたようだ。

✿

どこの進路先を選択したとしても、電車通学の可能性が大きい。電車通学になるであろうことも本人には伝えている。「〇〇ちゃんは電車で名古屋の高校行ってるし、〇〇ちゃんは自転車。いろいろな所に高校があるんだよ。自分で選んでテストをやって高校の先生がいいよって言ってくれたら行けるんだよ」と教える。「電車で行くの？（笑顔）私行けるよ」と電車通学に興味があるようです。

✿

デンパークのイベントに桶太鼓で出場

和太鼓部員も楽しみにしていたデンパークのイベント。「流星」という曲で桶太鼓で出場。少々自信なさそうだが、やりきった感じ。皆がいたので緊張しなかったようだ。日頃見ていても仲間意識が強い娘です。

デンパークのイベント日までの期間には「先輩と一緒に出るよ」と楽しみにしていた。本番では先輩の横で、真剣な顔をして叩いている姿があった。

デンパークイベント終了後の反省会では、メモ紙を忘れていた。すると男子部員からメモ紙を貰ったようで見せてくれる。

✿

当日は祖母や祖母の友人、他中学の友人も応援に来てくれる。他中学のお母さんは初めて見たようで「すごいです。また見たいのでイベントの時には呼んでほしいです」「麻友ちゃん皆と馴染んでいて、最初どこへいるのかわかりませんでした」と言ってくれる。

会場までのバス移動では、副顧問の先生と一緒に乗ったことを教えてくれた。ゴルフの話をしたとも言っていた。店員のお姉さんとのことを話していたのでしょう。

✿

さりげなく手助けしてくれる友達

授業参観日では黒板を一生懸命写していた。笑い声も出ている。帰宅してノートを確認すると全て書いていた。

✿

休日の部活練習の時に、顧問先生に確認したいことがあり、時間が空くのを待っていた。その間、部員の様子を見ていた。仮入部の生徒もいたので輪になって自己紹介が始まる。娘はどうするだろうか。順番が来ると、はめていたマスクを取って笑顔しゃべっていた。何をしゃべっていたのか聞こえなかったが、終わると拍手をもらっていたので何とかできたのだろう。昔に比べると人前でしゃべることができるようになっている。横にいた先輩は聞き取ろうとしてくれていたのが印象的でした。

✿

Kみうさんが英語のプリントに下書きをしてくれていて。【麻友ちゃんがんばって！　うらはいっしょだからやらなくてもいいよ！】と書いてくれていた。Kみうさんには本当に感謝するばかり。自分のプリントもあるのに大丈夫なのかな。

✿

席替えをしたようで「私の横は、けんとくん」と言う。部活イベントの時の準備でも、娘がやっていた準備をさりげなく手助けしてくれていた、けんとくんです。

✿

数学の計算問題の宿題にて。親が書いた回答をなぞり書きする。回答が正解していたようで、ノートの端っこに【ママとパパへ　数学全部大当りです。100点でした。ありがと

先輩と一緒にイベント演奏
（本人中央）

学区内の神社でのイベントで「流星」という曲で桶太鼓で出場。とても真剣な表情で叩いていた。

中2

うございます。】と書いていた。大当りという表現がおもしろい。それより自分の宿題でしょ。

ママとパパへ
数 P19問1 P20問2〜3までです
題宿ハです。先生が題宿いてあり入ます。から
い言たです。先生が言てたのです。
ご言たので題宿ですいなと思ます
題宿です。
麻衣より

次回までの数学の宿題箇所を、メモにとって帰ってきた。「ここやって来てって先生言ってたもん」と言う。しっかり伝えてくれる。

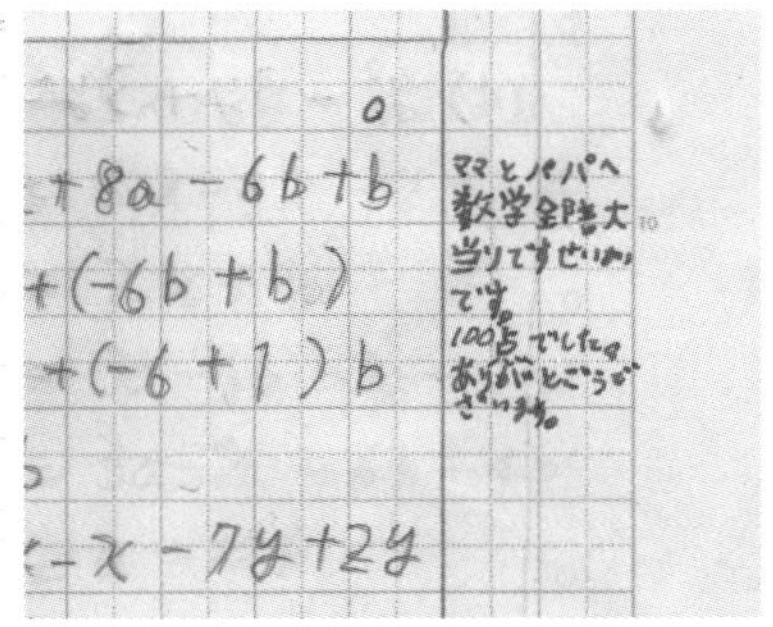
ママとパパへ
数学全階大
当りですぜいか
です。
100点でした。
ありがとごうざ
さいます。

全部大当たり！

中2

たたきたくて仕方がない

市の和太鼓教室では、準備を手伝いながら「はやくたたきたい」と言う。

たたきたくて仕方がない。レッスン後もずっと1人でたたいている姿がある。

教室終了後には、自分から先生にスケジュール帳を片手に次回のスケジュールを聞きに行く。しっかりメモしていた。

大人の表情をしっかり見ている

祖母と娘がトランプの7並べをしていた。祖母がわざと止めていた所があったのです。すると「もう！　ばあちゃん早く出して」と言う。2人でやっているので祖母が止めているのはわかる娘です。

1年生の時にクラスの友達がやっていた編み物を見て、やりたいというので教える。マフラーを作っている。静かだなあと思っていると、コツコツ編んでいる姿があった。

✿

娘が手伝いをしている時「ちょっと！　まだしゃべりたい」と言うので「しゃべりながらでいいから手を動かして」と言いました。話をするのがとても大好きです。

✿

食事中に父親が残していると「パパ食べないの？　元気無いの？」と心配する。「ちょっと元気なかったけど麻友ちゃんの笑う顔を見たら元気になったから大丈夫」と言う。見ていないようだが大人の表情をしっかり見ている。表情の変化に鋭く気付く。

✿

父親がサプリメントを飲んでいると、急に元気がなくなる娘。どうも薬だと思ったようで心配していたのです。薬じゃないことを説明すると安心していた。

歴史博物館巡り

歴史博物館巡り当日。集合場所で「○先生が、遊びに行くんじゃないんだぞ！　って言ってた」と教えてくれた。先生の話は聞いているようだ。

歴博では、班長をやる。帰ってくると「班長できた！面白かった」と言っていた。本人のなかでは自信になっただろう。

歴史博物館巡りは10キロ近くを歩行で帰校。完歩できてよかった。メンバーがペースを合わせて歩いてくれる。6組は最後の到着となったようで、はやくゴールしたい生徒もいたはずなのに申し訳ない。

✿

小学6年生の夏休みに歴史博物館へ土器作り体験に行ったことがある。その時にTみうさん家族と会い、同じ机で一緒に体験したことがあった。その時のことを覚えていて「Tみうちゃんと土器作ったところ」と言う。思い出になっているようだ。

✿

歴博10キロ歩行から帰宅後に、キャッチTVで安城古墳が放映された。ちょうど行ったところで「あそこの看板に【ビが…】て書いてた」「あそこ降りて曲がって、先生がいってらっしゃいって言ってくれた」「あそこでお弁当食べた」といろいろ教えてくれる。

✿

通勤ついでの父親と一緒に登校

体育祭の応援リーダーを決める時、娘が手をあげて立候補する。挑戦する意気込みは評価できるが、なかなか難しいと思う。納得して諦めることもできたようでよかった。集団生活での勉強。

✿

父親は会社通勤ついでに一緒に登校している。娘に「皆、1人で行ったり友達と行ったりしてるけど、パパと一緒に行っても嫌じゃない？　気にならない？」と聞くと「嫌じゃない。大丈夫だよ」と気にしていないようだ。

登校中に友達と会うことがある。その時には友達と「一緒に行く」と言って登校する。

✿

体育でマラソンがある当日の朝「走れるよ」と学校へ行く。体育の始まる時間には、どうしても3年生の教室の前を通って行きたいようだ。しかしルールにより他学年の所を通って行けないので不機嫌になる。その後の体育はご機嫌斜めのままで、見かねたKみうさんが一緒に走ってくれた。Kみうさんのタイムが成績に響かないか心配です。

✿

音楽の授業では、知らずに違う教科書を持って行った娘。忘れ物減点になっていたようだ。音楽の先生から何も連絡はなくて今まで知らなかった。Kみうさんが気付いてくれて「麻友ちゃんが減点になるから」と教えてくれた。本当に助かった。

✿

数学の授業で、教科先生が出張のために代わりの先生が来ると、泣いてしまう。代わりの先生が嫌なわけではなくて、数学の先生が来ると思っていたところに違う先生が来たので泣いたと思われる。

✿

JA産直で新鮮な職場体験

職業体験でのJA店長との事前の顔見せ挨拶には、忍先生も一緒に行ってくださりました。名刺の受け取り方が人差し指と中指で受け取る。失礼な対応をしてしまって教えておかないといけないと反省。名刺は盲点だった。

生徒だけでの挨拶に行った時では、一緒に体験する、なつさんが「何回もあいさつ言えたね」と言ってくれていた。店長にしっかり挨拶できたのでしょう。

JA産直で貴重な職場体験を予定の一週間クリアできた。

1つの仕事だけではなくいろいろな作業を手伝わせてもらったようで、皆さんには感謝するばかり。お客さんに声をかけられたり、納入に来る方からも声をかけてもらったり、パートの方からも「とても人懐っこくてかわいい」と言ってもらったりと。1週間をクリアできて安心した。

作業では、商品を袋詰めにして細いテープでとめる作業など問題なくできてよかった。細かい作業もこなせたようだ。

お客さんが近くへ来たら「いらっしゃいませ」と言えていたようだ。

✿

職場体験中に、祖母の友人に「今日のお勧め何ですか?」と聞かれて、一言「ない」と言ったそうだ。お勧めの意味がわからなかったのかな。

✿

体験2日目の朝は「仕事したいから早く行きたい」と言う。とても新鮮な経験が出来ている。

✿

立ち仕事のため疲れるようだが、宿題もやって公文へ行く。よほどKみうさんに会いたいのでしょう。

✿

職場体験での商品と自由飲料での事件が発生。休憩時間に無料で飲んでもよいペットボトルのお茶がある。そのお茶を休憩時間外に3本持ち歩いていたのです。父親と母親と祖母へあげようと思ったらしい。それを見たパートさんが「店の物を取ったのでは?」と勘違いされた。偶然、孫の職体を見に来ていた祖母が気が付いて泣きながらも「孫はそんなことしない」と話をする。すると休憩用のお茶を持って行く姿を見たパートさんが話をしてくれたのです。優しい心から起きた誤解。やはりこれが社会の目なのでしょう。これからも優しいがゆえに親切心から起きる誤解もあるのだろう。誤解されないような動きをするようにことも大事だと痛感する。

✿

産直で一緒に体験をした、なつさんから「麻友ちゃん、がんばる、がんばる　と言ってがんばってました」と教えてくれる。娘にも「勉強と仕事はどっちがいい?」と聞くと「仕事」と言うのです。新鮮なのです。

職業体験

いろいろなことに
挑戦させていただく

早めの高校見学

高校見学は、担任先生も一緒に付き添ってくださって心強かった。娘に合う学校かどうかを確認したいとのことで付き添ってくれた。

個別相談でも一緒に話をして気になることも聞けれてよかったです。

✿

高校の見学は、担任先生が背中を押してくれて見学ができた。そうでなければ「まだいいや、まだいいや」でギリギリまで行かず焦っていたはず。個人相談もしていなかったのかもわからない。本当に早めに見学に行ってよかった。

✿

個人相談では、何かメモをしている娘。帰宅してメモを見ると、会話内容を一生懸命メモをとっていた。話も聞いていた。

✿

期末テストの点数で「点数とれた。点数とれた」と教えてくれる。回答用紙を見ると選択問題以外にも一生懸命書いていた。間違ってはいたが、がんばって書いていたことについて、先生からのコメントもあってありがたい。

パソコンタイピング体験では、終了してもまだ体験したかったようだ。自宅でも似たソフトを探して入れた。

✿

学校から帰ってくると「ジャジャジャジャーン♪　ジャジャジャジャーン♪」と言うので、何を言っているのかと思うとベートーベンの「運命」を歌っていた。音楽の授業で聞いたようだ。

「運命」の動画を見せると「そうそう、これこれ」と興奮気味。パソコンで肖像画も見て「この人（ベートーベン）」と教えてくれる。更に横に写っていた肖像画を見て「この人はバッハ」と教えてくれる。

✿

忍先生が1週間の出張で不在の時に「忍先生いないけどどう?」と聞くと「さびしい」と言う。

出張最後の日には、黒板に皆で「忍先生お帰りなさいって書いたよ」と教えてくれた。

✿

土曜日の部活練習の時に、バレー部の男子に出会う。「麻友ちゃんおはよう」と挨拶をしてくれていたバレー部員。娘も「おはよう」と挨拶。普通の生活を感じる。

✿

体調が悪いの?

とても暑い日、体調が悪いようで部活を早退する。熱中症かと思って病院へ行くが問題なし。家に着くと多少元気が戻る。生理前だったことも重なったのか。練習部屋は、音漏れ防止で窓を閉め切るのでかなりの暑さになる。サウナ状態の部室になるので大変だと思われる。

数日後の同じく暑い日。金曜日の午後の部活で、またも や気分が悪くて早退する。保健室まで、けんとくんが娘の荷物を持ってきてくれた。帰ってくるなり落ち着いたと思うと、どうしても公文へ行きたいと言うので行かせた。

次の土曜日練習は1日あった。「練習は午前中だけでもいいよ」と言っても「いやだ！　やるよ」と言うので弁当を持って登校する。終日大丈夫だった。日曜日も部活がありがんばって行く。

平日の朝、起きないので「休むの？　もう休めば（冗談で）？」と言うと「学校行く～行きたい～」と言いながらやっと起きる。

✿

三者面談では、進路相談をしたり、学校での様子がよくわかった。以前に比べて積極的になっていることや、友達との関わり、面談中でも廊下を通る友達が手を振ってくれて、笑顔で振り返しているところなどを見ると、本当に学校生活が楽しめているのがよくわかる。

✿

土曜日部活に行った時に、1人でランニングを始めた。走っている姿を見てくれていたサッカー部顧問の先生。帰宅後娘に「がんばって走ってるところを○○先生が見てくれていたよ」と言うと喜んで「ほんとかい？」とオジサン口調で笑わせてくれる。

✿

和太鼓部、三年生最後の定期演奏会

三年生引退の和太鼓部定期演奏会があった。10曲の内の2曲に出場。いつの間にあんなにたたけるようになったのだろう。娘は「先生と先輩が教えてくれた」と嬉しそうに言っていた。本当にありがたいです。

✿

演奏会では、祖母や知人、近所の方も応援に来てくれる。担任先生も応援に来てくれる。娘に皆が応援に来てくれていたことを教えるととても喜んでいた。

和太鼓部定期演奏会で、3年生の先輩と一緒にたたけるのもこれが最後と思うと寂しい。

同じ年代に生まれて、出会い、そして一緒の仲間として打ち込む姿が最高です。このような経験とチャンスがある環境に感謝するばかり。

✿

演奏会があった翌日の祝日。和太鼓部の2年生の企画で3年生先輩とのお別れ会があった。

「クイズをやったよ。この曲(和太鼓)はなんでしょう?ってやった。子どもばやし(曲名)とか…」「氷も食べたよ」と楽しい時間を先輩たちと過ごせたようです。

定期演奏会
先輩たちとたたく太鼓はこれで最後(本人矢印の先)

中2

教えてもらう父親、ドヤ顔の娘

食事中に残り1個になる物があるとどうするか、という話になる。普通は取らないか食べてもいいのかを聞く。娘の場合は残りの数が人数分になったところで、割り振ってくれることが多いです。最後の一個になる前に皆で食べられるようにしてくれる。

✿

有松絞り祭りへ行く。有松駅へ到着すると、何故か「岡山。岡山」と言う。町の雰囲気が倉敷に似ているからだろうか。学校見学へ行く日も近いということもあり、学校の前まで行ってみる。祭りのボランティアに来ている生徒たちが出入りしていた。本人はクールに建物を見ていた。

✿

録画しているテレビ番組を見ていて、父親も知らなかった方法で早送りをしていた。教えてもらっていた父親。ドヤ顔の娘。

岡崎城＝徳川家康

下校中に「ワー！　ワー！　パパ！　怖い！」と言うので見ると、とても大きな蛇が道を横切っていたのです。アオダイショウでした。蛇には注意。

✿

岡崎城で太鼓フェアがある時「岡崎城まで太鼓のイベントを見に行くよ」と言うと「徳川家康のところ？」と言う。岡崎城＝徳川家康ということがわかっている。

✿

岡崎城での太鼓フェアは、部活見学に来てくれた市の和太鼓教室の先生が演奏した。オープニング演奏と最後のエンディング演奏に出るので見に行く。和太鼓部の生徒も来ていた。10時から16時頃まであったが、数十チームの演奏を全部を最後まで見る。

フェアで、指導先生が席まで来てくれたので、和太鼓部の先輩も誘って一緒に写真を撮る。後日、写真を先輩に渡すこともできてご機嫌な娘でした。大切な思い出です。

市の和太鼓教室の指導先生は子どもに人気があり、慕われている先生です。娘もとても慕っていていつもレッスンを楽しみにしている。

✿

公文が休みだということに気が付かず行ってしまう。休みだというだけで泣けてしまう。

Kみうさんと約束したと言って公文へ行く。公文が終わると電話で「みうちゃんの首が治った。治ったよ」と自分のことのように喜ぶ娘です。

✿

Kみうさんと夏休みに遊ぶ約束をする。「2人で話して」と父親が言うと2人共嬉しそうにしていました。都合の良い日を決め合う2人。

✿

中耳炎

数か月前に体調を崩して咳込んでいた頃だったでしょうか、呼びかけても反応が悪いので耳鼻科に連れて行くと中耳炎でした。耳垢もたまっていて聞こえが悪かった。定期的に診察治療をしている。

チューブ治療で鼓膜に穴を開けていたことがあり跡が残っている。塞がる可能性は低いと言われていたのですが、現在塞がっているそうだ。よかった。

いろいろ挑戦できている学校生活

学校生活のいろいろなことに、娘と一緒にやりたいと思ってくれている生徒が多いと聞く。

ある授業では「麻友ちゃんがいたから楽しかった」と言ってくれるクラスメイト。嬉しい限り。

担任先生から「これからもニコニコして皆に愛されながら進んで行けると思います」と聞いて、少しでも皆の役に立てていると感じた。小学校に入った時から「何があってもいつもニコニコ笑顔でいるんだよ」と言い続けている。

✿

先生本人が「皆と過ごしたいので、教室にずっといたい」と聞いて、雰囲気が良いことがわかる。

忍先生より「麻友さんに出会って学校へ来るのが楽しみです」と言っていただいて感無量。

私たちも安心して学校へ通わせることができている。もちろん本人も素晴らしい学校生活を送れているでしょう。

✿

学校生活では、以前よりも積極的になっていると聞く。皆の支えがあるので、いろいろなことに挑戦できているのでしょう。

✿

介護老人福祉施設でイベント

介護老人福祉施設で和太鼓部のイベントがあった。3曲出場。ありが先輩のパートと同じ立ち位置の曲もあり、ありが先輩も教えてくれたようだ。しっかり引き継げているだろうか。

演奏中はミスをしてもリカバリーしていた。皆と一緒にそろって自分のパートをこなし、真剣にたたいている皆の姿を見ると感動する。大人でも難しいと思う。毎日の練習の賜物。いい勉強ができている。

子どもばやしの曲は締太鼓担当。この曲の締太鼓は5名。曲のスタートはこの5名のリズムで始まる。演奏がスタートするとそろってたたくので感動。

引退した3年生も演奏を見てくれる。先輩から顧問先生

演奏スタート（本人後方）

（本人中央）

へ感想を伝えてくれたようだ。「先輩が見てくれていて、子どもばやし完了！　って言ってOKくれた」と興奮ぎみに喜ぶ。

終わった後に「麻友ちゃんお疲れ！」「がんばったね」と言ってくれる仲間たち。照れる娘。

✿

帰ってくると「たた」いている時、バチがここ（眉間部分）に当たったぁ（笑）」「こどもばやし、メッチャやばかった」と言う「ちょっとミスった？　また練習すればいいから大丈夫。すごかったよ」と褒めた。自分でミスったところはわかっているようだ。

「はちまきは自分でやったの？　誰かにやってもらったの？」と聞くと「先生がやってくれた」と教えてくれた。自分で鉢巻を巻くのは難しいようだ。

✿

自信のある曲——子どもばやし

夏休みのプール開放に行った日が担任先生が監視担当。ビート板を使って泳ぐ。

帰宅して「忍先生が上手だねって褒めてくれた！」とご機嫌な笑顔で教えてくれた。

プール開放では和太鼓部の友達とも楽しめたようで「楽しかった」と帰り道に話をしてくれた。

プール開放に行くと、まこさんと会う。その日は、まこさんと遊んだようで喜んで帰ってきた。「まこちゃんが、麻友ちゃんと遊びた〜い！　遊ぼうよって言ってくれた」と教えてくれる。

和太鼓部の2年生だけで遊びに行く時には、仲間に入り辛そうですが、まこさんが「麻友ちゃんも行けますか？」と、いつも声をかけてくれる。

✿

夏休みの部活練習で、交換留学生の生徒が和太鼓部の見学をしてくれる。アメリカから来たようだ。曲を披露して、教頭先生から「麻友さんすごかったですよ」と聞く。本人からも「子どもばやしを聞かせてあげた」と言っていた。自信を持っている曲なのでしょう。

✿

1日部活の昼食で、誰と食べたのかを聞くと「先生（副顧問）と、私と、まこちゃんと、1年生の4人で食べた」と教えてくれる。1人ぼっちではなかった。

✿

夏休み中の部活は公民館での練習もあった。学校から公民館まで送ると、太鼓を運ぶトラックも到着していた。運転手のおじさんと2人でしゃべっていた娘。いつも運んでくださっているのか恥ずかしがらずにしゃべっていた。地域の方も声をかけてくれている。

✿

福祉公民館でのイベント

福祉公民館でのイベント。演奏は2曲「大空へ」「子どもばやし」に出場。お客さんの前では初めての「大空へ」に出場。曲順が把握できていなかったのか、演奏開始間際に皆が構えに入っていたのにポジションに入っておらず。1年生に教えてもらって急いで入っていた。演奏にはギリギリ間に合う。ヒヤヒヤした。

「大空へ」の締め太鼓ではセンターポジション。センターでたたけることはないだろうと思っていたのでとても感無量。速い動きのところもあるが、たたききっていた。

「子どもばやし」でも戸惑っている姿があった。メンバーの位置関係と自分が入る位置が空いているのを見て、出場曲とわかったようでポジションに入る。

✿

元副部長の先輩や同ポジションで教えてくれていたありが先輩も来てくれていて、演奏後に会う。娘は「あ〜！せんぱ〜い！（笑顔）」と大喜び。先輩たちは「麻友ちゃ〜ん！すごい上手になったねえ。大空へはすごかったじゃん」と褒めてくれて照れながら喜ぶ。一緒に写真を撮ってもらう。いい経験ができている。

「大空へ」の締め太鼓ではセンターポジション。（本人後列中央）

応援に来てくれた先輩と（本人中央）

中2

地域との関わりが多い部活

イベントには知り合いの社会福祉士の方や自宅マンションの方も応援に来てくれた。

演奏を見て「麻友ちゃんたたけるようになったんだねえ。すごいすごい」と感動で涙ぐんでいた。地域との関わりが多い部活です。

✿

イベントが終わった日の夜、就寝前だというのに動画を見ながら、ヘッドホンをしてエアー太鼓で練習。音楽の教科書と動画を照らし合わせて研究をしていた。

本当に太鼓が好きです。

✿

下校時に娘を待っていた母親。ありが先輩が「麻友ちゃん上手になりましたね」と声をかけてくれて褒めてくれる。ありが先輩はよく指導してくれていたと聞いている。

✿

イベント後日にエレベータで、見学に来てくれた近所の方に会う。「麻友ちゃんよかったよー」と、またまた涙ぐんでいた。感動を与えられる部活。

教科書で確認

練習中

機敏にそろって動いた体育大会

登校時に、なつみさんと会ったので一緒に行く。体育大会の練習の話をした。

「麻友たちリレー1位だったね」「先生も並走してくれて安心だね」「学年競技は、かほちゃんと一緒の班だったね。かほちゃんだったら麻友をほっといて行くことないから安心だね」と言ってくれる。

なつみさんはクラスは違うが、よく見てくれている。

✿

本番での学年競技「ゴーゴータイフーン」を先生は心配していた。誰かしら怪我をしてしまう可能性がある難しい競技。校長先生も心配してくださっていた。多少の怪我をしても皆と出られることがよい経験。

✿

体育大会の練習をして帰って来た日「体育大会の練習は楽しい?」と聞いてみた。すると体育大会の練習 ＜ 勉強 ＜ 部活で楽しいようだ。今は部活にはまっている。

✿

体育大会の応援練習の時、クラスメイトが娘を誘導してくれる。その友達に「うるせえ。バカ!」と暴言をはく。もう少し親切にしてくれる人の気持ちがわかるといいのだが。先生が話をして友達に謝ることができたようでよかった。家でも注意をする。

✿

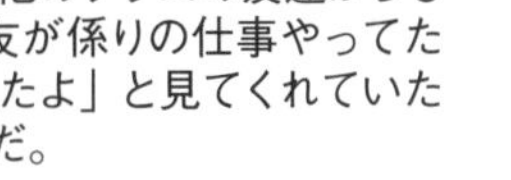

先生と一緒に係りの仕事をがんばっている姿が確認できた。他のクラスの友達からも「麻友が係りの仕事やってたの見たよ」と見てくれていたようだ。

本番当日には教頭先生とお話する。前日まで忍先生から「ゴーゴータイフーン」の競技を心配してくれて相談を受けたことや「競技の係りの仕事でグランド内で仕事をがんばってやるので見てあげてほしい」とのことや「競技もすごくがんばってやっている」と聞く。皆さんのおかげでがんばれるチャンスがある環境だと感じている。

✿

「ゴーゴータイフーン」では、棒を持って真剣な顔をして走る。かほさんが手をつないでくれて飛んでいる姿もあった。タイミングをとってくれていたのだろう。危険な競技なのでどうなることか気になっていた。

「いつもありがとう。ゴーゴータイフーンもありがとね」と、かほさんに言うと

緊張の一番スタート
(本人前列左から２人目)

ゴー!ゴー!
(本人左から2人目))

中2

バトンタッチ

激走！！　先生も並走

「練習の最初は声をかけて飛んでいたけど、最後の方は何も言わなくても高く飛べてました」と教えてくれた。

✿

「学級対抗リレー」では皆と同じ距離を走る。バトン伝達で必死になっている前走者の、みうさんの姿。それを受け取ろうとする本人。支えてくれる忍先生。バトンは落とさず受け取れた。その後は必死に走る。そして次の走者のかほさんに渡す。クラスの皆が、後ろから必死に応援してくれている姿には感動する。

✿

応援合戦も、楽しそうに踊れていた。踊りもそろっていて移動も機敏だった。1年生の時には、ごった返している中の移動で心配だったが、今年は安心して見ることができた。先生はあごに大きい擦り傷が！　応援合戦練習の時に転倒してしまったそうで、娘のために申し訳なく思うばかり。

団長が団旗を持って走る時のウェーブは、皆と応援する姿には感動する。テンションもあがって、本当に楽しんでいる姿があった。

✿

体育大会成績発表。学年優勝、応援団準優勝も達成。足を引っぱらないか心配だったがよかった。

成績発表の時の皆の喜びが輝いていた。

✿

和太鼓部の、先輩が声をかけてくれた。手作りキーホルダーをプレゼントしてくれる。「かわいい、かわいい、ありがとうございます」と喜ぶ。腕組して一緒に写真も撮って

日々練習していた応援合戦

皆と一緒に応援　ＭＡＸ
（本人右から２人目）

くれた。いい先輩達に出会って幸せです。

✿

体育大会後に、和太鼓部の仲間が来て「急遽、明日練習になったのですが、麻友ちゃん来れますか?」と声をかけてくれる。2年生が練習したいと顧問に願い出たようで、集合できる2年生だけで、日曜日の練習となる。太鼓がたたけるので喜ぶ娘。当日は十数人が集まる。先生も休日返上。

✿

体育大会の振り替え休日に、ショッピングモールへ買い物に行く。学校の生徒も数人見かけた。

「麻友〜! 麻友〜!」と手を振ってくれる男子生徒がいる。誰かを聞くと「友達!(笑顔)」と言っていた。学校外でも、男子から声をかけてくれるなんてとても嬉しいこと。

✿

行ってはいけない理由を教えると納得し易い

「部活がんばろう会」の時の演奏に出た。本人は「大地の風をたたくよ」と教えてくれた。「がんばってたたいたよ。気持ちよかった〜」と教えてくれる。

✿

「部活がんばろう会」の日、朝部の時間に太鼓を体育館へ運ぶことになっていた。娘は前日に先生の話を聞いていなかったのか、忘れていたのか、練習室へ行くも皆とすれ違いで、一人で練習室にいたようだ。先生方が学校中を探す。

一人になってしまった時や移動場所がわからない時は、職員室の先生に聞きに行けるといいなと思う。

✿

他学年の階へ行ってしまうのは、3年生の先輩に会いたいのだと思われる。先輩大好きで会いたくて仕方ないようだ。親の昔を振り返ると上級生

青団だけでの写真撮影では「麻友ちゃん前に行っていいよ」と言ってくれる友達たち。皆と一緒に1日がんばって思い出もできて、成長できたのではないか。

体育大会の下校時には、和太鼓部の、先輩が来てくれて「麻友ちゃん写真撮ろう」と記念撮影。娘も「先輩!」と喜んで写真を撮っていた

中2

の所にはなかなか行けなかったのに、娘は行ってしまうところがすごい。しかし学校のルールで禁止なので注意する。

上級生の階へ行ってしまうことについて「3年生は高校へ行く勉強しているから邪魔してはだめだよ」と教える。行ってはいけない理由を教えてあげると納得し易い。

✿

部活に遅れていないかを聞くと「泣いて…（男子名）が…2－6の教室で…筋トレして…」と言うので、もしかしたら遅れている時もあるのかな。朝練の時は、間に合うように登校できていることを先生に伝える。

✿

「部活がんばろう会」翌日の登校時に、なつみさんに会う。すると「麻友、昨日たたいてたよね？　すごいかっこよかったよー」と言ってくれて笑顔になっていた。「ありがとう」くらい言いましょう。

✿

ある日、学校から帰って来ると「学校楽しかったあ」「皆元気だったよ」と言う。何が楽しかったのかを聞くと「理科が面白かったよ。お腹に・・・空気が・・・うんちがツルツル出る」と教えてくれた。教科書を見せてくれて「吸収と利用」という授業だったようだ。熱弁していたのでよほど面白かったのでしょう。

✿

漢字テスト追試の日。帰って来ると「今日漢字駄目だった～。40点くらい」と言っていたが10点でした。残念再追試！その後の家での練習では30点。後日再々テストがあるので毎日少しずつでも覚えることができれば。

✿

理科の授業中に、突然泣き始めてしまい、授業を中断させてしまう。突然のことで皆もビックリする。保健室へ連れて行ってくれようとした友達にも失敬な態度をとったようだ。何か原因があったと思います。しばらく様子を見る。

✿

心臓マッサージの格好をして「今日も楽しかったよ」と言うので、何の授業で習ったのかを聞くと、体育の授業で、心臓マッサージを勉強したと教えてくれた。両手の組み方がサマになっていた。

日程感がついてきたようだ

Kみうさんと電話の約束をしてくる。約束の時間の近くになると楽しみにして受話器を抱え込む。時間とにらめっこ。「音が鳴るから大丈夫だよ」と言っても待っている。本当に純粋。

✿

中耳炎が再発し通院。カルテで経過を確認してもらう。チューブを外した穴跡は3月にふさがっていた。

✿

ある日、偶然に小学校時代の担任先生に会う。その時は、中学校生活の話をしたり、ハグもして久しぶりに会えて喜ぶ。

✿

家でも太鼓の練習を熱心にやっている。たたきたくて仕方がないようだ。
父親に太鼓の曲クイズもやっていた。

自宅カレンダーに書いてあるスケジュールや自分の楽しみなことをスケジュール帳に書きこむ。日程感がついてきたように感じる。

✿

食事中に父親がちょっと横着な食べ方をしていた。一言「ざつい！」と言われる父親。学校で皆が使っているのだろう。使う場面も合っている。皆といるからこそ、いろいろと言葉を覚えてくる。

✿

雷がすごかった日。父親が帰宅すると「パパ、雷大丈夫だった？」と心配してくれる。

大人の塗り絵をやる。番号ごとに色をかえて塗ると絵になる。とても細かい塗り絵だが根気よくコツコツ塗っている。

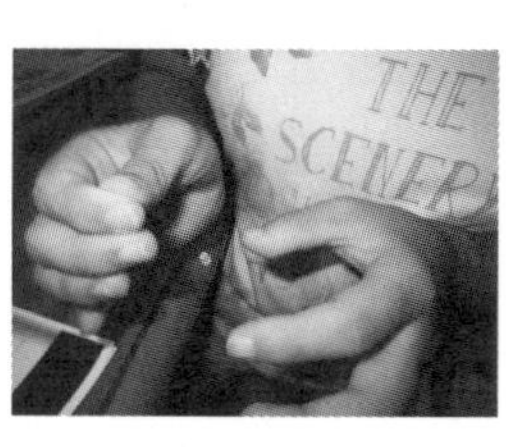

ビーズ通し

✿

図書館でビーズの本を見つけた。作ってみたいと言うので教えながら作る。個数を数えてテグスに通し、クロスさせたりする。一度やると気が済むのか、しばらくは手をつけない。できる限りやりたいと言うことは挑戦させている。

✿

親の会で出かけたボウリング大会。子どもたちは久しぶりに会うので恥ずかしがる。

娘は仲良し女子チームでプレイ。投球フォームはなかなかサマになっている。

平均点はガーター無レーンで60点台。

✿

デイサービスに久しぶりに行く。到着して車から降りるなり、施設の玄関から「まゆちゃーん！」と大きい声で叫んでくれる友達。仲良し3人娘と言われているメンバーが久しぶりにそろう。その日の施設は大にぎわいだったそうだ。女子の勢いにお疲れ気味な男子たちだったそうです。

✿

祖母宅へお泊りに呼ばれて喜ぶ。次の日が部活だったが、部活に行く時は朝迎えに行く約束をした。そこで「ばあちゃんゴメン。明日私部活があるから」と言う。ちゃんと祖母に部活があることを伝える。

✿

家族の関わりがポイント——言語訓練

半年ぶりの言語訓練に喜ぶ。言語の訓練をしている間、親は所長先生と話をする。いろいろと進路情報をいただく。

所長先生は仕事で入校している学校が多いようだ。我が家から通学しやすい立地かどうか、周りの環境、学校の雰囲気を10校程度歩いて確認してくださる。お勧めの学校を教えてくれる。事件事故のリスクが高い名古屋は、純粋な娘には適さないのではとアドバイスを貰う。

✿

訓練が終わると、先生と親が話している部屋に入ってくる。訓練は楽しかったようだ。お茶を飲もうとすると部屋を出て飲む。大人でも気が付かない気づかいで驚いた。

所長先生は言語関連の講演会活動もされている。娘に「今度、皆の前でお話（講演会）するんだけど、その時、麻友ちゃんのことお話ししてもいい？」と聞かれて、照れながら「はい」と返事をする。どんな話をしてくれるのでしょう。

所長先生は、いろいろなハンディーをお持ちの方の環境やご家族のこともご存じで、「麻友ちゃんは見本となる存在です」と言ってくださる。見本になるのだろうか。今の娘の環境は、関わる方のおかげで今があると思うばかり。

所長先生曰く「全国では施設に預けられネグレクトされたり、腫物にさわるかのような扱いをされている家族環境の方も多いんですよ」「皆、一度麻友ちゃんに会ってもらいたい」と言われていた。一番の違いは家族の関わりが違うそうだ。学校の先生もおっしゃっていた。我が家は普通に生活しているだけだが、嬉しく思う。

Kみうさん、まゆちゃん、にこちゃん姉妹（3人）が遊びに来てくれた。大根抜きやアイロンビーズなどをやって遊ぶ。とても楽しい時間を過ごせたようだ。娘にされるがままの妹のにこちゃん。とても可愛がる娘です。みうさん姉妹も楽しんでくれたかな。

✿

余暇や自由な時間ができると、何かを作ったり書いたり本を見たりと、必ず何かをやっている。出かけている時でも「早く帰って遊びたい」と言う。自分のなかでやりたいことがたくさんあるのでしょう。いいことです。やることを自分で考えているようです。

Kみうちゃん（右側）と姉妹
本人は左側。

✿

中耳炎治療に長く通っていたが、やっと治る。先生から「もういいよ」と言われて喜ぶ。親も解放感された感じでうれしい。

✿

自分の周囲にいる人は皆平等に好き

お盆には、父親の実家の岡山に行く。毎年恒例になっていて、楽しみにしている。数日前から楽しみにしていて、新幹線の中でも「楽しみ！　楽しみ！」と連発。駅に着いて祖母に会うと、ニコニコして抱きついていた。

✿

恒例の倉敷美観地区でお買い物。いつも行くかき氷屋さんで涼をとる。かき氷は大好き。量の多さには驚かされるが、ペロッと完食する。

✿

招き猫美術館に行く。岡山駅から単線電車に乗り換え。到着すると無人駅。不思議そうに見渡す娘です。

美観地区でお買い物

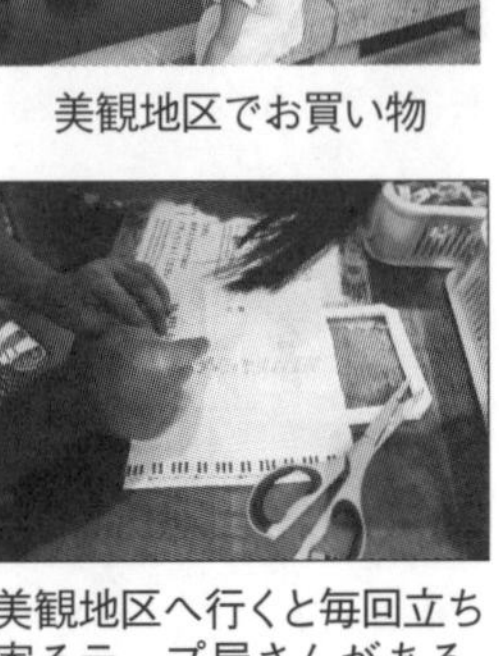

美観地区へ行くと毎回立ち寄るテープ屋さんがある。そこにある体験コーナーで期限10分間に夢中になってしまう。

美術館では招き猫絵付け体験をやっている。工房へ行くと目の色が変わる。「やりたい！　やりたい！やってみたい」と言うので体験する。

東山太鼓の衣装を参考に絵付けをする娘と父親。右手は金を招く、左手は人を招く、両手は幸運を招くと言われているらしく「太鼓ならお客さん」ということで、左手招き猫を選択。

時間制限はないので2時間くらいかけて描く。とても丁寧に塗っていた。2時間の長い間でも集中して描けていた。

✿

昼食は美術館の中のカフェで。そこで左手招き猫の本領発揮!?　店員さんとの出会いがあった。いろいろと話を聞かせてくれて、娘の話も一生懸命聞いてくれる。招き猫の出来上がりを見てくれたり、和太鼓部の話をしたり。一期一会だが、よい出会いです。

絵付けに夢中

東山太鼓招き猫

✿

店員さんは岡山市内にある雑貨屋さんのアクセサリー作家兼店長。お盆の3日間だけのお手伝いだとか。最後にお互いに写真を撮り合った。

✿

岡山の祖父母宅でちょっとした言い争いになる大人たち。そこで娘が「うるさいなあ！　もう！　帰れ」と言うので皆がビックリ。娘がいることで争いがおさまる。助けられる。しかし暴言には気を付けてほしい。

✿

祖父母や従姉達と、ジェンガや百人一首・坊主めくりをして遊ぶ。

坊主めくりは知っているようだ。小学校の時に教えてもらったと言っていた。ルールも知っていた。

✿

従姉弟と軟式テニスをする。暑い中だったが楽しむ。なかなかできる体験ではない。サーブは何とか入る程度で、打ち返すことはなかなかできない。ボールも拾いに行かずニコニコしているだけ。体育の授業もこんな感じだったのかなあと思った。汗だくになった1日。

✿

祖父母とトランプをする。神経衰弱の時は、合うカードをこっそり確保する。祖父にカードの場所を「じいちゃん、これ」と教えたりと反則行為!? が多い。場所は覚えている。

✿

コインゲームに行くが事件発生。娘がコインを置いたまま目を離したすきにそのコインが無くなる。盗んだのは子ども。少量だったが驚く。「悪い人がいるからね。まだコインだったからいいけど、カバンや財布とかだったら困るでしょ？　しっかり持ってないと駄目だよ」と教える。よい勉強になった。

✿

母親が「パパのこと好きだよね」と言うと「パパも好きだけど、ママも好き、ばあちゃんも」娘は自分の周囲にいる人は皆平等に好きだと言う。勉強させられます。

✿

似ている子がいるの?

JAに買い物に行く。職場体験の時にお世話になったパートさんに会う。「こんにちは。元気だった？」と声をかけてくれる。覚えてくれていたようだ。

✿

百人一首は読み手希望。がんばって100枚読んでいた。前後をつなげて読んでしまうのでどこからが取札の歌かわからず、従姉達は難しそうな様子で、時間がかかった。

テニスショット

いとこととテニス記念写真

父方の大好きなおじいちゃんとおばあちゃん

中2

根気のある魚釣り

みんなとゴルフ

娘つながりの友達4家族で、長野県にキャンプに行く。釣堀でのニジマス釣りは残念ながら釣れず。時間になってもまだ釣りたがる。魚釣りは好きで、根気よく待てる。

✿

釣りが終わると1人でロッジに戻り始めた。父親もロッジへ戻っていると「(道を)間違えちゃった」と言いながら父親の元へ。迷子にならずによかった。似た道だったが、間違えたことがわかったよだ。

✿

夕方からBBQ開催。子どもたちは食事よりも遊びに夢中。ロッジで囲碁やオセロをやっていた。

✿

翌日は天気も回復。マレットゴルフを楽しむ。皆ルールなんてお構いなし。数も数えず、まだ球が転がっていても打ってしまう始末。自由な子どもたち。一緒にまわった友達よりも速く入れたいので転がる途中でも打っている。速く入れるスポーツではありませんよ。

✿

昼からは自由解散。我が家は寄り道してアウトレットへ。ウィンドショッピングをしていると、お店の中で小学生らしき女の子が娘を見ている。店を出ると同時にその子が母親に「あの〜? 何小学校ですか?」と聞いてくれた。「中学生だけど、どうして? 似ている子がいるの?」と聞くと「はい」と言うので「そうなんだ。声をかけてくれてありがとう」と話をする。優しそうな女の子でした。声をかけてくれるなんて勇気のいることだったでしょう。その子は一つ勉強できたのではないかな。

✿

簡単スマホの「らくらくホン」を購入

半年に1回の定期健診に行く。採血をする時、注射を凝視。平気で見ている。平然と採血室に入り、泣くこともなければ嫌がることも無く。それよりも「優しい人がいいなあ(看護士さんが)」と言う。終わっても笑顔。検査結果は問題なし。

入部当初に、ダウン症・発達面と和太鼓との関係を研究されている大阪の方に太鼓の相談をしたことがある。それからメールだけだがお付き合いがある。最近の部活の様子やイベントでの活躍を報告した所、ブログ掲載への承諾依頼があり驚いた。読んでくれる方がたくさんいればいいですが。

✿

市の太鼓教室で、ある高校和太鼓部の演奏を見て、憧れていた秩父屋台ばやし・三宅太鼓のたたきを、体験させてもらう。乱打だったが喜んでやる。打ち方にはルールもあるようで教えてもらう。篠笛の吹き方と指の使い方も教えてもらうが、なかなか難しいようだ。

✿

秩父屋台ばやし

三宅太鼓

篠笛

母親の携帯電話の調子が悪くなりスマホにかえた。そのタイミングで娘も電話を買う。ＧＰＳ付きのガラ携を購入しようとしたが、適当なのがなくて簡単スマホの「らくらくホン」を購入。高校生になるとＧＰＳを利用したいこともあり、使い方の練習も兼ねて持たせることにした。

✿

翌日、公文でＫみうさんに「スマホ買ってもらった」と早速教えてあげたようだ。Ｋみうさんが娘とＬＩＮＥをやりたいと言ってくれる。始める時は見守りながら使わせようと思う。

✿

スマホに和太鼓部のイベント動画データを入れる。操作を教えるとすぐに覚えて見ていた。１度教えるだけで覚える。普段パソコンやタブレットを触っていたので、基本的な単純操作はわかるようだ。

✿

お出かけの時に祖母を誘う。祖母を迎えに行き、母親が呼びに行こうとすると、「ばあちゃん！　着いたよ」と自分の電話で一発。感心する母親。

✿

ショッピングで祖母と娘が行動している時、娘から電話がかかってきた。父親が「どこにいるの？」と言うと「ここ！」と言うのです。【ここ】では居場所がわかりません。相手に伝わるようにするにはどうしたものか。

✿

パソコン操作をしながら、タブレットでゲームをしながら、スマホで和太鼓のイベント動画を見ていた。「どれか1つにしたら？」と言うが、器用に何をやっているのだか。

✿

夏休みに障害者手帳の判定に児童相談所に行く。判定はB。前回の判定時よりは少しはできることも増えている。頭でわかっていることでも言葉で説明するのは苦手です。

✿

市役所に施設利用の更新の為、面談に行く。市役所の方に、学校名・学年・部活等を質問される。小さい声だが、しっかり答えていた。

市役所の方に「何かお手伝いはしていますか？」と聞かれると「大根おろしとか」と答える。

大根おろしは数日前に手伝いをしたことで、記憶に新しいので話たのだと思う。

✿

宿題をやっていると、あくびが始まる。進みが悪くなったので10分間の休憩にした。休憩に入った途端に目が覚めたのか、バチを持ってエアー太鼓オンステージ。あの眠そうなあくびは何だったのか。休憩になってゲームを始めるよりはいいかな、と思う親です。その後は気持ちが解消したのか残り分の宿題をやりきった。

✿

台風16号接近のため、学校は15時10分下校となる。これから雨風が強くなるというのに、公文へ行くと言うのです。「台風で車が動けなくなるといけないから今日は休むよ」と説明した。よほど行きたいようだ。

✿

誕生日が近くなり、皆に誕生日だということを言っていたようで「もうすぐ誕生日だよって男子に言ったら、おめでとうって言ってくれた」と笑顔で教えてくれた。嬉しそうだ。

しっかりイベントに出られるようになる

登校する時、父親の支度が遅れていると「パパ行くよ。先に行ってるよ」と言って出かける。追いかけると結構進んでいて「速いね～。これだったらもう1人で行けるね」と言うと「うん」と言っていたが道路事情も危険なため一緒に行く。

✿

社会の小テストがある日。登校中に会った、れなさんが「麻友ちゃんおはよう。テストの勉強した？」と声をかけてくれて「してない」と言う。もう少し恥ずかしそうに言いましょう。

✿

ホメホメビンゴをやっている時期。「ホメホメ明日は、Kみう」「明日は、すぎけん」と言う。友達のホメホメは書いているのだろうか。

✿

文化祭の合唱コンクールの練習時期。家でも「1，2，3伸ばす4拍だよ」と練習している。「いい歌だね」と父親が言うと「だから(いい歌だって)言ったじゃん」と言い返す。

✿

町内運動会では2曲（大空へ・こどもばやし）に出場。Kみうさんの妹も来ていて演奏を見てくれた。娘に見てくれていたことを伝えると喜んでいた。

太鼓輸送をしていた教頭先生も見てくれる。「よくあそこまでできるようになりましたね」と褒めてくれます。練習の成果が出てきたのでしょうか、イベントに出られるようになる。

大勢の前でのイベント演奏

コスモス祭り

✿

お祭りの多い季節。コスモス祭りのイベントがあった。2曲（カーニバル・大空へ）出場。今年の年始ごろの部活練習ではカーニバルを練習していた。その時はテンポが遅れながらも諦めず最後までたたいている姿があった。それ以来、初めて見る。多少ミスはあったがリカバリしていた。がんばって練習したのでしょう。

保育園時代の園長先生も来てくださっていて「麻友ちゃん！ 成長したねえ」と言われて、笑顔で抱きついて行く娘です。

✿

帰校する時には、部員の前を通り過ぎようとすると。「まゆ～！」と大声で手を振ってくれる、まこさん。娘も「ヤッホー！」と手を振る。明るい部員たち。

町内運動会

✿

前回とは異なる町内運動会があった。時間も少ないので全3曲。うち1曲（大空へ）出場。好きな【こどもばやし】がたたけなくて残念そう。移動の時に「任せられた曲なら、その曲を精一杯やればいいんだよ」と教える。本番では無事完奏。演奏終了後にはアンコールが入り【大空へ】をたたくことになった。「アンコールがあったから2回できた」と喜ぶ。

イベントへ出かけると、町内の主催者よりお礼の品をいただきます。お昼御飯はイベントでもらったお弁当やパンを食べる。イベントで貰ったパンを食べている時「私、半分に割って焼いて食べるのが夢なの」と言いながら焼いて食べる。表現が素晴らしいですが、とてもかなえやすい夢です。

【支え合う喜び】

さて次の週末は文化祭だと思っている矢先。月曜の朝に熱が出る。熱が下がらず病院へ行くと胃腸風邪との診断。月曜火曜は学校を休むことになる。水曜はなんとか学校へ行くもまだお腹はシクシク痛むようだ。もう一度病院へ行く。胃腸風邪の腹痛は耐えるしかなく完治まで5日くらいかかるとのこと。文化祭は絶望的かな。

忍先生からも心配の電話をいただきます。電話中は娘も近くで耳を寄せてくるので電話を代わる。「先生ごめんなさい（学校休んで）」と言っている姿を見ると切なくなる。先生からも励ましの言葉をかけてくれてしばらくご機嫌でした。しかしまた腹痛が。

小学校1年生の時に発熱で1日だけ休んで以来、休んでいるのを見たことない友達たち。文化祭での合唱コンクールには参加できるのかと心配してくれているクラスメイトたち。男子生徒からも「麻友合唱コン来れるかな?」「来てほしい」と言ってくれている生徒もいると聞く。娘に伝えると喜んでいた。

文化祭に間に合うのか、親も焦っているころ「麻友がいないと皆困るから、皆を困らせたらダメだよ。36個のダルマが揃って2—6なんだって」と無理矢理なことを言って気持ちを高めようとしてしまう。更に「麻友が学校へ来ないとさびしいんだって」と言うと「男子も?」と言うので、ちょっとは元気があるのだと安心した。

✿

次の木曜日に、学校へ行くも午前9時ごろ、強烈な腹痛のため早退する。父親に泣きながら電話がある。「パパごめんなさい」「どうしたの、どうして泣いているの？　教えてくれる?」と聞くと「皆歌っていて、部屋に入れなくて泣いてた。わたしできなかった…」と上手く答えられない様子。帰宅した後は、腹痛は収まっていたので「また今からでも学校行ける?」と聞くと「無理（泣）」と言うので、よほど辛いのだろうと思い「いいんだよ。今日はゆっくりしてなさい。パパ早く帰るから」と言う。

しばらくして父親にメールを打ってきた。次が全文【何で中で、外でないてました。そして、動きができなかった。

中2

からダメだからうまくできなかったでした。】とがんばって教えてくれる。合唱コンクールの練習でのことかと思ったが、先生からはそういうシーンはないとのこと。もしかすると部活の朝練で文化祭でのオリジナル演奏の練習をしていたので、練習できていなかった自分が部室に入れず泣いていたのかと考えられる。

✿

これまた追い討ちをかけるかのごとく、木曜日の朝に生理が来て、腹痛&生理痛でWパンチの娘。薬に頼るしかなく回復を祈るばかり。次の日の金曜の文化祭も諦めかけていた。しかし夜には「明日は行くよ！」と言い始めたのでちょっと気分も回復してきたようだ。

✿

木曜日にKみうさんがラインで連絡をくれる。

み：「明日和太鼓出るの？　何曲出れるの？」

「ファイトイッパツ！」

「楽しみにしてるよ。がんばってね」

麻：「練習できてないから出れないかも」

み：「そっか。合唱コン一緒にがんばろ」とくれたのです。ありがたくて泣けてきます。本当に優しいKみうさんです。Kみうさん家族には感謝しています。娘には皆の気持ちを大切にしてほしいし、親切を忘れないでほしいと願うばかりです。

Kみうさんが、文化祭本番前日にプログラムを学校帰りに持って来てくれたのです。本当に助かりました。自宅と逆方向なのに、Kみうさんには感謝するばかりです。

✿

金曜日の朝。クラスの合唱コン朝練習には行くと言うので、心配だったが行かせる。文化祭にはギリギリ間に合って本当によかった。

金曜日の文化祭での和太鼓部の演奏では、練習もできておらず見学になった。忍先生からも、娘が出場できなかったことを気にしてくれた。たたいている姿を見てもらいたかったですが、前日までの調子を見ていると出られないだろうとは思っていた。

文化祭では、有志のダンスなどの出し物のコーナーでは、楽しんでいる姿があったので安心した。

✿

次の土曜日が合唱コンの本番。Kみうさんが指揮者。「前を向いて、みうちゃんを見て歌うんだよ」と言うと「わかってる」といつもの口調が出てきたので大丈夫だと確信する。

✿

文化祭を楽しんでいたのに、終了後には急に気分が悪そうだ。教室への撤収移動が始まる。寄り添ってくれているKみうさん。他の友達が2人の椅子を運んでくれて、Kみうさんが娘に寄り添って教室までついて行ってくれた。本当に心から心配して行動している子供たち。言葉で表現できない感動です。

✿

本番では36人のダルマがそろって合唱コンができた。本当に安堵する。結果、優秀賞！　娘は「最優秀じゃなかったぁ」と不満そうだが「あなた1週間練習できてないでしょ」と思う親です。（本人、前列中央）

文化祭での弁当は誰と食べたのかを聞いてみると「みうと、かほちゃんと、すぎけんと食べた」と教えてくれる。

✿

自学ノートの今日のフレーズ欄に【支え合う喜び】と書こうとしていた。ひらがなで【ささえあうよろこび】と書けばいいよ。と言うと「漢字で書くよ」と言うので「読めるの？」と聞くと「うん」と言う。確かに読めているし書けてもいた。

✿

公民館文化祭でイベントがあった。【雅】という曲に出る。自分の演奏以外の時でもしっかり声を出して、イベント終了後のお辞儀も丁寧にできていた。

✿

けんと君が部活練習に来てないので「行かないの？って

演奏後のお辞儀

立志歩行スタートの公園視察

堤防部分の一部と、自転車道の一部を歩行する。およそ5kmほど歩いてみた。昼食は、本番で予定されている緑地公園で食べる。

声をかける」と言って登校する。生徒会長なので仕事が忙しいのかな。

和太鼓フェスティバル

長距離立志歩行の下見に行く。スタート位置とスタートからのしばらくの間、道確認をして歩く。とても気持ちのよい日だったのでご機嫌に歩行練習が出来た。

歩くスピードは、あわてない程度のスピード。本番はもう少し早いのだろうと思いながら歩く。本人は「楽しみ楽しみ」と言っていた。

班のスピードに合わせることができるのか気がかりな父親。学校へ歩く時間と距離を参考に調べていると、父親の会社同僚も協力してくれて、タイムリミットになるスピードを割り出してくる。細かく計算して表を作ってくれたりもした。父親の会社の方々も、学校生活・進路など、応援してくれている。

太鼓フェスティバル（本人左から二人目）

✿

安城の本證寺にて開催される和太鼓フェスティバルに和太鼓部が参加。当日生徒たちは電車にて移動、現地まで30分の歩行移動をした。副顧問先生がついてくれていたので安心。天候を心配したが、当日だけ天気も回復。本人は遠足気分!?

フェスティバルでは5曲中2曲に出場。ステージではりりしく振る舞っていた。演奏精度も上がっていて、迷うこともなく自信を持ってたたけていた。拍手をもらって気持ちよさそうです。

✿

イベントから帰校の時に電車を待っている間のことを教えてくれた。副顧問先生と娘の近くにいた1年生女子部員数名と手相の話になる。娘の手相を見た1年生女子が「えっ!? すごい」と驚く。娘の手相は両手マスがけなので驚いたようだ。娘は何で驚くのかわからず。

✿

「ここの（襟足）髪をクイクイって引っ張ってきた（笑）」と嬉しそうに言うので誰が引っ張ってくるのか聞くと「ちなみ。ちなみ好きだよ」と嬉しそうに言っていた。

高校見学は興味しんしん

11月高校見学に行く。志望校のため通学に慣れるためにも参加することにした。前日から「○○の学校？　楽しみ！楽しみ！」と言う。見学の要領は6月の時と同じだったので、要領はわかるようだ。

2年生早々の6月に見学に行っておいてよかった。行っていなければ今だに「まだいいか。まだいいか」で不安な気持ちのままでいただろう。

✿

実習室ではパソコン操作の体験があった。1回目の見学の時と同様の要領。場所も記憶にあるので安心しているようだ。補助の先生におかれては、娘がキーを探して迷っていても、優しく教えてくださる。

✿

見学の際には、中国語の授業も見学。教室前側の出入口で生徒たちから見える所で見学。生徒たちは楽しそうで、面白いことばかり言う生徒もいる。盛り上がっている姿に娘も笑顔。男子生徒同士で「お前笑われてるぞ～（笑）」と言うと更にニコニコしていた娘です。好印象のようです。

✿

高校見学体験

数学の見学は期末テスト対応の授業でした。やっていた授業で【X＝Ya―b…】のような計算式をやっていると「あっ！　同じ（中学校と）！」と言って興奮する。計算式は難しくても同じようにX、Yを使っている授業だとわかったようだ。

✿

ジョブトレーニングは、玩具の組み立て作業を行っていた。プラモデルのような感じだったので「プラモデル？」と興味しんしん。

✿

個人相談では、校長先生が対応してくださり驚いた。娘に学校名と名前と学年を聞くと、恥ずかしそうに小さい声で答えていた。就職・専門課程・ジョブトレーニング・ボランティア活動・部活動・使用しているパソコンソフト等々丁寧に教えてくださり参考になる。

娘のことについても学校は楽しく通えていること、部活動（和太鼓部）をがんばってやっていること、高校生として楽しんでもらいたいこと、などを伝える。とても貴重な時間で、40分近く対応していただく。

✿

帰りは、生徒たちの下校時間と重なる。友達同士で楽しそうに帰っている姿。まさに高校生だなと感じる。高校生になれば、その時にしかできない高校生活を楽しんで欲しいと願っている。

✿

帰りの電車の中では女子生徒と同じ車両になった。友達同士でスマホを操作しておしゃべりしながら下校する姿。本当にどこにでもいる高校生という感じで、高校生を楽しんで欲しい。

✿

技術で作ったラジオを持ち帰る。実習で作ったようで、帰宅後すぐに見せてくれた。母親が「色はみんな白だったの？」と聞くと「うん。ホワイトだよ」と英語で教えてくれる。

足の痛みに耐えながらゴール ―― 立志長距離歩行

立志長距離歩行（34ｋｍ）では父親も班の生徒と一緒に歩く。学校から現地までのバス移動の時、下見の時に確認していた集合場所の写真を見せて「お父さんはここで待ってるから、先生と皆とバスに乗って行くんだよ」と言うと「あぁ！　ここね。わかった」と言ってご機嫌でした。

✿

当日学校へ送って行くと、車を降りるなりバスの所にいた忍先生に向かって嬉しそうに一目散に走って行く。

一緒に歩行する父親は、手をつないで歩けばペースは保てると考えて手をつないで歩いたり、タオルをリード代わりに持って並歩したりしていた。所々では友達と手をつないで歩いたり、と楽しそうな姿もあった。

✿

途中の海底トンネル手前のチェックポイントでは、同じ班の生徒と一緒にトイレに行く娘。しかしなかなか出てこず。心配するメンバー。父親が呼んでも返事がないまま待っていると、普通に出てくる。ただ長いだけでした。皆心配しているのだから返事くらいして欲しい。

歩行者用海底トンネル内では「こういう所って、この先なかなか歩くことはないね。いい思い出になるね」と言うメンバーで記念写真。

✿

10km付近の堤防では、すでに足が痛そうな娘。父親も同様。娘を引っ張るように歩き始めた。まだまだ先は長い。班のメンバーも足が痛くなっているころ。足が痛くても記念撮影は、皆いい笑顔でハイポーズ！

✿

ポイント地点にいるボランティアの保護者の方が「麻友ちゃんがんばれ！」と応援してくれる。娘のことを知ってくれている保護者が多くて驚いた父親です。

後方遠くから「麻友～！　麻友～！」と男子の大きい声が。振り返って見るとげんと君でした。娘は振り返るが、足が痛くて無表情。

✿

なんとか、お昼休憩の地点へ到着。忍先生を見つけると抱きついて行く娘。近くにいた先生が一言「感動の再会！」

昼食休憩時間は30分。おにぎり2個をぺろりと食べるが、足が痛いのか靴を脱いでいた。ゴールはしたいようで続投

歩行スタート（本人左端）

衣浦歩行者用海底トンネルで（本人右端）

足が痛くなってきたところ（本人、左から二人目）

中2

する。残りの距離はまだ半分。

✿

午後からは、痛い足をかばって歩くようになり、つないでいる手にも力がなくなる。メンバーから離れてきた。「足が折れた」「あ～血が出た」と言いながら休む回数も増え、とうとう座って靴を脱いでしまう。

見ると左足裏に大きな水ぶくれが2つ、つぶれていた。人生初めての水ぶくれ、かなり痛いはず。痛みに耐えてがんばっていたようだ。

✿

手当をして再スタート。歩く表情は【無】。かなり痛いのだろう。つま先を上げてかかとで歩く。父親も足が痛くて、早く待機バスに乗ると言って欲しいと思うほどの辛さ。

気がついてくれた忍先生と江川先生が、手をつないでリードしてくれます。更に不安定に歩き始めた娘の両脇を抱えてくださりながら「ちょっとずつでいいから次のチェックポイントまではがんばろうか」と、勇気付けてもらっていた。メンバーには先に行ってもらう。

✿

ロボット歩きになりながらも、何とか次のチェックポイント（20ｋｍ手前付近）まで歩く。未知の歩行距離です。

✿

時間的にも足の状態的にも、残りの距離を歩くのは難しく、次のポイントまでバスでの移動に切り替える。

残り10ｋｍ付近地点のチェックポイントまでバスで先回り。皆が「麻友～がんばれ～」と声をかけてくれる。そして無事に班のメンバーと合流。しかしまだまだ先は長い。

✿

クラス皆で作った写真つき応援メッセージの写真を見ながら、大切そうに両手で包み込む。

忍先生との相談で、ゴールリミット時間（17時）と距離を逆算して次のポイント2ｋｍまでバス移動。そこから先生も一緒にゴールを目指してくれる。

仲良しの、かほさんと、Kみうさんとも合流。休憩中に一緒に記念写真。

✿

さあ学校手前2km付近から再挑戦。すでに両足痛さMAX。両足かかとでロボット歩行状態。忍先生が両手を持ってリードしてくれます。焦っている父親がリードすると「パパは速い！」と怒られる。いつもは近くに感じる距離がかなりの距離に感じる。

後方から来る生徒には「麻友！　がんばってんじゃん！すごいすごい」と声をかけてくれる友達たち。皆に追い抜かれながらも自分のペースで【無】で必死にゴールを目指す。忍先生と一緒に歩く時間を楽しみながら歩く。

すでにゴールして豚汁を食べ終わった、けんと君が自転車で下校するところ。娘とすれ違いに「麻友がんばれ！がんばれ！」と応援してくれたと思うと引き返してくれる。けんと君が少しだけ一緒に歩いてくれる。ありがとう。

✿

とうとう最後尾も通り過ぎ、空も暗くなり、残るは娘だけ。最後尾の先生とも再合流して一緒にゴールを目指す。

やっとのことで学校へ到着。先生と一緒にゴール。

すごい距離でした。皆すごい！　足の痛みに耐えながらゴールできた。一緒に歩いてみないと、この感動は味わえないと感じる父親です。

✿

体育館が最終ゴール。中に入るなり保護者の方が体育館に響く声で「最後の生徒が到着したよ〜！　麻友ちゃんがゴールしたよ〜　拍手〜」と花道と拍手で迎えてくれて感動する。嬉しそうな娘。

最後のゴールになるのもなかなか気持ちのよいものです。

✿

その後は、名前の寄せ書き。反対向きで名前を逆さから書いていたのには驚く。器用です。

座り込んで豚汁を食べる。そのまま「もう立てない」と言って立ち上がれない。

✿

本人のできる限りのがんばりが感じられた立志歩行。皆のおかげで素晴らしい経験ができたことには間違いない。歩数も4万歩以上。小さい体でよくがんばった。この痛みに耐えてがんばった精神と皆がいたからがんばれた思いが、今後の本人の役に立てればいいなあと思う。とても大切なイベントに感じた一日。一緒に歩くことでわかること・大変さ・感じることが多いと思う父親です。大人も勉強にな

中2

諦めず忍先生と一緒に歩く

足の痛みに耐えてゴール!

ります。ぜひ保護者の方も一緒に歩く方がもっと増えることを願っている。

✿

帰宅後に足の裏を見ると、両足に大きい立派な水ぶくれが2個ずつあり痛そうです。しかし次の日は資源回収でしたが、参加する。仕分けの手伝いをする。

クラスの一員として居場所がある

家庭科の調理実習を楽しみにする。帰宅後「ハンバーグだったよ。楽しかった」と言う。Kみうさんと同じグループで「みうちゃん優しい」と。いろいろと手伝ってもらっていたのかな。娘には自分でできることは自分でやるように話す。

近くにいた友達たちも来てくれて記念撮影をする。「和太鼓部が来てくれた」と嬉しそうです。(中央の忍先生の後ろが本人)

✿

三者懇談は長時間になる。いつも1時間以上になってしまって申し訳ないと思いつつもいろいろ話してしまう。学校での様子や友達との関わりなど進路の話ができて有意義な懇談会でした。

✿

テストが返って来て、点が数点でも取れていると皆に見せているらしく。「おーすごいじゃん!」と言ってくれる友達もいるとのこと。中には「麻友の方が確立(正解の)いい、やべえ」と言っている生徒もいるようで楽しいクラスです。

中間テストでは、ちょっぴりカンニングをしてしまう。期末テストは自力で書いたようなので、入試テストにも向けて癖がつかないように、テストの時は注意していることを先生に伝えた。

✿

数学の先生の誕生日に、皆で黒板におめでとうメッセージを書いた。その時に娘が大泣き。ビックリした生徒たち。友達が他クラスで授業中の忍先生を呼びに行ってくれて授業中断させてしまう。中断したクラスの生徒も「すぐ行ってあげて」という空気になったそうでありがたい。

本人になぜ泣いたのかを聞くと、次の先生のために黒板を綺麗に消している娘。その黒板を使ってしまったことに泣いたそうだ。本人が忍先生に伝えることができたとのこと。クラスメイトも何故泣いたのかを理解できたようで、いろいろな見方・考え方の側面があることに気がついてくれたようだ。先生からもフォローしてくれて安心した。そんなことで泣かなくてもと思う。皆が大人になっても記憶に残る1人になりそうです。

✿

声をかけてくれる生徒たち。娘の機嫌がよい時はいいが、悪い時はとても感じ悪い対応ではないか心配。せっかく声をかけてくれるのに、友達が離れていくのではと心配。皆も慣れているのか、機嫌のよい時は「今日はニコニコで当たり」反応が悪かった時は「今日はダメだった。はずれ」と言い合っているようだ。

✿

文化祭の合唱コンクール本番寸前で熱が出て2日休んでいたことにより、クラスの雰囲気が皆でやりたい気持ちが更に増していたとのこと。クラスの一員としての居場所があることにとても嬉しく感じる。

✿

マラソン大会では、皆が声をかけてくれるも、マスクをしたままでジャンバーも着たままで走っていた。ゴールはできたものの、一緒に走ってくれた友達を押している姿があり、本当に申し訳なく思うばかり。いつも皆は親切にしてくれるのに、どうして押したりするのか情けない。もう少し相手の気持ちをわかるようになってほしい。

マラソン大会の次の日、友達に謝るように話す。翌日「友達に謝れた」と言って帰ってきた。マラソン大会の日は機嫌が悪かったが、友達に謝れてスッキリしたのか、いつもの元気な娘に戻っていた。

新曲の稽古

市の和太鼓レッスンの日。その日の他生徒は病欠でお休み。マンツーマンの指導となる。「麻友ちゃん山○純平さん知ってるでしょう？　一色高校の時に来てたでしょ。その人が作った曲だよ」娘「……」特に関わりもないので知るはずもなく。

新曲が始まる。A～Dの4フレーズで構成されている。まずAを唱歌と手で感じをつかみ、続いてたたいてみる。声が出ていないのと、手の動きと体の動きが小さく指導される。初めての曲なので遠慮気味な感じです。

先生と一緒にたたくと感じがつかめる様子。ある程度感

唱歌中

新曲の稽古

読めるが漢字の音読み訓読みに混乱

誕生日には、先生や友達から手紙やプレゼントを貰ってとても喜ぶ。

✿

夕食の時「パパお疲れ様～」とお酒をついでくれる。

✿

知り合いの方の親族様が亡くなった連絡が入ってきた。そのメールを見た娘が「えっ？　誰が亡くなったの？」と言うので驚いた。【亡】の漢字を見てわかったようです。

✿

テレビで【武田信玄】の文字を見て「ぶたしん？」と言う。確かにそうだが、音読み訓読みが混乱。

✿

帰宅後は即テスト勉強宿題開始。コツコツがんばって書く。疲れてきてからの追い込みは、ストップウォッチを使う。ストップウォッチは効果あり。

✿

じがつかめた後には、続いてフレーズBへ進む。Bは歌いながらたたくが、やはり遠慮気味。

これまた、先生と一緒ならたたくが、1人だと耳に入ってくる音がないので不安そうにたたく。先生からは「イベントみたいに声出せるかな?」と言うので、自信が持てれば出せると思うことを伝える。仕上げることができるか。

フレーズCは複雑、どんな感じかを聞かせてくれる。太鼓を2つ使って2人で向き合ってたたく。まるで部活の曲での動きに似ている。動きを見せていた娘。「ああ! 麻友ちゃんはいけるかも! でも○○くん（他生徒）がやれるか心配だなあ」と言う先生。いやいや娘もどうかなあと思う父親でした。

その日は、先生が自分用に新調した桶太鼓を見せてくれた。何十万円もするステージ商売道具。興味しんしんの娘。「縛り方で音も変わるんだよ」と言って縛り方も見せてくれた。皮は片面ずつ厚みを変えて張っているとのこと。先生が「少し音が違うんだよ」「ちょっと色が派手だったかなあ?」と言いつつも、とうの娘は、先生のバチでたたいてしまうのでした。

先生の桶太鼓に
興味しんしん

高校生の和太鼓部の演奏に影響され、桶太鼓を担いでたたくたたき方にも興味がある。先生に担がせてもらう。バチの持ち方（薬指と小指に挟む）も教えてもらう。いろいろやらせてもらっている。

✿

Kみうさんとのラインのやりとりが楽しみ。「公文くる?」「冬休み遊ぼう」など短い文章でやり取りをしている。冬休みに遊ぶのを楽しみにしている。

✿

クリスマスを楽しみにしていて、欲しいプレゼントがあるようで、サンタさんに頼みたいものがあると言う。とても純粋です。何がほしいのだろう。

出初式で太鼓演奏。応援をもらう

文房具屋に行くと「色画用紙がほしい」と言うので買う。ある日一生懸命に何かを書いていたので見てみると、忍先生とクラスメイトの、かほさんと、けんと君にメッセージを書いていた。昨年の行事のお礼を書いていた。嬉しかったのかしっかり書いていた。後日、教室に掲示してもらう。

✿

2学期通知表を持って帰ってきた。体育と音楽の2教科は"2"を貰って喜んで見せてくれる。

よくがんばりました。点数だけではなく、先生が記入してくださるコメントも大事にしている。

教室に提示してもらった、みんなへの感謝メッセージ

✿

1月8日、市内の消防署出初式のイベントに和太鼓部が行く。来賓には知り合いの方や校長先生も見えていて驚いた。消防団の中にも日頃お世話になっている方もいた。その家族や応援に来てくれたディサービスの代表の先生や利用者さん。声をかけてもらったり手を振ってもらったりして応援に気づくと喜んでいた。

本番準備のセッティング前になっても、娘が見あたらないので心配になる。副顧問の先生が付いてくださっていたのでヒヤヒヤしたが、副顧問の先生が付いてくださっていたので安心する。演奏に間に合ってよかった。

演奏は全部で2曲、そのうちの1曲を演奏。応援に来てくれていた方は、初めて見た演奏姿に感動して「麻友、本物の太鼓やってるじゃん！　ディサービスの子に教えてやってよ。すごいわ！」と言ってくれる。消防団員の奥さんからは「麻友ちゃんすごいすごい。感動したわ〜」と涙

消防署出初式にて
決めポーズ

ぐんでいた。お子さんたちにも「あそこに麻友ちゃんいるよ」と教えて見てくれる。

✿

努力は無駄ではない。がんばりを褒める

数学小テストは20点満点中0点。同じ問題で追試があるのでテスト勉強をする。5−(−3)＝ 等は、強引に十の絵にして足し算をさせたり、他の問題は何度も記憶させて、家では8点。いざ実践では3点。惜しい答えも書いていてがんばった形跡がある。しかし覚えさせていた計算は親が間違えていた。麻友ちゃんゴメン。記憶したそのまま書いていた。3点でしたが、先生は【がんばったね】とコメントがあった。娘は点数がとれていただけでも喜んでいたのでがんばりを褒めた。

✿

漢字小テストがあった。合格点70点以上。追試テスト勉強では100点満点中最高で56点。同じ用紙を何枚もコピーして、覚えやすそうな問題を選んで何度も書いて覚えた。遊びたいと言いながらも「もう一回やっとく?」と言ってはチャレンジする。50点は取りたいと思い勉強したが、結果は44点。惜しい。点数が取れれば本人は喜ぶのは当然ですが、点数が取れなかったとしてもこの努力をする行為は無駄ではないと思いたい。

✿

実力テスト中にお腹が痛くて保健室へ行く。お腹が痛くて泣いていたということで、家で聞いてみると「泣いてない」と言う。何か言われたのかを聞いても「言われてない」、お腹が痛かったのかを聞いても「そうではない」と言う。友達が先生を呼びに行ってくれたが、もしかすると泣いていると勘違いしたのか。先生が来てもうまく説明できないので、お腹が痛いと言ったのか。いずれにせよ問題なさそうだ。1時間後には戻って来てテスト再開する。

✿

土曜日の部活練習に、市の和太鼓教室の先生が来校して1年生に構えを教えてくれると、部員に説明があったよう

中2

だ。父親が「え？　○○先生（市の和太鼓先生）が部活の練習に来てくれるの？」と聞くと「そうだよ」と言うのです。市の太鼓の稽古と間違えているのかと思って聞きなおすが「土曜日に部活に来て教えてくれて、日曜日（市の教室）も教えてもらうよ」と言うので間違いない。顧問先生のおかげで数回限定で外部講師レッスンが実現する。ちゃんと聞いている。

✿

フレミングの法則を手で示すので「理科で習ったの？」と聞くと「理科でブランコを使って、こっちへ電気を入れると動いた」と教えてくれる。電気の流れによる磁力の発生の動きを教えた。いろいろと勉強して帰ってくる。

✿

タブレットでユーチューブ動画を長時間見るので、アプリにロックをかける。しばらくは「見れない見れない」と言うので「ちょっと見過ぎたから見られなくなったんじゃない？　ちゃんとママの言うことが聞けれてたら見られるようになるんじゃない？」と言う。すると一ヶ月くらいたった時、ロックをかけていたのに動画を見ている。なんとヤフー検索から探して見ていた。動画設定にして、ローマ字入力で探し出したようだ。ラインでも簡単な文字入力をするので、これには完敗。自分で操作解決できたことはうれしかった。学校のパソコンの授業の時に「かほちゃんがやり方教えてくれた」「○○を出してくれた」と言っていたこともあったので勉強したのかな。

✿

体育の授業参観にて。ハンドボールの授業だと聞いていたので、大丈夫かと心配しながら参観する。向き合って軽く投げ合うのかと思いきや、体育の先生が手をつないで一緒にプレーしてくれていた。参加できていたので安心した。先生がブロックをしようとしていたが、娘は横で背をかがめてブロックにならず。

✿

キーパーもやっていた。皆は加減をわかってくれているので、ボールをゆっくり投げてくれていたが、対する相手キーパーにはガンガン投げていた。皆と参加することで、運動の楽しみを知ることやハンドボールというスポーツを知ること

体育女子先生と（本人中央）

中2

ができた授業で素晴らしかった。いろいろな対応を考えて授業をしてくれる。プレーしていない待ち時間では、Kみうさんとボールを転がし合う。

✿

点数が取れなくても皆と一緒にがんばる

テスト勉強はすごい量の提出物。母親が下書きをする。父親も手伝う。下書きをなぞる娘。かなりの長い時間を机に座って書いている。あくびをしたり、遊びたいと言いながらもがんばって書いていた。テストの点数をとるのは、なかなか難しいので提出物は出すようにがんばっている。

✿

家庭科の実習内容を教えてくれる。お餅を使う調理実習があったが「矯正しているので食べられない」と自分で先生に伝える。餅抜きで調理をやることになったので、家でも練習する。

実習で、かほさんが作ったピザ餅を食べさせてもらって美味しかったと教えてくれる。

✿

インフルエンザでの学級閉鎖明け「学校へ行くのが楽しみ、皆に会えるのが楽しみ」と言っていた。帰ってくると嬉しそうだ。

✿

Kみうさんもインフルエンザで休んでいたようで、学級閉鎖明けの月曜日に「大丈夫？　早く元気になってね」と手紙を書いて持って行く。

✿

学年末テスト前のテスト勉強の時間には、美術の授業で遅れているところを、担任先生と一緒に進めたと聞く。フォローがありがたい。

✿

テスト本番当日に帰ってくると「スラスラ書いたよ」と言う。自分の中ではスラスラ書けていたのでしょう。わからないと思われるテストにも5時間がんばるところがすごい。最近では選択問題の他にも記入が増えている。

集中力が続くようになってきた

家庭科実習を自宅で練習する

中2

テスト用紙が返却されると、数点は取っている。嬉しそうに父親に見せてくれる。点数が取れていなかった時には「駄目だった~0点だ~」と言うので「点数が取れなくても皆と一緒にがんばったんでしょ?」と聞くと「うん」と言うので、そこの部分を褒める。確かにすべてのテスト用紙には、がんばって書いている形跡があった。

✿

後ろは振り返らない。前だけを見る

部活に遅れてしまい、部屋に入り辛くて廊下にいた。中では練習しているのに1人だけ廊下にいたそうだ。その状況を思うと「麻友ちゃんはパパよりえらいねえ。帰らずにちゃんと部活も学校もちゃんと行ってるし」と言うと笑顔になる。残り数か月で部活も終わるが、仲間と楽しんで乗り切って欲しい。

✿

「日直日誌を書いていて部活の練習ができなかった」と言い訳をする。部室には堂々と入ればいいのだが、それができない。「大きい声で遅れてすいませんって言えなかったら、先生の所まで行って言えばいいんだよ。先生も麻友ちゃんから言ってくれる時って嬉しいかもよ」と教えると「わかった。できるよ」と言うが、それ以降できているのか。

時間には学校に着いているが、朝練に少し遅れてしまうことについて相談したところ、顧問の先生が練習前に教室まで声をかけに行ってくれている。「○先生(顧問)が来てくれた」「今日は○○先生(副顧問)だったよ」と教えてくれる。早目の行動がもう少し。

✿

卒業式での歌を「ゆっくり♪ ゆっくり♪ 歌おうよ」と父親が歌っていると、「違う。ゆっくりそっと歌を歌おうよ。だよ」と言うので「何て曲?」と聞くと「ほらねだよ。しばれてみたら」と言うのです。父「? しらべてみたらでしょ」娘「ああ。しらべてみたら?」と面白い会話になった。

✿

体育で卓球の授業があった時、誰とやったのかを聞くと「かほちゃんと、Kみうちゃんと私」と教えてくれた。体育ではいつも組んでくれているのかな。

✿

「2年生も終わりだ~」と言うので「もうすぐ3年生だね?」と言うと「やったー!」と笑顔。今を楽しむ。後ろは振り返らない。前だけを見る。といった感じの娘です。毎日のように「学校楽しかった」と言って帰ってくる。

✿

3月4日、北部公民館祭りのイベントに参加。3曲のうちの1曲に出場。今回はサプライズで小学校時代の、みか先生も応援に来てくれていてビックリ。喜ぶ娘。先生は涙を潤ませて感動してくれていた。出場できて本当によかった。従妹や先輩も来てくれていた。

イベントでは教頭先生も見えていて、卒業式の次の日だったので「中学校生活もあと1年だけど、がんばろうね」と声をかけてくれる。小さい声で「はい」と答えていた。教頭先生は、イベントなどでお会いしても学校同様に必ず声をかけてくれます。

✿

市の和太鼓教室の先生が部活指導の時の話を教えてくれる。「集合した時や並んでいる時は、けんと君がいつも横にいてくれていて反省ノートを確認してもらって気にかけてくれているみたいです」と聞く。けんと君ありがとう。

✿

立志式はとても素晴らしかった。決意宣言では一人ずつの発表。生徒と同じく親も緊張する。娘の番になるとスクリーンには笑顔で「学校見学に行って」という文面がディスプレイ。そして順番が来た。早口だが「くにさだまゆ！私は高校生になる！」と言えた。保護者・生徒の大勢の前でも大きい声でがんばって立派に言えた。緊張したと言う。本番まで先生が練習をしてくれたようで成功できた。

大型モニター

大勢の前で宣言発表！
大緊張！

✿

練習を始めた当初は発表することもできず、本番数日前にやっとしゃべることができた。その姿を見ていた生徒の中に「自分もしっかりしゃべろう、がんばろう」と思ってくれた生徒がいると聞く。娘も皆のためになっていると思うと嬉しい。

✿

立志式の後は外でのバルーンセレモニー。スタートまで写真を撮り合う。一緒に写ってくれたクラスメイトのお母さんが声をかけてくれた。名前を伝えると「ああ！　娘が家でいつも麻友ちゃんの話をしてくれますよ。癒されると言ってるんですよ。明日の授業では麻友ちゃんと一緒の班で、麻友ちゃんがパフェを作りたいってずっと言っていたそうです」と教えてくれる。嬉しい限り。先生からも、娘が癒される存在というのは本当のことらしい。生徒たちにとって娘の存在がどのように映っているのだろうか。私たち親の中学時代では経験できなかった世界感。子どもたちには子どもたちの世界があるのかなと感じる。

笑顔でクラスの友達と。
一番左が本人

風船を飛ばすまでは笑顔。しかし飛ばした後は喜ぶどころか座り込んで号泣。「麻友どうした？」と、かほさんとKみうさんが一緒に座って心配してくれていた。皆で喜ぶはずのセレモニーが台無しだったのでは。帰って聞いてみると「割りたかった」と言う。これで1つ貴重な経験ができた。風船を飛ばすシーンを前日に教えてやればよかった。風船を離して号泣するなんて、皆の記憶に残ること間違いなし。

✿

終了後は、教室までKみうさんと、かほさんと一緒に帰っていた。Kみうさんもこちらを見て大丈夫ですよ。という姿を見せてくれた。本当にありがたい。

クラスでのお楽しみ会ではパフェを作る。「忍先生と作るよ」とずっと言っていた。当日は先生と同じ班の生徒と楽しめた。写真も撮り合ったとのこと。娘はいつも「忍先生優しいよ。大好き！」と笑顔で言っている。

お楽しみ会の時「(男子生徒から) お肉をもらった」と言うので「麻友ちゃんも皆にあげたの？」と聞くと「あげな～い」と言う。なんてことだ。

✿

日曜日「(明日) 忍先生いるかなあ？」と言っていた。「会いたいの？」と聞くと「うん。私　忍先生好きだもん」と言うのです。会えるのを楽しみしている。

✿

とうとう2年生も終わろうとしている。全国一般的に見ていると、中学2年生は人間関係で問題がよく起きている傾向を感じていたので、山場だなと思っていた。しかし実際にこの学年になってみると心配を感じることなく過ごせた感じがする。大きな問題もなくて乗り切れて安心して通わせることができた。年々成長を感じさせてくれ、粘り強さも身についてきているように思う。このまま時間が止まって欲しいと思うが、そういうわけにもいかず。前に進むしかない。次は早くも3年生。嬉しいようなさびしいような。とうの本人は3年生を楽しみにしている。毎日真剣に向き合ってくれる先生には感謝するばかり。娘にはこれからもいろいろなことに挑戦して、経験をしてほしいと願っている。

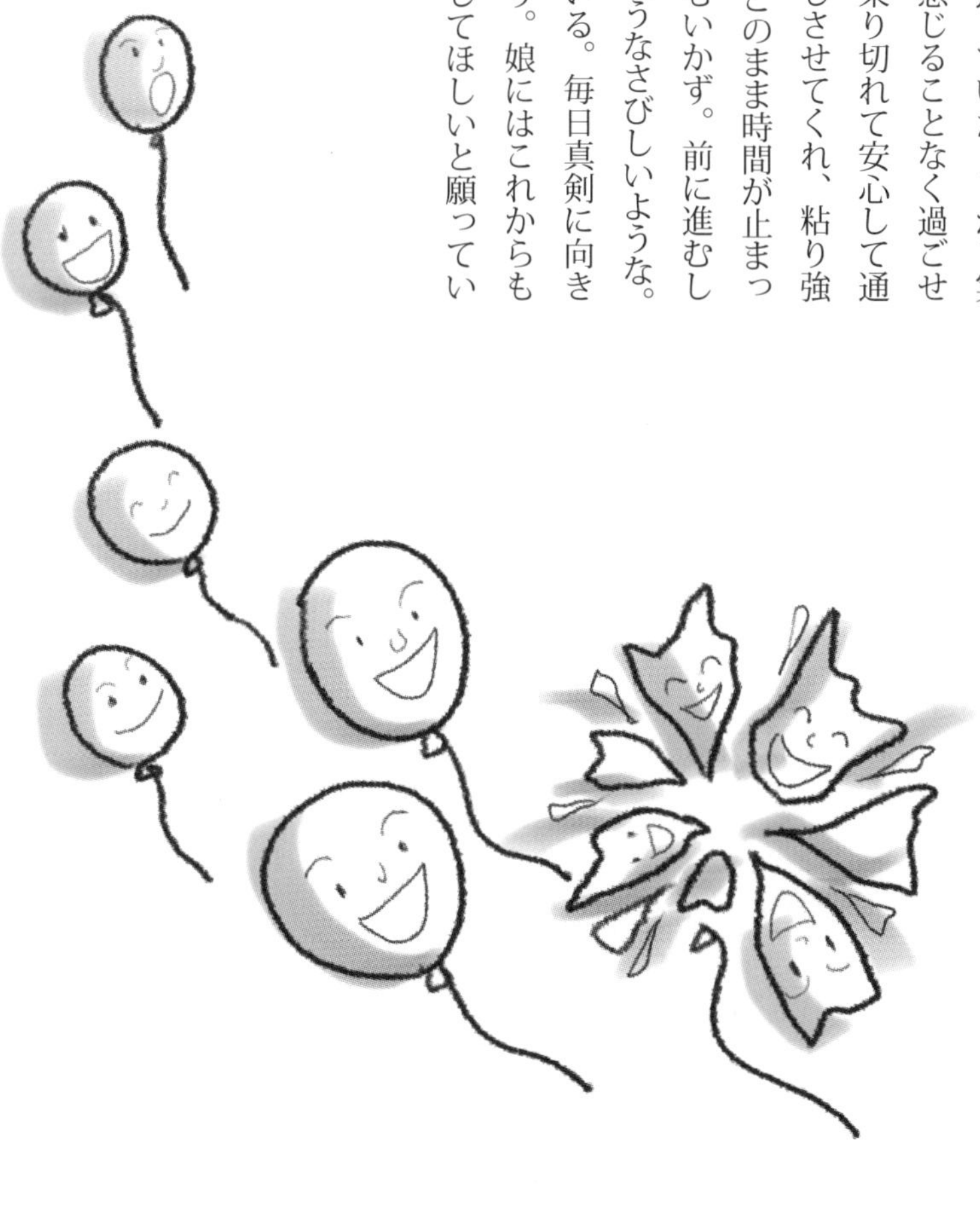

中2

これからも仲良しで

Kみうさんと約束したラインの内容を祖母に見せる。自分で約束できたことがうれしかったようだ。Kみうさんから「行ってもいい?」娘「いいよ」と返事をする。Kみうさんから「何時がいい?」という返事が来て「ママ何時?」と約束していることを教えてくれた。嬉しかったです。しかし約束はしたものの、Kみうさんが急遽来れなくなり遊べませんでした。

✿

Tみうさんがクリスマスプレゼントを持って来てくれた。姉妹で来てくれて喜んでいた。

✿

年賀状の名前は手書きで一生懸命書く。枚数も多くて、途中でくじけるかと思ったが書ききっていた。

✿

冬休みは祖母宅にお泊り。従妹とも仲良く遊び、年下の子が機嫌悪くなっても、その場を穏やかに収めている姿がある。

従妹が縄跳びをしていると「縄跳びかして」と言えず。携帯から母親に電話をして「縄跳び持って来て」と言ってきた。困ったら電話を使えている。

✿

冬休みにKみうさんと遊べなかったので、3学期にKみうさんと遊べることになる。ラインで連絡を取り合っていた二人です。Kみうさん宅で遊ぶことになる。

遊びに行くと姉妹3人がお出迎え。楽しい時間を過ごせたようだ。写真もたくさん撮りあったようでご機嫌です。いつも仲良くしてくれて本当にありがとう。お互いに、人の悪口は言わないし人が嫌がることもしない。これからも仲良しでいてほしい。

Kみうちゃん姉妹と
アプリを使って
（本人中央）

✿

遊びもレッスンも心ゆくまで

簡単なプラモデルを作る。「こ

プラモ女子

プラモ完成

れ簡単」と言いながら作っていた。手は出さず自分で作らせて、困った時にだけ呼ばせるようにした。しかし一緒に作りたいのか何度も父親を呼ぶ娘。

失敗した時だけ親が直す。図面を見て、パーツも「I4とG5」等と言いながら探していた。ニッパーも問題なく使っている。完成したら「次のプラモデルを作りたい」と言う。プラモデルが完成したら、休む間もなくアイロンビーズを作っていた。何かしら手を動かしています。

✿

2月に入り「2月だね。パパとママ今月誕生日だね」と嬉しそうにする。人の誕生日も喜んでくれる。人の誕生日でも一日中ニコニコしている。本当に純粋です。

✿

遊びたいというので「何して遊ぶ？」と聞くと百人一首がしたいと言う。交互に読み札を読んでみた。数枚は取れていた札もあった。

極小アイロンビーズ

根気の百人一首

✿

アイドルの資料を作りたいと言うので、マイクロソフトのワードを使う。画像の貼り付け方とサイズ調整のやり方を見せる。本人に代わると、文字は適当に入力していた。雰囲気で打っていた。パソコンはためらうことなく触っている。

✿

朝の出発時間までに余裕がある時は何かをして遊んでいて、時計を見ながら、きりが悪くても出発時間には出発できている。

✿

町中でブラジル国旗を見かけると「あっ、ブラジル！」と言う。見ると本当にブラジル国旗でした。「社会で習ったよ」と言う。

中2

✿

市の和太鼓レッスンでは、レッスン時間が終わっても30分近く一人で部活の曲を一生懸命練習している姿がある。ひとしきり練習すると、すっきりした表情で終了する。

指導の先生からは「麻友ちゃんは市のレッスンよりも部活の方が上手なんですよ」と言っていた。先生から「部活の曲は高度だから、今の曲は簡単でつまらないんじゃないのかな？」と聞かれていたが比べるつもりもなく、特に気にしていない。

✿

昼食にラーメン屋さんに行く。すると店員がキッズメニューを持ってきたのです。それを見て「これ　やばいでしょ」と言う。私はキッズメニューは頼まないよ、という意味です。

納得するまで打ち続ける

✿

父親・母親と

父親が眠くなってきたので布団を適当に敷いていると「丁寧じゃない」と父親を注意して、整えなおしていた。父親が「寝れればいいから少しくらい気にしないでいいから」と言ってもちゃんと敷いてくれる。

✿

父親と母親のことを、お父さん・お母さんと呼ぶことが増えてきた。

✿

父親が珍しくピアノの練習をしていた。それを見た娘も、ピアノの練習を始める。簡単な楽譜の音符は読めている。ピアノの進捗は遅いが、マイペースでゆっくり進めている。ピアノは嫌がることなく、楽しいと言うので気長に通っている。

✿

夕食後に、そのままになった食卓上を見た娘。一人で流し台まで全部持って行って片付けてくれた。本人には「助かったよ」とお礼を言ってあげる。

✿

娘つながりの友達とパスタランチへ行く。大人同士と子ども同士に別れて座る。家族で食事をしている時は、口の周りが汚れていても拭かないことがある。友達と一緒に食べていると、自分で紙ナプキンを取り、口の周りを気にしながら食べていた。学校ではどうなのだろう。

集まった時に、友達にスマホを見せていたが、友達の反応が薄かったのでテンション低め。周りの様子を見てすぐにしまいこむ。

✿

和太鼓チームに入る？

音楽の授業で歌舞伎のＤＶＤを見たと教えてくれた。「見得」のポーズが印象に残ったようで「こうやってやるんだよ」とちょっと面白い顔をして真似をしていた。その後も、テレビで見ると「私知ってる。音楽で習った」と言うのです。授業内容が経験として記憶に残っている。

✿

公文の帰りが午後8時半頃になり、最後になることが多い。帰ってからも宿題をやらなくてはならず遅くなるので「Kみうちゃんが帰るくらいまでに終わって帰っておいでよ」と言うと、先生から「漢字が難しくなってきているし、麻友ちゃん丁寧に書いているからね」と教えてくれる。最後になると先生と話もしているようで、雑談も楽しみの1つでもある。

✿

市の和太鼓教室をやっていた建物が老朽化で閉鎖になる。同時に教室も終了となる。そのため指導先生所属の東海太鼓センターの社長より「これを機会に和太鼓チームに入りませんか？」と話をいただく。指導先生からも「教室ではなくチームだよ。大勢の部員の中でやって来ているから、チームの中でやる方が麻友ちゃんも今以上に楽しいのでは。せっかくここまでやれているしもったいないからね。指導者は社長先生に代わってしまうけど」「刈谷のチームだと思いますが。そこのところが麻友ちゃんが大丈夫であれば」と話をいただく。本人にはまだ言っていない。こちらのニーズとも合うので、部活引退後に本人次第で前向きにと思っている。

マイペースのピアノ練習

中2

3年生の担任も忍先生！

3月末の新聞の教員異動欄をドキドキしながら見る。担任の先生が東山に残っていてほしいな、という思いで何度も確認する。名前がなかったので安心する。

✿

義務教育最後の学年となるが、今まで娘が築いてきた全てのものを大切にして、次のステップへつながる年にしたい。

✿

2年生3学期末に、クラス数人の男子を集合させて、住所と電話番号とメールアドレスを教えてもらおうとしていた。積極的な面があり驚く。自分のなかでのイケ面君たちだとかで、これまたビックリ。困っていた男子たち。トラブルになるといけないので、先生の方から上手に諦めさせてもらう。しかしその後も「男子に聞いてもいい？」と父親に言う。恋愛感情は無いと思うが、手紙を送ったりしたいようだ。これにはどう言っていいのか迷う。今のところは大人しくしている。クラスの女子同様、男子たちも自然に接してくれているのがわかる。

✿

友達とのラインでのやりとり。ライン名が見慣れない名前だったようで「○○ってなあに？」と聞く。疑問を持って質問できている。

✿

自学ノートのマイフレーズを書くのに、以前は本を見て親と一緒に探していたが、自分でフレーズを探して書けている。

✿

春休みに入り「忍先生だったらいいなあ。（3年生担任先生が）忍先生だったうれしい」と言うのです。「先生は誰になるかわからないし、Kみうちゃんや、かほちゃんとも離れるかもわからないけどがんばれる？」と聞くと「大丈夫」と言う。毎年言い聞かせている台詞です。

✿

新学年初日に「忍先生だったよ!」と笑顔で喜んでいた反面、Kみうさんと離れてしょんぼりしていた。早速ラインをする。Kみうさんとは「ラインもできるし公文でも会えるし仲良しだからいいんじゃないの。またクラスで新しい友達ができるから」と教える。誰もが味わうこと。よい勉強です。

✿

宿題の内容がはっきりとわからないメモがあった。しかし宿題をやって行くと言うので、書いたメモを何とか解読する。娘は「Kみうちゃんにラインする(確認する)?」と言う。「みうちゃんはクラスが違うから宿題も違うよ。これからは聞いても無理だよ」と教える。

✿

4月の授業参観。授業が始まってすぐに暑くなったのか体操服を脱ぎ始めた。休み時間にやってほしい。授業が始っているのに後ろのロッカーに片付けに行かせてもらうのです。その時には身をかがめていたのがせめてもの救い。

✿

本人から、席の隣はいないと聞いていたが、参観日に行くと2人で座っていた。「麻友ちゃん、前(以前)に1人のほうがいい。隣がいると厳しいもん、って言ってたじゃん」と言うと「嫌だよ。だって1人さびしいもん」と言う。

隣は誰?と聞くと「小さい川だよ」「オガワと読むんだよ。小川くんって言うんだね。しゃべる?」と聞くと「嵐の話したよ。紙(嵐のことを書いた)を渡したら、え?何?って言ってたよ。知ってるって言ってた」と教えてくれる。嵐を知らない人はいないと思うが、自分からしゃべりかけているようだ。

✿

5月の授業参観。社会の授業ではがんばって黒板をノートに写していた。社会科の先生から教材を使った問いかけに対応したり、笑い声もあったりで授業に参加している。

✿

社会のプリントを友達に借りて、そのまま持って帰って来てしまう。授業後に提出するプリントだといけないので「借りてはだめだよ。麻友が書けるところまででいいから」と説明。皆も優しいし、友達と話す切っかけを作っているのだろうか。

✿

修学旅行の班別けは、同じ班の名前を教えてくれる。皆

中3

で思い出を作って来てほしい。

✿

言葉の使い分けについて。先生には敬語、友達には友達同士の言葉。初めて同じクラスになった男子には、言葉の使い分けができていると思ってくれている。新生徒会長にも物申しているらしい。

✿

休んでいるクラスメイトがいると「○○さん（くん）休みだった。体調悪いって」と気にかけている。その後に「皆がそろうといいなあ」と独り言を言いながら淋しがる。

✿

和太鼓は自分の領域だ

5月6日、白山神社でイベントがあった。イベント前のオーディションまで、部活から借りてきた太鼓代わりの古本を使って練習をしていた。椅子の上に台を乗せて、その上に本を乗せてたたいていた。ヘッドホンをして映像を見ながら練習している。「先生（顧問）が大空へと、こどもばやしを練習しておいてねって言ってたから」と言いながら個人練習していた。他の曲も練習していた。

✿

イベント日の天気予報は雨マークで心配していたが、当日は問題ない天気で安心した。学校からの出発では、教頭先生が「行ってらっしゃい」と声をかけてくれて照れていた。

✿

5曲中2曲（雅・こどもばやし）の演奏に出る。準備・演奏・片付けはいつものようにがんばっていた。いつもは副顧問先生の横についているが、今回は顧問先生からの声かけにより行動していた。

本番当日のイベントでは、どことなく元気がないように見えた。気のせいなのか。少し前から練習に、けんとくんが練習に来ないし、イベント本番にも来ていないと心配している。「すぎけんとたたきたいなあ」と言っていたので、それで元気がないのか。

✿

今回のイベントには外部指導先生も見学に来てくれた。うれしくもあり緊張気味の生徒たち。指導先生からは「言ったことを守ってくれている生徒さんで良くなっていますよ」と聞く。

外部指導の際の娘はどうなのかを聞くと「市の教室の時みたいにしゃべって来てくれないんですよ」と、学校での顔を持っているようだ。「部室へ入った時には、生徒皆が体をこちらに向けてくれて大きい声で挨拶してくれて素晴らしい中学ですね」と褒めていた。

✿

演奏スタート。演奏では順番も間違えずとポジションにつけていた。外部指導先生からは「麻友ちゃんがあんな力強くたたいているのは初めて見ました」と言うので、「市の教室では、遊び半分で手を抜いてるところがあるかもです」と伝える。

✿

出場演奏している曲の途中で、メンバーのバチが片方飛んで行ってしまうハプニングがあった。それでも片手はエアーで演奏を続けていた生徒。演奏後に娘が「まこちゃんのバチが飛んでいった！」と言う。仲間のバチが飛んでいってしまって驚きつつも自分のパートをやりとげる。周りを確認して演奏できているようだ。

✿

同じマンションの方も応援に駆けつけてくれた。「麻友ちゃんがんばってやってたねえ。いつも感動させてもらってるわ」と涙ぐまれていた。いつも演奏を楽しみにして来てくれる。

ジャンプ！

H神社でのイベント演奏
（本人後３人の左側）

✿

東山太鼓の次メニューはよさこい踊り。演奏終了した子どもたちは待合室で甘酒をご馳走になった後に、よさこい踊りを鑑賞。応援に来てくれていた先輩たちと皆で鑑賞する。

鑑賞の時は先輩に少しづつ近づいて行くと思うと、先輩の間にシラーっと割り込む。愛想してくれる先輩。そういう関わっていく動きがとても上手です。

✿

GW日曜日の夜、誰かへの手紙を書きながら「早く学校行きたいなあ。忍先生いてくれるかなあ？」と独り言を言っていた。

その手紙とは、部活仲間の、けんとくん宛てだった。しばらく練習も来ていなくてイベントにも来なかったので心配している。「S神社イベントあったけど…どうしたの？…テストがんばってね」と次の日に渡すと書いていた。次の日の朝練には来ていたので手紙を渡せたようだ。

✿

娘に「もうすぐ部活も終わっちゃうけど太鼓も終わる？」と聞くと「嫌だ！　まだやりたい」と言う。部活引退後も続けられればと思っている。そこで「パパも見ているだけじゃつまらないから、一緒にたたこうかなあ？」と言うと「だめ」と言うのです。和太鼓は自分の領域だという意識がある。

✿

毎日学校へ行くのがを楽しみ

登校している時に、「学校の前で、あかり先輩と会ったよ」と嬉しそうに教えてくれた。「おはよう！　がんばってね、って言ってくれた」と教えてくれる。あかり先輩は、部活で仲良くしてくれていた先輩です。

✿

毎日学校へ行くのを楽しみにしている。忍先生が出張でいなかった日の次の日「今日、忍先生いるかなあ」と言ったり「今日、かほちゃん来るかなあ」と言いながら朝の支度をしている。

新しいクラスにも慣れてきた。かほさん以外の友達の名前も言うようになってきた。

✿

修学旅行を楽しみにしている。「みんなと修学旅行行ける？」と聞くと「行けるよ。大丈夫」と言う。先生・友達が声かけをしてくれているからでしょう。修学旅行に行くにあたり「お父さんとお母さんのおみやげ買って来るからね」と言うので「自分がほしい物を買って、お金が余ったらでいいよ」と言う。楽しみにしている。

真剣な顔で演奏

先輩の間に
シラーッと割りこむ

朝も元気で笑顔です

中3

高校生の和太鼓演奏会

３月９日に高校の和太鼓演奏会を見に行く。大盛況で開場前から待ちができていた。昨年撮った動画を1年間見ていたので聞き慣れた曲。演奏中は真剣に見ながら、時おりエアー太鼓をしていた。気持ちが入っているのか暑そうだった。

✿

終了後には出口で部員がお礼挨拶。邪魔にならないように写真を撮ってもらう。快く撮ってくれた。娘は「お姉さん　かわいい！　かわいい！」と連発して、嬉しそうに撮れた。

高校の和太鼓部のお姉さんと

✿

撮り終わった後に帰ろうとすると、今度は「お兄さんたちと撮りたい。お兄さんカッコいい」と言い出したのです。お客さんが少なくなったところを見計らいお願いした。皆さん勢揃いでしたので、お兄さんたちだけと言うのは難しく、名前と事情をお話して撮影をお願いすると、何と全員で快く撮ってくれた。皆さんいい表情です。とても大切な思い出。撮り終わると「麻友ちゃん！　和太鼓がんばってね」とハイタッチをしてもらう。帰宅中の車の中でも興奮冷め止まず。

写真撮影をお願いすると
ちゃっかり真ん中に

タッチで盛り上がる

麻友さんは、とても例になる存在

半年ぶりに言語訓練に行く。先生に伝えたいことがたくさんあったようで、訓練の前にいろいろな話をしていた。ほぼ所要時間の半分近く話をしていたようだ。話が飛んだり、伝わりにくい内容もあったが一生懸命伝えていた。

所長先生には、学校生活・私生活・娘の状況・とりまく環境、等々をお伝えする。言語訓練では「麻友さんは、とても例になる存在であり理想の状況なのですよ」ということだった。訓練に通われているご家族様にも娘のことを参考にお話してくださっているとのこと。相談室にも娘に関する資料を置いている。

所長先生からは「地域性もあるのかなあ。名古屋方面では、麻友さんのような環境で学校を過ごせるケースは、なかなか無いんですよ。本当に理想です」と言ってくれる。

✿

帰り道にはショッピングセンターに立ち寄る。洋服を見て、組み合わせをしている娘。センスはどうなのか意見を求めてくる。GOOD半分BAD半分。ショッピングを楽しむ。

ショッピング中に、お店の店員さんに「名前は？」と自分から聞いていた。陳列している服を見た後にたたもうとしていると、店員さんにたたみ方を教えてもらっていた。完璧ではないができていた。ちょっとした職場体験の時間。商品を見た後は、そのまま置くのではなく元通りにたたむ。

✿

長文メールを送ってくれる。祖母からも「麻友ちゃんのメールの内容は、わかるの半分わからないのが半分。でも何を言いたいのかわかるよ」と言っていた。メールを打っている時は声に出してがんばって入力する。

✿

修学旅行の下見も兼ねてディズニーランドへ

春休みにディズニーランドへ行く。修学旅行の下見も兼ねて行く。昔から大きな音がしているテーマパークは苦手です。USJも入り口を見ただけで入りたがらない時もあったほどだ。中学生になった今では、どうなのかを確かめるためにも行く。旅行企画の段階では、やはり「行きたくない」と言う。それでも何とか説得すると気持ちが変わってきたようで「ディズニー楽しみ」と言い始めたので一安心。

出発から移動中も終始楽しみにすることができた。現地に行っても、幼少の時のようにテーマパークを嫌がることなく入れていたので一安心。

乗り物と暗い所は苦手です。見るだけのアトラクションも駄目でした。唯一機関車に乗るが、終盤付近にある暗くて音が大きい恐竜の場所が駄目でした。乗り物は無理かもわからないが、友達とならどうだろう。修学旅行では、班の皆は乗りたいものもあると思うので心配なところです。

乗り物とは異なり、パレードやキャラクターとの写真撮影などは大丈夫でとても喜ぶ。

お土産は、文房具類に興味がある。和太鼓部へのお土産を買うのも楽しみにしている。部活のお土産も買う。部活で皆にお土産を貰うので自分も持って行きたいようだ。

お土産購入の時は、金額を渡せば買えるが、値段計算や言われた金額を出すのは戸惑う。買い物での支払い管理は難しい。

買い物中などで、少し目を離した隙に、自分の見たい物・思いついた物の所へ行く。お店からは出ることはないが、ヒヤッとして探す時がある。修学旅行の班行動でも皆の動きを見て、はぐれないように行動してほしい。

✿

「今度は修学旅行で皆と来るからね。嫌なら修学旅行代わってあげようか？」と言うと「駄目」と言っていたので、本人は楽しみにしている。

✿

次の日の時間割を書いて来ない日があった。「ちゃんと書いてこないと、誰も教えてくれないよ！ 自分のことは自分でやらないと」と言うと、次の日から書いてくるようになる。その日は午後から部活だったので、部活の帰りに教室に寄って書いて来た。

✿

春休みにKみうさん姉妹と遊ぶ。手紙を書いていた。3人姉妹の姉2人には漢字を使っていたが、末っ子の妹には、全部ひらがなで書いていた。書き分けていた。

✿

桜が満開の頃、岡崎公園に花見へ行く。小学低学年に行った時のことを覚えていて、鯉に餌をあげたいと言うので驚く。よく覚えている。

初めての一眼カメラも使わせてみる。興味を持って撮影する。

雨上がりで川は濁って鯉は見当たらない。川沿いで昼食を食べたり、写真を撮ったり、屋台で買い物したりして楽しむ。唐揚げが食べたいと言うので屋台で購入。そこで大中小のサイズがある。娘はそれが大人・中学生・小学生と思ったようで「中学生のがいい」と言う。「これは中学生じゃなくて中くらいの量ってことだよ」と教えた。

初めての一眼カメラも使わせてみる。興味を持って撮影する。

中サイズのから揚げゲット

✿

ディズニーランドで買ったナノブロックを作る。とても小さいブロック。「終わったら次のが作りたい」と言う。小さいが器用に組み立てる。まだ一人で説明書を見て作れないので父親が教えて作っていた。

ナノブロックを根気よく作る

✿

テレビのクイズ番組で音楽家の肖像画シルエットが出ていたので、すかさず「バッハ」と答える。しかし答えはヘンデルでした。とてもよく似ているシルエットで父親も間違えた。シルエットだけでも答えていた。

✿

タブレットとらくらくスマホに慣れる

タブレット操作でのこと。やりたいゲームを自分でインストールしていた。父親がやっているのを見て覚えた。課金はできないようにしているので無料のゲームを自由に入れているので驚いた。

✿

祖母と一緒に買い物をする。帰って遊びたいと言うと思いきや「帰らずに遊びに行きたい」と言う。自分の中では目的場所は決まっているようだ。どこへ行きたいのかを聞くと卓球でした。1時間程度遊んだが、上手くなっていてリターンをしてくる。しかもバックハンドで返してくるので驚いた。聞くと体育の「E川先生が教えてくれた」と言っ

バックハンド！

ていた。勉強してます。

✿

娘用（父のお古）のタブレットを買い替える。中古ではあるがタブレットが届くまで、まだかまだかと楽しみにしていた。アプリケーションの違いで操作方法が多少異なるが、気にすることなく使っていた。

知らないうちに、タブレットの入力方法を、ローマ字入力からひらがな入力に自分で変えていた。高校生になったら持たせようと思っているスマホも同じ操作方法なので、まずはタブレットで勉強させておこうと思っている。現在は携帯に慣れさせるために、らくらくスマホを持たせている。

メール操作も慣れてきた。誤字脱字はあるが、自分の思いや言いたいことを伝えようと、時間がかかっても一生懸命に文字を打っている。

ナイスショット！？

✿

Kみうさんと公民館・公園で遊ぶ。公文で約束したようで5月4日の午後に遊ぶ。午前中は部活。公民館では、七夕飾りを作ったり将棋をして遊んだようだ。将棋は2人とも難しかったようだ。公園では滑り台を2人で滑ったり、廻る遊具で遊んでフラフラになったりと、嬉しそうに教えてくれた。

帰りは、Kみうさんが家まで一緒に歩いて帰って来てくれた。すでに夏休みの約束も始めている。「麻友ちゃん気がはやい」と笑っていた。

✿

久しぶりにゴルフ練習に行く。店員のお姉さんはいなかったのでがっかり。130球打ったが、まだまだ打ちたそうだ。久しぶりだったが何とか前に飛んでいた。ナイスショットも時々ある。

✿

市の和太鼓教室へ行

アイドルを聞きながら篠笛で即興

中3

く時、教室に向かう車の中では篠笛の練習をして「どう？どう？」と評価を求めてくるので「音が長く出せるようになってきたね」と言うと「いぇーい！」と喜ぶ。その時はアイドルの曲に合わせて即興していた。

篠笛も音が長く出るようになってきた。吹いている音を聞いていると、何の曲かわかる時もある。演奏とまではいかないが。小学校で唄っていた曲を吹いている時もある。

✿

テスト週間の日に公文へ行く。出かける時に「帰ったら、提出物をやるから早く帰って」と言うと、いつもより早くお迎えメールが来た。メールに気付かずにいると、二度目のお迎えコールが来る。「しゅくだいあるから、早く来て」と送ってきた。少しは提出物が気になるようだ。

✿

所作を大きく、お稽古中

市の教室でのこと。休憩時間には1人でたたいて練習する。先生も聞いたことがある東山の曲。すかさず即興してくれて一緒にたたいてくれた。草原の命でした。

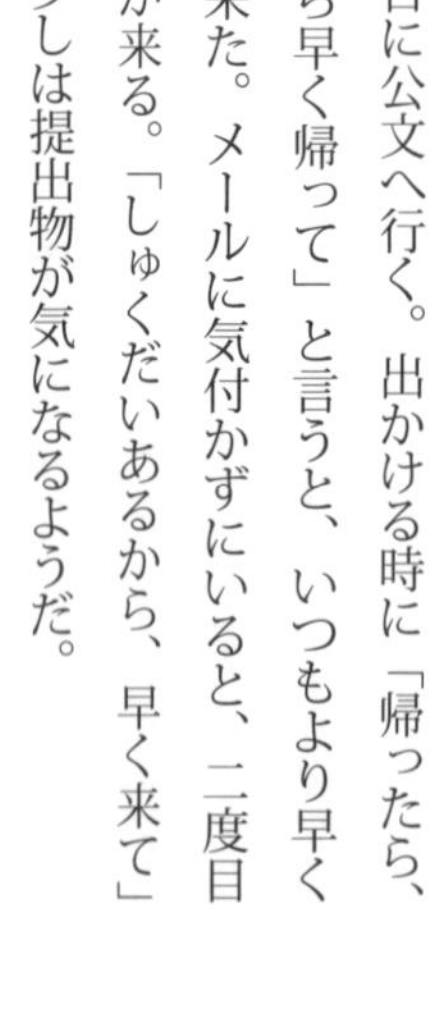

秩父太鼓の玉入れ（締め太鼓）の打ち方を教えてもらう

メールは送られて来たら必ず返信しないと気が済まないようで、隣にいるのにメールを送ってきて「送ったよ。見て」と言ってくる。

✿

父親のお弁当の卵焼きが台所に置いてあったのを、娘がつまみ食いをした。母親が、足りなくなるので「聞いてから食べて」と言うと謝るどころか「また、作ればいいじゃん」と言い返してきた。どんなことでも、いいのかどうか、特に外の人と関わる時は、誤解されないためにも一言「いい？」と確認できればいいのになと思う。

中3

楽しかった修学旅行

「テスト（中間）がんばったよ。国語12点だよ（笑顔）」と元気に教えてくれた。「理科と数学は0点だったぁ」と言うので「そうかぁ残念だったね。でも皆と受けることが大切！ よくがんばりました」と言うと、笑顔になり「うん」と言う。自分なりにがんばったのでしょう。点が取れるとうれしい。

テスト返却の時。返却されたテスト用紙は折り曲げるように、かほさんが教えてくれる。0点の答案用紙でもそのまま広げているのでは。

✿

部活で筋トレをやっているとたたく時間が無くなり、3年だけが少しの時間で練習をする。娘は太鼓のポジションに入れず、結局時間が来て施錠される。急いで終わったのでバチ袋を持って帰れずに、帰宅中は終始泣くのです。そんなことくらいで泣かないように言う。

✿

修学旅行出発当日の朝は笑顔で出かけた。本人は数日前から天気予報を見て一喜一憂です。

✿

修学旅行中は、学校のブログを見る親。3年4組集合写真が掲載されていた。楽しそうなポーズをしていて安心した。

✿

帰って来ると、いろいろと話を聞かせてくれる。「原宿・東京駅・浅草　凄い人だった」「原宿からの電車は座れなかったし、ギュウギュウだった」と教えてくれた。班行動では、班の子や、かほさんが助けてくれたのだろうと感謝するばかり。かほさんは小学校からの友達。接し方がとても上手です。

原宿で撮ったプリクラを見せてくれた。「写真撮った！ わかばちゃんとか、かほちゃんとかKみうちゃん…と」と楽しそうです。班のメンバーや友達と楽しそうな姿を見ると、いい思い出になったのだろう。

原宿でソフトクリームを食べたことや、買ったリュックも見せてくれた。リュックは「かほちゃんと選んだ」と言う。友達と一緒の買い物は楽しかったようだ。

食事の話で「野菜を丸くして…」と、もんじゃ焼きの話や「東京タワーも見たよ。赤色だよ」と教えてくれた。

持っていったデジタルカメラで撮った写真も見せてくれた。紛失覚悟で持って行かせたが、しっかり撮ってきた。「写真も撮ってきたよ。見て見て」と勧める。新幹線の中で友達と撮ったり、東京駅、ディズニーランドパレード、花火等々上手に撮っている。嬉しそうに見せてくれて、とても楽しかったようだ。枚数のわりにバッテリーがほぼ無かったので、再生ばかりして見ていたのだと想像できる。娘らしい。

✿

２日目のディズニーランドでは「歩くの嫌だ」と言っていたとか。持って行かせていた時計がメモリー付きの歩数計だったので確認すると、１日目が７６００歩、２日目は１６７００歩、３日目は９３００歩でした。がんばって歩いているのがわかる。歩くのが嫌だというのが納得できた。他の友達はもっと歩いていたのだろう。

ランドでは苦手な乗り物も乗れたようで驚いている。プーさんのハニーハントに忍先生と乗ったことや、ポップコーンを食べたこと、お土産を忍先生と選んで買ったことを教

原宿で撮ったプリクラ
（本人中央）

＜持参していたカメラより＞

東京駅

かほちゃんと

中３

えてくれた。

ハニーハントへ乗れたのは初めて。先生と一緒だったので乗れたと思う。乗り物が楽しいことが少しでもわかってくれたらいいのだが。これからはハニーハントには乗れるであろう。今後もランドへ行けば忍先生との話や修学旅行での話をすると思う。そういう娘です。

✿

帰って来てからは「お土産買ってきたよ。見せてあげるね」と言っていた。お土産も楽しく買えたことがわかる。持って行ったお小遣いは、半分くらい残っていた。欲しいものだけに使ったようだ。残ったお小遣いは返金してくれる。

帰宅後の食事では「いただきますし～（両手を合わせて上に突き上げる所作）」と笑いながら言う。聞くと修学旅行の食事の時に「わかなちゃんが言ってて、皆を笑わせてた」と教えてくれた。楽しかったことが伝わってくる。

たくさんのお土産

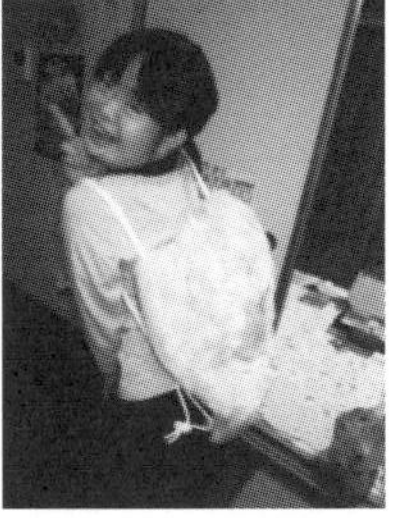

友達と一緒に原宿で選んだお土産のリュック

食事中でも何やらニソニソ笑っているので、どうしたのかを聞くと「修学旅行楽しかった」と嬉しそうに言う。よほど楽しかったようだ。旅行中はきっと気分にムラがあったと思うが、皆が対応してくれたのだろう。安心して送り出せた修学旅行でした。

✿

テレビで東京駅が出ると「あれ？　写真撮ったところだ」と言う。企業見学～原宿～浅草も含めて行った所は覚えている。原宿の竹下通りも出てきたので「ここ原宿だね。こんなに凄い人だったの？」と聞くと「そうだよ。ギュウギュウだった。かほちゃんがギュウギュウだねって言ってた」と思い出と一緒に勉強になったようだ。

✿

友達の一人としての麻友

「2年生がマラソンしてて、麻友先輩～って言ってくれた」と嬉しそうに言う。娘も先輩と言ってもらえる日がくるなんて思いもしなかった。嬉しい限り。

✿

和太鼓部が市内の図書館のオープニングイベントに出場した。30名程度参加の選抜だったが、4曲中1曲に出た。

応援に駆けつけてくれた方々や、来場してたたいている姿を偶然見てくださった方、ありがたい。

友人家族も応援に来てくれた。他地域に通う中学生の娘さんがいます。訳あってしばらく登校拒否になっていたので気分転換も兼ねて見に来てくれた。その方より後日連絡があった。娘さんが少しずつ学校へ行けるようになった連絡でした。同世代の和太鼓部部員達や、麻友が皆の中にいる姿、皆とたたいている姿を見て刺激を受けたようだ。

その娘さんがお母さんに「どうして麻友ちゃんは皆とたたけるの？」と聞いたそうだ。「麻友ちゃんは、保育園の時から中学生になった今までずっと普通クラスで皆と居たし、皆と練習がんばったからたたけるんだよ」と説明したそうです。するとその後日から「学校行ってみるよ」と言って部活も少しずつ参加してくるようになったとのこと。嬉しい連絡でした。その連絡をもらい、麻友も人の役に立っていることを実感できて涙が出そうなくらい嬉しかった。和太鼓を続けていて本当によかったです。

✿

実力テストの日「点取れるかなあ」と言うので、「書けばチャンスはあるぞ。でも何も書かなかったら0点だわ」と教える。点を取ることに少しでもがんばろうとしている。

✿

ある登校日の朝、ニソニソしているのでどうしたのかと思ったら「学校楽しみ～」と言う。

✿

音楽の授業で習った【能】を見たいと言うので「ヤフーで【のう（ＮＯＵ）】ってローマ字で入れて動画のところを押してごらん。ローマ字の下敷き見ながらでもいいよ」と言うと、入力して赤獅子、白獅子の能を見ていた。とても気にいっていて「よぉーーーーぅ」と言いながら見ている。音楽の授業で習ったようだ。渋い。

✿

ある日曜日、散歩をする。その途中で東山の男子生徒が数人いた。娘を見かけると「あっ！　麻友だ」と言うと「こんにちは」と元気よく挨拶をしてくれた。娘に「挨拶したら？」と言うと「はずかしい」と言う。野球部の生徒で、元気のよい挨拶が気持ちよかった。

✿

仲良しの友達のＫみうさんが、他の友達から娘のことを言われて、怒ってくれていたことを聞いて涙が出そうな程

中3

嬉しかった。Ｋみうさんは他の友達から「麻友ちゃんと付き合うと大変でしょ」というようなことを言われて「どうしてそんなこと言うの？　麻友は私の友達の一人だよ！」と反論してくれたようだ。世間一般的には、大変だと思う人がいることは否めないのは事実だとは思っている。しかしＫみうさんのように、純粋に一人の友達だと思って付き合ってくれている友達もいることも事実。とても感謝している。ご両親様にもありがたい気持ちでいっぱい。子どもは親の鏡、素敵なご両親です。これからも仲良くいられることを願ってやみません。

グランドオープニングイベント

市内の図書館オープニングイベント
(本人、太鼓後列右端)

✿

選手激励会でのこと。和太鼓部の激励演奏では生徒たちの前で演奏する。生徒たちの前で、たたく姿を見せることができて嬉しい。帰宅後には「忍先生が上手だねって言ってくれた」「○○くんと○○くんが、イェーイって言ってこうやって（ハイタッチの格好をして）くれたよ」と嬉しそうに話をしてくれた。

✿

担任先生より「麻友ちゃんは自分で楽しみを見つけるのが得意です」と言っていただく。自宅でもいつも何か見つけてやっている。

麻友先輩の指導を受ける父親

近くのスーパーで友達に会う。「あっ！　麻友ちゃーん」（お互いが手を振る）「友達？　3年4組？」と聞くと「違うよ。吹奏楽の友達。名前は知らない」と言う。

✿

日本刀の好きな刀剣女子のテレビ番組があった。見ていると日本刀に葵の紋が彫られている映像を見て「徳川家康」と言う。葵の紋が徳川家康・岡崎城というのがわかっている。

✿

スーパーのセルフの支払いの方法がわからない父親。娘が知っていたので教えてもらう。助かった父親。

✿

アイドルのピアノ楽譜を欲しがる。弾けないが「ヤフーで探して」と言う。ヤフーという検索方法を知っていたので聞いてみると「学校でパソコンやったから」と。いろいろなことを教えてもらって興味を持って帰ってくる。

その楽譜は以前から好きな曲。探してみると見つけたので印刷する。「お父さん、教えて」と言うので「これは難しいよ。お父さんが練習しても難しいわ」と言うと「ピアノの先生に教えてもらう」と言ってレッスンに持って行く。さらりと弾く先生。感動する娘で「すごいすごい」と興奮気味。更に弾きたい気持ちが増しているようだ。先生が「弾きたい曲があるのはいいことだから、麻友ちゃんが弾けるくらいの楽譜を探しておくね。それからちょっと手を加えるかもわからないけど」と言ってくれた。果たして練習もしない娘用の楽譜はあるのか。

✿

市の和太鼓教室に通っている。レッスン後も一人で部活曲をたたいて練習する。先生もいろいろ個人指導してくれる。娘がたたき方を教えてほしいと言うのです。自分のスマホを使って動画を見せながら「たたき方を教えてください」とお願いする。

練習後も自主練習している姿を見ていると、まだたたき足りない感じ。指導先生との相談で上級コースへ移ること

締太鼓　玉入れ

篠笛

にした。現在上級生徒はいないのでしばらくはマンツーマン。時間も60分から90分。

✿

ある日、悪気はなく父親の財布を見ていた。家族のでも財布やかばんの中は見ないように注意した。誤解のもとになるので。注意した後「財布の中身を見たいなら、麻友ちゃんのお小遣いを入れてくれるなら見てもいいよ。どうする?麻友ちゃんの財布はいっぱい入ってるし」と言うと「(ニッソリ笑う)、どうしようかなあ。へへへ。じゃあ私が働いてお金貰ったら入れてあげるから」と言うので、父親も「ああ嬉しい！　そしたら見せてあげるわ」と言ったのです。

✿

歯科矯正でのこと。受付にいる院長婦人「麻友ちゃんを見るとほっこりするねえ。いつもニコニコしているから」と言ってくれる。保育園の時くらいから、本人がわかっているかどうかはわからないが「いつもニコニコしていてね」「いつも笑顔でいなさいね」と言い続けていた。今でも言っている。小学生になってからは「悪いことされたらニコニコしてはダメだよ。先生や友達に言いなさい」と付け加えていた。

練習前の準備では進んで手伝いをやっている。学校で学んでいるのでしょう。「手伝います」と言って準備する。

✿

お茶漬けに付いている浮世絵のカード「歌川広重」を見て「ひろいおもい」と言うので「ひろしげって読むんだよ。これは訓読み音読みで読むんだよ」と言うと「ああ！　小学校で習った」と言う。訓読み音読みは国語で習った記憶があるようだ。

✿

学校で友達に「夏になったらぴよっこ（キッズサポート）に行く」と言っていたそうだ。友達は知らないので「ピアゴ!?　ピアゴじゃないの?」と言われて「違う違う」と言っていたとか。ぴよっことは2歳の時から利用しているディサービス。（社会福祉法人サポートバディ。児童発達支援センター。年齢／学齢で区切って事業している。娘は主に日中一時支援の「ぴよっこ」を利用していた。）

✿

市の和太鼓教室の上級では、娘1人だけなので、父親も和太鼓を始めた。親子で教えてもらっている。

✿

父親は構えから教えてもらう。先生が「麻友先輩、お父さんに教えてあげて」と言うと「手首…ここは力…ここは90度で…」と指導してくれる。先生が「僕が皆に言っていた通りです!」と驚いて感心していた。好きなことは覚えている。

✿

流石に部活で練習しているだけあって、スムーズな動きの娘です。左右のリズムも安定している。実際にやってみると左右のリズムが難しく、体力がかなりいることに驚く父親です。

中3

部活引退の演奏会

先生に叱られた後、皆の所へ戻りながら「もう～さいあく～」と言っていたとか。感情は同年代と同じ。

✿

忍先生が出張されていた次の日に「忍先生いるかなあ」と言っていた。会いたいようです。

✿

部活の引退が迫ってきた頃「部活3年間よくがんばったね」と言うと「うん私がんばれたよ」と言っていた。充実していたのでしょう。入部当初は耳を押さえていたり、たたけない状態だったり、部活なのに忍先生が付いてくれたり、1年生の時には苦しんだ時がいろいろあった。娘だけがイベントに出られず、1人だけ足袋がもらえず裸足の時もあった。イベントでは1人で座っていたりと、切なく悔しい思いをした。今では嘘のようだ。やればできることが実証できた。本人も勉強になったと思います。

部活引退まで数日となり嬉しくもあり寂しくもある気持ちになっていた親。しかし娘は普段通り練習に出かける。その姿を見ていると、もっと続いて欲しいなと思うがそこは皆一緒。最後までやりきって欲しいと願うばかりです。

✿

部活引退の演奏会当日。小学校の時の先生や近所の方・ディサービスの方などたくさんの知り合いの方や先輩も来てくれた。十数曲の演奏にはほとんど出場して演奏する。いつもは後列が多いが前列でもたたいていた。娘もこれが最後だとわかっているはず。メンバーと一緒に思いっきりたたけていた。

演奏後は、来てくれた方々が声をかけてくれる。感動の

部活引退の演奏会
（本人下段左）

皆と写真を撮り合って完全燃焼の部員達。いい表情です。一緒にたたけて感謝です。（本人前列左端）

（本人右から7人目）

あまり涙ぐんだまま挨拶だけの方もいた。

娘を2歳の時から知るデイサービスの代表の方も来てくれた。演奏中に写真を撮って職員に送ってくれたそうだ。帰りの際にも「泣いてばっかりいたあの麻友が、凄いわ～凄い！　皆と揃ってる！　あんなにできるようになって」と感動して涙してくれる。真っ先に顧問先生にお礼に言っていた代表様。皆に可愛がってもらって

本当にありがたい。

✿

メンバーや後輩から手紙を貰う。一緒にたたけて楽しかったことや「国貞先輩のたたき方がかっこいいので参考にします」と書いてくれていた後輩。「反省ではみんなのために指摘、発表していてすごいと思った」と書いてくれていた後輩。基本練習では空いている太鼓に入るように後輩を指導していたことなど、がんばっていた様子がわかる手紙をたくさん貰う。皆の中で一人の部員として認められていたことがわかる。素晴らしい部活生活でした。

✿

次の日は、デンパークでのお祭りイベント。引退の定期演奏はあったが、翌日のイベントということもあり出場させてもらった3年生たち。本当にこれが最後の演奏。最後にふさわしく数千人の前での演奏。全曲出て、最前列で緊張の中でも自信を持ってたたいていた。メンバーも笑顔で最後にふさわしい演出で終了した。本当に素晴らしい経験ができました。

✿

デンパークイベント（本人下段左）

空高く！

最後の最後！ポーズ！

中3

後日、後輩に返事の手紙を書いていたようです。一生懸命に自分で書いていてやさしい文面でした。さびしいな、ということも書いてあり、自分の気持ちを伝えられていたようです。

✿

和太鼓部の3年生で集まって遊んだ時には、メンバーとのラインの交換やグループラインもして、喜んで見せてくれる。嬉しくなったのか何故か早速Kみうさんにラインしていた。

✿

9月いっぱいまでは市の和太鼓教室で太鼓を続ける。父親と2人で稽古しているが10月以降は建物の老朽化により教室終了になる。一般のチームを紹介していただき、9月中にチーム見学へ行けることになる。

✿

家でエアー打ちをしていると、麻友先輩にダメだしをされる父親。3年間の練習はすごいです。左右の連打とリズム感は安定している。かないません。

体験入学に行く

歴史博物館へ歌川広重展を見に行く。古い版画を解説音声を聞きながら真剣に見ていた。興味はある。版画の体験もして楽しめた。

✿

小学校の時から親しくしてくれていた近所のお姉さん(現在高校2年)2人に会う。「久しぶり〜」と言ってもらって嬉しそうにする。

✿

建て替えで新しくなったJAに行った時、職場体験に行った時にお世話になった店長さんに会う。「元気そうだね」と声をかけてくれたのです。娘のことを覚えてくれていたようだ。お世話になったパートの方も声をかけてくださいま

広重展示物を案内音声で説明を聞き入る。

夏休みにポスターや自由研究（歌川広重について）は親が下書きをする。完成までは本人ががんばって書く

自由研究

高校体験中

ナノブロック完成

した。

高校への体験入学に行く。体育館で30分程度説明を聞いた後、パソコン室でゲームプログラムの作成。インベーダーゲームのプログラムの作成です。作成説明書を元に作成する。保護者も横の席で作成できたので、父親が教えながら何とか進める。娘には難しそうでした。

体験中の部屋はエアコンが効いて気持ちよくなってしまう。とても快適。目をこすりながら、先生の言っていることも耳に入っているのかいないのか。なんとか睡魔と闘い完成させた。終了後は体験の先生から「楽しかった?」（この先生が担任先生となった）と聞かれてニコニコして「はい」と答えていた。

娘は行く気になっている。面接の練習など家でも教えたい。

体育大会で全てやりきる

夏休みも終わる頃。残念なのかと思いきや「久しぶりの学校だ～。楽しみ～」と言う。学校大好き。

修学旅行で購入したナノブロックがやっと完成。

最近になって自学ノートに、それぞれの教科書を書き写すようになる。その日の天気や、その時の気持ちを書くこともある。

家では返事をしないことが多いので注意をする。学校ではどうなのか心配だったが学校では返事ができているよう

中3

だ。

✿

体育大会の黒団用のハチマキを紛失する。先生も探してくれた。本番で、もしも無かったらいけないと思い作って当日持たせた。やはり見つからないまま。本番にギリギリ間に合い、持たせてよかった。

ハチマキは先生に預けることになっていたとのこと、当日朝は娘だけがハチマキを持っていたので皆が聞くと「他の先生にもらった」と言ったそうで、嘘も巧妙に言う。

✿

家で応援練習していると言っていたそうで、クラスで「麻友は家で練習してるって、私達もやろう」と盛り上がっていたそうだが、本人は「ちゃんとできるから大丈夫」と言って1回しか練習用DVDを見ていない。

✿

体育大会本番はとても楽しんでいたので安心した。本番前の応援練習では、楽しんで演技をしている姿が確認できた。自分の立ち位置や移動場所へも笑顔で動けていたので、本番は安心して見ることができたのです。

体育大会の練習では「やらな～い」と言っていた時もあったようだが、友達がやらなきゃいけないと声をかけてくれてやれたようだ。

✿

中学最後の体育大会。1、2年生の頃を思いだす。すばらしい体育大会3年間を体験することができた。参加方法を考えて対応してくれた先生です。

✿

いろいろリレー、学級リレー、応援合戦、よっちょれ、全てやりきることができた。いろいろリレーではペアでスタート。袋に入ってジャンプ。上手に飛べていたので驚いた。かほさんへの交代もスムーズで、競いあっているということが感じられた。かほさんにはいつも感謝しています。ありがとう。

リレーでは皆と同距離を1人で走りきる。歯を食いしばっ

かほさんとペアで

中3

て真剣に走っている表情に感動する。クラスメイトからの「麻友ちゃん！　がんばれー」という声援に本人はがんばれたと思う。がんばって競っている姿に3年4組の一体感を感じる。

✿

東山恒例のよっちょれは、余裕で踊っていたのが印象的。本当に楽しくて盛り上がった体育大会3年間で、いろいろと経験できた。

✿

生徒対PTAの綱引きに父親が参加。教頭先生からのお誘いの声があった。グランドに入りスタート前に黒団を見ると娘が見ている。手を振っていたので気が付いていたようだ。結果は一勝一敗の引き分け、一回目ですら負けそうで焦った。生徒たちも強い。

リレー競争

本人右側

今年の応援合戦では、先生のサポートがなくてもやりきる。素早い移動もできて笑顔だった。皆と一緒に演じることが嬉しくて仕方がない。

黒団解散で寂しさが

皆で応援（本人中央）

中3

娘は親の綱引きを見ていて「校長先生とPTA会長さんと一緒にやってて、凄い力だった。すごかった！」と嬉しそう。参加してよかった。

✿

応援中は立ち上がって応援したり、団長のウェーブに参加したり満面の笑みでやれていた。皆の笑顔がすばらしい。クラスの一体感！　いい経験ができている。

✿

黒団解散式で輪になっている時に元気のない娘。寂しいのだろうか。隣にいた男子から「麻友大丈夫か？」と声をかけてくれる。皆本当に優しい生徒たちで感激します。
「黒団は目立たないから。でも最高だよ」と言う。賞はとれなかったものの、それよりももっと大切なものを勉強できているはず。

運動会終了
担任の忍先生と

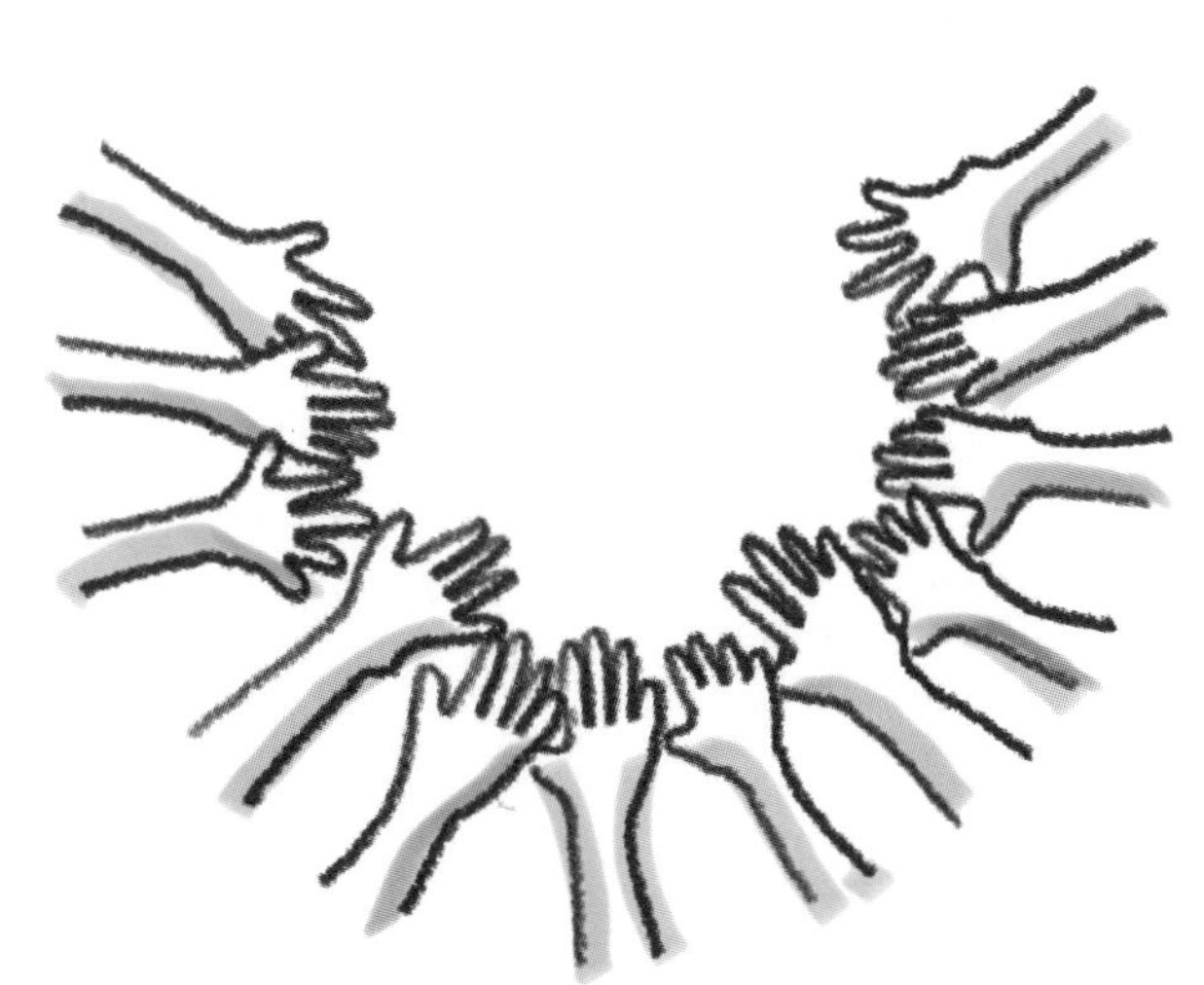

中3

買い物で自分で支払えることが嬉しい

ディサービスへ久しぶりに行く。とても盛り上がっていた。久しぶりに会った子どもたちもいて楽しんでいたようだ。

✿

ダウン症の親の会でボウリングに行く。一緒にやりたかった友達と違うレーンになってしまい、終始不機嫌。そんなことでスネていても何も変わらないので、ほっときました。

✿

小学校以来久しぶりに蒲郡の花火大会に出かけた。屋台で、かき氷やフランクフルトとねだらなくなっていた。少しお姉さんになったのかな。

花火の途中だったが、帰りが混むので「帰ろうか」と促すとスムーズな帰り仕度ができた。

✿

安城七夕にも出かけた。市内の図書館に近づくと部活イベントのことを話してくれる。立ち寄ったお店では気に入ったボールペンを見つけた。自分で財布を出して買う姿があった。手伝だったが自分で買おうとする。

✿

寝ながら声を出して笑っている時がある。

✿

祖父母・従姉妹のいる岡山へ行く。数日前からとても楽しみにしていた。まずは恒例の倉敷美観地区を散策、かき氷を食べつつ暑い中でもがんばって歩く。

✿

いつも行くマスキングテープ屋さんで団扇に装飾体験。時間制限になっていたが時間が来るとしっかり終わることができた。

✿

母方の祖母へのお土産を買いたいと言っていろいろ探す。値段を見ながら「これ高

かき氷大盛！？

倉敷美観地区　祖母にお土産

恒例の４人で

いなあ」「これならいいかなあ。安い」と言いながら、自分で決めて買っていた。店員には「お願いします」と言ってお金を渡して清算が終わると「ありがとうございました」と言って買い物をする。お土産を買えてご機嫌。

✿

祖父母に会うと喜ぶ娘。さっそく、持って行った太鼓のバチで部活の成果を見せていた。行く前からバチと篠笛を持って行って祖父母に見せると言っていた。

✿

岡山では海水浴に行ったり、従姉妹とQRコードでライン交換をしたりする。従姉妹も高校一年生。「次は麻友ちゃんの番じゃなあ（番だね）！」と言い合う子どもたち。

暑いけど宮島を楽しむ

一眼カメラで写真を撮らせてみた。喜んでシャッターを切る。カメラも興味が出れば一つの趣味となればと思って撮らせている。

広島へ行く。宮島の厳島神社と原爆ドーム・お好み焼きも食べて満喫する。厳島神社付近では、「秀吉がいた頃にここで戦争があったんだよ」と教えると「え～」と興味深そうにしていた。

宮島に到着すると、近寄ってくる鹿に興味しんしん。厳島神社はテレビでよく紹介されるので今後も記憶に残ってくれると思う。暑かったが「楽しい楽しい」と言うので、「学校とどっちが楽しい?」と聞くと「学校！」と即答。

✿

次に原爆ドームに行く。事前に原爆ドームの写真を見せて「ここへも行くよ」と教えると「社会に出てた」と言って、教科書に出ている原爆投下後の白黒写真を見せてくれる。「戦争があって、ここに爆弾が落ちてたくさんの人が死んだんだよ」と教える。

原爆ドーム付近のお土産屋でご当地シャープペンを見つけて買っていた。少し高かったが、自分で買っていた。ご満悦です。支払いは、とりあえずお札を出すので小銭が増える一方。時々支払いは手伝うが自分で支払えることが嬉しいようだ。

✿

その後はドーム近くの原爆投下真下付近のお好み焼き屋さんで晩御飯。外国人のお客も多く1時間落ち着いて待てた。「この真上で爆弾が爆発したんだよ」と教える。

お好み焼き屋さんの中に入ると外から覗いている外国人の子ども。父親が「麻友ちゃん英語得意でしょ？　しゃべってみたら？」と言うと「無理！　無理！」と焦る。

大人と同じ大きさのお好み焼きをペロリと食べる。修学旅行で食べたもんじゃ焼きのことも教えてくれながら食べる。

原爆ドームを見たが、教科書に出ている建物と同じだとわかったのだろうか。ただただシャッターを切る娘。

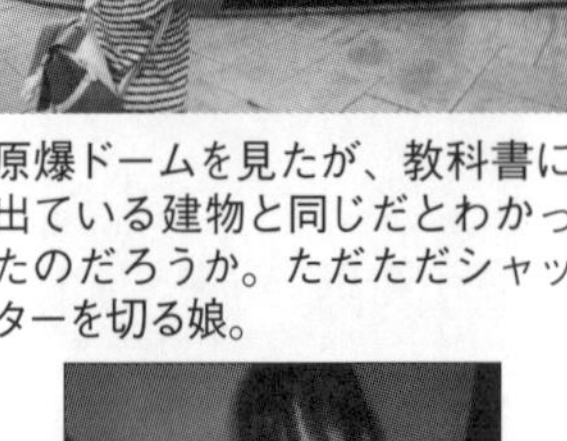

原爆爆発真下付近のお好み焼屋

✿

「和太鼓　打々屋（だだや）」へ入会

父親に内緒で父親用のバチ袋を作成していた母親。しかし娘が「お母さんがバチ袋作ってくれてるからね」と言ってしまう。「麻友ちゃん。お父さんには内緒だったのに、言っちゃダメじゃん」と言うと「あ～　申し訳けないです～。すいません～」と謝るのです。内緒ができない。

テレビのクイズで昔の人の肖像画が出てきた。「見たことあるけど名前がわからない」と親が言っていると「いたがきたいすけ【板垣退助】」と即座に教えてくれる。正解！すごい！　驚いた。社会で習ったのでしょう。

✿

出先の車でトイレに行きたくなる父親。娘が「だから早く行っときって行ったじゃん」と怒る。いつも出かける前

中3

には、トイレに行くように言っているので逆に言われてしまう。

✿

ヘッドホンに書いてある【L】と【R】どっちが左か右かわかっている。

✿

タブレットで検索する時に、わからなくなったローマ字は、ローマ字表を見て入力して検索している。更にプリント出力したい時は、パソコンを立ち上げてタブレットと同じ操作で、同じ画面を出して出力している。わからない時は父親に助けを求めるが、好きなことや、やりたいことは覚えが早い。

✿

市の和太鼓教室の先生から紹介していただいた刈谷の和太鼓チームへ見学に行く。指導先生が所属している東海太鼓センターの「和太鼓　打々屋（だだや）」というチーム。発表会の演目を見た時、娘が興味を持っているたたき方で、打々屋を見学したいとお願いしていた。指導は社長の板谷先生。全員で6名のチーム。ベテランの方ばかりで、父親にはレベルが高く冷や汗。当の娘は、メンバーさんの面白いトークにニコニコ笑っている。難しそうな曲を聴いても平気で「私やるよ」と言う。まずは体験をさせていただくことになる。

体験に行く前から「私（打々屋）行きたい」と言っていた。行くと30分体験をして60分見学する。見学中も笑顔だった。娘に確認すると、入る気になっている。レベルが高い気もするが、そこは1年の時に部活見学した時と同じ感覚。太鼓のある空間が好きなようです。

✿

体験中は1台を2人でたたく。必死な父親。娘を見ると不機嫌。どうしたのかを聞くと「ここに（おでこ）お父さんのばちが当たって痛かった」と怒っていた。「あ〜。ごめんパパ必死だったから気が付かなかった」というハプニングもあった。娘よ次は気をつけます。

✿

娘がたたける環境を持続するためにも、打々屋へ送り出そうと指導してくれている教室の先生。しかも社長を通して紹介してくださったこともあり、がんばってみることにした。娘が仕事をするようになった時にも大人の方との関わりもあれば少しは勉強になるかなと思い入会をお願いす

中3

る。

打々屋正式入会は10月からとなる。打々屋指導の板谷先生からは「麻友ちゃんをどこまで上手にさせてあげれるかわからないし、つきっきりで指導もできないのでそこは了承して欲しい。そして演目では難しい曲もあるのでそのあたりは麻友ちゃんが入れる状態にしてあげれるかどうかはわからないのでそのあたりも了承して欲しい。麻友ちゃんをどのように稽古に絡めて行くかは考えて行きますので」と言われ「ちょっとずつでいいです。見ながら判断して行ってくださっていいです。ちなみにパパさんはおまけですので」と伝える。今では父親も和太鼓の魅力に夢中。

✿

入会希望を伝えた後は、メンバーさん方が娘に声をかけてくださりました。早速、連絡網のライン交換。ラインができるのは娘だけ。ニコニコして皆様とライン交換していた娘。出会いが広がり、可愛がっていただけることを願って。

✿

さて最後の市の教室レッスン。最後は練習していた曲「幾千打（いくせんだ）」を何とか仕上げて終了。2年間のお礼をして教室卒業です。こちらの教室に通う目標は、部活でたたけるようにする教室だったので十分達成できた。指導先生は中学校の和太鼓部とのつながりのことも感謝してくださりました。

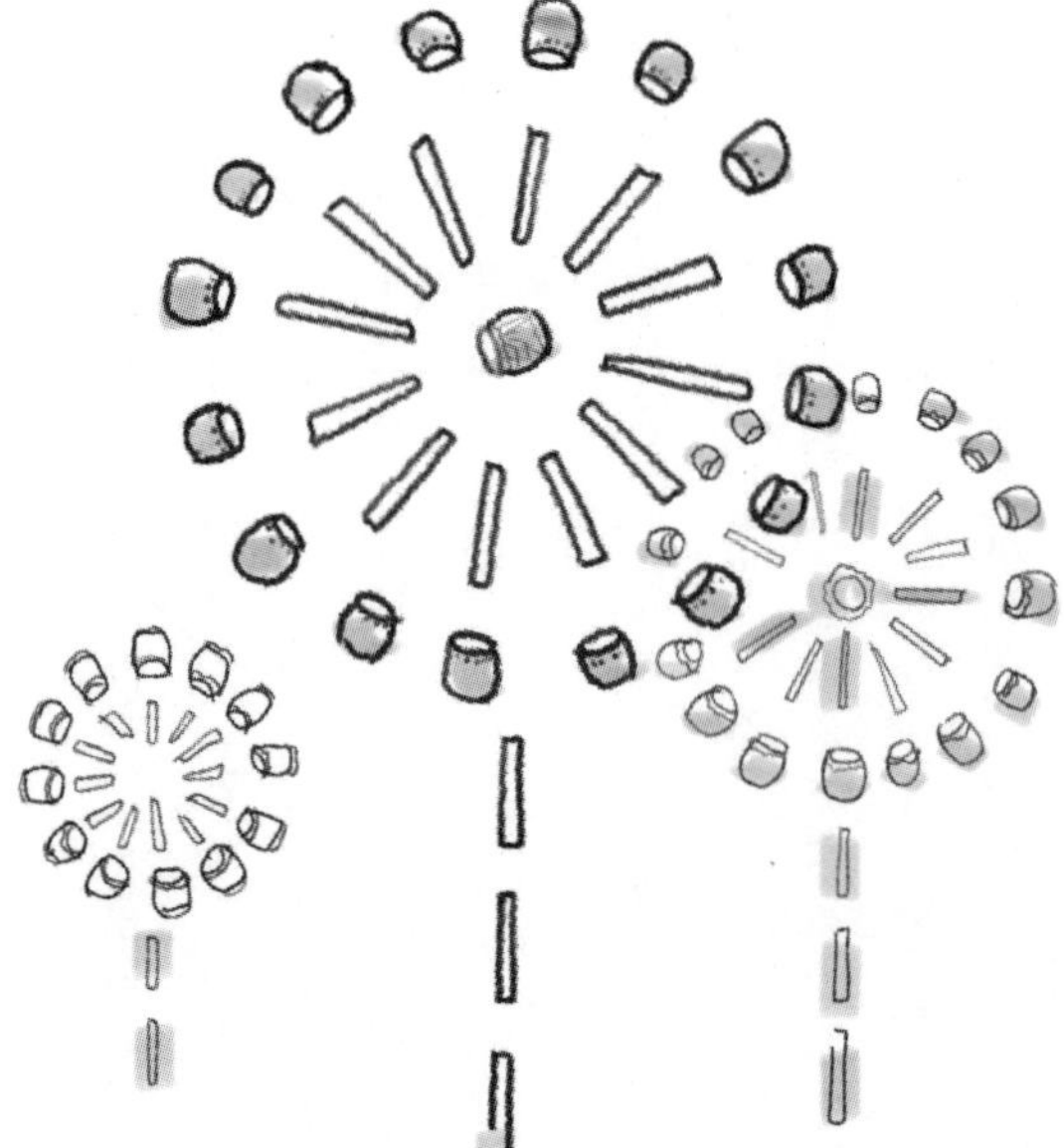

思い出いっぱいの合唱コンクール

中間テストへ向けてのテスト勉強をがんばっていた。長時間座る。ながら勉強の時もあるが、時間を忘れて書いていた。

中間テストでの点数結果を持って帰って来るとすぐに見せてくれる。点数がとれていると「〇点とれたよ」と嬉しそうに見せてくれる。点数がとれていると褒めてやり、点数が取れていないとしょんぼりとしているので「大丈夫だよ。休まずにテストを受けることが偉いよ」励ました。

✿

文化祭が近くなった時、本番前から「勝ちたい勝ちたい」と言う。クラスで賞の獲得に向けての気合いが感じとれていたのでしょう。

✿

3年生の有志発表の参加。思い出いっぱい。

校長先生の歌とダンスには会場が大盛り上がり。娘も楽しんでいたことでしょう。帰ってくると早速動画を見てい

3年生の有志合唱（本人女子前列の右端）

保育園時代の友達と一緒に
（拡大：本人前列左から５人目）

た。後日、校長先生の動画を祖母に見せて、嬉しそうに一生懸命説明する。

友達の勇姿も楽しめた。わかなさんのピアノ演奏のことを嬉しそうに教えてくれる。文化祭を楽しんでいたことがよくわかる。

✿

父親が「合唱コンの動画は4組だけ撮るよ」と言うと「何で？ 全部（全クラス）撮って」と言う。がんばって撮る父親。撮ってあげるけど見るのかな。

✿

自分のパートや友達のパートもわかっていて「○○さんはソプラノ、○○ちゃんはアルト」と言っていた。合唱コンクールは声も出ていて、友達からも「麻友ちゃん声が出ていた」と教えてくれた。がんばって練習していたのでしょう。

✿

コンクールの結果発表。何と優秀賞！ 最優秀伴奏者賞！ 更には最優秀指揮者賞もとれた。おめでとう！ 発表の瞬間は緊張と同時に爆発的な歓声に胸が躍る。生徒たちの純粋な喜びに感動する。クラス皆の喜びを見ていると、一体感を感じる。娘も大喜び。中学生最後の合唱コンクール、最高の締めくくりです。

✿

高校見学——推薦で受験できる！

ある日、下校の際に母親と入れ違いになり、1人で下校した。これをきっかけに自信を持てたようで、次の日から「1人で帰れる」と言うので帰らせている。大きい声で「ただいまあ」と言って帰ってくる。後の予定もあって急ぐので迎えに行く時もある。

合唱コンクール本番でステージへ向かっている姿を見ると、これが最後かと思い感慨深いものがある。自信を持って指揮者を見て歌えていた。よくがんばりました。

3年4組の仲間と
（本人前列左から5人目）

✿

わかさんが「ラインやろ、って言ってくれた」と喜ぶ。わかさんも「麻友ちゃんとラインができて嬉しいよ」と言ってくれている。

✿

体育の授業でサッカーをやった時のこと。つま先で蹴るので指を怪我したようだ。友達も気づいてくれて心配してくれる。下校の時は特に影響なく歩いて帰ってきた。

✿

数学の宿題をしていると、無限マークに似たマークが出てきて、わからない父親。「これ何ていう記号?」と聞くと「そうじ(相似)だよ。授業でよく出てくるよ」と教えてくれた。ビックリした。意味を聞くとよくわかっていなかったが、相似という記号があるということを知っているだけでも素晴らしいです。

✿

振り返ってみると、学校説明会の時には1学年の多さに、やっていけるのだろうかと不安があった。先生方や友達のおかげでここまでこれた。

✿

三者懇談会。学校での様子がよくわかり、先生・友達と上手くやれているようで安心する。人との関係や交わり・接し方を学んでほしいと思い続けてきた。

✿

学校見学の時。「高校でどんなことを勉強したい?」と言うと「ローマ字覚えてパソコンの勉強するよ」と言う。ローマ字は覚えてほしい。

✿

スカートのウェストを巻いて短くしていることがあった。聞いてみると「○○ちゃんがやってた」と言っていたが学校の規則ではNG。スカートを短くする方法を知っているのでした。見たり聞いたりいろいろなことを勉強している。ルールなので短くしないように言ったが、その年代でしかできないことを覚えてやっているということが嬉しい。

✿

高校見学に行く。体験ではタイピングだと思っていた。今回の体験はパラパラ動画を作るということでした。順をおって教えると何とかやっていた。

教室見学ではお兄さんやお姉さんがいるのを見て、笑顔満載。「私楽しみ」と言っている。高校を楽しみにしていま

中3

す。合格できるといいね。

✿

「マラソン大会はあきらめずに最後まで走ってゴールするんだよ」と言うと「じゃあゆっくり走ろ」と言うので「ゆっくりでもいいからね。無理しないくらいでいいんだよ。最後までゴールするのが大事」と言うと「男子が応援してくれるよ、ふふふ」と楽しみにしていた。結果、しっかりと走ってゴールできたようだ。よくがんばりました。小学校のマラソン大会は大泣きしていた時もあった頃が懐かしい。

✿

下校中に男子から「名前は?」と聞かれたと言い、その時に友達のなつみさんが通りがかり声をかけてくれた。詳しく事情を聞いてもはっきりわかりません。1人での下校のことなので心配になって、先生に解明をお願いしました。すると何と、下校している2年生男子5人が楽しそうにしているのを見て、自分から声をかけて行ったとのこと。積極的で驚いている。先生からもその男子たちによろしく言ってくれて助かりました。確かに登校中にも楽しそうにしている生徒を見ると、笑顔で見ている。楽しそうにしているのを見ると関わりたいのでしょう。

✿

高校は推薦で受験できることが決まり本当に嬉しい。本人は推薦の意味がわかっていないので「高校の校長先生に、中学の校長先生が、麻友さんは中学校で頑張っていますよ、って言ってくれるんだよ」と教えると喜んでいた。

ばあちゃん大丈夫？

数年ぶりに、ぶどう狩りに行く。いつも行くところなので要領がわかっている。ぶどう狩りよりも遊び場にある卓球をやりたがる。大人気の卓球台。予約制なので予約時間までぶどう狩りを楽しむ。どちらが目的かな。

✿

岡山の祖母（父方）が体調を崩し、入院をすることになった時のこと。連絡を受けてから話し合いのために頻繁に電話をしていた。心配の様子の娘。

「ばあちゃんお腹痛いの？（しょんぼり）」と言うので「そうみたいだね。でも大丈夫だよ。病院の先生が治してくれるからね」と言うと「は〜。よかった〜」と言って安心していた。

楽しむ卓球

ブドウ狩り

✿

その後もいろいろと電話で話をすることが多く、そのたびに話を聞いていた娘は心配でたまらない。知らないうちに祖母（母方）に長文の心配メールをしていた。娘の前で電話や話をするのはやめようかと思ったが、社会勉強のためにも娘の前でも話をする。

岡山にいる従姉にも「ばあちゃんお腹痛いの？」とラインをしていた。

✿

父親は様子を見るために岡山へ行くので、家を留守にした。娘には「お母さんの言うこと聞いて、ちゃんと手伝ってあげるんだよ」と言うと「わかった」と言う。実際にいろいろ手伝えていたようだ。

自学ノートへは、**【おとうさんが岡山行ってます】**と書いて、忍先生へ伝えることができて、寂しいながらも仕方がないとわかっていたようだ。
祖母を励ます手紙を書いたり、写真を渡したり、岡山の祖母と電話をしたりとしていた娘です。

✿

そういう状況でも、打々屋の和太鼓稽古はがんばってやっていた。
稽古では、先生から練習中に「わかる？」と言われて「どういうことかわからない」とハッキリと言う。メンバーからも「そうだよねぇ。わからんよねぇ。もっと(先生に)言ってやりな」と言ってくれながら和やかな雰囲気です。

✿

祖母は手術をして無事に回復。安城に戻ってきた父親。喜ぶ娘。娘に「ばあちゃん大丈夫だよ。治ったよ」と言うと「よかった～」と安心していた。しばらくして祖母からの電話で「麻友ちゃん。ばあちゃんがんばったよ。また夏休みには遊びに来てね」と言われて「うん（笑顔）」と答えていた。

✿

その後、父親も今回を機会に検査をしてみた。検査前日に検査があることをと伝えると、心配そうにするので「大丈夫だよ。お父さんは元気なのを確認する検査だよ。麻友ちゃんもモシモシして注射したりするでしょ？　あれと同じだよ」と教えた。わかったようでした。しばらくして「おとうさん検査がんばってね」言ってくれる。
結果は大丈夫だったので「大丈夫だったよ。安心してね」と言うと「うん！やったぁ（笑顔）」と安心していた。

✿

パソコンを使っている時でも好きなアイドルを出している。アイドル名の頭文字を入力すると、検索履歴が出て来るので、そこで選択していると言う。操作を知っている。
タブレットを使う時に、課金が必要な場合は「これ買える？」と聞いて来るので「買えないよ」と言うと「そっか。じゃあダメだ」と納得する。そもそもクリックもしません。いずれにしても課金はパスワードをかけているので購入はできないようにしている。

✿

父親がコインゲームに誘うと大喜び。いつも「好きなだけやりなさい」と言ってストレス発散させている。その日は天気が悪かったのかとても混んでいた。天気の悪化が予想されるので早めに帰ろうと、腕時計をはめさせていた。終了時間を指定すると、時間通りに終わることができた。

もっとやりたいようだが「またいつでも来れるから」と言うと納得する。

✿

テレビでズワイガニが出てきた。娘は大好きなので「カニ鍋はいいねえ」と言うと「カニはお正月だよ」と言う。特に正月限定ではないが、いつもお正月に食べるので印象が強いようだ。カニを食べることを楽しみにしている。

✿

和太鼓の稽古はいつも楽しみ

和太鼓「打々屋」での稽古をいつも楽しみにしている。皆さん可愛がってくださいます。いつも笑いが絶えないチームで、楽しんでいる。教えてくれたり、娘がしゃべってもツッコミをいれてくれたりと賑やかにやっている。

先日は、チーム全員がそろって稽古ができた。準備や片付けもメンバーとお喋りしながら手伝えている。「麻友ちゃん、こっちに置いてくれるかな」「麻友ちゃん、これ持ってくれるかな」と言われるとサッと動いている。指示が無くてもわかる範囲で積極的に「これ持ちます」と言って手伝う。

✿

現在は、来年5月に岡崎城能楽堂であるイベントに向けて、まず1曲目の「夢想奏（ゆめそうそう）」という曲の稽古をしている。なんと既に出場メンバー枠に入っている雰囲気。娘の仕上がりは間に合うか⁉ 父親も曲が覚えれず危険⁉ 危険どころか棄権したい。

メンバーさんは気さくに優しく声をかけてくれるので、娘もニコニコしてしゃべっている。娘の基本打ちを初めて目にする方が「麻友ちゃんすごいじゃん」と言ってくれると先生が「うん。できるでしょ」と言ってくれる。部活で頑張っていたのが役立っているおかげか。しかし曲になると、覚えられていないので今一つになる。家で練習します。

大人の方ばかりのメンバーなので、時間が午後7時30分から9時30分までの稽古。さすがに帰る頃は疲れてしまい車で寝てしまう。家に着く頃は午後10時過ぎ。それでも楽しいようです。

メンバーとの稽古

集中！！

中3

コンビニの看板に書いている「酒・たばこ」を見て。「たばこって書いてるよ。たばこは赤ちゃんが生まれる時良くないよ」と言うのです。「よく知ってるねぇ。誰か教えてくれたの？」と聞くと保健体育の授業で教えてもらったようだ。たばこは健康によくないということを勉強できている。以前、薬物の危険性を勉強した時にも、手や足が震えると教えてくれた。

✿

公文の先生が「麻友ちゃんは、本当に心が綺麗だね」と言ってくれる。公文での勉強は時間がかかる。Ｋみぅさんの妹がいるとお互いが帰るまで一緒にいるようで仲良くさせてもらっている。

✿

テレビで「座右の銘」が出てきた。父親が「お父さんの座右の銘を知ってる？」と聞くと「…」母親が「麻友ちゃん？お父さんがまた面白いこと言うよ」と言って、父親が「他力本願！（笑）」と言うと「それはない！」と言い返して来た。「おっ！　他力本願って知ってるの？」と聞くと「…」知らないようでしたが、ツッコミはしっかり入れてくる。

クリスマス会の記念撮影

✿

親の会でのクリスマス会でのこと。南吉ジャンボかるた取りがあった。小学生以下と中学生以上に別れて競技をする。しかし、自分は取らずに友達に「あそこあそこ」と教えてあげるだけ。結局一枚も取らずに終了。娘は取りに行こうともしない。小さい頃からそうだが、やりたいな・やろうかなという気持ちはあっても、初めてのことは遠慮がち。慣れるといいのだが。

クリスマス会では出し物をする。ピアノ・ダンス・物まね・マーチング・現在がんばっていることなど披露する。娘はビーズパネルを展示することになる。急遽、挨拶を求められる。大丈夫かなと思って見ていると「国貞麻友です。私はアイロンビーズを作っていますので、見てください」としっかりこたえていた。学校生活で、皆の前でしゃべっている成果が出ているのでしょう。

✿

クリスマス会の記念撮影でのこと。以前は並ぼうともせずに友達に誘ってもらうか、もしくは親も一緒に入って撮っていた。しかし中学生になって一人で前に出て並ぶ。やっと自分から入っていけるようになった。成長を感じる。

✿

メールの返信に少しでも遅れると「無視だよ。無視」「無視された」と言ったり、返信メールで【聞いてる？　ムシしないで】とメールを送ってくる。少しくらい待ちましょうと言っているが。

✿

「おとうさんのタブレットかして？」と言うので、ゲームでもするのだろうと思っていると、自分のタブレットも使っていた。見てみると1つを動画再生で、1つをゲームに使っていた。考えて使っている姿に驚いた。

✿

ショッピングモールに、祖母と一緒に遊びに行った時のこと。卓球日本代表の選手が来るというので見る。卓球には興味があるようだ。お客さんを巻き込みながら会場を沸かせてくれる選手。娘は最初だけ見て、あとはショッピングしようと言う。しかし「ばあちゃんは卓球やってるでしょ。だからまだ見たいんだから、たまには合わせてあげなよ」と言うと素直に納得した。娘ペースではなく人に合わせることも必要だと思って言ったが、怒らずに素直に納得する。

メインのタブレットはどっち！？

中3

幸せって皆が優しいこと

義務教育も終了に近づく。我が家として皆とお別れかと思うと寂しい限り。中学生活も残りわずか。充実してほしい。

✿

古本屋で、欲しいと言って買った地理の問題集。大人しいなと思って見ると一生懸命答えを写して勉強していた。

✿

「私幸せ」とよく言っている。「幸せってどういうことかわかるの？」と聞くと「皆が優しいことだよ。忍先生も優しいいし、○○さんと○○さん…も優しい」と言う。いろいろな人と接っすることで、優しい気持ち・感謝の気持ち・思いやりが少しでも勉強できているのかな。

問題集の答え写し

✿

入試願書提出

入試願書提出の日は、一緒に行く生徒とすれ違いがあったが、提出先学校で待ってくれていて合流できた。雪の影響でダイヤの乱れがあり予定時刻の電車も遅れていた。現地で待ってくれていた生徒からは「先に行ってしまってすみません」と謝ってくれる。まずは事故もなく提出できたので安心した。

✿

願書提出のため、電車移動の時。下車駅が近くなり「次、降りるよ」と言うと「分かってる」と一言。子ども扱いは、少しずつ止めないといけないなと反省した。

✿

願書提出日、電車に乗っている時のこと。初めはリュックを背負ったまま座っていたが、電車内の学生がリュックを降ろして膝の上に乗せて座っているのを見て、本人も

トレーシングペーパーを使って英語のプリントを一生懸命に根気よく写していた。

リュックを降ろして座りなおす。公共でのマナーも勉強してほしい。

✿

いつも「早く学校へ行きたい」と言っている。先日は「忍先生が待ってるから、早く行きたい」と言っていた。朝は父親より先に1人で登校する。父親が後から途中で合流するが、思ったより進んでいて、学校近くで合流する時もある。

✿

あるディズニー映画にはまっている。タブレットで動画を見て歌をよく歌っている。父親が「ディズニーランドに行ってみる?」と聞いたら「忍先生と行ったから行かない」と言うのでした。

✿

忍先生にプレゼントをあげたいというので、アイロンビーズでペン立てを作る。組み立ての調整やアイロンは手伝だったが、色は自分で決めて下絵を参考に一生懸命作っていた。

忍先生へのプレゼント作成

✿

自学ノートが終わったと言うので、内容をチェックしていたら「勝手に見ないでくれる〜」と一言。

✿

進路懇談会。忍先生との最後の懇談かと思うと親の方が寂しくなってしまう。3年間の感謝の気持ちも伝え忘れがないようにと思っていたが、感謝の気持ちがいっぱいで言葉に詰まる時もあった。忍先生には一つ一つ丁寧な対応をしていただいて感謝しかありません。

娘は、プレゼントを大切に持って、渡すタイミングを待っていた。渡すことで頭がいっぱいになってきたあたりで渡せた。快く受け取ってくださりました。

高校入試、できたよ～

✿

入試本番当日。出発駅で見送る先生の応援で会場に向かう。本人よりも親の方が緊張する。本人は「楽しみ～」と笑顔。

到着後は受験先の先生から丁寧に対応していただく。本人と親で試験教室を確認後、面接教室も確認させてくれた。本人もそうですが親も安心できた。

親の控室もあり、利用する。1割程度の親御さんが待たれていた。テスト中の様子はわからないが、中学校のテストと同じように何とか記入しているだろうと思って待つ。

✿

入試当日までに、昨年のテストを参考に見せると、国語は選択問題があったので「選ぶやつだ」と言っていたが、数学は計算式も多く「ああ！　○分の○＋○分の○ね！答えは○分の○だ」と言う。必ず名前は書くように言う。後はがんばって考えて記入しなさいと教えていた。

✿

面接の時、面接控室で待っている姿があった。偶然、目が合ったので緊張しているのかと思いきや、笑顔で手を軽く振っていた。落ち着いていたので安心した。

面接は、遠巻きに確認できた。生徒たちは緊張の様子。娘も徐々に集中モードになっていた。その時には一緒に受験した友達は面接が終わり、娘を待ってくれていた。会場内は、面接に挑む生徒、終わった生徒は友達を待ちつつ応援している様子もあり、雰囲気はよかった。

✿

さて本番。面接官に「どうぞ」と呼ばれる。娘が身なりを整えて少しもたついていると、一緒に待ってくれていた友達が独り言のように小声で「麻友ちゃんがんばれ～、コンコンコン（ノック）だよ」と言っていた。

学校で練習していた成果が出せた。しっかりと「失礼します」と言って入る。もちろん、中での会話はわからないががんばっていた。退室する時も挨拶はできていた。

終わると同時に親の元に「できたよ～。私、できた！」と笑顔で駆け寄ってくる。それを見た近くにいた他の親御さんも、娘の表情に微笑んでいた。

✿

テストでは「国語は何とか書いたけど、数学は難しかった。グラフがあって」と少し残念がっていた。入学試験では、

高校合格通知、来たよ！

制服の購入に行く。ブレザーやベストを着た姿を見るとお姉さんになったなあと感じる。

ブレザー姿

体操服

テストと面接は本人なりにがんばれたようだ。

✿

受験当日に「誰かとしゃべった?」と聞くと「隣にいた子（テスト教室で）が、カバンを持って、行くよ（面接会場へ）って言ってくれた」と教えてくれた。声をかけてくれた子もいたようで、何とかなるかな。

✿

推薦入試だけで定員を超えている感じなので、結果が来るまでは気が気ではない。

✿

念願の合格通知が来ました。おめでとう！　よくがんばりました。中学校のクラスの皆も「おめでとうって言ってくれた」と喜んでいた。

合格通知が届き、本人も嬉しかったようで、公文の先生に自分から「高校合格したよ」と報告する。

祖父母や親戚にも連絡して喜んでくれる。岡山の従姉からは「また今度、高校の話しようね」と言ってくれて「うん！」と答えていた。

✿

制服の購入に行く。ブレザーやベストを着た姿を見るとお姉さんになったなあと感じる。

✿

注文後、帰宅してからも「楽しみ～楽しみ～」とずっと言っていた。「中学校卒業したらすぐに高校の説明会（3月21日）があるからね。今日買った制服を着て行くんだよ」と言うと「わ～楽しみ～！」と言うのです。「卒業したら皆と離ればなれだけど、また高校で新しい友達が出来るし、Kみうちゃんは【元気？】ってラインで連絡できるし、和太鼓部のグループラインでも皆と連絡とれるしね」と言うと「うん」と笑顔です。「麻友ちゃんはすごいねぇ。後ろを振り向かないんだねぇ」と言ったのですが、とてもポジティブで羨ましい性格です。この性格も義務教育で積み上げて来た9年間のおかげでしょうか。

✿

公民館で3年生の男子数人が勉強していた。娘は男子に気が付くと嬉しそうです。気が付いた男子たちも「麻友ちゃんだ。麻友ちゃんだ」と騒ぐ。すると娘が「こんにちは」と大きい声で挨拶していたのです。男子たちも手振ってくれて喜ぶ娘。いろんな所で友達に会うと声をかけてくれるのが嬉しいです。

✿

名残惜しい中学校卒業式

登校前に帰宅後の予定を伝えると「何回目?」言わなくても分かってる、という口振りでムッとする。中学生ですね。

✿

中学3年の3学期に善行賞をもらうことができた。集会の時に貰ったようで喜んでいる。

✿

卒業式が近づくにつれて、皆に手紙を書いていた。寂しそうです。別れもあれば出会いもあることを教える。

✿

卒業式の本番当日。天気が心配だったが、当日だけが良い天候になる。よかったね。

2歳から通っているディサービスのキッズサポート加藤代表も卒業式参加に駆けつけてくれて、成長を喜んでくれた。

卒業証書授与はしっかり返事ができていた。生徒たちも大好きだった校長先生も定年を迎えられるので、最後の挨拶。校長先生と一緒に卒業です。

✿

3年間お世話になった担任先生は「10年間この学校にいますが、こんな素晴らしい学年に出逢い幸せです。私も子どもたちには助けてもらいました。この先いろいろ壁にあたる時があるでしょう。困ったことがあれば大人になってもいつでも相談に来てください」と挨拶されました。ありがとうございます。

そして同じく3年間持ち上がりだった学年主任の先生の話も身にしみる。「明日学校へ来ても、この子たちはもういない

忍先生、３年間ありがとうございました。

大きな声で返事

卒業証書授与

３年４組の皆（本人最前列中央）

……声が聞こえないシーンとした教室。それが信じられないんです。打てば響く、押せば帰ってくる素晴らしい生徒たちでした。20年の教師生活で最高の学年でした」と涙ながらに挨拶され、こちらも泣けてきました。男子女子もどんなことにも嫌がらず進んで取り組もうとする姿があったとのこと。娘はそんな中で送れた学校生活で幸せです。男女とも仲の良い学年だった印象があります。

✿

卒業式の前日には、お世話になった先生方へお礼の挨拶をしてまわっていた娘だそうです。感心した。先生方が「昨日麻友ちゃんが職員室まで挨拶に来てくれたんですよ」と教えて下さる先生方。お礼の挨拶もしっかりとできていたなんて成長を感じる。

✿

壮行会後はクラスで集まって、最後のお別れ会。名残惜しそうです。写真の撮り合いでも、娘の所へ真っ先に来てくれた男子もいた。小学校からの友達。肩を組んでくれて写真を撮る。

「麻友ちゃん一緒に撮ろう」と言ってくれて楽しい学校生活だったのがよくわかる。娘も皆と写真を撮り、男子も女子も「よし！麻友ちゃん撮ろう！　おいでおいで」と言ってくれる男子たち。優しい子どもたち。どの写真もいい表情です。

娘は「まだ撮りたい」と言って男子を追いかけて撮ってもらうほど。もう最後だとわかっているのでしょう。積極的です。もちろん先生方とも撮っていただいた。友達同士の関係が素晴らしかったことが伺える光景です。

最後は3年間お世話になった担任先生に挨拶をして名残惜しみつつお別れ。これからも時おりお便りはさせていただこうと思っている。

父親と一緒に登校した3年間。通学路と通勤路が同じなので一緒に行っていた父親。一人で登校できるであろうなのに、一緒に行きたかったのは父親だったのかもしれない。卒業後に通勤路を通ると、娘が重いリュックをしょって重そうに前かがみに歩く姿が思い出される。学校前では振り向いて手を振る姿。昇降口前ではスキップして入って行く姿が思い返される。言葉に言い表せないほどの素晴らしい中学校生活でした。

通常学級の9年間は宝物

義務教育9年間を過ごし、無事に中学校を卒業することになります。小学校入学の頃より、いつも笑顔でいるように言い聞かせていた。この9年間はほとんど休むこともなく、学校、先生、友達に会えることが何よりも楽しみで通っていた。本人は、楽しいこと嬉しいこと辛いこと悔しいこといろいろなことがあったと思う。劣等感と優越感も味わったことでしょう。普通学級は普通の苦労をするところ。それこそがまさに学校は社会の縮図だと感じている。よく乗り切ったと思います。特に人間関係の築き方には知らず知らずに勉強できていると強く感じている。

中学は、友達と一緒にいたいというので通常学級を選択。忍先生のおかげで安心して登校させることができた。入学当初に心配していたのがついこの前のようです。和太鼓部でも朝・午後・休日の練習も休まずがんばり、日々みんなと汗を流し下剋上の世界も経験したことでしょう。イベントではメンバーと一緒に太鼓を打ち、後輩を指導する姿もあったようだ。麻友先輩の打ち方がかっこいいので手本にしますと言ってくれる後輩もいた。部活も自信につながっているのはあきらか。忍先生はもちろんのこと、関わってくださった先生方のご指導には感謝するばかりなのです。

「みんなと一緒がいい」「みんなと一緒にいたい」と言って過ごしてきた通常学級の9年間は、娘にとって宝物。その証拠にいつも「わたし幸せ」と笑顔で言っている。その姿を見ていると本当に充実した9年間だったのだと思う。出逢いが人を成長させると強く感じる。娘にとって、この道を選んだことは、間違いではなかった思っている。学力とは別に、遥かに質の高い学びを得たと思っている。忍先生との出逢いは家族にとって一生忘れることない嬉しい出逢い。信頼できたからこそ安心してお任せできた中学3年間です。義務教育最後に相応しく良い形で卒業できそうです。小中学で積み上げて来た自信で高校も乗り切ってくれると信じています。同じ時代に生まれ、そして奇跡のような皆との出逢い、さらには皆と同じ景色を見て過ごしてきた時間や思い出を胸に、これからも娘らしく進んで行ってほしいと願うばかり。皆に幸あれ。

これからも笑顔で幸せです

クリスマスが近づく頃、欲しい物を言って来ない。音楽や動画をタブレットで見ているので、イヤホンを勧めると賛成したので、一緒に買いに行く。自分で選んでライムグリーンの綺麗な色。サンタクロースのことを言うかと思いきや、何も聞かずに購入するのでした。もちろんクリスマスケーキも喜んで食べる。

✿

冬休みは祖母の家に泊まる。従妹たちと遊ぶのが楽しみで仕方ない。折り紙で遊んだり、紙飛行機を作って飛ばしたりと、仲良く遊べていた。初詣にも一緒に行く。一緒にお賽銭を入れたり、おみくじをひいたりと良いお正月を迎えられた。

✿

一人で留守番をしていたときのこと。そこへ電話がかかって来た。いつも「電話は取らなくてもいいよ」と言っていた。機転を利かせて電話番号（ナンバーディスプレイ）をメモしたようだ。番号を最後までメモすることはできなかったが、母親にメールで電話番号を教えてくれた。それは銀行からの電話だったので後から電話することができた。

✿

テレビ番組でスポーツ番組を見ていた。競技の結果のときにスロー再生になると「チャレンジ」と言う。バレーボールの競技確認の時のチャレンジを知っているようだ。

✿

両親の誕生日にはプレゼント（飴）と手紙を書いてくれる。【誕生日おめでとう。お父さん（お母さん）大好きだよ。私のこと大切にしてくれるからプレゼントあげるね。いつもありがとう】と素敵な文面で書いてくれた。普段からも手紙をくれます。【いつもありがとう。これからも笑顔で幸せです。】と書いてある。これは学校生活においても私生活においても充実しているからなのだろう。

母親の誕生日には、父親にメールで「お母さん誕生日だから、帰りにケーキ買ってきて。お父さんの誕生日にケーキ買わなかったからお父さんの分も買ってきていいよ」とこっそりとメールをしていた。

✿

岡山の実家より殻つき牡蠣を送ってくれた。家族皆、牡蠣は大好き。娘も結構食べます。

✿

いろいろな方との出会いから可能性が広がる

打々屋（和太鼓チーム）の食事会があった。とても楽しめていた。最初は父親の隣に座っていたが、途中で「あっちの席へ行って食べる」と言って席を移る。皆さんお相手してくださって笑顔の娘です。アイドルの話をしたり、スマホで友達との写真を見てもらったりする。面白い写真もあったようで皆で笑って楽しむ。「麻友ちゃん友達多いねえ」と言ってもらってご機嫌さんでした。

打々屋の食事会では、スマホで友達の写真や岡山の写真、和太鼓部の写真を見てもらっていた。「写真の数がすごいじゃん」と言ってもらいながら、何やら皆さんと楽しそうにしゃべっていた。初めての打々屋の食事会で「楽しかったあ。また行きたい」と言う。早速次回の稽古に行く気満々。

✿

食事会では「おばあちゃんが割りばしの袋を集めているから、袋ください」と言って皆さんの袋を集めていた。店名の入った割り箸の袋を集めて、リサイクルにして作った紙を売って車椅子が買えるそうだ。

✿

食事会で、5月の岡崎城能楽堂での演奏会の話になる。和太鼓の話になると盛り上がる。親子揃って曲が覚えれていないので出演は厳しいことを伝える。すると了承してもらえるどころか、先生の提案で曲の中に娘のソロパートを作ろう、と盛り上がる。実現すればすごいこと。中学の部活での努力が無駄になっていない。

✿

メンバーに占いのお仕事をされている方がいるので娘を見てもらう。良い運を持っているし、娘がいる所は周りの人を和ませること、人と接して話をすることが好きなこと、そしてお話好きな利点を活かしたお勧めの職業も教えてくれた。手先の器用さも必要な職種です。治療系の仕事で資格のいる仕事でしたが、思いもつかなかった。可能性が広がります。いろいろな方との出会いに感謝です。

中3

加藤忍先生より

麻友ちゃんへ

麻友ちゃんが中学生だった3年間を一緒に過ごさせてもらいました。一緒に過ごすことができ、麻友ちゃんのたくさんの成長を見守ることができました。その一部を、一緒に振り返らせてください。

少し照れ屋で、はにかむ笑顔がかわいい麻友ちゃん。それは出会ったときから変わりません。

初めは話しかけても微笑むばかりで、言葉数も少なかったのですが、中学校生活に慣れるにつれて、家での出来事や大好きなアイドルの話などをたくさんしてくれるようになりました。

クラスのみんなの前で話をすることにもちゃんと挑戦してきました。嵐の曲を紹介するときには話すことを紙にびっしり書いていましたね。また、立志の会で台にのぼり、ライトを浴びながら1、2年生や保護者の皆さんの前で自分の目標を大声で叫ぶ麻友ちゃんはとてもかっこよかったです。教室で、階段で、運動場で、何度も何度も練習したことを忘れません。1年生の自然教室の目標は、「テントで班の友達と一緒に寝ること」でした。夜が近づくにつれて緊張している様子でしたが、「テントで寝る？管理棟で先生と一緒に寝る？」と尋ねると「テントで寝る」と小さな声で答えましたね。ちゃんと寝られたかな、どんな様子かなと夜中に見に行くと、友達の隣で眠るかわいい寝顔が見られました。修学旅行の目標は、「班別行動を友達と一緒まわること」でした。班の友達と元気に出発する麻友ちゃんを見送り、班長の生徒と連絡を取り合いながら、ところどころで合流しました。人の多さや歩く距離に疲れの見えてきた麻友ちゃん。「先生と一緒に行く？」と何度聞いても「班の子とがんばる」と最後まで班の友達と歩きましたね。

日常生活やさまざまな行事を経て、麻友ちゃんはすごく成長しました。それを見守ることができ、私はとても幸せでした。麻友ちゃんの成長の陰には、お家の方の支えがいつもありました。

行事の前には必ず現地に行って、麻友ちゃんがイメージをもてるように配慮してくださいました。

「麻友ちゃんなら、できる」と勇気づけて送り出してくださいました。

麻友ちゃん、あなたの笑顔や成長が周りの人たちを幸せにできるのは、あなた自身がとても愛されて育っているからなのだと思います。

これからもその笑顔を大切に、いろいろなことに挑戦して成長していってください。

いつまでも応援しています。

加藤 忍

中3

成長を感じる高校入学式

高校提出資料で、下書きをしていた父親。それを見て「お父さん、男と女の○が間違ってるよ」と指摘。よく見ている。娘の名前の横にあった性別を男に○をしてしまっていた父親でした。

入学前出校日に一人でニヤニヤしているので、どうしたのか聞くと、「楽しみ～」と言う。登校する時も「楽しみ～楽しみ～」と言っている。

いよいよやってきた入学式当日。天気も晴れ。新しいクラスメイトたちと入場です。緊張の面持ちで入場がはじまる。とても落ち着いてしっかりとした姿です。成長を感じる。全ての行動においてスムーズに対応できていた。素晴らしい入学式です。さあ新しいステージのはじまり。高校生活を満喫して欲しいと願います。

入学式の後には、中学の友達たちにラインで連絡をとりあう。お互いに制服の写真を送りあって見せ合う。「麻友の制服可愛いね」と言ってもらって喜ぶ。

あちこちで声がかかる

スーパーで声をかけてくれた方がいた。小学校時代の支援員の方でした。成長している娘を見て感激して下さる。今でも覚えて下さっていて声をかけてくれたのです。

中学時代の和太鼓部員仲間のグループラインで連絡して

高校入学

いた。長文を送信した後に「麻友おはよう。がんばって打てたね（文章が）。ありがとう」と返して来てくれる元部員。

電車通学の為、始めての定期券を購入する。嬉しいのか、自慢げに定期券を使っている。

入学後すぐの合宿。小学校中学校の合宿は何とか乗り切っていたので、大丈夫だろうと思いつつも心配でした。行く前には、現地の画像を確認する。ミッションのなかでは嫌がったりする場面もあったとのことだが、帰って来ると「楽しかった」と言うので安心した。先生方からも「楽しんでいました」と聞いて安心した。

下校中、途中の駅で乗って来た男子学生5名に「麻友ちゃ～ん！」と声をかけられた。見ると中学時代の野球部男子たちで照れる娘。声をかけてくれてありがたい。利用の駅でも中学時代の友達と会う。駅で帰りの迎えを待っている間、一緒に待ってくれる友達もいて嬉しそうです。

学校でのお弁当給食のことを教えてくれる。「今日は唐揚げあった。美味しかった」「今日はエビフライが出て美味しかった」と言う。「男子はすごい食べるよ」とも教えてくれる。

下校中、D組の女子数名から「麻友ちゃ～ん」と声をかけてくれる。お互いどこから通っているのかを話しつつ、よろしくお願いすると「わかりました」と言ってくれる。

父親がメモをしている時に【聞く】と書いていると「聞くって【聴く】こう書くんだよ」と教えてくれた。聴くという漢字を度忘れしていた父親。娘に教えてもらう。

先生に「リスニングって何ですか？」と聞く。わからないことは先生に質問できる。

初めてのことは、とても気になって仕方がない。

泣き笑いの体力測定

体力測定の時もそうだが、会場の陸上競技場は行ったことのない所で、いろいろと質問している。一年間を通すと要領がわかると思う。

体力測定は親も見学できる。50ｍ走・ボール投げ・立ち幅跳び・1000m走、がんばりが確認できた。50m走はゴールした後、皆が速くて泣いていた。それくらいで泣かないでほしいと思うが。

座り込んで動かないので、次の集合場所までは友達がおんぶして移動してくれる。

1000m走は見学だったのであろうクラスメイト2人が併走してくれる。友達も1000m走を一緒に走ったも同じ。

集合や整列、団体行動では笑顔で移動する姿があった。

一人で電車で帰れる!

下校中に、駅のホームで、専門課程の生徒が声をかけてくれた。知り合いの息子さんだった。息子さんは娘のことは知らない。娘が高等課程の生徒だとわかったので声をかけてくれた。「学校は楽しいですか?」「僕は専課の○○です」と。後日お母さんとお話をさせてもらうと「うちの息子が、麻友ちゃん可愛かった。と言ってましたよ」と伺う。嬉しいですね。

下校中に、学校から駅まで男子と何やらしゃべりながら帰っている姿を見た。嬉しい光景です。

利用している駅から学校までの駅名を覚えたようで、駅名を書いて教えてくれる。

50ｍ走

ボール投げ

立ち幅跳び

笑顔で移動

高1

登下校の電車に慣れるまで、母親が送り迎えをする。先日、母親が学校側の駅の近くで買い物をしていた。その後に駅に迎えに行くが、待っていてもなかなか来ない。しばらくすると娘から電話がかかる。どこにいるのか聞くと、なんと家にいると言うのです。一人で自宅まで帰っていたのでした。しかも乗り換えをして帰ったようだ。嬉しいやら安心したやらで驚く。明日から一人で帰れるのかを聞くと、心配なのでもう少し付き添って欲しいとのこと。一人で電車で帰れるようになっていることに成長を感じた。

帰宅後は次の日の登校を楽しみにしている。授業が面白いと言っている。

ワープロの授業では「親指の位置を確認して…」とローマ字や指の位置を教えてもらっていると、教えてくれる。

登校日の朝は自分で支度をする。準備も早々に終えると出発まで自由に時間を過ごす。学校は嫌がることもなく出かけている。帰ってからも「楽しかった」と言っている。何が楽しかったのかを聞くと「先生が面白い」と教えてくれる。

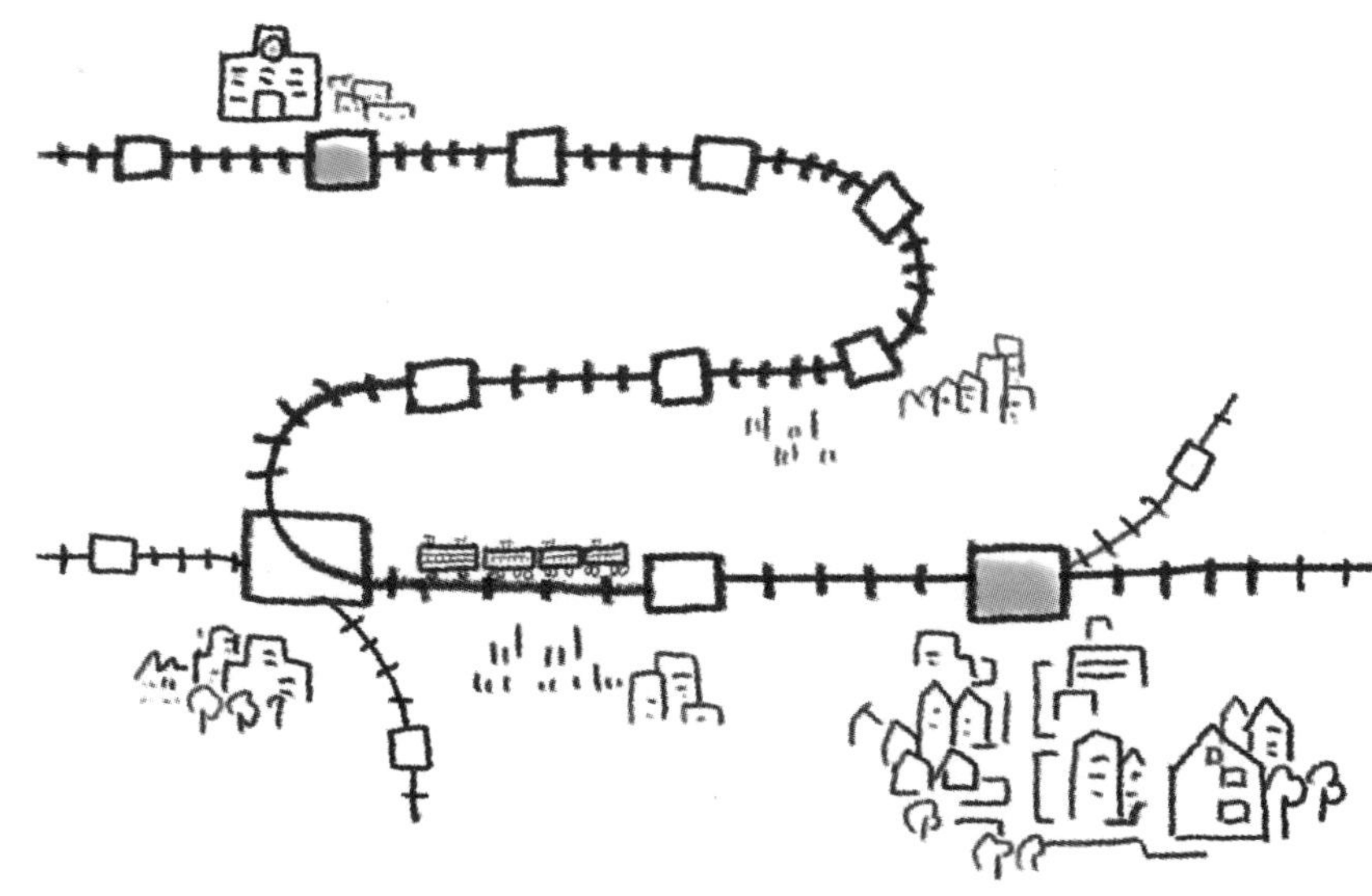

高1

「私高校生になるから」

図書館で、旅行雑誌を見ていた娘。スマホで奈良県を検索。地図もチェックしていた。いつの間にかスマホ操作ができるようになっていて驚く。

図書館で「私高校生になるから」と言って、高校生向けの参考書を借りる。その本は指導要領でしたが。

ユーチューブをタブレットやＰＣで見ている。ある日スマホで見ていたので、どうやって操作したのかを聞くと、「インターネットから」と言うので驚く。操作方法は教えていないができていた。

名前はローマ字で書けている。ときどき間違う時はあるが、ローマ字の勉強もがんばってやっている。高校で成果が出ればいいが。

食事中にアサリを食べていた父親。貝殻入れをさっと持って来てくれた。気が利く。

家康武将隊イベントがあった。歴史好きな娘。興味深く見ていた。撮影会もあったので、撮りたいのかどうかを聞くと「一緒に（武将隊と）撮りたい！」と言う。てっきり恥ずかしがると思っていたので驚く。

ディサービスで餅つきがあったので遊びに行く。中学卒業と高校合格の報告を兼ねて行く。職員の皆さんの祝福に喜ぶ娘です。

キッズサポートで餅つき
加藤副理事長と

子供のダンス教室に誘われる。参加してみると、はじける娘。また行きたいかを聞くと「もう行かない」という返事。しかし行けば友達もいるので楽しめると思うのでしばらく通ってみる。10月にあるイベントにダンス出場するので練習している。

バラエティーお見合い番組を見ていると「こっちの人の方がいい」「あっちの人の方がいい」と言いながら見ている。カップルになると手を叩いて大喜び。年頃の気持ちも成長していることがわかる。

和太鼓チームのイベント出場決定

和太鼓チーム打々屋の稽古中に怒りながらやっていたので、理由を聞く。練習なのでフレーズを繰り返しやるが、通しでやりたいと怒っていた。たいした理由でもないので「皆と一緒にやってるんだから、それが嫌ならもうやめたら?」「無理にやらなくてもいいんだよ」「一人怒ってたら、皆も嫌になるでしょ? 他の人が怒ってたら麻友ちゃんはどう思う?やりたいなら怒らないでやりなさい」と教える。

やりたいけどできない状態が続いて、おそらくジレンマに陥っていたと思う。

和太鼓チームのイベント出場が決まったにも関わらず、父親も娘も曲が覚えられない状態での練習が続く。難しい曲で、父親も何とかしないと、と思い始める。娘も身が入ってない感じ。これではメンバーに迷惑がかかるので、帰宅後に「もうやる気がないなら辞めなさい。皆に迷惑掛かるし、月謝ももったいない」と諭す。泣きながら「やりたい」と言って父親に謝ってきた。辞めさせられたらいけないと思ったのか、その次の日は一人で一時間近く自主練習していたようだ。その後、イベントまで毎日自宅で一回は練習している。そのおかげか8分近くある曲を父親も娘も何とか覚えることができた。ソロのパートもあるが何とかできるようになった。

和太鼓先生に「麻友ちゃん、できてるね! もしかして個人練習してる?」と褒められて喜ぶ娘。その後の稽古は自信を持てているのでしょう。怒らずに練習できている。

新入りなので曲紹介の司会（MC）をお願いされる。演

高1

奏後のお礼挨拶も、やりたいと言い出す。娘に任されることになった。前に出て「ありがとうございました」と挨拶をする。中学時代の部活イベントで仲間達がしゃべっていた姿を見ているので大丈夫そうだ。

ゴールデンウィーク（GW）には滋賀県の長浜に観光に行く。長浜北国街道では、ステンドグラス写真たて作りの「体験がやりたい」と言うのでやってみる。体験があると必ず挑戦している。初めてのハンダゴテ。危険なので父親が手を添えて教える。その後、時間はかかったが作りあげた。本人も満足！

GWは長浜以外にもアウトレットやショッピングモールでショッピング、中学時代の後輩たちの和太鼓部イベント見学、和太鼓チームの稽古、ゴルフの練習、お墓参りなど、いろいろ充実したGWでした。家でも、タブレットを使ったり、ジグソーパズル、アイロンビーズ、絵を描いたり、塗り絵をしたり、手紙を書いたり、音楽を聞いたりと、家に居てもいろいろとやりたいことが満載です。

タブレットで　細かい塗り絵をやっている。根気よくこつこつと色付けしていた。

長浜北国街道
ステンドグラス体験
ハンダゴテで作成中

完成

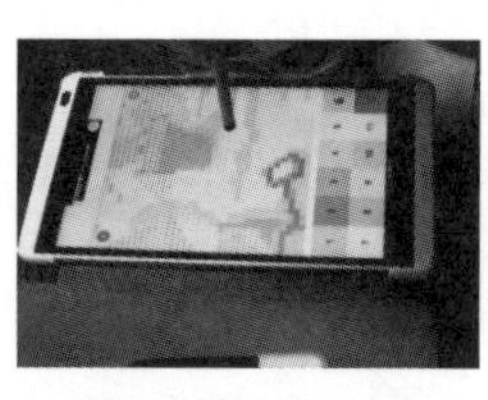

細かい塗り絵です。

和太鼓チームフェスティバル

5月13日に和太鼓フェスティバルが岡崎城の能楽堂であった。チーム和太鼓打々屋は新曲で参加。チームに入っての初デビューです。MCを父親と2人でさせていただく。しっかりできていた娘です。演奏も8分の長い曲だが、皆と揃っていた。中学時代の和太鼓部でがんばってきた甲斐があった。本番まで毎日練習していた成果もあった。

観客の前でMC挨拶

和太鼓　打々屋のメンバー
（本人右端）

本番中アクシデント！　メンバー内でメンバーにしかわからない程度だが、演奏ミスが発生する。集中して皆の音を聞いていないと大きくずれてしまう部分。ベテランさんのリカバリーで事なきを得たが、それに戸惑うことなく演奏ができていた娘でした。演奏後には「間違えてたよ」と指摘をする。ミスに気が付いていたのは凄いです。

演奏後の挨拶をする。大きい声で「ありがとうございました」と言って拍手をいただく。自信が持てていることなので人前に出るのは大丈夫のようだ。中学時代の部活イベントでは部長たちがやっていた挨拶。やりたかったのでしょう。やっと実現できた。帰ってからも演奏動画をチェックして嬉しそうにしている。

演奏中

演奏終了の挨拶

本番の順番待ちをしている控え室では、エアー練習でバチ回しをしていた娘。それを見た他のチームの方が「上手だねえ！　どうやってやるの？　おばさんにも教えて？」と声をかけてくれる。教えてあげていた娘です。新しい出会いがあります。打々屋のメンバーの方も「私達もこれができないんだわ。麻友ちゃん綺麗にクルクル回せるんだよねえ」と。いつも可愛がってくださいます。控え室も楽しいひと時です。

イベントの準備や片付けも皆さんと一緒に手伝う。部活での行動が身についている。これからも打々屋での演奏を楽しめるように稽古に励みたいと思う親子です。

噛み合わせ矯正中

中京レディースゴルフ観戦に行く。到着後は「お腹が空いた」と言って有名選手を間近で見てもご機嫌斜め。食事を済ませて落ち着いた所で、グリーンサイドで観戦する。遠くから打ってくるボールがカップ近くに寄ったりカップインしたりすると、ギャラリーと一緒に興奮気味。声援と拍手しながら、見入っていた。

帰りのシャトルバス待ちは凄い人の行列。しかし嫌がることなく落ち着いて順番を待つことができ来ていた。

歯科矯正中です。一本だけ列からずれている歯がある。上下のバランスと噛み合わせを考えて抜くことになる。状況によっては口腔外科での抜歯の可能性もあったが、かかりつけの歯医者で可能になる。

ティーグラウンドにて

高1

高校初めての面談

高校初めての面談。学校生活でも自分を出せている感じ。生活行動でも指導していただいているので安心。環境が変わったばかりなのか、中学時代とは違った一面があることがわかる。学校からは男子生徒や男性先生は苦手だと聞く。中学時代ではクラス男子生徒数人を集めて電話番号や住所を聞こうとしたくらい積極的なところもあったのだが不思議です。

学校生活の中で「どうして麻友さんはいいの?」と聞いてくる生徒もいるとか。先生も「がんばってるでしょ。見ればわかるでしょ」と対応してくれる。何とかがんばっているようだ。

ノートの板書をした後に職員室まで見せに行くらしい。褒めてもらいたかったのか。

面談が終了して教室から出ると、次の生徒が待っていた。クラスメイトは「麻友ちゃん」と手を振ってくれて、笑顔で振り返して微笑ましい。

面談の日は有松絞り祭りがあった。下校途中となるが保護者同伴なので許可となる。有松絞り祭りは家族で楽しみにしているお祭り。大好きなかき氷を食べて帰る。珍しく抹茶味。

授業見学にて。英語の授業。皆静かに授業を受けていた。一生懸命板書しているなと思うと「あっ!」という感じで父親に気づく。授業の邪魔にならないように小さく手を振ってくれた。

英語の板書が出来ていたのか、先生に褒められたと喜んでいた。

体育授業でドッヂボールをやった時に、泣いてしまった。2年生と合同で、怖くて泣けたようだ。中学校と違って容赦なく投げてくるのでしょう。ドッヂボールは苦手です。みんな勝つために必死になるのは当然。合わせてくれないのが社会。いろいろ経験させてもらう。

その後の昼食時間も泣けたままで食べられなくて、別室で先生と食べる。おかずは残して、ご飯を少し食べたそうで、ちょっと甘えたかったのかな。

ノート提出も点数になるので板書をしている。がんばって写せている教科もある。学校で追いつかなかった板書は、友達のノートのコピーを見て写している。親が下書きをする時もあるががんばって写している。

中国語の授業で習ったのでしょう。「シェーシェ」と言う。「シェーシェはありがとうだよ」と教えてくれる。

テスト勉強中！

テスト勉強をがんばってやっている。漢字などは出題予想部のコピーを10数枚印刷して、何度も繰り返し覚える。当日の朝にも仕上げとしてもう1回やる。しっかり覚えていて書けている。高校になって初めてのテスト。本番はどうだったかな。今回の目標は、1教科でも合格点を取ることで、全教科の追試は避けたい。先生も何とか合格点を取れるようにできる限りの指導をしてくれる。

回答を短冊にしての選択問題

ビジネス基礎等のテスト勉強もするが、長文を覚えることは苦手。教え方も短冊にして選択形式にさせるとわかるようだ。

テスト勉強中。対策プリントの中で覚えられそうなところを記憶させている。覚えたかどうかを試させると思い出せないところが出てくる。どうしても思い出せない時は答えを見るように言っている。それが悔しいのか「もう1回やりたい」と意欲的。覚えたところが全問合うまでやった教科もある。

学校が楽しい。追試もがんばる

休日明けの登校日。早く学校へ行きたくて、いつもより

高1

起きるのが早かった。小中学校同様で学校が楽しいようだ。

テストが帰ってきて9教科中5教科が合格。4教科は追試になったが、がんばった。

追試のテスト勉強も対策プリントをもとに何度も繰り返して覚える。難しそうな教科もあって心配だったが、追試はそれぞれ1回で合格になったのでよかった。

追試は合格点以上の教科もあったようで「スラスラ書けたよ」と喜んで帰ってきた。テスト勉強をがんばって点数が取れることで自信につながっている。テスト勉強した内容が書けて点数が取れたので「追試が楽しい」と言っていた（汗）。

1人で通えるのも時間の問題

7月に入り、電車の乗り換えをして1人で下校している。自宅側の駅に着くと迎えの連絡が入る。駅からは歩いても帰れるが、今のところ迎えに行っている。

迎えを待っている間、駅に巣を作っているツバメの赤ちゃんが可愛いと言って写真を撮って来た。

通知表も5段評価で2～4が取れ、更に一学期皆勤賞で大喜びしていた。

夏休みも終わり。さあ二学期はどんな出来事があるでしょう。二学期に入り、通学だけは途中の駅まで一緒に付き添っている。1人で通えるのも時間の問題。

学園祭では、2才の頃から通っている社会福祉法人サポートバディ（我が家は、ぴよっこ・キッズサポートと言っている福祉サービス事業）の加藤理事長先生と副理事長先生が、娘の学校の様子を見学にきてくれて大喜びする。

教室の前で

OGとして和太鼓定期演奏会を見学に行く

出身中学校の和太鼓定期演奏会があった。元部員の仲間から見学のお誘いＬＩＮＥが来た。行くと、元部員や先輩たちも来ていた。久しぶりの再会。「麻友～！」と声をかけてくれる仲間もいて、一緒に座って見学していた。皆と一緒に先輩後輩地域の方に好かれている部活だと感じる。先輩とのＬＩＮＥ交換もしていた娘です。

和太鼓部＆OB・OG
（本人最後列右から二人目・顧問先生と）

教頭先生も見えていて声をかけてくれる。「高校がんばってね」と声をかけてくれる。「電車通学の登下校で見かける方から、麻友ちゃんがんばって通ってると聞いていますよ」と教えてくれて、気にかけてくれている人もいる。現在の状況を聞かれたので「学校が楽しいようで授業（先生）が面白いと言っています」と伝えると「安心しました。元気に通えているようで、よかったです」と言っていた。環境が変わることで通えなくなる生徒もいるので心配してくれていた。

演奏曲も皆が慣れ親しんできた曲。膝を叩きながらリズムをとっていた。

演奏終了後の集合写真はＯＢ・ＯＧも入って撮る。娘が皆の間に割り込めないでいると、顧問の先生が気づいてくれて「麻友ちゃん！　麻友ちゃん！　こっち」と言って一緒に撮影する。卒業しても皆と会えるのでいいですね。

皆が笑っていることが嬉しい

パソコンを使って、聞きたい曲をローマ字入力して動画を見ていた。ローマ字全てを覚えているわけではなさそう。

熱田神宮に参拝。歴史好きな娘に信長壁を見せたくて寄る。反応は今ひとつだが、信長壁の由来を説明した。わかったどうかはわからないが、信長が関係していることはわかったようだ。

その日の夕方に祖母宅へ遊びに行く約束をしていたので長寿お守りを買って帰る。買おうとすると「私が買うよ」と言って財布を出して買っていた。

祖母にお守りを渡せて嬉しそうだった。祖母も喜んでくれた。

和太鼓打々屋のイベントの打ち上げがあった。鉄板焼き屋。メンバーさんが集まる度に喜ぶ。宴会の場でも楽しめている。

会話を聞きながら、皆が笑って楽しんでいる姿を見て一緒に笑っている。「どうして笑ってるの?」と会話が気になる。皆が笑っていることが嬉しいようだ。

宴会の時に「シェーシェ」と中国語で言っていた。メンバーが「え~!? 麻友ちゃん中国語?」と驚いてくれる。学校で中国語の教科があることを教えてあげると更に驚く。

1人でプラモデルの組み立て

完成

ドリンクが無くなると、次の飲み物を皆さんに勧められる。カルピスソーダやオレンジジュースを飲んでいた。メニューの中にグレープフルーツジュースがあったので注文した。飲んでみると、すっぱそうにする。グレープと書いてあったのでぶどうだと思ったようだ。結局飲めなくてお茶を飲む。打ち上げもいろいろと社会勉強です。

プラモデルを作りたいと言うので、買い置きしていた簡単なプラモデルを作った。説明図を見てほとんど1人で作る。

家でゆっくりしていた日曜日。祖母と何やら連絡をとっていた娘。宿題を終えると「ばあちゃんの所へ1人で行ってくる」と言うので行かせた。1.5キロくらいの距離で中学校の近く。通学路だった道で行ったようだ。着いたら電話するように言って送り出すと、しっかりと到着連絡をくれた。

マニュアルよりも体で覚える

現在、打々屋で稽古中の曲の中にステップをやりながらたたくところがある。難しいので自主練習をする。ステップの足位置をテープで印をつけて練習。先生の手本動画をもとにマニュアルも作ったが、娘はマニュアルよりも体で覚える方がよさそうだ。

矯正治療にて、無事に抜歯をした。当日本人は「大丈夫だよ」と言う。父親が「お父さんも4本抜いてるからね。大丈夫だから。先生も優しいでしょ」と安心させる。不安はあったと思うが、かかりつけの歯医者なので嫌がること

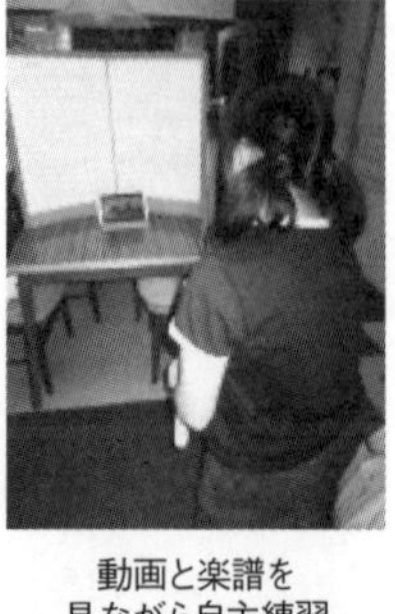

動画と楽譜を
見ながら自主練習

もなかった。治療室では、看護師さんと会話をしながら部屋中に笑い声が聞こえるほど。怖くないのかな。

抜歯後は、まだ麻酔が効いているので違和感があるようだが無事に終了。噛み合せも少しは改善したのだろうか。まずは一安心。

和太鼓チーム打々屋の練習にて。現在は全部で3曲をメインで練習している。1曲は完璧に覚えている。2曲目は始まったばかりで覚えている途中。その曲は自宅でも練習していたので先生から「麻友ちゃん7割くらいは覚えてるね」と褒められて喜んでいた。父親はまだまだ楽譜を見ながらたたいている。中学部活の下積みがあるのか、覚えるのが早い。レパートリーも増えている。3曲目はオーソドックスな曲で、篠笛のパートも吹かせてもらう。某高校の動

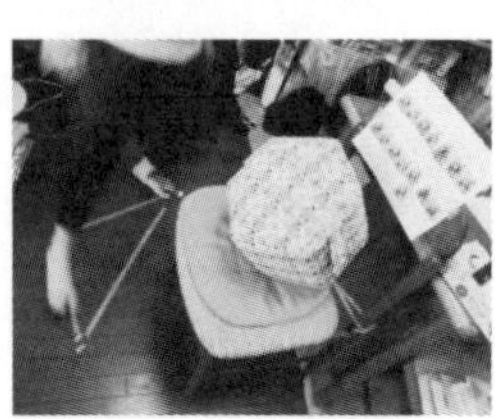

マニュアルを見て
ステップ自主練習

曲に合わせての篠笛練習

画を繰り返し見て覚えたようだ。先生からは「どこで篠笛覚えたの？」と聞かれていた。

麻友ちゃんがいると楽しい

七夕祭りへ行きたいと言うので行く。暑い日だったが本人が行きたいと言うだけあって楽しめた。恒例のかき氷も食べて特別欲しい物もないようだが、一通り見てまわる。

心臓の定期健診へ行く。2年ぶりの検診。結果は問題なく良好。16年間の通院も今回で終了。お世話になった先生と一緒に写真を撮る。0才で受診と根治前段階の血圧調整手術、1才で心臓根治手術。どうなるかと思ったが、運動制限もなく、途中イレギュラーな問題もなく今まで元気に育ってくれた。今後は一般の成人と同じように成人病に気をつけて生活するように指導を受けて終了となった。

祖父母のいる岡山に行く。1年ぶりの祖父母や従姉との再会を楽しみにしていた。出発の前日は嬉しくて眠れず。新幹線内でも興奮冷めやまず。まずは恒例の倉敷美観地区で観光。暑い日だったががんばって歩く。

祖父母に会うと大喜びで落ち着かない様子。海水浴・岡山児島のデニムストリートで買い物・尾道観光・田舎の島へのお墓参りや、従姉弟と会って遊んだりと充実できた。毎日暑い日で、ときには辛そうな時もあったがへこたれずに歩く。尾道は「階段ばっかり」と汗だくで歩いた。

その中でも一番楽しかったのは、祖父の船に乗って曾祖母の住む島へ行ったこと。船を運転する父親の膝に座って気持ちいい潮風を受けたり、祖父と一緒に貝を拾ったりしたことが楽しかったようだ。

Uターンの時には寂しそうにするので「また来年連れてきてあげるから」と言うと納得する。祖父母も「麻友ちゃ

祖父の船でお父さんと一緒に走る！

高1

恒例の倉敷美観地区にて

海水浴　砂埋め

海水浴　海の家でかき氷

児島デニムストリート
キック！

デニムソフト！

従妹弟と記念写真

尾道千光寺から

映画「転校生」の階段
御袖天満宮から

尾道ラーメン

祖父とニシ貝拾い

タカの爪ゲット！

んがいると楽しいから岡山に残りな」と冗談を言いながら別れを惜しむ。

「麻友ちゃんと同じ名前にしたよ」

娘つながりの数家族でキャンプへ行く。長野のキャンプ場。にじます釣りやバーベキューをしたり温泉に入ったり、大きい望遠鏡で月を見たりする。月を見るとクレーターもくっきりで「わーわー」と言いながら見ていた。にじます釣りでは3匹釣る、魚も平気でわしづかみ。夜は涼しくて寒いくらい。友達と楽しめたキャンプです。

部屋割りでは、子どもたちは女子と男子に別れて寝たいようだが、家族ごとの宿泊となる。娘は友達家族のところ

ニジマス釣り

魚をわし掴み

で寝させてもらう。しかし夜中3時頃に体調不良で眠れず連絡が入る。友達のお父さんにおんぶをしてもらって部屋まで移動。何故か移動後は、しっかり眠れていた。高揚していただけなのか。次の日は皆の心配をよそにケロッとしていた。

翌日はマレットゴルフを楽しむ。1番に打ちたいと言う娘。一昨年では打った後、止まらないボールをそのまま打っていたが、今回は順番を待って打てていた。

キャンプ場メインハウスで解散。ハウスにあった「有松絞りと信州のコラボ展」というチラシを見つけて行ってみた。キャンプ場から車で5分程度の所。過疎化している村を少しでも盛り上げようと、数名の方で自作手芸品を販売されていた。6畳程度のお店には商品がぎっしり。有松と信州を行き来されて活動されている。娘が近くの学校に通っていることをお話しすると、有松駅前にも拠点があるそうだ。偶然です。

お店でお茶までいただいてしばらくお話しする。お店の方とその方の母親は以前支援学校の教諭をされていたそうで、娘を見てすぐに理解していただけた。「ここまで立派に大きく育てられたのだなあと思って見ていました」と嬉しいお言葉をいただいた。帰りには、そこで購入した商品の作成者に写真を送りたいとお願いされて写真を撮る。出かけると素晴らしい出会いがある。有松のイベントにも行ってみようと思う。

帰宅途中にアウトレットに寄る。アウトレットに寄ることになると娘は少し不機嫌になる。早く帰りたかったようだ。父親が欲しい物があったので立ち寄る。なんとか説得をしてショッピング。おやつのクレープでご機嫌回復。

おやつ中の娘に父親が「麻友ちゃんごめんね。お父さん太鼓の時にはくズボンを探しに来たんだよ。暑いのにごめんね」と言うと手を横に振りながら「いいよ。あやまらなくてもいいよ」と。そういうことも言えるようになったん

高1

だな。

父親が若い頃から利用していたレストランが閉店となる。地域の方にも慕われていたレストラン。最後に家族で食事に行く。娘も小さい頃から行っては店長の奥さんに声をかけてもらっていた。最後は少し昔話も交えてお話しして、お礼の挨拶をする。娘がそこで「一緒に写真を撮ってもらえますか?」と言うのです。「(おっ! 言えるんだ)」と思いつつ、まだお店が忙しい中一緒に写真を撮っていただきました。「ありがとうございました」とお礼も言えた。

何を思ったか筆ペンを使って般若心経を書きたいと言い出す。般若心経の写し書きをなぞりながら書いていた。渋いです。

近くの福祉センターに防音設備でカラオケのある部屋がある。その防音室で和太鼓の自主練習をする時がある。そこでマイクを見つけてカラオケもやりたいと言う。5曲程度を熱唱。またカラオケをやりたいと言っている。やりたいことが増えました。

ゴルフの練習に行くと、産休だった店員のお姉さんが練習場の仕事に復帰していた。入り口を入ると「あ〜 麻友ちゃん。お姉さんっぽくなったねえ。元気だった?」と覚えてくれていた。2年ぶりでした。高校の話や近況報告もする。2年前にプレゼントした手紙とゴムのブレスレットも大事にしてくれているとのこと。そしてお姉さんが「お姉さんの赤ちゃんの名前も、まゆちゃんにしたよ。まゆちゃんって名前可愛いもんねえ。旦那さんと相談して麻友ちゃんと同じ名前にしたよ。だからいつもどうしてるのかあと思ってた」と優しいお言葉。娘は「はい」とニコニコして久しぶりの再会を喜んでいた。

筆ペンで般若心経を書く

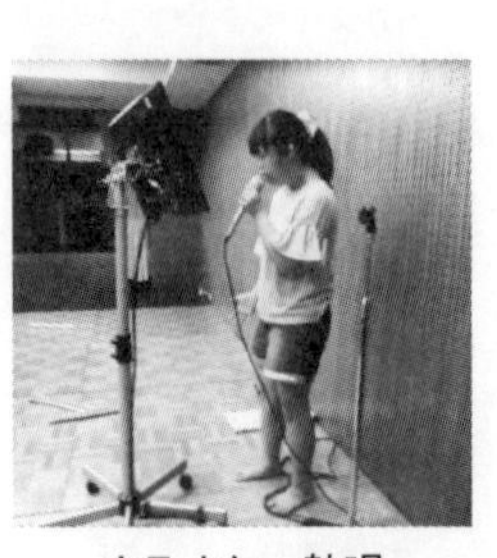
カラオケ　熱唱

高1

片桐健司先生より

國貞さんから、麻友さんの成長の様子を本にしたいという相談を受けたときから、どんな本になるかと楽しみにしていました。この話を受けてから、形になるまでにかなりの時間を要していたので大丈夫かと心配になるときもありましたが、こうして本の形になってみると、時間をかけた分、とても貴重な記録の本ができたと感じました。

ダウン症の麻友さんが、ご両親に見つめられながら育っていく様子がとてもよくわかります。子どもは、ひとりひとり違います。育ち方もいろいろです。ダウン症と言っても、みんな違います。だから、みんなが麻友さんのように育つわけではありません。麻友さんは、麻友さんなりに大きくなってきました。そんな麻友さんの育ち方を見て、みんな、それぞれなんだな、違っていいんだなということを改めて教えてくれる本です。

ときに、麻友さんのことをもう少しなんとかならないかと思う親がいて、でも自分をつらぬく麻友さんがいて、学校はみんなと一緒が良いと言う麻友さんがいて、それを支える親がいて、そんな親子の歩みが、暖かく伝わってきます。

高校まで、ずっと普通学級に通ってきた麻友さん。やさしい友だちに囲まれていました。みんながみんなやさしかったわけではないと思います。でも麻友さんが当たり前にそこにいるということが、自然に周りの子たちとの関係を生み出してきました。

先生も、麻友さんを受け止めてその成長を見守ってくれました。特別、専門的だったり、理解があったりする先生がいたわけではありません。麻友さんに特別何かをしたわけでもありません。みんな普通の先生でした。麻友さんは、そんな先生が大好きでした。

麻友さんの周りの人たち、ゴルフ場のお姉さん、地域の人たち、学校の先輩なども様々な形で麻友さんと関わり、麻友さんの生活は、ひろがっていきました。

あるとき、太鼓がたたきたくて太鼓のクラブに入ったのに、太鼓がたたけない麻友さんがいました。そんなときでもそういう麻友さんをじっと見つめるご両親がいました。

それからどのくらいたったのか、いつの間にか太鼓をたたいている麻友さんの話がでてきました。

生まれたときから、こんなふうに麻友さんの成長を見つめつつ書かれたこの記録は、子育てのみでなく、親子のありよう、人と人とのありようを教えてくれています。これだけの記録をまとめてくださった國貞さん、ありがとうございました。

片桐健司

片桐健司（かたぎりけんじ）　1947年東京都生まれ。1970年に東京都公立小学校の教員になる。2008年3月定年退職後、非常勤講師などを続ける。2013年、ともいき学習教室・教育相談室を開設。地域の子や親とつきあっている。「障害児を普通学校へ・全国連絡会」にかかわり、「誰もがともに」を願って活動している。「障害があるからこそ普通学級がいい」（2009年　千書房）等の著書がある。

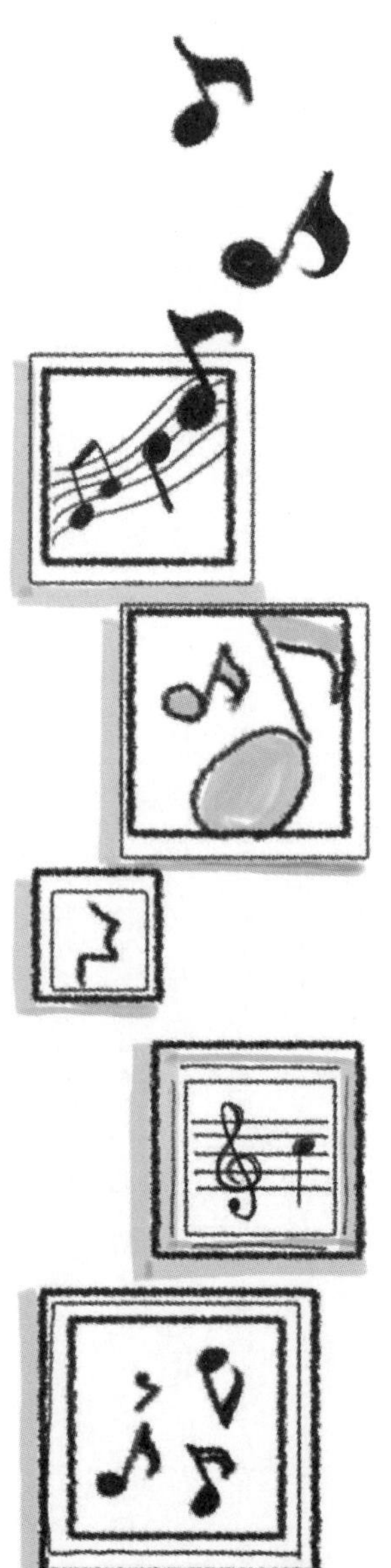

麻友は、高校卒業後は専門課程に進みました。この本は高校一年の夏ごろまでの記録ですが、その後も学校生活は楽しんでいた。学校へは1人で電車に乗って元気に通い、乗り換えをして帰ってもくる。仲の良い友達とLINEで連絡をとったり、学園祭は仲良しの友達とまわっていた。学校からも特に問題が起きたからと呼ばれたことも1度もない。女子高生を満喫していた。

授業での板書をノートに写すことは必須で、点数にも影響する。授業を見に行くと遅いなりに写している姿があった。板書写しもれは友達のノートを借りていた。テストは追試が必要になる教科はあるものの、母親との必死のテスト勉強で乗り切れた。何度も繰り返して覚えている。登校前にも一勉強する。高校では連絡ノートで先生と情報共有。しかし小中と違って娘の学校生活の情報量が少ないのは否めない。小中学校で積み上げた娘の人間力を信じるのみ。小中高と、学校へは可能な限り協力姿勢をとっていた。小学校では期限付きの付き添いのときもあった。付き添いは大変だが、わかることもある。生徒たちのこと・流行っていること・流行の持ち物・先生のこと・学校の雰囲気等々。生徒たちや先生方に父親母親の顔も覚えてもらえる。生徒もよく声をかけてくれて、友達関係のフォローができるのも大きい。抜き打ちで学校へ見学に行くと、先に友達に気づかれて、ばれてしまうときもあったのも懐かしい出来事。仲良くしてくれる生徒もいたが、負担に感じていた生徒もいると思うが、それもよい思い出になってくれていたらと願う。

我が家は学校への対応はできる限り夫婦で対応している。学校へ行くとき・面談へ行くとき・何かを決定するときなどは、必ず夫婦二人で相談をして同じ方向を向いて行動している。もちろん本人の意思を優先に大切にして決定している。ときには説得もしますが。

さて専門学校課程後は就職となるであろう。専門課程では授業はもちろん、ジョブトレーニングも行い、実習にも行かせていただいている。いろいろな仕事を体験することで本人の選択肢が広がっていればいいが。

卒業後はどうなったとしても小中高と選んだこの道に後悔はない。娘なりの青春を謳歌できたであろうからである。

ダウン症について長年調査されている先生に出会ったときに「通常級・支援級・支援学校どこを選んだとしても、本人が笑顔で通えるところがいい環境なのですよ」というアドバイスを思い出す。確かに今思うと、建前の学校生活ではなく質の良い生活が送れているかどうかが肝心ということなのだろう。娘は実社会に近い環境を、社会の縮図である学校でもまれ、人間関係、人との接し方、泣き笑い、劣等感や優越感を体験できたことが、娘らしい一番の活きた勉強だったのだと思う。そこの判断は、我が子をいつも見ている親がサポートをし、少しでも良い方向へと願って判断するしかない。

娘は、同世代の友達と一緒に同じ環境・景色・空気感を少しでも体験できていることに間違いない。今でも出先で小中学校の友達に会うと「麻友ちゃ～ん！」「おう！　麻友！」と声をかけてくれるのもありがたい。本当にいろいろなたくさんの出会いがあっていろいろな人がいる。親も人間性が磨かれているのかな？？　一期一会でも感謝の気持ちがあふれる。出会いにありがとう。

國貞健治

國貞　健治（くにさだ　けんじ）

1969年岡山県笠岡市生まれ。実家は隣町の里庄町。
高校卒業と同時に就職のため愛知県へ。自動車メーカーに勤務。
妻と娘の3人家族。娘はダウン症、とても穏やかで優しい。
親子で、和太鼓・ピアノ・ダンスを楽しんでいる。
娘のおかげで出会いも多く、新しい経験ができている。

YouTube 動画
右のQRコードでmaya-PPチャンネルにアクセスできます。麻友の動画をＵＰしています。

麻友の記録
いっしょに歌おうよ
普通学級で過ごしたダウン症のある子

2023年6月30日　初版第1刷

著　者　國貞健治
題　字　國貞麻友
装丁・さし絵　mashu
編集者　千田好夫
発行所　株式会社 千書房
横浜市港北区菊名5－1－43－301
TEL　045－430－4530
FAX　045－430－4533
振 替　00190-8-64628

ISBN978-4-7873-0064-5 C0036